U0107434

2021 年苏州艺术基金扶持项目（图书项目）

苏州刻书史

陈正宏 主编

凤凰出版社

图书在版编目（CIP）数据

苏州刻书史 / 陈正宏主编. —— 南京 : 凤凰出版社,
2023.7

ISBN 978-7-5506-3963-8

Ⅰ. ①苏… Ⅱ. ①陈… Ⅲ. ①刻书 – 图书史 – 苏州
Ⅳ. ①G256.22

中国国家版本馆CIP数据核字（2023）第104649号

书　　　名	苏州刻书史
策　　　划	金　洁　黄锡明　陈　洁
主　　　编	陈正宏
责 任 编 辑	郭馨馨　姜　嵩
装 帧 设 计	姜　嵩
责 任 监 制	程明娇
出 版 发 行	凤凰出版社（原江苏古籍出版社）
	发行部电话025-83223462
出版社地址	江苏省南京市中央路165号，邮编：210009
照　　　排	南京新华丰制版有限公司
印　　　刷	苏州市越洋印刷有限公司
	苏州市吴中区南官渡路20号，邮编：215104
开　　　本	787毫米×1092毫米　1/16
印　　　张	25.75
字　　　数	422千字
版　　　次	2023年7月第1版
印　　　次	2023年7月第1次印刷
标 准 书 号	ISBN 978-7-5506-3963-8
定　　　价	168.00元

（本书凡印装错误可向承印厂调换，电话：025-57928003）

目 录

绪　论

　　本书叙述的，是苏州地区以传统的雕版印刷方式刊刻书籍的历史，空间范围以现行苏州辖区为主，基本时段上起五代，下讫民国，前后大约一千年。

　　对于这一千年间苏州地区刻书的具体个案，既往研究已有很多。相对而言具有前后贯通的历史意识的述论，则仍较缺乏。二十世纪以前的可置不论，现代以来与本书主题关系相对较密切的，最早当数沈燮元先生1957年发表的《明代江苏刻书事业概述》一文。沈文虽不专论苏州一地刻书，但由于苏州在明代刻书史上具有举足轻重的地位，文中举证，多见苏州刻本，故客观上对明代苏州的刻书名作，做了虽属初步却脉络清晰的梳理。文中有关明代江苏刻书的时代划分，也极富启发意义。①

　　由于历史原因，沈先生此文之后，学界重新相对系统地探讨与苏州刻书史相关的话题，要到二十八年后的1985年。此年，苏州图书馆馆长许培基先生发表《苏州的刻书与藏书》，文虽不长，而以举要的形式，对苏州刻书作了概括的介绍。四年之后，张秀民先生著《中国印刷史》由上海人民出版社初刊，未几即获得国际学术界的关注。书中有关雕版印刷的史料甚为丰富，其中梳理明清两代苏州刻书的书坊，其详细程度为前此未见。之后不久，两位苏州的书籍史家叶瑞宝和江澄波，分别刊布了《苏州书坊刻书考》一文和《江苏刻书》一书。叶文是真正意义上

---

① 沈燮元《明代江苏刻书事业概述》，《学术月刊》1957年第9期。文中将明代江苏的刻书事业，划分为洪武至弘治、正德至万历、天启至崇祯三个时期。

的探讨苏州刻书史话题的专论[1]，江著虽非专述苏州刻书，但作者史料贮备丰富，经眼版本众多，有关苏刻的记载系统而有条理，对进一步考察苏州刻书的历史颇有助益[2]。

进入二十一世纪以来，与苏州刻书有关的研究成果十分丰富，其中既有像杨丽莹《扫叶山房史研究》[3]、笠井直美《吴郡宝翰楼初探》[4]这样的个案考究，也有如李开升《明嘉靖刻本研究》那样的虽为断代研究，实际上涉及对明代中叶起步于苏州、最后弥漫全国的"苏州式"刻本的视野宏阔的扎实探索[5]。其间特别值得一提的，是李伯重先生的《明清江南的出版印刷业》一文。此文关注的是经济史问题，也不以苏州为限，但所示明清两代江南地区商业化出版的某些特征，从提供的史料看，却浸润着浓厚的苏州背景。[6]

在前辈和同仁研究的基础上，本书的基本思路，是以书籍实物为主要证据，以"刻"为主要视角，系统地梳理历史上苏州区域内以雕版印刷方式制作书籍的活动和相应的成果。考虑到苏州在传统中国社会里呈现相对较多的开放性，在整个历史叙述中，本书既立足于书籍刊刻本身，也注意苏州刻书多有与其他区域互动的非封闭特征。

本书将一千餘年的苏州刻书史，分为八个时段，除宋、元两朝各占一段外，大部分的篇幅都给予了明清两代。但在明清两代中，我们没有按照通史的路径作机械的划分，而是依循苏州刻书史本身的发展衍化，将之分为明代前期、明代中叶、晚明、明末清初、清代乾嘉道时期、晚清民国六段。其中明末清初、晚清民国还都是跨朝代的[7]。苏州地区从刻书这一视角呈现的超越朝代之限的发展过程，自然与雕版印刷适合长期原状保存、反复刷印的固有特性有关，同时也与整个江南地区重视文化的延续性有关，跟传统苏州文人自十五世纪以来就习惯与传统政治保持适当的距离有关。

---

① 叶瑞宝《苏州书坊刻书考》，《江苏出版史志》1992 年第 2 期。

② 江澄波《江苏刻书》，江苏人民出版社 1993 年版。

③ 杨丽莹《扫叶山房史研究》，复旦大学出版社 2013 年版。

④ ［日］笠井直美《吴郡宝翰楼初探》，《古今论衡》第 27 期，2015 年。

⑤ 李开升《明嘉靖刻本研究》，中西书局 2019 年版。又，有关苏州刻书研究的更详细情况，可参见周生杰《论江苏古代藏书与刻书研究文献成就与特征》述论刻书的苏州部分，文载《徐州工程学院学报》（社会科学版）2020 年第 1 期。

⑥ 李伯重《明清江南的出版印刷业》，《中国经济史研究》2001 年第 3 期。

⑦ 为条理清晰，从实际出发，本书第六章实际叙述的下限，延续到了清代中叶，与第七章在时间上有若干重合，但述论侧重有明显的不同。

在操作层面上，本书对苏州刻书史的叙介，主要着眼于以下三个方面：一是那些具有全国甚至世界影响的苏州刻本个案，二是前此学界探讨不够充分或较少关注的苏州刻书史阶段，三是跟特定的文化学术流派有关联的苏州刻本系列。我们的理想，是力争使苏州刻书史中技术、艺术和学术三个元素的有机结合，以特定的方式得到若干的呈现。

具体而言，本书明代中叶以前的部分，以梳理史料为主，但像指示唐代大诗人李白、杜甫的诗集最早都刻于苏州，纠正王国维以来误认宋王珏所刻王安石《临川先生集》为杭州本之旧说，发掘出明初南京刻《元史》不乏苏州刻工等，都是学界忽略或虽有注意而认识不足的。明代中叶以后的部分，考虑到现存明清两代和民国时期苏州刻本实物甚多，本书除了常规的史实梳理，同时把关注的重点转移到更具普遍意义的字体、版片转移、合刻、仿制等刻书史专业问题方面。以此书中对今人熟悉的宋体字、仿宋体字的起源及其与苏州的因缘，写刻发展至清代前期出现的"欧字""软字"之分及其与吴门刻书风气的关联，明清易代之际书坊间刻书印书的跨时代接力，苏杭宁徽等地刻书互动，以及始于境内延及海外的"姑苏原板"现象等，都有前人未曾涉及或较既往研究更深一步的叙介或讨论。对于那些苏州刻书史中不可或缺的个案，如《碛砂藏》、汲古阁、扫叶山房等，本书也力求将之放在苏州刻书史的长河中，从单一地区有组织大规模刻书、亦私亦坊的刻书家、第一桶金来源于得版重印等不同侧面，加以重新定位和考察。

尽管个别段落未能免俗，给人以罗列书名的印象，但本书就本旨而言不是一部抄书目的书。所以从局部细节看，书中或有挂一漏万之失。不过我们更在意的，是分析史料与实物，进而解释现象与问题，以特定的书，串联绵长无尽的史，客观地呈现苏州刻书的历史意义及其超越苏州一地的现代价值。

中华文化一体多元。这种一体多元，既可以在广域范围内通过互相映照而加以辨别——如燕赵文化的慷慨悲歌，齐鲁文化的道德醇厚，等等——也可以在一个相对小的特定区域中透过诸种现象的剖析得以区分。苏州所在的江南，是一种水乡文化，它表面的特性是比较柔。但具体到苏州一地，其最重要的文化特征，并不只是单薄清澈的柔，而是柔里带文，文中兼雅。苏州的这种温文尔雅的文化特性，通过书这一媒介，为无数文人学士的成长提供了丰沛的营养。这里刊刻的书，内容上注重经典性，学术上讲究文本的精细校勘，制作上追求字迹清晰、纸张洁净、装帧雅致。

以此在传统社会后期，"苏板"是中国高品质书籍的代称。更宏观一点说，书籍与文字相联，与民族的文明相关，苏州一地，其实蕴藏着文化中国的书香内核。

我们真诚地希望，这部致力于还原历史、贯通古今的苏州刻书史，可以为苏州人认识自己的文化、自己所处的城市，提供一个新入口；为全国人民重新认识苏州，提供一条新路径；也为不同民族、不同信仰的境外读者体认中国传统文化中最具优雅格调的一支，提供一片通过纸墨和汉字感知的新天地。

第一章

两宋遗痕:
文献记载与实物遗存的苏州最早期刻书

中国发明的雕版印刷技术,至晚在五代时期,已经流行于苏州地区。据北宋官修类书《册府元龟》卷六〇八《学校部·刊校》记载,后唐时期,"宰相冯道、李愚重经学,因言:汉时崇儒,有三字石经。唐朝亦于国学刊刻。今朝廷日不暇给,无能别有刊立。尝见吴、蜀之人,鬻印板文字,色类绝多,终不及经典。如经典校定,雕摹流行,深益于文教矣"[1]。这段文字,常被引作五代时期名臣冯道倡导以雕版方式刊行儒家经典的主要证据。其实从雕版印刷技术的角度看,其中"尝见吴、蜀之人,鬻印板文字,色类绝多,终不及经典"诸语,提示的信息更值得关注:比后唐开雕五经更早,在吴和蜀两个地方,已经出现了用雕版印刷方式制作的各类文字性作品,而且它们都已进入流通领域,是可以买卖的。这些"印板文字",在冯道等看来,唯一的缺陷是没有刻印儒家经典。其中的"吴",研究者认为从实际来看,最有可能的是苏州[2]。苏州人售卖文字印刷品,种类颇多,且为后唐朝廷所知,说明苏州的印刷业在当时已有超越本地的名声。

当然,从刻书史的角度看,真正使苏州脱颖而出的时代,是两宋时期。其中北宋时期的苏州刻书,具有奠基性的重要意义。

第一节　瑞光寺塔佛经、李杜别集和北宋苏州刻本

北宋时期的苏州,经济发展很快。史载晚唐至北宋末年,苏州局势

---

① 王钦若等《册府元龟》卷六〇八"刊校"条,中华书局 1989 年版,第 1873—1874 页。

② 张剑光《唐五代江南工商业布局研究》,江苏古籍出版社 2003 年版,第 214 页。

平稳，"自长庆讫宣和，更七代、三百年，吴人老死不见兵革，覆露生养，至四十三万家"①。时人朱长文记载，苏州"境无剧盗，里无奸凶，可谓天下之乐土也。顾其民，崇栋宇，丰庖厨，嫁娶丧葬，奢厚逾度"。②经济的发展，使地方政府的财力日益充盈，为刊刻图书奠定了坚实基础，北宋时期苏州可考的刻书有十馀种，大多是由官方主持刊刻，内容涉及佛教典籍、方志文献及文人别集，其中不少为流传至今的祖本，为中华文化的传承和发展作出了重大贡献。

一、以《大随求陀罗尼经咒》为代表的佛经刊刻

六朝以来，苏州就是东南佛教中心之一，虽然唐末战乱中寺院损毁颇多，但在吴越钱氏政权的大力提倡下，佛教得到了长足的发展，苏州现存的佛塔也大多修建于这一时期。北宋时期苏州的寺院达一百三十九处之多，正如朱长文所云："唐季盗起，吴门之内，寺宇多遭焚剽。钱氏帅吴，崇向尤至。于是，修旧图新，百堵皆作，竭其力以趋之，唯恐不及。郡之内外，胜利相望，故其流风馀俗，久而不衰。民莫不喜蠲财以施僧，华屋邃庑，斋馔丰洁，四方莫能及也。"苏州的寺院中，北宋时期就有编纂刊刻佛教典籍的记载。如承天寺中的永安禅院，旧号弥陀院，"初，太宗朝以藏经镂本，有余杭道原禅师者，诣阙借版印造。景德中，又以太宗御制四帙，及新译经一十四帙并赐之。道原既归，藏于此院。大中祥符八年，又编修《景德传灯录》以进，敕赐今额。"③北宋时期苏州地区刊刻的佛教典籍，至今尚存的有《大随求陀罗尼经咒》和《佛顶心观世音菩萨大陀罗尼经》等。

《大随求陀罗尼经咒》始刊于北宋咸平四年（1001），为苏州现存最早的刻本实物，1978年在苏州瑞光寺塔发现，现藏于苏州博物馆。经咒匡高44.5厘米，广36.1厘米，是一件单叶文献，皮纸刻印，中心刻跏趺于莲台之上的释迦牟尼像，以释迦牟尼像为中心，按顺时针方向由内而外环刻汉文经咒，共二十七圈，四角刻脚踏飞云的四大天王像。经文下部正中的长方形框内刻有"剑南西川城都府净众寺讲经论持念赐紫义超同募缘传法沙门蕴仁……同入缘男弟子张日宣……同入缘女弟子沈三娘……"，最后落款为"咸平四年十一月 日杭州赵宗霸开"。还有左右

---

① 范成大《吴郡志》卷三十三《郭外寺》，江苏古籍出版社1986年版，第493页。
② 朱长文《吴郡图经续记》卷上《物产》，江苏古籍出版社1999年版，第11页。
③ 朱长文《吴郡图经续记》卷中《寺院》，第30—31页。

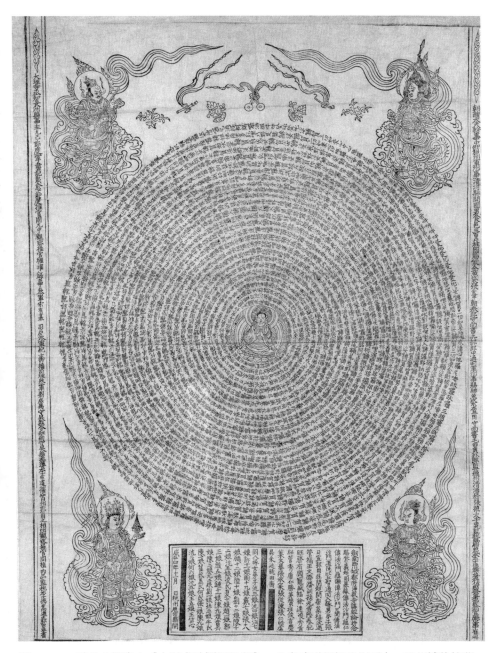

图 1-1-1　瑞光寺塔出土《大随求陀罗尼经咒》　北宋咸平四年苏州刻本　苏州博物馆藏

边款各一道。（图 1-1-1）右边款共九十九字，全文为：

朝请大夫给事中知苏州军州事清河县开国男食邑三百户柱国赐紫金鱼袋张去华，朝奉郎守尚书兵部郎中通判军州事赐绯鱼袋查陶，守尚书屯田员外郎监苏州清酒务张振，太子中允监税赐绯鱼袋李德镁，著作佐郎签署节察判官厅公事崔端。

左边款共九十六字，全文为：

> 大理寺丞知长洲县事王允己，节度掌书记彭愈，节度推官周允中，观察推官程瑾，录事参军宋有基，司户参军纪士衡，权司理参军刘庶幾，守吴县令班绚，守吴县主簿李宗道，权知白州郭用之，相州观察推官周植，内品监税李德嵩，进士郭宗孟书。

　　由上述信息可以看出，瑞光寺塔出土的这部《大随求陀罗尼经咒》，当是翻刻自唐末剑南西川成都府净众寺刻本，但雕刻的刀法、花纹、线条，较唐末五代时的同类制品，水准都要高得多。[①]列名于上的有苏州以及长洲县、吴县的十八位大小官员，以当时苏州的最高军政长官知苏州军州事张去华领衔，可见为官刻无疑。唐宋间善男信女为消灾祈福多请刻《大随求陀罗尼经咒》，这可能也是张去华等人请刻此经的原因。据明王鏊《姑苏志》载，张去华为咸平二年（999）自知杭州徙苏州，咸平四年尚在任，与《大随求陀罗尼经咒》上的落款时间相合。"杭州赵宗霸开"的记载有两种可能，一是此经由苏州拿到杭州，由赵宗霸代为刻印；二是请了杭州人赵宗霸到苏州刻印。苏州和杭州相距不远，且有大运河，交通便利，再加上张去华先知杭州再知苏州，对苏杭两地比较熟悉，无论是到杭州请赵宗霸刊刻，还是请赵宗霸来苏州刊刻，都在情理之中[②]。

　　和《大随求陀罗尼经咒》同时出土的还有两部雕版印刷佛经。一为梵文《佛说普遍光明焰鬘清净炽盛思惟如意宝印心无能胜总持大明王大随求陀罗尼经咒》，高25厘米，宽21.2厘米，皮纸刻印。中央界一长方形双线匡栏，内绘佛教经变故事，栏内左、上、右三方，各镌墨线双圈四个，内绘黄道十二宫像。栏框外周横排梵文经文，计四十七行。经文左右两侧各镌线刻神像十四尊，合为二十八宿。上方绘花卉图案边饰，下方为题记，末镌"景德二年八月 日记"年款，因知此经咒刊于北宋景德年间。（图1-1-2）另一为《妙法莲华经》，原为七卷，存六卷（卷一至五，卷七）。卷轴装。卷一尺寸为16.9×273.5厘米，四百二十七行

---

① 李致忠《北宋版印实录与文献记录》，《文献》2007年第2期。

② 叶瑞宝《瑞光塔发现咸平本〈大随求陀罗尼〉经刻印地区的探讨》，《苏州大学学报》（哲学社会科学版）1982年第2期。

图 1-1-2 瑞光寺塔出土梵文《大随求陀罗尼经咒》 苏州博物馆藏

（五纸连接）；卷二尺寸为 16.6×290 厘米，四百五十九行（六纸连接）；
卷三尺寸为 16.5×272 厘米，四百三十八行（五纸连接）；卷四尺寸为
16.7×319 厘米，五百二十二行（六纸连接）；卷五尺寸为 16.8×311 厘米，
四百九十八行（六纸连接）；卷七尺寸为 16.8×251 厘米，四百十二行（五
纸连接）。以上均每行二十四字。叶面不设边匡，字体书法端正，刻工精细，
可与开宝间蜀刻官本相媲美。每卷以横长 14 至 16 厘米的碧纸为引首。
（图 1-1-3）卷前有朱题云：

> 天禧元年九月初五日，雍熙寺僧永宗转舍《妙法莲华经》一部
> 七卷，入瑞光院新建多宝佛塔相轮珠内，所其（祈）福利，上报四恩，
> 下资三有，若有瞻礼顶戴口，舍此一报身，同生极乐国。

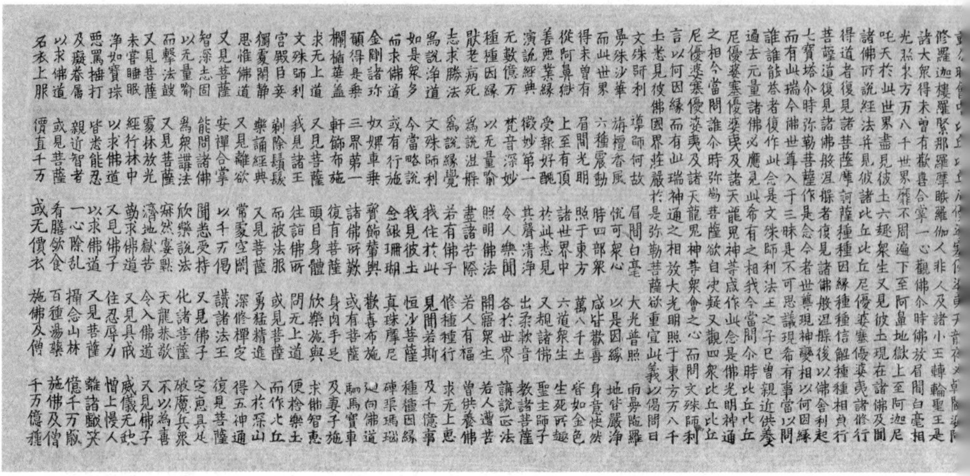

图 1-1-3　瑞光寺塔出土《妙法莲华经》　苏州博物馆藏

　　题记中的雍熙寺为当时苏州城内著名寺院，原名流水寺，在北宋雍熙年间改为雍熙寺，当时寺有华严、普贤和泗洲三个子院，"皆为讲教之所"①。由题记可知，此经原为信徒舍于雍熙寺，后再由雍熙寺僧人转舍于瑞光院，那么此经刻印当在天禧元年（1017）九月以前。此经没有当时佛经刊本所常见的掌经沙门、功德主或施主，以及雕印经者的题名，经前也没有扉画，这在当时的佛经中是极其少见的，有可能是专门作为在佛教徒中流通的坊刻本经卷②。瑞光塔出土的这部《妙法莲华经》为我国现存最早的佛经刻本之一，在中国古代印刷史上占有重要地位。虽然没有直接证据表明《佛说普遍光明焰鬘清净炽盛思惟如意宝印心无能胜总持大明王大随求陀罗尼经咒》和《妙法莲华经》在苏州刊刻，但能被信众供奉于瑞光塔，说明此类雕版印刷品在当时的苏州已经流传颇广。

　　除了以上介绍的瑞光寺塔出土的三件佛教经籍，现存北宋苏州刻佛经，还有一卷《佛顶心观世音菩萨大陀罗尼经》，也值得一说。该经是崇宁元年（1102）石处道刻本，匡高 15.2 厘米，全经二百三十八行，行十四字。开卷是佛说法图、观世音菩萨化僧解冤等扉画。初印精美，纸墨莹洁，为北宋刻书上乘之作。卷末镌发愿文云：

①　朱长文《吴郡图经续记》卷中《寺院》，第 33 页。
②　苏州市文管会、苏州博物馆《谈瑞光寺塔的刻本〈妙法莲华经〉》，《文物》1979 年第 11 期。

　　承议郎石处道，同妻繁昌县君梁氏，敬瞻经相，虔发愿心，舍财命工镂板印施，祈乞子孙蕃盛，福寿增延。崇宁元年十月十日谨记。

　　据此可知该经为石处道及其妻子梁氏舍财共造。按石处道字元叟，宋德庆（今属广东）人。少聪敏笃学，元丰五年（1082）进士，为政以清白著称，官至朝奉郎。检《（嘉靖）吴江县志》，元符三年（1100），石处道到任吴江县令，在任时修昭灵侯庙，塑三高祠像，改建顾公（野王）庙等，并自为记书碑，惠政颇多。此时吴江有筑华严塔之举，作为县令的石处道及其妻子舍财发愿刻经，藏于华严塔下祈福，亦在情理之中。此经现藏中国国家图书馆[①]。

二、《苏州图经》《吴郡图经续记》等早期苏刻苏州方志

　　苏州是中国地方志的发源地之一，早在宋代以前，就产生了《娄地记》《吴都记》《吴郡记》《苏州记》《吴地记》等方志文献；北宋时期，

───────────

① 据王稼冬记载，宣统二年（1910），吴江垂虹桥畔的华严塔因雨崩圮，次年在遗址石匣中出土若干经书，此经即为其中之一，原为三卷，为吴江名家苏宙忱所得，叶德辉曾有《宋刻〈观世音菩萨佛顶心陀罗尼经〉跋》备载其事。1912年，王锡晋以十元购得此经，为书楼取名为"华严宋经阁"，后为其孙王稼冬所有。1951年，在著名古建筑学家刘敦桢的建议下，王稼冬将此经邮寄给中央文化部文物局，国家图书馆所藏应即来源于此。参见王稼冬《吴江华严塔及其北宋藏经考——附五十年后作者补记》，《苏州史志资料选辑》第23辑，1998年刊，第207—211页。

苏州地方官府又编纂刊刻了《苏州图经》《吴郡图经续记》两部方志著作。

《苏州图经》六卷，北宋李宗谔等撰。据朱长文记载，大中祥符年间，"诏修《图经》，每州命官编辑而上，其详略盖系乎其人。而诸公刊修者立类例，据所录而删撮之也"。陈振孙《直斋书录解题》卷八载有《苏州图经》六卷，并云："翰林学士饶阳李宗谔昌武等撰。景德四年，诏以四方郡县所上图经，刊修校定为一千五百六十六卷，以大中祥符四年颁下。今皆散亡，馆中仅存九十八卷。余家所有，惟苏、越、黄三州刻本耳。"[1] 由这些记载可知，当时的《苏州图经》应为苏州地方官府应朝廷诏令而编撰刊刻，在南宋陈振孙时期，尚有苏州刻本传世。

但在陈振孙之后，《苏州图经》已湮没不彰，明末江阴藏书家李如一的《得月楼书目》中著录此书，可见当时还有存世，但已不知是刻本还是写本。明清易代之际，李氏藏书散佚，《苏州图经》自此失传，但在《舆地纪胜》《吴郡图经续记》《（绍熙）云间志》《吴郡志》《（淳祐）琴川志》等书中均存有佚文，涉及建置沿革、疆域、职官、山水、园第、人物、古迹、寺观等内容。

与《苏州图经》齐名的《吴郡图经续记》，是宋代朱长文编撰的。朱长文（1039—1098），字伯原，吴县人，嘉祐四年（1059）进士，曾任苏州教授、太常博士等职。博闻强识，颇有时望。据朱氏自述，元丰初年，"好古博学"的晏知止出守苏州，以搜辑"吴中遗事与古今文章"之事相托。当时距大中祥符年间编纂刊刻《苏州图经》已逾七十年，"其间近事，未有纪述也"，难度不小。朱氏"参考载籍，采摭旧闻，作《图经续记》三卷。凡《图经》已备者不录，素所未知则阙如也"。但书成之后，晏知止已离任，未及刊刻，稿藏于家。后任的章岵对此书也颇有兴趣，于是朱氏"稍加润饰，缮写以献，置诸郡府，用备咨阅"，这是元丰七年（1084）朱长文《序》中所记，可见当时还没有刊刻。

元符元年（1098），祝安上主持苏州地方事务，从朱长文之子朱耜处得到此书，"读之终卷，惜其可传而未传也"，于是就"镂版于公库以示久远"，并在元符二年（1099）撰《后序》以记刊刻始末。绍兴四年（1134），孙佑署苏州事，当时"兵火之馀，图籍散亡，秉笔疑滞，触事面墙，每贤士大夫相过，必以咨访"。湖州通判陈能千携此书相访，虽然距离刊刻仅三十五年，但经过了战争浩劫，此书刻本已经流传极少了。

---

① 陈振孙《直斋书录解题》卷八，上海古籍出版社 1987 年版，第 245 页。

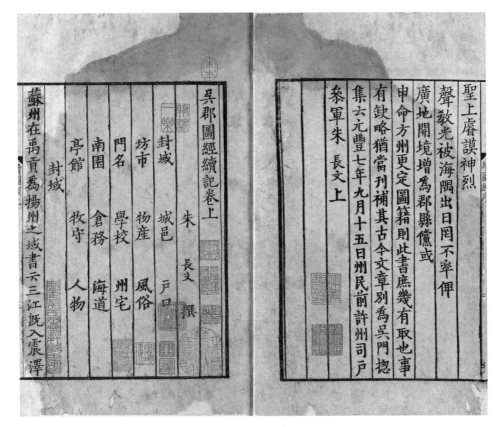

图 1-1-4　《吴郡图经续记》　宋绍兴四年苏州刻本

孙佑命学官孙卫重新补辑校勘，刊刻以传。

　　元符二年祝安上刻的《吴郡图经续记》苏州本早已失传，而绍兴四年孙佑主持的该书第二个苏州刻本，至今尚存。版式为半叶九行，行十八字，白口，左右双边。（图 1-1-4）自明代以来，该书多在苏州藏家中递藏，先后经昆山叶盛菉竹堂、徐乾学传是楼、苏州华阳桥顾氏、黄丕烈百宋一廛、汪士钟艺芸书舍，以及侨居苏州的胡珽琳琅秘室、吴云两罍轩、汪鸣銮万宜楼等收藏，并经多次翻刻。

　　《吴郡图经续记》是现存早期方志的代表作，故《四库全书总目》云："州郡志书，五代以前无闻，北宋以来，未有古于《长安志》及是记者矣。"其价值可见。

三、以李杜别集为典范的唐宋名家别集苏州刻本

　　在北宋时期的苏州刻书中，别集的刊刻尤为突出。如唐代的杜甫、李白、韦应物均为中国史上享誉千古的文学巨匠。鲜为人知的是，他们流传至今的诗文集均以北宋时期苏州官刻本为底本，由此可见北宋苏州刻本的巨大影响。另外，在北宋末年，苏州地区还刊刻了陆龟蒙和苏轼的诗文集，颇受后世好评。

"李杜文章在，光焰万丈长。"（韩愈《调张籍》）与苏州有独特的因缘关系的这些唐宋著名作家的别集中，首先引人注目的，当然是李白和杜甫的别集。从时间上看，同为苏州刻本，两者刊刻的时间也很接近，李白别集较杜甫别集只晚刻了二十一年。

杜甫的《杜工部集》定本，是宝元二年（1039）应天府宋城（今属河南商丘）人王洙（字原叔）所编定，当时刊刻与否，已不可考。嘉祐四年（1059），苏州郡守王琪认为王洙本卷帙繁芜，与苏州进士何瑑、丁修以及吴江县令裴煜等人重新参订校理，刊刻行世。该年四月望日，王琪撰后记云："原叔虽自编次，余病其卷帙之多而未其布，暇日与苏州进士何君瑑、丁君修得原叔家藏及古今诸集，聚于郡斋而参考之，三月而后已。义有兼通者，亦存而不敢削，阅之者固有浅深也。而又吴江邑宰河东裴君煜取以覆视，乃益精密，遂镂于板，庶广其传。" 此书编刊之经过由此可见。

南宋人陈振孙《直斋书录解题》卷十六《别集上》对此刻本记载云："王洙原叔搜裒中外书九十九卷，除其重复，定取千四百五篇，古诗三百九十九，近体千有六。起太平时，终湖南所作，视居行之次若岁时为先后。别录杂著为二卷，合二十卷，宝元二年记，遂为定本。王琪君玉嘉祐中刻之姑苏，且为后记。元稹墓铭亦附第二十卷之末。又有遗文九篇，治平中太守裴集刊，附集外。"[1]

此后杜甫的集子虽然不断有人编辑整理，但由王洙编定、王琪等人刊行的这一《杜工部集》，成为杜诗的第一个定本。后来杜诗的编年、分体、分类、注释、分韵、选评等名目繁多的版本都祖于此。这是宋人对杜诗研究的最大贡献之一[2]。

关于王琪在苏州刊刻《杜工部集》的缘由，南宋人范成大在《吴郡志》卷六《官宇》中记载云（图1-1-5）：

> 嘉祐中，王琪以知制诰守郡，始大修设厅，规模宏壮。假省库钱数千缗，厅既成，漕司不肯除破。时方贵《杜集》，人间苦无全书。

① 陈振孙《直斋书录解题》卷十六《别集上》，第470页。
② 聂巧平《"二王"本〈杜工部集〉版本的流传》，《广州大学学报》（综合版）2000年第4期。

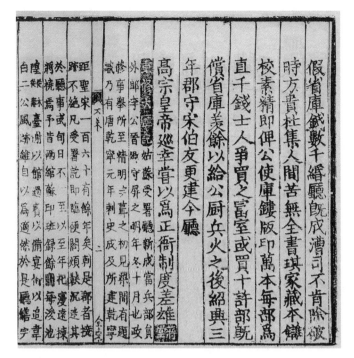

图 1-1-5　《吴郡志》所载刊刻《杜工部集》的记载

　　琪家藏本，雠校素精。即俾公使库镂版印万本，每部为直千钱。
士人争买之，富室或买十许部。既偿省库，羡馀以给公厨。[1]

　　苏州公使库一次就能刊印《杜工部集》万本之多，并且销售情况良好，
可见当时苏州的刻书业以及图书市场均已经达到了相当规模。

　　与杜集情形类似，李白的诗文集在北宋时期曾多次编辑。咸平元年
（998），乐史在李阳冰《草堂集》十卷本基础上，又搜集李白诗十卷，
为《李翰林集》二十卷。此后又将李白所撰各类诗文搜集起来，编为《李
翰林别集》十卷。治平元年（1064），宋敏求在乐史所编基础上，再次
辑佚整理，增加曾任苏州刺史的王抟家藏李白诗集、魏万所纂李白诗集
等资料，以及赋、表、书、序、碑、颂、记、铭、赞各体文章，合三十卷，
署名《李太白文集》。后来曾巩对宋敏求本详加考订，重加编次，自此
李白的诗文集大体编纂成型，但未见有刊刻的记载。

　　李白诗文集的第一个刻本，是北宋元丰三年（1080）苏州太守晏知
止在苏州刊刻的，世称苏本。晏知止本名崇让，临川（今属江西抚州）人，

---

[1] 范成大《吴郡志》卷六《官宇》，江苏古籍出版社 1986 年版，第 50—51 页。

晏殊第四子，元丰元年（1078）知苏州。关于刊刻经过，元丰三年夏四月，毛渐在《李太白文集跋》中云：

> 临川晏公知止字处善，守苏之明年，政成暇日，出李翰林诗以授于渐，曰："白之诗历世浸久，所传之集，率多讹缺。予得此本，最为完善，将欲镂板以广其传。"渐切谓李诗为人所尚，以宋公编类之勤，而曾公考次之详，世虽甚好，不可得而悉见。今晏公又能镂板以传，使李诗复显于世，实三公相与成始而成终也。

由此可见，晏知止所刊的《李翰林集》是在宋敏求和曾巩编辑的基础上，重新校订刊行，成为当时流传最广、影响最大的版本。南宋以后，大多数刻本均以苏本为底本翻刻。陈振孙《直斋书录解题》卷十六《别集上》中收《李翰林集》三十卷，并云："蜀本即宋本也耶？末又有元丰中毛渐题，云'以宋公编类之勤，曾公考次之详，而晏公又能镂板以传于世'，乃晏知止刻于苏州者，然则蜀本盖传苏本，而苏本不复有矣。"[1]可见在南宋陈振孙时期，苏本可能已经无存，传世的已是翻刻苏本的蜀本。康熙五十六年（1717），苏州人缪曰芑得昆山徐氏所藏宋蜀本，校正刊行，世称缪本，影响极广。（图1-1-6）

除了李杜别集，唐代作家中还有韦应物和陆龟蒙，其别集的早期刻本也出自苏州。

韦应物曾任苏州刺史，世称韦苏州。北宋嘉祐元年（1056），王钦臣取世传韦应物的诗文重加校定，"去其杂厕，分十五总类，合五百七十一篇，题曰《韦苏州集》，可以缮写。"可见当时并未刊刻，仅以誊清写本流传。熙宁九年（1076），韩朴出知苏州，得晁迥（文元公）家藏韦应物全集，命宾僚参校讹谬，以权知吴县事葛蘩总其事，定著五百五十九篇，仍为十卷，镂版流布，葛蘩等为后序。这是有明确记载的《韦苏州集》的第一个刻本。

值得一提的是，南宋绍兴二年（1132），《韦苏州集》曾再次刊校，姚宽为之序。乾道七年（1171），魏杞知苏州，又命教官崔敦礼等"以葛蘩本为正，参以诸本，是正凡三百处而赢。又得《九日》一诗附于卷末"[2]，

---

① 陈振孙《直斋书录解题》卷十六《别集上》，第469—470页。
② 崔敦礼《韦苏州集跋尾》，《韦应物集校注》，上海古籍出版社1998年版，第629页。

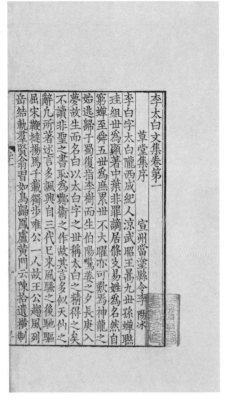

图 1-1-6　清康熙间缪曰芑覆宋刻《李太白文集》

镂版以传①。嘉祐、熙宁、绍兴三本均已不存，今传世《韦苏州集》均出自乾道七年（1171）平江府学刻本②（图 1-1-7）。宋本韦集四种，其中最重要的两种刻本均出自苏州，可见两宋苏州人对于韦苏州文字具有特殊的情感。

晚唐陆龟蒙别集名《笠泽丛书》，含本文四卷，《补遗》一卷，宋政和元年（1111）吴江县令朱衮刊。其书有朱衮序云：

> 进退取舍，君子之大节，惟循于道而不悖，然后无愧于圣人之门。非明轻重之理，知好恶之正者，未有不为物所胜也。天随子居衰乱之世，仕不苟合，家于松江，躬劳苦，甘淡泊，而以读

---

① 此书后有时任平江府学教授的胡观国所撰《书乾道重刊韦苏州集后》，详述其刊刻经过云："今丞相观文魏公，出镇三吴腹心之地。开藩之初，搜前代贤牧之治效，得韦公诗而喜观之。第以工匠雕镂，舛讹既多，版籍寖久，磨灭亦甚，乃命教官参校而是正之，镂版以传不朽。"见《韦应物集校注》，第 628 页。

② 中国国家图书馆藏有此递修本，匡高 24 厘米，宽 17.2 厘米，半叶十行十八字，左右双边，行格疏朗，字体方正。现已影印入《中华再造善本》。

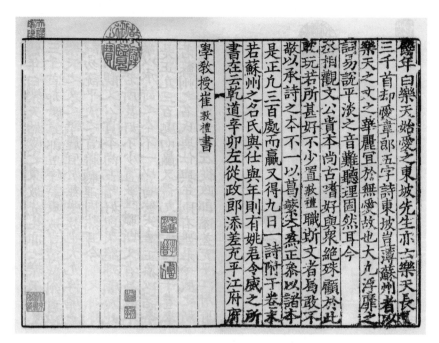

图 1-1-7　南宋乾道七年平江府学刻本《韦苏州集》

书考古为事。所养者厚，故其文气完而志直，言辨而意深，一归于尊君爱民，崇善沮恶，兹非所谓循于道而不悖者邪？世所传《丛书》，多舛谬。衮既至其邑，想其遗风，因求善本校证，刻之于版，俾览者非独玩其辞而已矣，于其志节将有取焉。政和改元季夏四月，毗陵朱衮记。

其刊刻旨趣由此可见。此朱衮刻本南宋时尚存世，陈振孙在《直斋书录解题》卷十六著录其书，谓其"为甲、乙、丙、丁，诗文、杂编。政和中，朱衮刊之吴江。末有四赋，用蜀本增入"[1]。原刻今已不传，《皕宋楼藏书志》著录有据此本的抄本。

与《韦苏州集》在苏州一刻再刻类似，南宋嘉泰年间（1201—1204），吴江县令王益祥也重新校刊过《笠泽丛书》。可惜今天也看不到传本了[2]。

① 陈振孙《直斋书录解题》卷十六《别集上》，第 485 页。
② 据清初朱鹤龄在《愚庵小集》卷十三《书笠泽丛书后》记载，"嘉泰□年，三山王公益祥来令，因前令赵君广言此书多缺误，且示以蜀本，属校刊之，益祥乃以属司教善著韩君是正千有馀字，益祥跋其末。"可见此本应是兼取朱衮本和蜀本之长。朱鹤龄曾在海盐钱氏处得到过一个传钞本，"益祥跋语在焉，最为完古，惜字句不免漫漶耳"。详《愚庵小集》，华东师范大学出版社 2010 年版，第 280 页。

北宋苏州不仅刻前代名家别集，也刻当代作家别集。见于文献记载的，有大名鼎鼎的苏轼所撰《东坡集》四十卷《后集》二十卷，由两宋之际姑苏居世英刊刻。

据陈鹄《耆旧续闻》卷三云："姑胥居世英刊《东坡全集》，殊有叙，又绝少舛谬，极可赏也。"胡仔《苕溪渔隐丛话》后集卷二十八云："居世英家刊大字东坡前、后集，最为善本。"南宋人魏庆之所著《诗人玉屑》也记载"姑苏居世英家刊东坡前、后集"。明刊《东坡全集》卷首旧序亦云："姑苏所传前、后集六十卷，编次有伦，虽岁月间有小差，而是者十九矣。"可见居世英刊本之精。

居世英生平不详，按《吴郡志》卷二十八《进士题名》，其为宣和六年（1124）进士。另据《（正德）姑苏志》卷三十九《宦迹三》载，宣和元年（1119）七月，臣僚言枢密直学士盛章，在政和初年知平江府时，"与豪民居世英家借贷，动数千百缗，请求嘱托，悉出其手，物论喧腾。章遂以女妻之，以弭外议"[1]。可见居世英约生活于北宋末年，家资富饶，其刊刻东坡前、后集当亦在此时。

顺便可以一说的是，据《吴郡志》卷十九《水利上》记载，北宋熙宁六年（1073），水利学家郏亶为司农寺丞，到苏州任提举两浙路兴修水利，将其主张的《苏州治水六得六失》和《治田利害七论》等学说，"镂板遍下州县，许诸色人者详介议焉"[2]。而在1978年瑞光寺塔的出土文物中，也有一张雕版印刷的熟药仿单。该仿单长32厘米，宽18.5厘米，略有破损，分为三段，除大字标铺名外，中间有皂角丸广告，提及"苏州饮马桥……药铺，收买州土生药，依方……皂角丸，能治男子肾脏……气血不调……嚼下一丸，神功不更"云云，一侧又称"奉白君子，近有人……更牌额，旋改药名，往外处多添加……误人性命，凡赎药饵，请细认逐处牌饵，晓晓为佳，朱　再咨"云云，可知其为北宋苏州城中饮马桥附近朱姓药铺的印刷广告，兼有防伪提示作用。虽然是片楮残纸，却可能是目前所见存世最早的雕版印刷仿单。（图1-1-8）以上两例，有力地说明了雕版印刷在当时的苏州，既已成为官方的一种重要宣传手段，也已在普通大众的日常生活中得到了有效的应用。

---

① 王鏊《（正德）姑苏志》卷三十九《宦迹三》，《北京图书馆古籍珍本丛刊》第26册，书目文献出版社1988年影印本，第584页。
② 范成大《吴郡志》卷十九《水利上》，第277页。

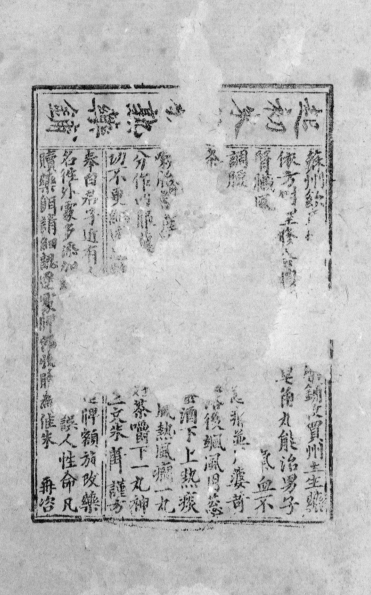

图 1-1-8　瑞光寺塔出土宋代雕版熟药仿单

第二节　以官刻为重心的南宋苏州刻书

南宋时期，由于宋室南渡，苏州得到了快速发展，城市地位也越来越重要，正如时人所云："上方驻跸临安，于时吴门视周畿内，汉三辅，唐同、华，我旧京之陈、郑也。衣冠之所鳞集，甲兵之所云萃。一都之会，五方之聚。上腴沃壤，占籍者众。虽前代与全盛时，犹不可同年语。"[1] 两宋之际，平江府富甲天下，"时浙西七州，盗残者五，惟苏、湖独存，群盗相传，号平江为'金扑满'"[2]。南宋人范成大在《吴郡志》中记载当时已有"天上天堂，地下苏杭""苏湖熟，天下足"的谚语[3]，苏州的"人间天堂"之称自此享誉海内外。经济的繁荣，为苏州刻书业的发展奠定了坚实的基础，无论是官刻、私刻还是寺院刻书都有了长足的进步。

一、层次分明、主题多元的南宋苏州官府刻书

南宋时期，由于苏州地位重要，除了平江府和下辖的吴县、长洲、昆山、常熟、吴江、嘉定等县外，南宋朝廷还将浙江西路的提点刑狱司、提举常平茶盐司等机构设于苏州。由于辖区经济发达，当时的苏州官府资金充裕，如淳熙十四年（1187），知平江府王希吕与祠禄官范成大、胡元质常相聚宴，"一饮之费率至千余缗"[4]。这种富足姿态在文化领域也有突出的呈现。具体到刻书事业，一个重要的特征，就是当时苏州地区的刻书，以官刻为主，且层次分明、主题多元。参与刻书的官方机构，除了府一级的平江府，还有县一级的昆山县、常熟县，以及上述设于苏州的浙西提点刑狱司、提举常平茶盐司等。

1. 平江府官刻书

据文献记载和实物遗存，平江府在宋室南渡以后刊刻的书籍，以刊刻时间为序，可考的大致有如下四种加两批书。

四种中的第一种，是绍兴十五年（1145）刻的《营造法式》。《营造法式》为北宋末年李诫奉敕编修，在中国建筑史上影响深远。其第一个刻本，应为崇宁间官刻小字本。靖康之变时，金兵攻占开封，北宋官

---

① 范成大《吴郡志》卷三十八《县记》，第541页。

② 李心传《建炎以来系年要录》卷二十二，《文渊阁四库全书》第325册，上海古籍出版社1986—1990年影印本，第366页。

③ 范成大《吴郡志》卷五十《杂志》，第660页。

④ 李心传《建炎以来朝野杂记》卷十七，中华书局2000年版，第394—395页。

府藏书随之而尽。宋室南迁后，局面稳定，文教事业渐趋恢复，朝廷及地方官府均努力搜求佳本，依以翻雕。绍兴十五年，知平江军府事王晙获《营造法式》刊本，重新开板印行。这就是《营造法式》的第二个刻本，即绍兴平江本，此后的《说郛》《永乐大典》所收，以及范氏天一阁、钱氏述古堂、张金吾、张蓉镜、瞿氏铁琴铜剑楼、《四库全书》等抄本，都直接或间接来源于此。故绍兴平江本在《营造法式》的流传中，具有承前启后的重要作用。

绍兴平江本《营造法式》现已不存，但国家图书馆现存源于此本的宋代重刻本残本三卷，可略窥绍兴平江本之一斑（图1-2-1）。其上刻工有金荣、蒋宗、贾裕、蒋荣祖、马良臣等。据李致忠的研究，金荣和蒋荣祖等人多为南宋中后期杭州地区的良工，参与过苏杭一带不少图书的刊刻工作，如金荣曾参与南宋初期杭州本《经典释文》、明州本《文选》、眉山本（实为浙本）《南齐书》《魏书》及《古史》《资治通鉴纲目》、浙刻本《武经七书》及《太玄经集注》的刊刻或补版工作，同时他还和蒋宗、贾裕、蒋荣祖、马良臣共同参与了平江府所刊《吴郡志》《碛砂藏》的镂板工作。这些刻工又同时出现在国家图书馆藏本《营造法式》，可见当时苏杭一带刻书业的紧密联系[1]。

第二种是乾道二年（1166）吴郡斋刻的《东莱先生诗集》。该集二十卷，宋吕本中撰，沈度编。每半叶十一行，行二十字，白口，左右双边。吕本中，字居仁，世称东莱先生，寿州人，善诗。沈度，字公雅，湖州人，曾知平江府，在任治绩卓著，后官至兵部尚书。据《吴郡志》卷十一《题名》载，沈度于隆兴二年（1164）十一月到任，乾道二年（1166）七月离任。此书前有乾道二年曾几序，其中有云："沈公之子公雅以通家子弟从居仁游，居仁称之甚。乾道初元，几就养吴郡，时公雅自尚书郎擢守是邦，暇日裒集居仁诗，略无遗者，次第岁月，为二十通，镂版置之郡斋。盖居仁之知沈氏父子也深，故公雅编次之也备。"可见此书为沈度于平江府任上所编辑刊刻，应为《东莱先生诗集》二十卷本的最早刻本。原刻本中土久佚，仅日本内阁文库有藏（图1-2-2）。民国间，上海商务印书馆据以影印，收入《四部丛刊》续编中。

第三种是嘉定五年（1212）吴郡学舍刻宋吕祖谦撰《大事记》。原书包括《大事记》十二卷、《通释》三卷、《解题》十二卷。陆心源《皕

---

① 李致忠《宋版书叙录》，书目文献出版社1994年版，第320—321页。

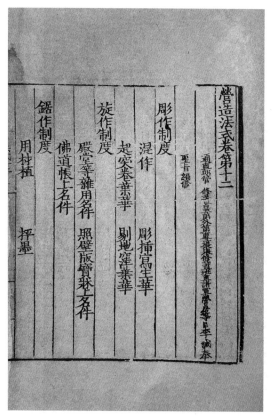

图 1-2-1　宋重刻平江本《营造法式》

宋楼藏书志》卷二十著录此书，标识为宋刊本，并移录书后识语云："太史先生是书，名袭迁《史》，体备编年，包举广而兴寄深，虽不幸绝笔于征和，而书法可概见。其文则史，其义则窃取之矣。《通释》，是书之总也；《解题》，是书之传也；学者考《通释》之纲，玩《解题》之旨，斯得先生次辑之意云。嘉定壬申锓木吴学，谨识于后，冬至前二日，学掾东阳李大有书。"

按《（洪武）苏州府志》卷二十六《人物》载李大有小传云：

李大有，字谦仲，婺州东阳人。……庆元二年进士，潭州益阳主簿，平江府教授。著录公明，不可干以私。正岁率乡之大夫士正齿位，仿古乡饮酒礼讲行之。复取前贤乡约乡仪刻本，以风示学者习俗用劝。知府赵希怿将举大有，或请叩之，辞曰："求而得之，则如勿得。"人服其雅量。①

① 卢熊纂《（洪武）苏州府志》卷二十六《人物·名宦》，广陵书社2020年版，第359页。

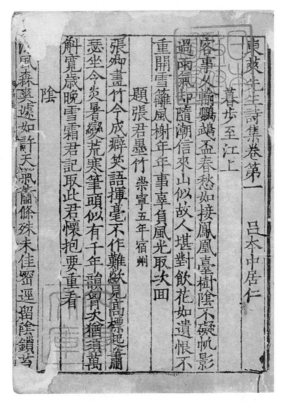

图 1-2-2　宋乾道二年吴郡斋刻本《东莱先生诗集》

此传记中没有记载李大有何时出任平江府学教授，但提到了知府赵希怿。按《吴郡志》卷十一《题名》，赵希怿于嘉定三年（1210）四月到任知府，五年正月差知太平州离任，可见李大有出任平江府学教授也约在此期间。而其在《大事记》后题识的"嘉定壬申"，正是嘉定五年，与《（洪武）苏州府志》的记载相合。另外上述李大有小传中载其在平江府教授任上时"复取前贤乡约乡仪刻本，以风示学者习俗用劝"，可见其确实有刻书之举。

此书现仅存三卷，为《通释》卷二至三、《解题》卷九，现已收入《原国立北平图书馆甲库善本丛书》第 146 册，据书叶可见，版式为半叶十行，行二十字，左右双栏，白口，双鱼尾，版心上刻书名卷数，下记叶码，并题刻工名。书中逢敦、完、慎等字皆缺末笔避讳，可见为光宗之后所刻[①]。

值得注意的是，关于此书还有不少误读。如《天禄琳琅书目》认为此书为重刊本，但此书刊刻距吕祖谦去世只有三十一年，在吕祖谦去世

---

① 慈波《吕祖谦〈大事记〉的版本与刊写》，《新宋学》（第八辑），复旦大学出版社 2019 年版。

前，此书尚未完稿，其他诸书也多在嘉定年间初刻，如《欧公本末》也是嘉定五年所刊，故此本也应为初刊本。另外《天禄琳琅书目》还将"嘉定壬申镂木吴学，谨识于后"，误读为"嘉定壬申镂木，吴学谨识于后"，从而误认为"吴学"是题识之人，还臆断出"吴学疑为东阳人，未可知也"。

陆心源移录的校刊诸人，有"同校正乡贡免解进士充府学直学郑应奇、同校正乡贡免解进士充府学直学李安诗、同校正国学内舍免解进士充府学录郁云、同校正迪功郎新婺州武义县主簿充府学正周浩然"四人。按《吴郡志》卷二十八《进士题名》中，著录嘉定十六年（1223）进士"郁云，内舍"①，为隆兴元年（1163）进士郁异之侄，应即此人。

第四种是淳祐六年（1246）刻《张司业集》。全书正文八卷附录一卷，唐张籍撰。陈振孙《直斋书录解题》卷十九载有"《张司业集》八卷、《附录》一卷"，并云"汤中季庸以诸本校定，且考订其为吴郡人，魏峻叔高刻之平江，续又得《木铎集》，凡他本所无者，皆附其末"②。可见魏峻在平江刻本所依据的底本，是由汤中参考诸本校订而成。此本今虽无传，但有清影宋抄本藏国家图书馆③（图1-2-3）。据此可窥其特点。此抄本半叶九行，行十七字。目录后有汤中《序》云："前辈推重司业之诗如此，近时罕有传诵者。故为之搜访整比，以俟好风雅者刻焉。番阳汤中。"由此可知，其编辑完成后，并未刊行。淳祐六年，魏峻以此为底本刊于苏州，又与《木铎集》对勘，增诗五首附于八卷之末，题曰《张司业诗集拾遗》，并录张泊之《序》于首卷。魏峻于《附录》后题识云：

> 唐张司业乐府，世多传，罕有尽得其他诗者。侍讲司谏汤公，独表而出之。司业所居里，《旧史》略弗录，《新史》称为和州乌江人，未有质其居吴者，司谏始订而信之。峻尝诵司业诗，有"学者号韩张"之句，世无韩吏部，不当在弟子列。其磊磊落落在人耳目者如此，而遗风馀韵，邦人弗传，图志弗载，世之泯灭不少概见者，可胜道哉！峻既刊司业诗，因取以补郡志之阙，遂为中吴一段奇事。淳祐丙午立春日寿春魏峻识。

检《吴郡志》卷十一，淳祐四年四月二十六日，魏峻到任为"知平

① 范成大《吴郡志》卷二十八《进士题名》，第416页。
② 陈振孙《直斋书录解题》卷十九《诗集类上》，第565页。
③ 李致忠《昌平集》，上海古籍出版社2012年版，第557页。

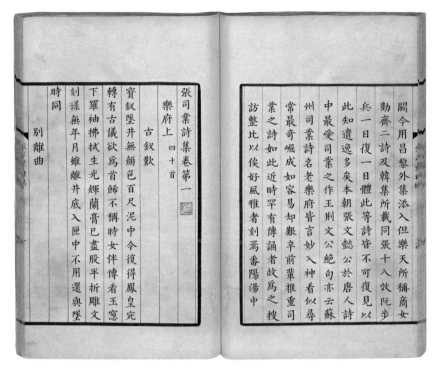

图 1-2-3 清影宋抄本《张司业诗集》

江府兼两淮浙西发运副使、节制许浦都统司水军",直到淳祐六年三月十三日除刑部侍郎离任①,上述魏峻题识的"淳祐丙午立春日",正是在其卸任之前。题识中魏峻介绍了刻《张司业集》的缘起和目的,主要是为了表彰苏州先贤,"补郡志之阙",这也是作为地方官的职责之一。由于此本综各本之长,收诗篇什最多,故为宋刻诸本中最完善者,后世多有翻刻和抄写。

南宋平江府刻书,四种之外所谓的"两批",是指《白氏长庆集》苏刻一系和《吴郡志》苏刻一系。

白居易曾任苏州刺史,在任时惠政颇多,和苏州关系十分密切,他亲自编订的《白氏长庆集》前后七十五卷,诗笔大小凡三千八百四十首。当时抄写了五本:"一本在庐山东林寺经藏院;一本在苏州禅林寺经藏内;一本在东都圣善寺钵塔院律库楼;一本付侄龟郎;一本付外孙谈阁童。各藏于家,传于后。"到南宋时期,各处藏本颇多佚失,倒是在苏州,因为雕版印刷的兴盛,白集得以流传。陆游《入蜀记》曾云:

---

① 范成大《吴郡志》卷十一《题名》,第 156 页。

　　白公尝以文集留草堂，后屡亡逸。真宗皇帝尝令崇文院写校，包以斑竹帙送寺，建炎中又坏于兵，今独存姑苏版本一帙，备故事耳。

　　其中既称"版本"，当然已非白居易当年手录的本子，而应该是个刻本。白集的这个苏州本曾多次刊刻，乾道四年（1168），知绍兴府洪适在所刻《元氏长庆集》中有跋云："乐天与元公才名相埒，乐天守吴才岁馀，吴郡屡刻其文，微之留郡许久，其书独缺，可乎？"可见在乾道以前，苏州已经多次刊刻过《白氏长庆集》了。

　　宋代苏州刊刻《白氏长庆集》明确可考的有三次。第一次是淳熙十三年（1186）以前平江公库刻本，第二次是淳熙十三年后平江府教授陈造修补平江公库刻本。陈造在《江湖长翁集》卷三十一《题长庆集》云："乐天人中龙，其学粹诣，其操守卓伟，尽爱君忧人之心，而不害为放达超胜，读其遗文，如挹清扬而亲谭麈也。此板在平江公库，岁久漫灭，予以意补葺之，遂为嘉本。时与蒙庄宣公之书表里，诵之莫知其孰为优劣也。"按《（洪武）苏州府志》载："陈造，字唐卿，高邮人。淳熙初进士，调繁昌尉，改平江教授……历浙西参议幕，时人称为淮南夫子。"可见陈造曾在苏州任平江府教授之职。再检陈造《江湖长翁集》卷三十一《题吕居仁诗》，中有自述云其"丙午，主吴门教"。丙午为淳熙十三年，陈造在平江公库见到《长庆集》刻板应在此时或稍后，可见此前多年，苏州确实已经刊刻过白居易的诗文集，陈造在任时又进行了补修刊行，同时还刊刻了吕居仁的集子。

　　第三次是嘉定初年平江知府李大异刻本，后附李璜所撰年谱。陈振孙在《直斋书录解题》卷十六《别集上》著录为"《白氏长庆集》七十一卷、年谱一卷、又新谱一卷"，并云："今本七十一卷，苏本、蜀本编次亦不同，蜀本又有外集一卷，往往皆非乐天自记之旧矣。年谱，维扬李璜德劭所作，楼大防参政得之，以遗吴郡守李伯珍谏议刻之。余尝病其疏略抵牾，且号为年谱而不系年，乃别为新谱，刊附集首。"[1]检《吴郡志》卷十一《牧守》，李大异字伯珍，嘉定元年（1208）四月知平江府，直到三年正月转知建康府，可见李大异本应刊于此时。

　　平江府刻书两批中的第二批，是《吴郡志》一系。该书五十卷，

_____

① 陈振孙《直斋书录解题》卷十六《别集上》，第 479 页。

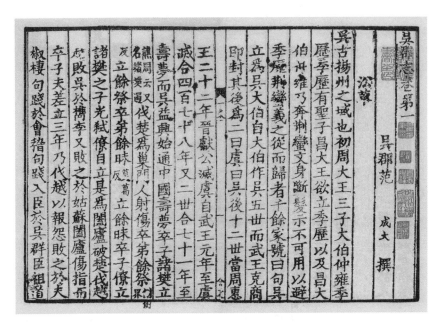

图 1-2-4 宋刻本《吴郡志》

初刻于绍定二年（1229），作者是南宋著名文臣兼作家范成大（1126—1193）。范氏字致能，号石湖居士，是苏州本地人，绍兴二十四年（1154）进士，官至参知政事。《吴郡志》成书于绍熙三年（1192），即范成大逝世前一年。此书资料翔实，体例完备，历来颇受好评。宋宾王在《跋》中云："诚以山可崩、川可竭、风俗或变更、遗迹或堙没，而文垂天壤，虽历劫不朽。"《四库全书总目》亦赞云："征引浩博而叙述简核，为地志中之善本。"

《吴郡志》纂成后却未能及时刊刻，其原因赵汝谈曾记载云："初石湖范公为《吴郡志》成，守具木欲刻矣，时有求附某事于籍而弗得者，因哗曰：'是书非石湖笔也。'守惮莫敢辨，亦弗敢刻，遂以书藏学宫。"绍定元年（1228），李寿朋出守吴郡，"及谒学问故"，才知道《吴郡志》尚未刊刻。"他日拜石湖祠，退从其家求遗书得数种，而斯志与焉，校学本无少异。"确认其为范成大所作无疑，于是就计划刊刻。但由于其书下限只记载到绍熙三年，"其后大建置如百万仓、嘉定新邑、许浦水军、顾迳移屯等类皆未载，法当补"，于是李寿朋"会校官汪泰亨与文学士杂议，用褚少孙例，增所缺遗，订其脱讹"[1]，加以校勘增补，于绍定二年刊成，距范成大编成《吴郡志》时已过三十七年之久。（图 1-2-4）

---

① 赵汝谈《吴郡志序》，见《吴郡志》卷首，第 1 页。

但今本《吴郡志》对“本朝牧守题名”的记载，已至“宝祐三年（1255）八月二十五日到任，至宝祐四年（1256）二月十三日奉圣旨兼浙西提刑”的赵与憲，已在《吴郡志》绍定二年初刻的二十七年之后，由此可见《吴郡志》除了初刻的绍定本外，在宋代至少还刊印过一次增补绍定本的续修本。今可考见的四部宋刻《吴郡志》分别藏于上海图书馆、台北“国家图书馆”、中国国家图书馆和南京图书馆，版式均为每半叶九行，行十八字，白口，左右双边，版心下记刻工姓名。目录后有校刻人衔名四行：“校勘进士何漳、府学学谕刘九思，校勘迪功郎新广德军军学教授李起，校勘从事郎充平江府府学教授汪泰亨，校勘国学免解进士李宏。”说明即使有续修，仍然是苏州刊印的。

《吴郡志》刻成后，板片一直保存在苏州府学内，直到明代尚有刷印之举。① 此宋代书板毁于明末。② 之后毛晋汲古阁重刻其书，毛刻之外，宋刻《吴郡志》在此后还曾多次翻刻传抄，著名的有清乾隆《四库全书》本、嘉庆海虞张氏《墨海金壶》本、道光金山钱氏《守山阁丛书》本、民国商务印书馆《丛书集成》初编本等。

南宋时期的平江府署和平江府学所刊刻的书籍，当然不止以上介绍的四种二批。如祝允明《怀星堂集》卷二十四《重刊王著作文集序》云宋人王蘋的文集：“宝祐中，其曾孙进士思文取福清邑庠墨本刊于吴学。”宝祐刊本中还有序跋，详细论述了“先生之道与文”。但明弘治年间，此本“传者甚鲜”，故其后人有重刊之举。

2. 昆山、常熟二县衙刻书

除了平江府，南宋时期平江府的属县中，昆山、常熟两县的刻书，也颇可注意。

---

① 潘景郑在《著砚楼读书记》中就记载：“顷估人携示宋刻全帙，取校张本，行款俱合，惟纸敝墨黯，字体漫漶已甚，审为宋刊明印之本，纸墨可辨，不知绍定距元未久，安有漫漶若是，如其然也，则明印当复何如耶。”可见当时尚有宋刊明印本存世。

② 据毛晋《吴郡志跋》记载，他在十多岁应童子试时，在郡学受业于高伯時，高伯時带其拜谒韦刺史（韦应物）祠，在韦刺史祠的西庑，发现“方策半架，尘封蠹蚀，抽而视之，乃《吴郡志》”，当时年幼的毛晋尚“不知何人所作，何代所镌也”，后来也渐渐遗忘了此事。成年后，他得到一部宋刻《吴郡志》，“珍如髻珠”，但“亦不知其板何在也”。某次他携此书到云间名士陈继儒处见到苏州藏书家史兆斗，史兆斗云“此志为赵宋绍定刻板，藏学宫韦刺史祠中”，毛晋才“恍然昔年所见，深愧童蒙，觌面失之”，于是“亟理棹入吴门，再拜韦祠。但见朽木五片叠香炉下，摸板寻行，与藏本无二。叩访其馀，已入庖丁爨烟矣”。毛晋与板片失之交臂，深为痛惜云：“呜呼，惜哉！异代异宝，不遇赏音，竟付煨烬。”但也颇感庆幸：“尚留蠹余木屑，岂神授余耶？”回来后就决定重刊《吴郡志》，“亟锓诸梓，以答神贶”。详毛晋《吴郡志跋》，见《吴郡志》卷末，第665页。

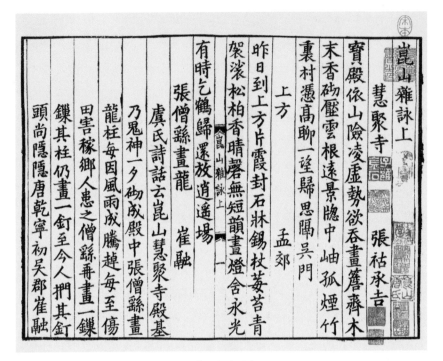

图 1-2-5　宋开禧三年昆山县斋刻《昆山杂咏》

　　南宋昆山县刻书中，实物流传至今的，是宋人龚昱所辑《昆山杂咏》三卷，开禧三年（1207）昆山县斋付梓。龚昱，字立道，昆山人。善诗文，安贫乐道，熟悉乡邦掌故。《昆山杂咏》是他辑古今关于吟咏昆山篇什而成，可补志乘之缺。其书原有《续编》一卷，但明代已佚。

　　此书现藏中国国家图书馆，为仅存孤本。书前有嘉定元年（1208）范之柔序文，后有开禧三年徐挺之识语。徐挺之当时继潘文叔为昆山知县，其识语云："龚君总成此编，以示交承金华潘文叔。文叔迫去，不克广其传。挺之来试邑，刊置县斋。不惟嘉立道之好尚，抑以全文叔之志云。"明确记载此书于开禧三年由徐挺之主持刊于昆山县斋。今国家图书馆藏本版式为每半叶八行，行十五字，白口，左右双边。字体端庄，行格疏朗，款式大方，麻纸印造，墨色纯正，完全是宋刻风貌，系开禧原刊宋代印本无疑（图 1-2-5）。书中构、慎、敦字皆注庙讳，说明其于高、孝、光三帝名讳全行回避，亦是宋刊佐证[①]。

────────────

① 此书到明朝嘉隆间已极罕见，明、清以降，亦不见有单刻、丛刊流布，直到民国初年，方收入昆山赵诒琛辑刻的《峭帆楼丛书》。国家图书馆所藏此书，原为清代汪士钟所藏，故钤有"三十五峰园主人""三十五峰园主人所藏""汪士钟印"等印记。后为常熟瞿氏铁琴铜剑楼所得，故又钤有"恬裕斋""铁琴铜剑楼"等印记。中华人民共和国成立后，铁琴铜剑楼许多重要珍籍移赠北京图书馆，其中即有此书。今收入《中华再造善本》。

值得注意的是，此书为文人手书上板的写刻本，字体楷中带行，近欧阳询书风，为南宋文人中流行的书体，与一般匠人写样上板的宋版书比较端正的字体不同。现存宋版书中此类写刻本颇为罕见，除该书外，仅有嘉定间所刊《友林乙稿》、宋末刊《草窗韵语》等寥寥数种。此书刊印在前，雕版技艺精善，转折顿挫，笔意俱存，颇值得重视。①

南宋昆山县还刻过两种宋人所编昆山方志，即《（淳祐）玉峰志》和《（咸淳）玉峰续志》。

《（淳祐）玉峰志》三卷，宋项公泽修，凌万顷、边实纂。项公泽，字德润，宋永嘉人，淳祐间任昆山知县。项公泽在淳祐十二年（1252）中和节跋中记载，上任后，因昆山无志，"故于稽古载籍之事多缺焉。考之《吴郡志》，虽附书二三，其详不可得而闻"。因起修志之念。直学凌万顷和掌仪边实二人"慨为己任，搜访掇拾"，成书后，项公泽任满将离任，"惧其失传，而二君之劳孤矣。姑授之梓，以俟方来，庶知今者果不谬，古者犹可质云"。此书的编纂和刊刻经过由此可见。

此志为现存最早的昆山志书，尤其是在卷前设置的"凡例五则"，为现存宋元方志中所仅见，成为后世通行的编纂体例，在中国地方志史上具有划时代的重大意义。该书宋刻本久佚，此后多以抄本传世，尤以清嘉庆《宛委别藏》本最著。宣统元年（1909），收入《汇刻太仓旧志五种》，卷前有云：

> 《玉峰志》淳祐辛亥五月修，壬子二月刊于县学。预纂修著书氏名于后：迪功郎平江府昆山县尉俞炜、迪功郎平江府昆山县主簿施丙、迪功郎平江府昆山县丞卜稷、迪功郎平江府昆山县主簿吴坚、承事郎平江府昆山县主管劝农公事兼主管运河堤岸搜捉铜钱下海出界专一点检围田事兼弓手寨兵军正项公泽。

此段记载应过录自宋刻本，明确了《（淳祐）玉峰志》的纂修和刊刻时间，保留了当时参与此书编纂的昆山官员职衔，具有重要价值。

《（淳祐）玉峰志》刊行二十年后，咸淳八年（1272），谢公应任昆山知县，鉴于《（淳祐）玉峰志》在一些方面有所缺漏，就产生了续修之念，并将此事托付于《（淳祐）玉峰志》纂修者之一的边实，边实

---

① 李致忠《宋版书叙录》，第 365 页。

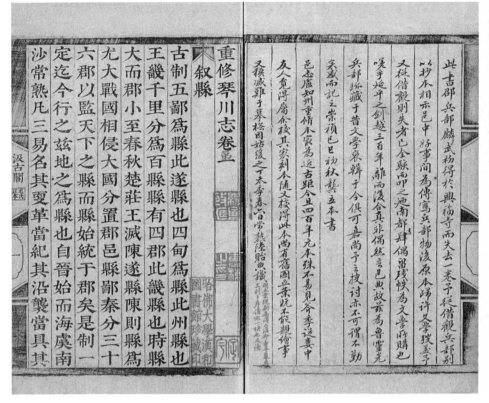

图 1-2-6　明毛氏汲古阁刻《重修琴川志》

"披览史籍，证以今事"，历时三个月成书，即《（咸淳）玉峰续志》，较之前志，"增入者三十馀条，改定者二十馀条"，书成后，谢公应十分满意，"不忍释手，谨命工绣梓，以寿其传"，可见当时确实已经刊刻。但其宋刻原本也早已佚失，宋代以后均和《（淳祐）玉峰志》并行以传。

与昆山县类似，常熟县也在南宋宝祐年间刻过常熟方志《重修琴川志》。

《（宝祐）重修琴川志》十五卷图一卷，宋孙应时纂修，鲍廉增补，元卢镇续修。该书经庆元间知县孙应时、嘉定间知县叶凯、宝祐间知县鲍廉历次编修刊刻。其卷十五《拾遗》内有至正二十三年（1363）常熟知州卢镇跋，云：

> 按《琴川志》自宋南渡，版籍不存，其后庆元丙辰，县令孙应时尝粗修集，迨嘉定庚午，县令叶凯始广其传。至淳祐辛丑，县令鲍廉又加饰之，然后是书乃为详悉。自是迄今且百馀年，顾编

续者未有其人，而旧梓则已残毁无遗矣。①

从跋中"迄今且百余年""旧梓则已残毁无遗"等语可见，在南宋时此书确实曾经刊刻。《（崇祯）常熟县志》卷五《宦迹》也记载了叶凯在任时治绩颇多，其中"刊《琴川志》"即为其一。《（宝祐）重修琴川志》原刻也早已不存，但明清时期翻刻和抄本颇多，著名的有明毛氏汲古阁刻本（图1-2-6）、清张海鹏借月山房刻本、《宛委别藏》本等。

此外，据传南宋端平年间（1234—1236）知常熟县事王爚编刊过《言子》三卷。王爚，字伯晦，新昌人，嘉定进士。理宗时官至左丞相，与陈宜中不协而去。度宗时诏充上蔡书院山长，后进皆多成就。他编的这部《言子》，是记录孔门弟子言偃言行的著述，因为相传言偃是吴地之人，曾在常熟居住过。不过这部《言子》是否同时也是王爚在常熟县任上刊刻的，尚无法确证。因为陈振孙《直斋书录解题》卷九著录其书，仅云"近新昌王爚伯晦复裒《论语》诸书所载问答为此书"②，并未明言其刊刻地。

3. 浙西茶盐司和浙西提刑司刻书

浙西茶盐司为宋代设于苏州的官方机构。关于其设置，南宋人有记载云：

> 初，元丰、崇宁之间，尝遣廷臣分行诸路，号提举措置盐事。除授继踵，而屡经并省。政和之二年，始罢官鬻，行新钞盐法。于是两河、二浙、荆湖、江淮复置提举司以总之。宣和五年，又分淮、浙为西路，则八州、军、三十八县隶焉，治平江府。今在府治之东，厅事独无记。③

由此可见，自两浙西路成立以来，提举常平茶盐司就设治于苏州。

绍兴二十一年（1151），在浙西茶盐司任上的王珏，刊刻了其曾祖父王安石的《临川先生文集》一百卷，为现在流行的《临川先生文集》的祖本。此书后有王珏题识云：

---

① 此处卢跋叙述微误，淳祐辛丑当淳祐元年（1241），据《（宝祐）重修琴川志》卷三，时县令为赵师简，鲍廉淳祐十二年壬子（1252）方到任。但鲍氏重修《琴川志》，据其书今本卷首所列"旧序"中邱岳所撰"叙"，盖在宝祐二年甲寅（1254）。该年下抵卢跋撰时之至正二十三年亦一百零九年，云"迄今且百馀年"，仍合史实。

② 陈振孙《直斋书录解题》卷九，第284—285页。

③ 范成大《吴郡志》卷七《官宇》"提举常平茶盐司"条后所录徐康《记》，第86—87页。

曾大父之文，旧所刊行，率多舛误。政和中门下侍郎薛公、宣和中先伯父大资，皆被旨编定，后罹兵火，是书不传。比年临川、龙舒刊行，尚循旧本。珏家藏不备，复求道（引者按："道"当是"遗"字之讹）稿于薛公家，是正精确，多以曾大父亲笔、石刻为据。其间参用众本，取舍尤详。至于断缺，则以旧本补校足之。凡百卷，庶广其传云。绍兴辛未孟秋旦日，右朝散大夫、提举两浙西路常平茶盐公事王珏谨题。

因当时两浙西路的治所在杭州，故提举两浙西路常平茶盐司经常被误认为是位于杭州的政府机构，所以王珏此刻本，也一直被冠以"杭州本"或"杭本"之名。王国维在《两浙古刊本考》中也误收入此书。而范成大《吴郡志》卷七《官宇》所载的浙西茶盐司官员名录中，收录有"右朝散大夫王珏"，并详载其"绍兴十九年十一月十五日到任，绍兴二十一年十二月十四日任满"。与刻书题识中王珏落款的时间和官衔完全符合。

关于王珏，《（洪武）苏州府志》卷二十六《人物·名宦》"常平茶盐提举"中有记载云：

王珏，字德全。荆公安石之孙也。绍兴二年，起家盐官丞，方年壮，累行令事，邑人安之。秀州岁以钱给亭民煮盐，至十五年，积十九万七千余缗，不给，民诉于朝，除珏提举浙西茶盐。逾年，尽偿亭民，且赢巨万，开华亭海河二百余里，盐滋得流通，其溢以溉田。经界法行，甚害者三百六十余事，其七千二百余户为尤病，珏奏除之。兼提点刑狱，未阅月，正大辟，重而轻者三人，死而生者五人。移湖南提举，官至直敷文阁、太府少卿。隆兴二年，卒于吴县横山之私第。[1]

上述记载，为王珏在苏州刻《临川先生文集》增加了更为直接的证据。一是他在浙西提举常平茶盐司任上时"赢巨万"，积累了巨大财富，为其一次刊刻百卷之多的《临川先生文集》奠定了经济基础。二是从王珏在"隆兴二年，卒于吴县横山之私第"的记载可以看出，在隆兴二年（1164）

---

[1] 《（洪武）苏州府志》卷二十六《人物·名宦》，第364页。

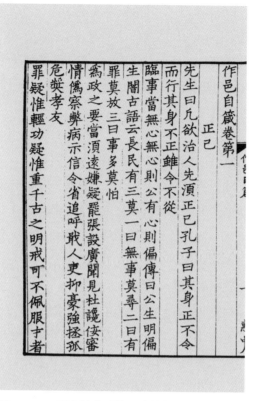

图 1-2-7 影宋抄本《作邑自箴》

前，王珏已安家于苏州。虽然距刻《临川先生文集》时已过去十多年，但王珏有可能当时已经安家于苏州。

浙西提刑司也是宋代设于苏州的官方机构。据《吴郡志》卷七《官宇》载："提点刑狱司，在乌鹊桥西北，绍兴元年建。厅事后曰明清堂，堂后小圃种竹，有亭曰'留客'，曾逮创。逮父文清公几命名，且作诗，徐蕆隶额。乾道九年，诸路添置武提刑一员。遂于旧司之东，撤去干官廨宇，以其地作东厅。比年省罢，使者来，从其便而居焉。"①

淳熙六年（1179），浙西提刑司刻《作邑自箴》十卷。此书宋李元弼撰，成书于政和七年（1117），是宋代县政的业务指导书籍，为研究宋代地方政治、经济和社会关系提供了珍贵资料。此书宋刻原本已佚，常熟铁琴铜剑楼藏影宋钞本（图 1-2-7），民国间商务印书馆编《四部丛刊续编》曾据以影印，由卷末"淳熙己亥中元浙西提刑司刊"题记，可知其底本即淳熙六年浙西提刑司刻本。

检《吴郡志》中的《浙西提刑题名》，淳熙六年左右任职浙西提刑

————————

① 范成大《吴郡志》卷七《官宇》，第 76 页。

的有韩元龙，"以朝散大夫、司农卿除直龙图阁、浙西提刑，淳熙五年
十月初四日到任。七年十月初二日，主管亳州明道宫。"又有赵伯骕，"以
武功大夫、忠州团练使、浙西总管除，淳熙五年十月十六日到任。七年
八月初六日，转和州防御使。"可见淳熙六年主持刊刻《作邑自箴》的，
应为韩元龙和赵伯骕两人。

二、以集部为中心的南宋苏州私家刻书

南宋时期，苏州的私家刻书和北宋相比得到了较快发展。不过在刻
书题材上，则步趋了北宋苏州官刻喜刻别集的偏好。朱长文、范成大、
魏了翁等人的后人，为宣传先辈道德功业，均将其诗文别集刊刻以传。
而吴江叶茵所刻的《甫里先生集》，也是因景慕同乡先哲陆龟蒙而为。
兹依刊刻年代先后介绍四种。

刊刻年代相对较早的，是绍熙五年（1194）朱思刻其伯祖朱长文的《吴
郡乐圃朱先生馀稿》十卷《附录》一卷。其书卷首有绍熙甲寅孟冬望日
朱思序云："乐圃文集旧有百卷，家藏古今篇帙动万计，与夫数世聚族
之居，堂宇亭榭，名花古木，罹建炎兵火之难，吴城失守，一日翦为劫
灰。其后独先生《春秋通志》，复传本于他郡，仅有全编。思玷处孙列，
自幼搜访乐圃余稿，每得一篇，必珍而藏之。今裒集有年矣。……今虽
百卷之中仅存十一，然雄文丽藻，恐又将湮没。遂止凭所藏，得古律诗
大小百六十有三，记五，序六，启七，墓志五，世谱、题跋、祭文、赋、
书、铭各一，类为十卷，捐俸募工，以锓诸木……且以见吾家义风业儒，
有所自来，而故交名族，多为今代显人。"康熙五十一年（1712），朱
长文二十二世孙朱岳寿又重刊其书于苏州。后收入《四库全书》。

之后到嘉泰三年（1203），范成大的后人又以范氏寿栎堂的名义，
刊刻了范成大的《石湖居士集》一百三十卷。成大以诗文著于时，与尤袤、
杨万里、陆游并称为"南宋四大家"。关于《石湖居士集》的卷数，历
来有一百三十卷和一百三十六卷两种说法。范莘、范兹跋称"诗文凡百
有三十卷，求序于杨先生诚斋，求校于龚编修芥隐，而刊于家之寿栎堂"。
可见为一百三十卷，前有杨万里序。而《直斋书录解题》《宋史·艺文
志》《文献通考·经籍考》均著录为一百三十六卷。此书宋代已散佚，
传世者仅存《诗集》三十四卷。最早传本为明抄本，瞿镛《铁琴铜剑楼
藏书目录》卷二十一著录云："陈氏《书录》载《石湖集》一百三十六卷，
今仅存诗集一种，曰《文集》者，犹仍旧本也。有杨万里序，男莘跋，

旧为吴文定藏书，板心有'丛书堂'三字，其全集尝刻于嘉泰间，卷末有'奉议郎枢密院编修官兼实录院检讨官兼资善堂小学教授龚颐正校正'一行。"①

　　淳祐十一年（1251）或稍后，魏了翁之子魏近思、魏克愚又在苏州编刻完成了《重校鹤山先生大全文集》一百十卷目录二卷。此为魏了翁全集的最早刻本，世称姑苏本。按魏集今存世的最早刻本，为宋开庆元年（1259）刻本，现藏中国国家图书馆，卷前有淳祐九年（1249）吴渊序云："岁在丙申（即端平三年，1236），魏公假督钺道吴门，渊辱兼知，首厂元□，故读公诗文为尤熟。公薨背十二年，而二子曰近思、克愚粹遗稿刻梓，属渊序发之。"不过此时刊刻并未竣事，直到淳祐十一年吴潜作后序时仍称："公之子近思、克愚相与搜遗阙轶，有《正集》《外集》《奏议》凡一百卷，将锓梓行于世。"可见刻竣当在这一年稍后。中国国家图书馆藏本还有开庆元年夏五月甲子佚名后序云："暇日索先生文集，长翁以姑苏所刊本垂教。"②看来当时苏州刊本已颇为流行。

　　以上三种，均是南宋苏州私家刻本里后人刊刻家族先人的别集，也是宋刻宋人别集中的名作。与此同时，北宋时已着先鞭的苏刻唐人别集事业，在南宋也续有佳篇。其典型的例子是宝祐五年（1257）吴江叶茵刊刻的同乡先辈唐人陆龟蒙的《甫里先生集》二十卷。《吴都文粹续集》卷五十五载叶茵序云："甫里先生，吾乡先贤也，出处大节，已见本传，独著述散漫，未有善本。今传于世者，《笠泽丛书》《松陵集》，以篇计之，仅四百八十一。茵居其乡，诵其文，且和其绝句百八十馀首，遂于文籍中裒集得一百七十一篇，合《丛书》《松陵集》计六百五十二篇，凡可助此书以流行者，聚于卷末，名曰《附录》，总为二十卷，刊置义庄，以广观览。其间字画疑者存之，舛讹者是正之，文之有遗逸者行且增补之。庶可酬先生泉下之望，亦可见茵景慕先哲之意云。宝祐五年闰月　日叶茵谨识。"宝祐五年叶茵刻本已失传，现存明成化二十三年（1487）严景和依叶茵本重刻本，藏中国国家图书馆，已收入《中华再造善本》。

　　此外，南宋苏州私家刻书中还有一部六卷本《琴史》，是历史上首

---

① 范集另有弘治十六年（1503）苏州金兰馆铜活字印本，曾经季振宜、瞿氏铁琴铜剑楼等名家收藏，现藏国家图书馆。清康熙二十七年（1688），长洲顾嗣立爱汝堂刻《石湖居士诗集》三十四卷，顾氏跋称"吾友金子亦陶所藏，从宋板抄得，更为广集诸家，较勘精密，可称善本"。《四库全书》即据此收入。

② 中华再造善本工程编纂出版委员会《中华再造善本总目提要（唐宋编）》，国家图书馆出版社2013年版，第698页。

部叙述琴历史的专著，在中国音乐史上具有重要地位。该书作者也是朱长文，由朱长文侄孙朱正大刊刻于宋绍定六年（1233）。陆心源《仪顾堂题跋》著录黄丕烈校宋本，每半叶六行，行十八字，后题有"绍定癸巳立秋日侄孙正大谨书"。《四库全书总目》亦载此书云："《琴史》六卷……绍定癸巳其从孙正大始刊版，并为后序。"此版本虽已不存，但为后世各本的祖本。

三、南宋时期苏州人在外地主持刻书述略

南宋时期，为官于外的苏州人也热心于刻书事业。如在当涂主郡事的胡元质、在淮东仓司任职的郑羽等，都热衷于刻书，名传后世。

胡元质（1127—1189），字长文，长洲人，绍兴十八年（1148）进士，乾道年间任当涂郡守。乾道八年（1172），胡元质主持刊刻了《两汉博闻》十二卷，并在卷末跋云（图1-2-8）：

> 元质顷游三馆，搜览载籍，得《两汉博闻》一书，记事纂言真得提钩之（要），（惜）其传之不广也，爰是正而芟约之，刻版（于姑）孰郡斋。（乾道壬）辰十月旦日，吴郡胡（元质）书。

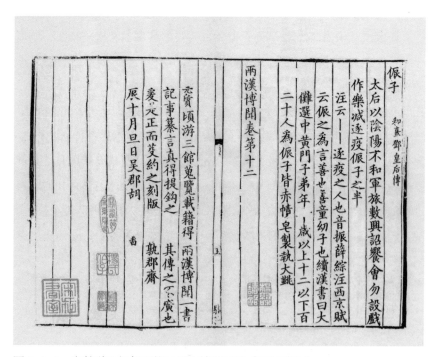

图1-2-8　宋乾道八年长洲胡元质主持刊刻的《两汉博闻》

其刻书之因由此可见。傅增湘称此书"初印精湛，麻纸细洁可爱"。① 现藏中国国家图书馆。乾道九年（1173），胡元质又在当涂道院刊刻了自著《左氏摘奇》十二卷，此书后有其自记云："《左氏摘奇》皆手所约取，锓木于当涂道院，与同志者共之。乾道癸巳元日吴郡胡元质书。"此书民国间有故宫博物院委托商务印书馆影印本。

景定三年（1262），任职于淮东仓司的苏州人郑羽主持修补了宋嘉定六年（1213）刻《注东坡先生诗》四十二卷。此书由吴兴人施元之、施宿父子和苏州人顾禧撰。卷末有郑羽跋云："坡诗多本，独淮东仓司所刊明净端楷，为有识所宝。羽承乏于兹，暇日偶取观，汰其字之漫者大小七万一千五百七十七，计一百七十九版，命工重梓。他时版浸古，漫字浸多，后之人好事必有贤于羽者矣。景定壬戌中元吴门郑羽题。"现上海图书馆藏有此书，存三十二卷，半叶九行，行十六字，小字双行，行字同，白口，左右双边。为翁同龢旧藏。此书以书写秀美、雕版精工、纸墨精良著称，为宋版书中的翘楚。

另外，南宋时期，苏州人郑定还在嘉兴刊刻了《重校添注柳文》四十五卷、外集二卷，《直斋书录解题》卷十六著录此书，并记云："姑苏郑定刊于嘉兴，以诸家所注辑为一编。曰《集注》，曰《补注》，曰章，曰孙，曰韩，曰张，曰董氏，而皆不著其名。其曰《重校》，曰《添注》，则其所附益也。"② 据此可知，其书虽不传，却是既集诸家注，又有编者个人校注的用心之作，堪称唐柳宗元文别集的功臣。

第三节　《碛砂藏》和苏州地区有组织大规模刻书的开始

南宋时期，佛教在苏州得到了较快的发展，名僧辈出，著述颇多。如南宋嘉泰四年（1204），平江府报恩光孝禅寺僧人正受，补《景德传灯录》《天圣广灯录》及《建中靖国续灯录》等书之不足，撰成《嘉泰普灯录》三十卷，上书宋宁宗刊行。佛教的发达，为佛经的刊刻和流通提供了前提条件。当时苏州地区有的普通民家也有部头较大的佛经收藏，据何薳《春渚纪闻》卷三载，绍兴九年（1139），湖州普安院尼沈大师听说吴江县潘氏兄弟析居，而家有《华严经》一部，不忍分开，就"具

---

① 《中华再造善本总目提要（唐宋编）》，第 267—268 页。
② 陈振孙《直斋书录解题》卷八，第 477 页。

香花及舟载"前往迎取。"岁适大旱，川港干涸不能寸进"，潘氏借牛一头，"挽引而前"①。在这样的风气下，南宋苏州地区的寺院，与众多信徒合作，开始刊刻卷帙浩繁的佛教大藏经《碛砂藏》。

一、《碛砂藏》之前南宋苏州的寺院刻书

继承北宋雕刻佛经的传统，《碛砂藏》刊刻之前，南宋苏州佛寺僧人已经刊行了不少单刻佛典。可考且比较重要的，有《贤首大师传》和《翻译名义集》两种。

《贤首大师传》一卷，又称法藏和尚传，新罗崔致远撰。收于《卍续藏》，为华严宗第三祖法藏之传，内题为"唐大荐福寺故寺主翻经大德法藏和尚传"，分族姓、游学、削染、讲演、传译、著述、修身、济俗、垂训、示灭十科。卷末有云：

> 大安八年壬申岁，高丽国大兴王寺奉宣雕造，本寂居士梁璋施本镂板。
>
> 绍兴十五年四月，伏奉指挥许与编华严宗教文字入藏流通，莫不庆幸，唯侍讲崔公所撰吾祖贤首国师传缺如，遍搜虽得，而传写讹舛，考证不行。遂获高丽善本，复得秘书少监阎公石刻，乃顿释疑误。有士人孙霶见且惊喜而为书之，坐夏门人旋积噉施，命工镂版，以广其传，冀学者勉旃，上酬法乳。
>
> 首座师雅，监院会真，维那妙智、梵全，书记法慧，副院从悟，知客如颖，典座释怀、修证、仲明、了性、道询、智聪、祖仁，师友行勤、祖超、从信、善求、从慧、妙晖、法琼、宗胜、道时、祖周、行依、从释、如了、子冲、祖高、法无、法和、了慧、善宾、了依、义琚、法珀、怀雅、法莲、彦依、善定、宗慧、从择、智圆、义净、师远、从诱、师正。
>
> 时绍兴十九年孟冬一日，平江府吴江县华严宝塔教院嗣讲住持圆证大师义和谨题。

由上述记载可知，《贤首大师传》先是在大安八年（1092）刻于高丽，绍兴十五年（1145），编华严宗教文字入藏流通时该书在中土已失传。

---

① 何薳《春渚纪闻》卷三，中华书局 1983 年版，第 50 页。

绍兴十九年（1149），被吴江县华严宝塔教院获得，由士人孙霬书经，信众捐资镂版刊行流传，由此可见当时苏州一带的刻书业和海外已经有了广泛的联系。

比《贤首大师传》初刊时间稍晚的《翻译名义集》，是一部七卷本的佛教辞书。它汇集佛教经、律、论中的梵语音义词，引用佛典尤其是天台宗著述，予以系统详备的解释，颇有助于研读佛教经典。该书的编纂者，是宋姑苏景德寺普润大师法云。现存的最早版本，也出自姑苏景德寺，是该寺绍兴二十七年（1157）刻本。

据元大德五年（1301）释普洽编撰的《苏州景德寺普润大师行业记》以及《佛祖统纪》等文献记载，法云字天瑞，俗姓戈，号无机子，世居长洲（今属江苏苏州）彩云里。生于元祐三年（1088），卒于绍兴二十八年（1158）九月，年七十一。可见宋刻本《翻译名义集》刊刻时，法云尚在世，可以说此书是得到他认可的最终定本。自明代《永乐北藏》本开始，对原七卷本做了较大的改动，不仅分七卷为二十卷，还调整了各篇的次序，对部分文字也做了变动，和宋本《翻译名义集》的原貌已大相径庭，后被《嘉兴藏》和《龙藏》所沿用。《四部丛刊》初编据以影印之宋刻本《翻译名义集》，在诸本中刊刻时间最早，代表了法云著作的原貌，值得学界特别关注[1]。

宋姑苏景德寺刻本《翻译名义集》书前，有绍兴二十七年（1157）周敦义序。其书每半叶十行，行二十字，白口，左右双边。版心偶有开经人名字，如卷一有"朱从庆妻陈氏七娘开""僧法愿施印经本钱开"等，卷二有"谢妙通荐考十二郎妣周六娘""陈氏一娘荐考七郎妣聂二娘"等。除卷七外，每卷后均有关于刊刻情况的题记，涉及捐刻者的姓名、捐资的银两数额及其祈愿等，对研究此书的刊刻时间以及当时苏州地区的刻书情况，均具有重要的学术价值。兹分卷过录如下：

卷一：
宋太尉宅施钱十四贯足，助开此集，增崇福慧。
东掖白莲教院住持与咸喜遇《翻译名义》，回施五贯，助集流通。
开元寺都僧正普照大师智灯施钱，开集二版。比丘净行、遂各开一版，并用庄严净土。

① 参见富世平《宋刊本〈翻译名义集〉刊刻时间考》，《文献》2018 年第 5 期。

比丘祖辉等回施莲华净社剩十七贯足，助开此集，庄严净土。

传法寺比丘尼彦楷施五贯足，庄严净土。

常熟县明静庵净人苏彦亿募钱十二贯足，各随施主，愿心如意。

卷二：

平江府宁国寺西面南居住弟子沈贵并妻朱氏梵勋各施钱伍贯文足，儒教乡女弟子陆氏百二娘舍钱伍贯文足，共助开板，各忏罪愆，庄严净土，上报四恩，下资三有。

中街路西面南居住女弟子朱氏净因施钱伍贯五文足，开板上荐先考三郎、先妣杜氏七娘，仍忏罪愆，庄严安养。

弟子裘宁舍钱式贯文足、弟子陆珍舍钱式贯文足、女弟子裴氏八娘舍钱式贯文足，共助开板，各报四恩三有，成就佛果菩提者。

卷三：

弟子费清妻王氏愿安施钱伍贯文足，庄严净土。

卷四：

尹山延庆庵沙门昙定回施镱钱陆贯文足，开版资悼故李十一承事往生净土。

吴江法喜院比丘如浩回施伍贯文足，开版资悼先师祖机首座往生净土。

霅川浔溪杨世隆施钱伍贯文足，开版洗涤罪愆，庄严净土。

姑苏昆山颜天成施钱伍贯文足，开版洗涤罪愆，庄严净土。

平江开元寺比丘蕴蒙回施伍贯文足，开版庄严安养。

卷五：

少傅、保宁军节度使、充醴泉观使、信安郡王谨施俸资一百贯文，彫开《翻译名义》，助法流布，保国安宁，寿禄增延，福慧圆显，法界有情，同沾法利者。

卷六：

景德寺徒弟守志谨将先和尚法因首座遗下长财叁拾贯足，命工助雕诸经梵语，愿净罪瑕，冀生安养。

从上述题记可知，《翻译名义集》为多方集资刊刻，捐资者涉及僧俗人等，捐资者除了来自苏州城内外，还涉及当时平江府下属的常熟、昆山、吴江等县，甚至有来自相邻的湖州者。出家人中有僧有尼，俗家人中有男有女，有高官显宦，也有普通百姓，由此可见当时的积资刊经已经形成了一套成熟的操作方式，这种方式在此后刊刻《碛砂藏》中得到了广泛的应用。

二、《碛砂藏》南宋苏州刊刻始末

《碛砂藏》是宋元时期历经百余年刊刻而成的一部大藏经，因刊刻于平江府陈湖（今苏州澄湖）碛砂延圣院而得名。全藏按《千字文》编号，始"天"字，终"烦"字，共591函，6362卷，辑录自内典至宋代的佛经1521种。其版式为每版三十行，折为五个半叶，每半叶六行，行十七字。采用经折装。内容丰富，卷帙浩繁，扉画精美，例目清晰，是全面、系统的佛教经典汇编，此后的《洪武南藏》《嘉兴藏》诸大藏经，均直接受其影响，在中国佛教史上占有至关重要的地位。

《碛砂藏》的始刊年代，旧有绍定四年（1231）、宝庆初年、宝庆绍定年间三种说法。二十世纪九十年代初，在日本奈良西大寺所藏《碛砂藏》本宋版《大般若波罗蜜多经》卷一中，发现了南宋嘉定九年（1216）的刊记，使得《碛砂藏》有了明确的始刊年代（图1-3-1）。这一重要发现，

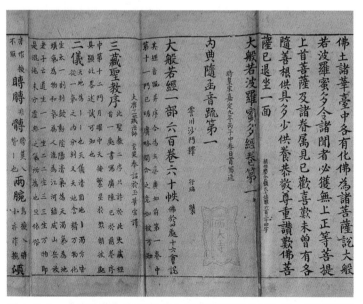

图1-3-1　《碛砂藏》本宋版《大般若波罗蜜多经》卷一南宋嘉定九年刊记与题记　日本奈良西大寺藏

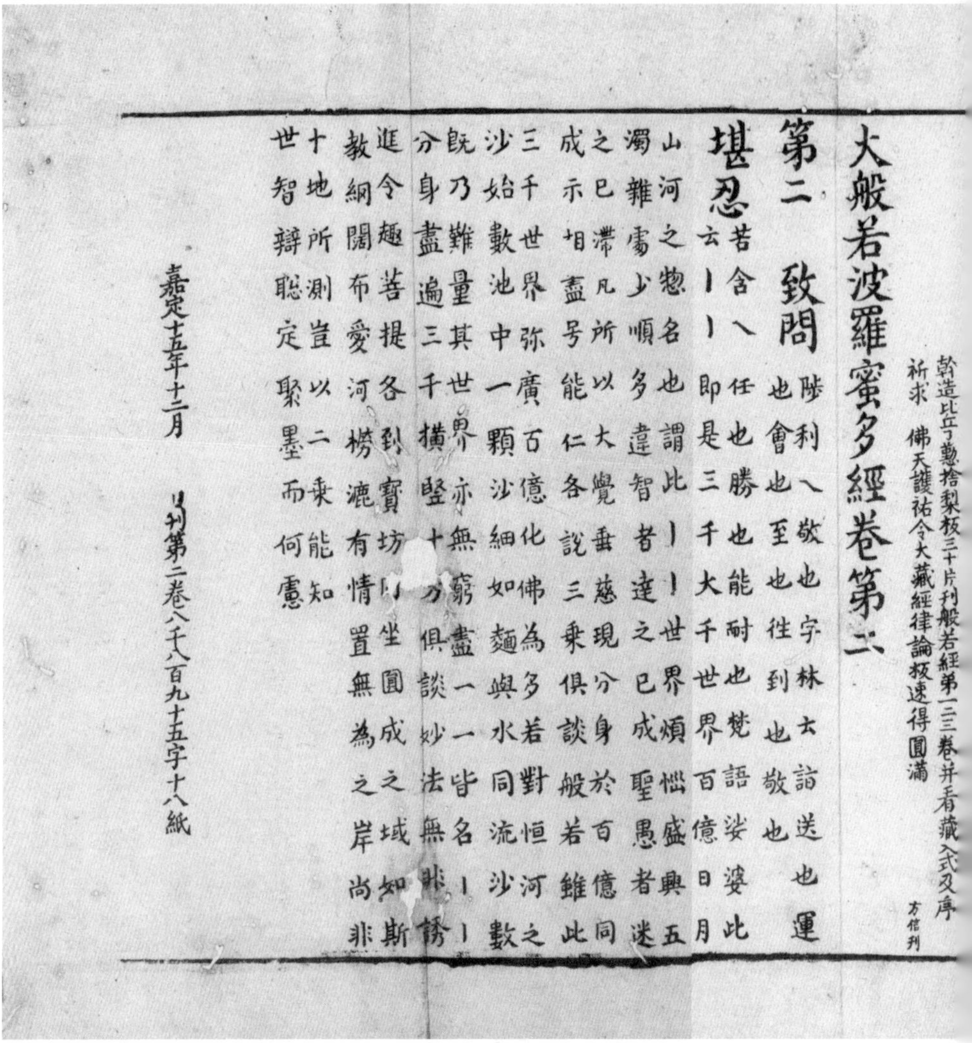

图1-3-2 《碛砂藏》本宋版《大般若波罗蜜多经》卷二嘉定十五年刊记与题记 日本宫内厅书陵部藏

刊登在《奈良县大般若经调查报告书》中，为学界广泛采用。[①]另外，在《大般若波罗蜜多经》卷二末，还分别有题记和刊记云（图1-3-2）：

> 干造比丘了勲舍梨板三十片，刊《般若经》第一、二、三卷，并看藏入式及序，祈求佛天护佑，令大藏经律论板速得圆满。

[①]《奈良县大般若经调查报告书》一、二，奈良县教育委员会事务局文化财保存科编，奈良县教育委员会1992年、1995年发行。见李际宁《北京图书馆藏〈碛砂藏〉研究》，载《北京图书馆刊》1998年第3期，第71—73页。按据西大寺《碛砂藏》本宋嘉定九年刻《大般若波罗蜜多经》卷一末所刻题记，最早一批《碛砂藏》刻工中，有来自湖州的刻工。

願熏心以大因緣而生彼土一一上首受華奉勅各與無量無數菩薩童男童女辞佛持無空過者到此佛所頂礼雙足繞百千帀奉華陳事佛受華已還散上方佛神力故遍諸佛土諸華臺中各有化佛為諸菩薩說大般若波羅蜜多令諸聞者必獲無上正等菩提上首菩薩及諸眷屬見已歡喜歎未曾有各隨善根供具多少供養恭敬尊重讚歎佛菩薩已退坐一面余時於此三千大千佛之世界眾寶充滿種種妙華遍布其地寶幢幡蓋靉靆行列華樹菓樹香樹鬘樹寶樹衣樹諸雜飾樹周遍莊嚴甚可愛樂如眾蓮華世界普華如夾爭土

嘉定十五年十二月　日，刊第二卷八千八百九十五字十八纸。

　　由此可知，发起刊经之人为"干造比丘了懃"，当时可能是了懃个人发起的行为，组织刊刻了《大般若经》，揭开了《碛砂藏》刊刻的序幕。

　　《碛砂藏》的刻竣时间，据南本《涅槃经》卷三十五题记"大元国浙西道平江路长洲县吴宫乡二十都盖濠里仙圣大王土地境界居奉佛女弟子钱氏妙慧……入碛沙寺大藏经局刊雕……至治二年十月"，可知在元代至治二年（1322）。这样算下来，自始刊至刊竣，历时107年之久。

　　虽然《碛砂藏》的刊刻延续了百余年，但在现存刻板中，没有发现南宋咸淳九年（1273）至元元贞二年（1296）间的刻板，这二十多年正是宋元易代之际的兵荒马乱之时，碛砂延圣院的刻经事业可能已经中断。据统计，《碛砂藏》中属于宋代刊板的经卷，均刊于嘉定九年至咸淳八年（1216—1272）的57年间。其中有刊板时间的经卷共162部426卷，另有虽无刊板时间，但可断定为宋刻本的经卷共88部941卷，两项总计250部1367卷，是《碛砂藏》总收经部数1514部的16.5%，总收经卷数6362卷的21.5%。[1]

三、《碛砂藏》南宋苏刻的组织及捐资者

《碛砂藏》中宋刻经卷尽管只占全书的五分之一略多，但从苏州刻书史角度看，却是具有十分重要的历史意义的成果。

碛砂延圣院内设有大藏经坊（一作大藏经局），主持刻经事宜。刊经资金采取劝募形式，除施主外，还有干缘、藏主、劝缘、都劝缘等僧俗名目。如《平江府碛砂延圣院新雕藏经律论等目录》卷上末有题记云：

> 大宋国平江府长洲县依仁乡第十九都前戴墟庚王土地境界居住，奉三宝女弟子吴氏八娘情旨，自身本命壬寅五十三岁，九月二十一日建生。谨发诚心，指施己财伍十一贯刷百二十四文官会，恭入陈湖心碛砂延圣院大藏经坊，就命工者刊造经律论总目录上卷印板，永远流通圣教。所集功德，专用祝献三界诸天一切圣贤，壬寅本命元辰星君，行年大小二运星官，众堂所侍香火福德神圣。乞回圣力，保佑身宫安泰，福寿增延，三世业障，从此销除。上答四恩，下资三有，法界有情，同成种智者。端平元年四月，自奉三宝女弟子吴氏八娘谨题。干题记缘僧善成、可南、法澄、法如、法升、法超、志圆同募；本院藏主法忠化到；小比丘善源书；劝缘大檀越成忠郎赵安国；都劝缘住持释法音。

端平元年（1234）四月的这则题记，详细记载了这位名叫吴氏八娘的施主的家庭住址、年纪、生日、施财数目、刊经内容以及发愿目的，还有干缘、藏主、写经人、劝缘、都劝缘的名字，非常典型。

从《碛砂藏》中留下的宋代刊刻题记中可知，捐资刻经的施主涉及

① 何梅《宋元版〈碛砂藏〉问题的研究》，《闽南佛学》2003年第2辑，岳麓书社2003年12月版，第365—375页。

僧俗二界。宋代捐刻《碛砂藏》的僧尼几乎都集中在平江府及其周边的嘉兴、临安等地区。（图1-3-3）碛砂延圣院本寺的僧人率先垂范，"本寺比丘志临""当院比丘慈存""碛沙延圣院比丘行廉""平江府碛砂延圣院僧惟勉"等人都曾为刻经捐资。距离不远的嘉兴府也有很多寺庵的出家人参与其中，尤以华亭县超果寺最为突出，如"嘉兴府华亭县超果寺寓广福教院比丘师安""华亭县超果寺比丘德询""华亭县超果寺比丘可权"等均是。南宋都城临安府的出家人也有过捐助，如"嘉会门里梵天寺住持比丘宗印"就是其一。除了僧人外，尼姑也是捐赠的力量之一，如华亭县长仁乡十八保六磊塘北朱坡水西崇庆庵的尼僧祖楷、了宗、了元、了龙四人就曾共同捐资刻经。

僧尼之外，世俗之人也是捐资刊经的主力。这些捐资刊经的施主来自不同的地方，身份和社会地位也各不相同。就地域而言，宋代平江府

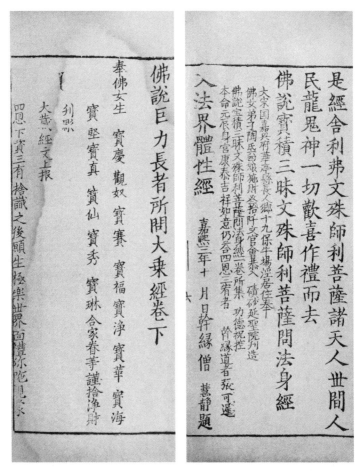

图1-3-3 《碛砂藏》宋刻中的题记（选自卢秀丽、常图编著《〈碛砂藏〉》经眼录）

及其周边各县的捐助者是最多的。据游彪统计，在宋代 139 则世俗施主的捐资题记中，华亭县 78 人、昆山县 19 人、吴江县 14 人、长洲县 8 人、吴县 4 人、常熟县 3 人、嘉定县 3 人，另外注明姑苏的 2 人，其他 8 人[①]，由此可见，基本上都来自碛砂延圣院的周边地区。

世俗的捐资者中，绝大多数都是普通民众，其中以家庭成员的名义捐资刻经的占有相当大比例，苏州本地如"大宋国平江府长洲县道义乡临顿桥南街东面西居住奉三宝弟子周康年同妻辛氏百八娘、男文炳、媳妇陆氏二娘、孙男真郎家眷等"，苏州之外如"大宋国嘉兴府华亭县长人乡十九保下砂南场第七灶居住奉佛弟子唐思明同妻瞿氏四十九娘、男大年家眷等""大宋国嘉兴府华亭县长人乡十六保砂门塘南路西居住奉佛弟子朱氏百八娘同男褚仲茂、仲文息妇宋氏九娘、朱氏五三娘、孙男友直、友德、玄孙安仁家眷等"。

此外也偶有市民集体捐资的情况，《文殊师利所说般若波罗蜜经》后有题记云：

> 平江府碛砂延圣院刊造大藏经板局，伏承昆山县市邑诸家施主舍钱芳衔开具于后。钱胜、严惠、徐智、诸谦、陈寔、张佐、周椿、沈祐、耿镐、石崇福、吴兴祖、王烨、洪棣、唐新、谢晖、杨贵、王显、顾镐、顾宽、茆珍、官士龙、吴松年、严鼎、沈清、王烨、邹信、薛伟、姚水成、沈安国、陆德与、徐兴祖、袁惟忠、洪天德、祈贵、陈寔故孙钊、宝郎、俞氏一娘、徐氏三七娘、杨氏十四娘、陈氏八六娘、李氏千三娘、唐氏十四娘、吕氏廿八娘、茆氏十三娘、万氏三娘、葛氏百一娘、吴氏千三娘、沈氏细一娘、叶氏百八娘、洪氏千十娘、王氏十三娘、龚氏百七娘、张氏三娘、翁氏五二娘、倪氏百一娘、顾氏四三娘、陈氏六四娘、张氏三六娘、丁氏三乙娘、郑氏九娘、吴氏百四娘、史氏廿八娘、胡氏一娘、许氏百娘、顾氏百四娘、朱氏十娘、柳氏百四娘、周氏百三娘、高氏八三娘、杨氏廿五娘、潘氏八三娘、许氏百三娘、吴氏六六娘、俞氏一娘。以上诸家施主各舍净财壹贯贰百文足，入本局刊造文殊师利般若经一卷，永远印折流通佛教，所集功德，专为诸家施主拜献诸天三界十方真宰，各人家堂侍奉香火福德圣聪，行年本命元辰吉凶

① 游彪《佛性与人性：宋代民间佛教信仰的真实状态》，《北京师范大学学报》（社会科学版）2011 年第 5 期。

星斗，乞福保扶宅门清吉，人口常安，吉祥如意。仍忏悔三业六根之重罪，十恶五逆之过愆，俱凭无上之良因，洗涤一时之清净，然后四恩普报，三有同资，随彼愿心，功德圆满者。绍定六年九月　日，僧志圆谨题。

上述名单人数多达 74 人，几乎男女市民各占一半，他们每户人家施舍钱财 1 贯 200 文给碛砂延圣院，刊刻《文殊师利所说般若波罗蜜经》一卷，大家合力完成了雕版，在此过程中，可能有人组织了劝募。

除普通百姓和市民外，捐资者中还有部分官宦。如嘉熙三年（1239）有"大宋国平江府昆山县市邑望山桥北潘家巷内水西面东居住奉佛承直郎、新江阴军司法参军范传家同妻安人赵守真"的题识，范传家是担任江阴军司法参军的现任官员，再如方密祖所题官衔是"从事郎、监建康府户部赡军中酒库"，可见他们都是在职官员。也有离职官员参与，如出资刊刻了《佛说大乘无量寿经》一部三卷的叶贲，为"大宋国平江府吴江县同里居住奉佛儒林郎、前嘉兴府户部亭林桥赏酒库"，可知其已经卸任居乡。虽然范传家、方密祖、叶贲等人所担任的职务并不高，但其官员的身份是确凿无疑的。

由上述考察可知，《碛砂藏》的捐资刊刻者涵盖僧尼、农民、市民以及官员等各个层次，有个人、家庭以及集体等多种捐资形式，可见其广泛的社会基础。

四、《碛砂藏》南宋苏刻的写样、刻工及报酬

《碛砂藏》卷帙浩繁，南宋时期在苏州内外参与刻书工序的人数众多，主要可以分为写工和刻工两类。

书经与写版为刊刻前的重要环节，《碛砂藏》中也留下了若干相关史料（图 1-3-4），如《楞伽阿跋多罗宝经》卷二有题记云："承天能仁禅寺比丘如坦，凤何片善，得预僧伦，现年七十二岁。伏睹城东碛砂寺建造大藏经，于内《楞伽宝经》结缘，书经一卷，仍助长财镂板，流通四方。"《放光般若波罗蜜经》卷二有题记云："琴川崇教比丘普敬，因施长财书经一卷，刊梓流通。"虽然前者是先书经后捐资刊刻，后者是先捐资后书经刊刻，次序略有不同，但也透露了请人书经作为一个独立的环节存在。当然有的书经是捐资者自己所为，如在《佛说濡首菩萨无上清净分卫经》卷上有题记云：

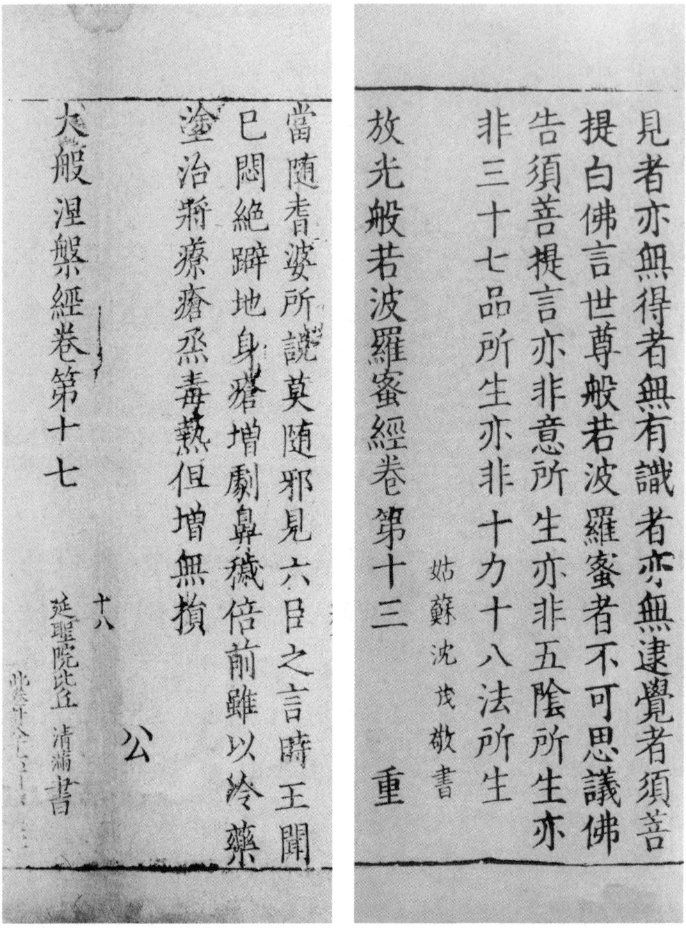

图1-3-4　《碛砂藏》宋刻中的姑苏僧俗写样题记（选自卢秀丽、常图编著《〈碛砂藏〉经眼录》）

嘉兴府华亭县佘山永慕庵遗教比丘清月情旨，昨自顷年以来，谨备纸扎摩金，亲书写《大乘妙法莲华经》一部七轴。伏睹碛砂延圣院开置大藏经板之次，遂将此莲经舍入经坊。募四众阊拈，所得施利，添助开置经板，永远流通。承须四乙府干在日舍官会壹伯贯文，买金书经，仍舍金书经板一副，同结善缘。所将功德，报答所生父母、受度师长、十方信施、供给檀越，洗涤尘劳，庄严报地，仍荐须四乙府干，超升净土。然后上答四恩，下资三有，法界有情，同圆种智。淳祐二年三月　日，比丘清月谨题。

从题记中可见，这位名叫清月的出家人，将其多年买金书写的《大乘妙法莲华经》经卷舍入碛砂延圣院经坊，以备开置经板刊雕流通。

　　另外，《大般涅槃经》卷十八末云："比丘志开书，此卷计七千七百字。"《大方广佛华严经》卷二末则有"已上共十二纸，计六千二百廿七字"的记载。详细记载书写字数，可能是方便按照字数多寡取酬。

　　当然，刻经的主要工作量来自刊刻，刻工当时又有"刊生""人匠"之谓。《碛砂藏》中有众多的刻工题名，这是断定版本年代的重要依据。有的刻工名之前有籍贯记载，如武阳高桂、樵川高桂、平江何津、古杭何屋等，是研究古代刻工地域分布情况的重要线索。有些刻工明显可以看出为同族宗亲，如王子文、王子祥、王子寿、王子芳，何永津、何永言、何永源等。还有的是老刻工带新刻工。《碛砂藏》每函多为十卷，在刻经次序上，往往老刻工刻各函前几卷，新手刻后几卷。如游仁、傅方、李奇等人是老手，多刻一、二、三卷；黄垫、黄云等是新手，多刻末卷①。

　　《碛砂藏》中还留下了有关女刻工的宝贵材料。如《华严经》"道"字函刻工共有十四人，即俞宗、鱼宗、俞有、鱼宣、鱼奇、俞原、鱼母唐三娘、鱼李氏、严氏、鱼乙郎、鱼保奴、陈昂、徐民和崔松。其中俞宗应即鱼宗，崔松在"道八"，应是后世补板的刻工。其他十二人，户主应为鱼宗，俞有（即鱼有）、鱼宣、鱼奇、俞原（即鱼原）可能是鱼宗的弟兄们，鱼母唐三娘应是他们的母亲。鱼李氏和严氏可能是鱼宗兄弟们的夫人，鱼乙郎可能是鱼宗兄弟们的儿子，鱼保奴可能是鱼宗兄弟们的女儿，陈昂和徐民可能也是鱼家的亲戚。《华严经》共五函六十卷，除"道"字函外，鱼宗还刻了"坐"字函和"垂"字函，严氏还刻了"垂"字函和"问"字函，鱼母唐三娘还刻了"垂"字函和"坐"字函。五函中只有"朝"字函没有发现他们家庭成员的名字。值得注意的是《华严经》第四十一卷是鱼母唐三娘带着孙辈鱼保奴和鱼乙郎刻的，儿子鱼宗、鱼有也各刻一板。除"道"字函外，《华严经》其他各函的刻工屠有、徐雅、何忠等人，可能也是鱼宗的同乡或亲友。上述《华严经》记载的鱼母唐三娘、严氏、鱼李氏、鱼保奴四名女刻工中，鱼母唐三娘（又作"鱼母""母唐三娘""唐""唐刊"）刻经涉七卷，严氏（又作"严"）刻经涉三卷，鱼保奴、鱼李氏二人均只和鱼母唐三娘合刻一卷。上述材料可知，在南宋时期，苏州已出现了家庭作坊式的女刻工，表现出了刻书业的家庭副

① 有时刻工固定刻每函某卷。如在《大般若经》中，陈大用刻"月""盈""昃"字函第六卷及"地""黄""张""寒""来""往""收""藏"诸函第四卷，陈大昌刻"盈""昃""辰"等函第一卷，而施泽之则刻"昃""辰""来""秋""冬""藏""馀""吕"等函第十卷。

业性质和印刷工人的血缘、地缘特征 ①。

值得注意的还有《碛砂藏》的刻工报酬。刻工报酬又称工价或工钱，在宋代刻书史上，有明确刻工报酬的记载寥寥无几 ②，但在《碛砂藏》的题记中，却留下了丰富的刻工报酬资料，为我们了解当时苏州一带刻书事业的发展状况提供了重要证据。相关刻工报酬的记载可以分为三类：

一是详细载明了刊刻总字数、每字工钱和总用钱数。如宝祐元年（1253）七月刻印的《法苑珠林》卷六十六末的题记中记载了居住于平江府昆山县朱塘乡第四保夏里中村的奉佛女弟子徐氏六三娘，为碛砂延圣院大藏经坊捐资刊刻《法苑珠林》第六十六卷，"连意旨字共伍千伍佰壹拾陆字，每字工钱伍拾文旧会，总计钱贰佰柒拾伍贯捌佰文旧会"。此题记明确记载了"工钱"，并指出计价单位是"字"，标准是"每字伍拾文旧会"，可谓一目了然。

二是虽然没有明确记载每字的工钱标准，但由捐资总额及刊刻总字数可推知每字的工钱。如淳祐五年（1245）十二月，平江府吴江县范隅乡同里庆荣桥西居住的奉佛信士从事郎、前绍兴府嵊县尉巡捉私茶盐矾兼催纲叶葳，"谨施净财肆佰柒拾贰贯柒佰拾文，恭入本府城东碛砂延圣院大藏经坊，刊造《光明童子因缘经》一部四卷，计壹万伍千柒佰伍拾柒字"。此经共 15757 字，施钱 472710 文，则平均每字为 30 文。

三是虽然既没有记载计酬标准，也没有标明刻字总数，但有施财总数。我们可数清经文总字数，用施财总数相除，可求得每字工价单价。如嘉熙元年（1237）二月，平江府嘉定县乐智乡陶舍里寺沟土地目下将军管界居住的奉佛弟子王显忠叶家眷等，"抽施净财捌拾柒贯伍佰肆拾肆文，

① 进入元代，《碛砂藏》刻工之多，以至于有专门捐资舍米供刻工食用的。如《弥沙塞部五分律》卷七有大德十年（1306）五月题记云："平江路碛砂延圣寺比丘慧光，发心舍施白米二十四石，恭入刊经局刊生食用。"《摄大乘论释》卷三末亦有大德十年（1306）五月的题记云："平江路碛砂延圣寺比丘慧皋，发心施舍白米七十石，恭入刊经局人匠食用，助雕大藏经板。"据不完全统计，单在大德十年（1306）五月，就有包括慧光、慧皋在内的十位僧人为刻工捐资舍米十次，总计舍米 572 石，其中僧人释志临一次舍米就达 132 石之多。（参见杨绳信《从〈碛砂藏〉刻印看宋元印刷工人的几个问题》，《中华文史论丛》1984 年第 1 辑总 29 辑，上海古籍出版社 1984 年版）每石约合米 125 斤，大德十年（1306）五月碛砂延圣院的大藏经局接受舍米 572 石，相当于 71500 斤之多，由此可以管窥当时的碛砂延圣院的大藏经局内刻工的规模。

② 按：丁红旗在《再论南宋刻书业的利润与刻工生活》一文中，认为现今所能见到的宋代较为全面的刻书价格史料，包括覆宋本在内，只有《小畜集》《续世说》《淮海文集》《大易粹言》《汉隽》《晋二俊文集》《嘉泰会稽志》七种。见《文献》2020 年第 4 期。

恭入碛沙延圣院大藏经坊，命工刊造大藏《法苑珠林》第五卷。"检该经经文共 26 板 25 行。每板 30 行，共 805 行；每行 17 字，计 13685 字。但刻工按实际字数算工钱，每板平均空字约 8 字，则该经文总字数约为 13469 字。总钱数与总字数相除，得每字工钱为 6.5 文。这样推算虽不甚精确，但还是接近实际的。

依据上述三种办法，可将《碛砂藏》中记载的部分南宋末年刻工工价列表于下（详下页）。

五、宋刻之后的《碛砂藏》及其影响

进入元代后，碛砂延圣院大藏经局的组织更加完备，《大乘大方等日藏经》卷四后有题记云：

> 己亥大德三年十一月　日，掌管大藏经局功德主清圭题；平江路碛砂延圣寺大藏经局沙门德璋、志琛对经；平江路碛砂延圣寺大藏经局沙门慧琚、慧朗点样；平江路碛砂延圣寺头首沙门清表、志明管局；平江路碛砂延圣寺头首沙门志莲、志昌管局；平江路碛砂延圣寺前本路僧录司提控案牍圆明大师行一管局；平江路碛砂延圣寺前住持天台文殊教院讲主惟总提调；平江路嘉定州法昌寺传天台教讲主昙瑞提调。平江路碛砂延圣寺前住持今掌管大藏经局沙门惟吉；平江路碛砂延圣寺住持兼管大藏经局沙门清圭；大檀越前湖广安南等处行中书省参知政事张文虎。

可见当时的碛砂延圣院大藏经局内已设有功德主、对经、点样、管局、提调等职，并由前主持掌管，现主持兼管，组织之完备由此可见。

与此同时，元刻《碛砂藏》中出现了大量距离平江府遥远的寺院僧人的捐资记录。如大德十年（1306）的题记中就有"大元国陕西巩昌路陇西县草市镇广严禅寺比丘义琚""本贯关西秦州观音禅院嗣讲持衣比丘海云"，同一年还有"前泉州路僧录加瓦八"，延祐二年（1315）有"福建道建宁路建阳县后山报恩万寿堂嗣教陈觉琳"等。这种情况的出现，一方面是元代统一后，南北交往更为顺畅；另一方面也表明随着时间的推移，碛砂延圣院的刻经事业影响越来越大，在更大范围内得到了更多人的支持与帮助。这也是近代以来《碛砂藏》在距离苏州遥远的陕西、山西、北京、辽宁等地发现的原因。

《碛砂藏》部分经卷工价统计表

刻书时间	施主	千字文号	经名	施钱数	经文字数	每字工价
端平元年（1234）三月	范待家	养七	《如来庄严智慧光明入一切佛境界经》	30000文	约8300	约3.6文
端平元年（1234）四月	管行琛	养十二	《佛说观无量寿佛经》	50508文	约7500	约6.7文
同上	耿氏千八娘	养十二	《称赞净土佛摄受经》	20000文	约4500	约4.5文
嘉熙二年（1238）五月	张道明等	戢十	《太子慕魄经》	55贯省会	约5000	约11文
嘉熙二年（1238）九月	马俊	戢二	《大乘遍照光明藏无字法门经》等	30贯	约3000	约10文
嘉熙二年（1238）十二月	张垒	仿九	《善恭敬经》	30贯	约3000	约10文
嘉熙三年（1239）元月	张实	毁七	《佛说德护长者经》卷上	60贯	约6000	约10文
嘉熙三年（1239）二月	张氏七娘等	毁五	《佛说无上依经》卷下	60贯	约6000	约10文
嘉熙三年（1239）十二月	唐思明	仿七	《入法界体性经》	45000官会	约4300	约10.5文
嘉熙四年（1240）六月	钱妙坦	仿十	《杂华选一五上佛受决经》	10贯	约900	约11文
嘉熙四年（1240）元月	顾祥	毁三	《申日兜本经》	18贯	约1100	约16文
嘉熙元年（1241）五月	金铸	来五	《伽耶山顶经》	53900文	约3700	约15文
淳祐三年（1243）十二月	可涓	兵一	《放光般若波罗蜜经》卷五	257730文	8591字	30文
同上	叶宵	兵五	《放光大乘无量寿庄严经》卷上	366780文	12226字	30文
淳祐四年（1244）四月	周康年	男七	《千眼千臂观世音菩萨陀罗尼神咒经》	319620文	9132字	35文
淳祐五年（1245）元月	沈兴祐	重七	《放光般若波罗蜜经》卷十九	179000文	5964字	30文
淳祐五年（1245）十二月	叶感	素四	《佛说光明童子姻缘经》卷四	472710文	15757字	30文

说明：凡注有"约"者，系推算所得数字；未注"约"字者是照原文登录的。

图表引自杨绳信《从〈碛砂藏〉刻印看宋元印刷工人的几个问题》，载《中华文史论丛》1984年第1辑（总29辑），上海古籍出版社1984年版。

　　总数达六千余卷的《碛砂藏》，最终在元至治二年（1322）于苏州竣工。从中国佛典刊刻史角度说，它的内容和版式，直接影响了后世汉文大藏经的编纂和刊刻。和宋元时期其他版本的大藏经相比，《碛砂藏》是现存最为完整的藏经，至今在国内外尚有五部相对完整的原版存在，即中国国家图书馆藏原北京柏林寺藏本、陕西省图书馆藏原西安开元寺和卧龙寺藏本、山西省崇善寺藏本、美国普林斯顿大学葛思德东方书库藏原北京大悲寺藏本、日本杏雨书屋藏原对马宗氏藏本，其他零种散册不胜枚举。更由于民国时期的影印，使得它流传甚广，影响深远。以至于著名佛经版本学家李际宁认为，从学术史的角度讲，《碛砂藏》的发现及研究具有里程碑的意义，开创了近代佛教大藏经研究的新天地，使中国佛教大藏经史的研究进入了一个新的阶段。

　　除了在佛教史方面的影响外，《碛砂藏》还为其他学科提供了丰富的史料。如《碛砂藏》卷末普遍附有随函音义，其中一些音切反映了时音变化，由于碛砂延圣院地处吴方言区，因此这些音切往往是随函音义作者方音的流露，或多或少反映了宋元时代吴方言的某些语音特征，是研究近代语音的宝贵材料。同时，《碛砂藏》随函音义对佛经文字形体进行了大量的辨析工作，其中包括列举和揭示佛经经文的异体、正俗、古今，甚至直接勘正字形是非等，不仅对汉文佛经的校勘整理有着重要价值和意义，也为汉字的研究提供了丰富的材料。

　　而从苏州刻书史的角度看，《碛砂藏》南宋苏刻部分原本的发现和研究，为我们生动地展示了苏州地区两宋书籍刊刻跨越式发展的多侧面样态。以碛砂延圣院为中心，从僧人了憼个人"舍梨板三十片，刊《般若经》弟一、二、三卷"发端，逐步吸引、汇聚平江府以及周边府县各个阶层的信众，怀着真挚的宗教情怀，以书写佛经、众筹刻资、雕版刷印等不同方式共同努力。围绕着《碛砂藏》，南宋姑苏相关人士所做的一切，不仅为这部超大型宗教丛书的最后完成，奠定了重要的物质和精神基础，同时也为苏州今后的刻书事业，提供了以单一机构为中心，民间有组织、跨时代、大规模刊刻书籍的宝贵经验，显示了只要时机成熟，苏州一地在刊刻具有超地域广泛影响的大型丛书方面，蕴含着无穷的智慧和能量（图1-3-4）。

图 1-3-4　今日碛砂寺

第二章

缓慢的发展：
传世古籍中所见的元代苏州刻书

元世祖至元十二年（1275）十二月，中书左丞相伯颜率军到达苏州地区（当时为平江府），宋朝守将都统王邦杰出城投降，姑苏城以和平的方式纳入元朝版图。伯颜以旧府治为江淮行省驻地，以旧提刑司为两浙大都督府，置浙西路军民宣抚司。十四年，改军抚司为平江路总管府，改浙西路为浙西道。十八年，升为平江路达鲁花赤总管府。二十六年，江淮行省改为江浙行省，治所迁往杭州。元代平江路下辖六个县：吴县、长洲县、昆山县、常熟县、吴江县、嘉定县。元贞元年（1295），除吴、长洲以外的四个县又升为州。

元朝最初占领时苏州地区的户口，僧道不计，是主客户三十二万九千六百三；至元二十七年（1290）统计户口时，僧道依然不计，已经达到四十六万六千一百五十八户。短短十五年间，增长将近45%。在税收方面元代行经理之法，计亩起科，主要税种有两个：夏曰税丝，计二万二千四百九十五斤一十两五钱七分；秋曰租粮，计八十八万二千一百五十石九斗六合。明洪武年间纂修的《苏州府志》称"较其所入，与宋相倍蓰"①。考虑到元代平江路的行政区域同宋朝的平江府基本相同，税收的增加从一个侧面反映了人口增加以后，苏州经济取得了较大的发展，这就为刻书业提供了良好的物质基础。

元代苏州的刻书业，主要由官刻和私刻组成②。在明清时代的刻书业中占有重要地位的苏州坊刻，此时可能尚在萌芽阶段，没有留下确凿的

---

① 卢熊纂《（洪武）苏州府志》卷十，第143页。

② 周生杰先生将元代苏州刻书分为官府刻书、儒学与书院刻书、佛教刻书和私家刻书四类（周生杰《苏州元代刻书述略》，《苏州科技大学学报》2020年第1期），本文在此基础上进行了归并和简化。

痕迹。私刻的主体，又可以划分为一般私家和佛教教团两类，某种程度上教团是以信仰为纽带维系的"家"。虽然两者所刻书在内容上泾渭分明，但是在版刻风格方面却有着共同的特点。

从横向的地域角度看，一如宋代的苏州刻书属于以杭州为中心的浙本系统，元代的苏州刻书仍旧是元浙本系统的一个分支，在版式、字体等方面都与同时期江南其他地区的刻本拥有近似的风格。

从纵向的时间角度看，元代苏州刻书前期字体相对自由多样，后期开始出现赵孟頫体。不过，具体到不同的刊刻主体又有不同的特点。官方刻书较为保守，字体来源虽不统一，但自始至终结体比较方整。相比之下，私家刻书就较为自由，赵体字刻本一经出现便成为主流，并且迅速到达成熟的阶段。以下按照刻书主体的分类对元代苏州刻书加以介绍。

第一节　元代苏州官刻的实物遗存

宋代的地方政府刻书多由公使库和转运司等财政机构经手办理，元代则主要由各地儒学和书院承担官方刻书任务。这一变化背后的原因值得一说：元朝政府不但在汉地的各路、府、州、县内都设有儒学，而且也将原先私人创办的书院改为官办。跟宋代不同的是，为了保证各级儒学和各地书院的经费来源，政府为其配备了学田。同时，为了确保经费的充足，又在法律上禁止地方政府和官吏买卖学田和侵占儒学、书院的钱粮。由于拥有学田的经济收入，刻书自然便也成为儒学、书院的职能之一。

当时，从中央政府到各级地方政府都有权力命令儒学刻书。但是能够承接中央政府刻书任务的地方儒学，主要集中在江浙、江西等经济较发达的行省。比如，《辽史》一百六十卷、《金史》一百三十五卷由江浙、江西行省于至正五年（1345）奉旨开雕。两书卷首都收录了相关中书省牒文，其中记载的圣旨内明确指示《辽》《宋》《金》三史的刻书经费取自当地学校："去岁教纂修辽、宋、金三代史书，令江浙、江西二省开板，就彼有的学校钱内就用。"①

不过，也有地方因财力较弱，导致刻书活动受阻。比如大德九年（1305），江东建康道肃政廉访司命治下的宁国等九路合刊《史记》等十史，

---

① 脱脱等撰《金史》卷首，元至正五年江浙等处行中书省刻本，《中华再造善本》影印本。

其中池州路儒学承担刊刻的《三国志》六十五卷，便因财用窘乏，几至中辍。当然，元代苏州地区因为经济大有发展，不至于出现这样的情况，相反其官方刻书无论是数量之多，还是质量之精，在江南地区都是名列前茅的。

现存最早的元代苏州官方刻书实物，当属元天历二年（1329）平江路儒学所刻的元陆森撰《玉灵聚义》五卷。

陆森（生卒年不详），字茂林，号秀山，平江路人，官阴阳教谕。此书第一卷全录徐坚《初学记》龟部故实、诗文及对偶之句，第二卷全录《史记·龟策列传》，第三卷以下乃是陆氏家传图式诀法，涉及龟卜的历史源流、术语解释，以及在占卜住宅、婚姻、疾病生死、墓地吉凶时的具体应用方法。

此本每半叶十行，行十六字，小字双行同，左右双边，双鱼尾，白口。字体是方整谨严的欧体。版匡高 17.4 厘米，宽 13 厘米（图 2-1-1）。卷首有翰林待制奉议大夫同知制诰兼国史院编修赵孟頫泰定二年（1325）序，

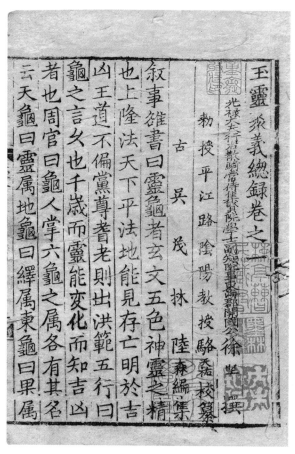

图 2-1-1 元天历二年平江路儒学刻本《玉灵聚义》

敕授平江路阴阳教授骆天祐延祐二年（1315）序，石湖后人范濂泰定二年序和延祐二年陆森自序。又有天历二年（1329）陆森所述刊书缘起：

> 仆世袭儒术，参师访友，得授《龟策列传》、历代事实、名公诗赋，并家传秘要五行妙用、图解纹诀，类成《玉灵聚义》一书。延祐乙卯，前阴阳骆教授斤正，翰林赵待制序于篇首。欲与同志者共之，申奉平江路阴阳司校正无差，及移准本路儒学，关准俞训导呈考究得此书独阐龟卜之灵信，无惑异之义，参诸文理，议论宏深，以广其传，诚为美事。再蒙申奉总管府旨挥经义无差，依例施行，奉到如此。今所集前书锓梓已成，补缀遗书之阙，广传于世，使后学者探爻决疑，得非小补。

陆森自称"世袭儒术"，而在自序中他又称"仆幼得家传，长专龟理，所传奥旨，三世于兹"，可知他家三代都以龟卜为业，所谓"儒术"包含卜筮在内。相传元代有"七匠八娼，九儒十丐"之说，若论当时"儒"所涵盖的人群，此说实不足异。元代把卜筮之术和儒学等量齐观也是此书得到官方刊刻的思想背景。刊刻前的手续是先由陆森交所在衙门阴阳司校正无差，然后转交上级衙门平江路儒学审查，由儒学训导作出"独阐龟卜之灵信，无惑异之义，参诸文理，议论宏深"的评价，再报更上一级衙门平江路总管府审查决断，由总管府指挥作出"经义无差，依例施行"的批示。这为我们了解元代官方刻书的层层审批程序提供了一个生动的实例。此文末尾还有校正题名五行——

> 平江路儒学训导俞安国校正
> 平江路儒学教授鲍椿老校正
> 平江路阴阳教授张孟祥重校
> 前平江路阴阳教授骆天祐校正
> 赵孟暄阅序

由此推断最终承担刊刻的机构应该是平江路儒学。

此书还有一个特点是图文并茂，包含大量版画，是元代苏州刻本中少见的。尤其以《伏羲氏以龟蓍作卦》《禹王治水神龟负文》两图最为细腻精美。值得一提的是，如果将《伏羲氏以龟蓍作卦》图同元代著名的套色印刷《金刚般若波罗蜜经》中的版画相比较，可以发现两者的构图不无相似，都是人物在中间，又画松树和云气作背景，以显示人物的神圣性（图2-1-2、2-1-3）。在佛经的卷首常有扉画，当时苏州刊刻的《碛砂藏》也是如此。由于此书版画构图与佛经如此相似，不禁让人猜想，其画工、刻工是否跟绘刻《碛砂藏》图的是同一批人。

除了如《玉灵聚义》上请平江路地方政府批准刊刻以外，也有上请皇帝下旨刊刻的情况，这就是至正十五年（1355）平江路儒学刻元吴师道校注的《战国策》十卷。

吴师道（1283—1344），字正传，浙江金华人。元至治元年（1321）登进士第，最终以礼部郎中致仕，《元史》有传。他自十九岁诵宋儒真德秀遗书，便致力于理学，生平以道学自任，深于绘术，著有《易杂说》二卷、《书杂说》六卷、《诗杂说》二卷、《春秋胡氏传附正》十二卷等，不过他校注的这部《战国策》才是他最著名的著作。

《战国策》在汉代有高诱注，到宋代又有鲍彪注和姚宏注，愈加细密。吴师道对此仍感不满，所以取鲍彪注和姚宏注参校，又杂引诸书，加以考证。所作《校注》加于鲍彪本上，凡有所增加者标注"补曰"，

图2-1-2　《伏羲氏以龟著作卦》图　　　　图2-1-3　元刻套色印本《金刚般若波罗蜜经》中的版画

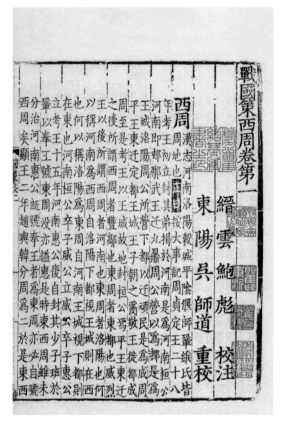

图 2-1-4　元至正十五年平江路儒学刻本《战国策》　中国国家图书馆藏

凡有所纠正者标注"正曰"，皆极精审。《四库全书总目》的评价是"古来注是书者，固当以师道为最善"[1]。

此书每半叶十一行，行二十字，小字双行同，单鱼尾，白口，左右双边，版心上记字数，下有刻工。版匡高 20.9 厘米，宽 15.6 厘米（见图 2-1-4）。刻工有潘、彦、赵、周、朱、章、魏、子成、何、王、什、付、何原、夫、芦、仁、缪谦、缪亨、缪、亨、雇恭、可、茅等。

此书卷首有绍兴十七年（1147）缙云鲍彪序、泰定二年（1325）吴师道自序、至正十五年（1355）浚仪陈祖仁序，以及最具史料价值的至正十五年刻书牒文。据牒文可知，此书刊刻由江南浙西道肃政廉访司司官伯颜帖木儿提议，经皇帝下旨，命平江路"于本路儒学赡学钱粮内命工刊行，以广其传"。于是，平江路总管府委托本路儒学教授徐震、学正徐昭文、学录郗经提调校勘，督工刊刻。书中卷八、十末叶至今还有"平

① 《四库全书总目》卷五十八，中华书局 1965 年版，第 463 页。

江路儒学正徐昭文校勘"刊记，就是初刊时留下的痕迹。此外，书中刊记还有卷三末叶"乙巳前蓝山书院山长刘镛重校正"，卷四、五末叶"至正乙巳前蓝山书院山长刘镛重校勘"，卷六末叶"前蓝山书院山长刘镛重校勘"，这些是此书刻成十年以后，刘镛重新校勘文字，修补版片时留下的刊记。在至正二十五年（1365），占领吴中的张士诚已经自立为吴王，连年与朱元璋交战，而又接连失利。在局面不稳的情况下，平江路儒学仍然校勘不辍，无疑是难能可贵的。

除了上请以外，由地方长官直接下令刊刻的情况更为常见，在元代平江路儒学的刻本中至少有三种书明确可知属于这种情况，其中的两种还是同一人的著作，这就是元至正十五年所刻元周伯琦撰《说文字原》一卷和《六书正讹》五卷。

周伯琦（1298—1369），字伯温，江西饶州人。泰定二年以荫入仕，历任翰林修撰、宣文阁授经郎、崇文监丞、崇文少监、翰林直学士等清要之职。自至正十四年（1354）任江东肃政廉访使开始他一直在江南活动，直至入明后归隐鄱阳。他不但擅长书法，也是元代最著名的文字学家，《说文字原》《六书正讹》为其代表著作。

《说文字原》是一部通过订注《说文解字》部首以明造字本原的著作。在此书中，周伯琦删除十八个《说文》原有部首，又增加了十八个新部首，以符五百四十部之数。又对"五""危""裘""秃"等部首的笔画有所改动。并分《说文》五百四十部为十二章，改变其原有次序。最重要的是他根据六书原则对五百四十部的形、义重新进行了解说，并且以反切注明其读音。

《六书正讹》则是一部纠正常用字形体音义诸方面讹误的正字书，收字两千有馀。全书的排序一准《礼部韵略》，以韵部为目。每字先列小篆字形，再列楷书正字、反切读音，再解说文字本义及字形结构，最后列出俗字并加以纠错。周伯琦在两书中多抒己见，虽或失之牵合，亦不无可取之处。

两书版式相同，每半叶十行，行二十字，字头占两行，单鱼尾，白口，左右双边。《说文字原》版匡高24.8厘米，宽15.7厘米（图2-1-5）。《六书正讹》版匡高23.8厘米，宽15.4厘米（图2-1-6）。

《说文字原》卷首有至正九年（1349）周伯琦自序和《叙赞》。《六书正讹》卷首有至正十一年（1351）翰林直学士太中大夫知制诰同修国史兼经筵官鄱阳周伯琦自序和至正十五年奉直大夫国子监丞京兆宇文公谅序，卷末有至正十二年承德郎中书礼部员外郎临川吴当后叙。宇文公

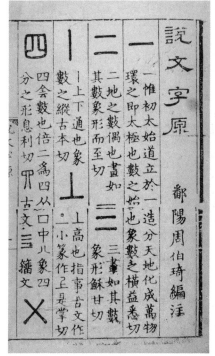

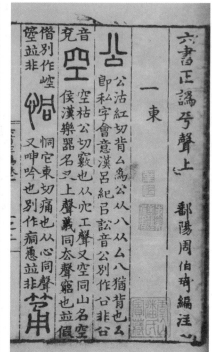

图 2-1-5　元至正十五年平江路儒学刻本《说文字原》

图 2-1-6　元至正十五年平江路儒学刻本《六书正讹》

谅序述及两书刊刻缘起时说：

> 公尝以暇日著《说文字原》《六书正讹》二编，叙列篇章，发明音义，萃丛众美，折以己见，深得古人造书之意，可谓集书学之大成而会其至者也。都水庸田使康里公溥修博究群书，一见推服，因属平江监郡六十公子约、郡守高公德基，遂相与命工刻梓于校官，以永其传。……公谅縣吴兴赴召，道经平江，适刻梓讫工，获尽阅成书而祛素惑。

宇文公谅写下了这篇序的缘由：当时他正应召赴京，中途路过苏州时正恰逢两书刊刻完成，得以尽阅成书。据此两书的刊成时间得以确定。两书刊刻的缘起另有一番曲折。最初是都水庸田使康里溥修对这两部著作一见推服。可能是因为职司与刻书无关，并且治所也不在苏州，所以他转而推荐给平江路达鲁花赤六十子约和平江路总管高德基，最终由他们转交平江路儒学刊刻。两书末卷尾题下均有小字"男宗义同门人谢以信校正"刊记，其时周伯琦正任职江南浙西道肃政廉访使，苏州在其治下，所以也不排除他通过儿子和弟子参与了具体刊刻事宜。

有时，江浙行省一级的官员也会命令平江路儒学刻书，元至正二十三年（1363）刻宋沈枢撰《通鉴总类》二十卷便属于这种情况。

沈枢（1121—1202），字持要，浙江德清人，南宋绍兴十五年（1145）进士。绍熙五年（1194）以宝文阁待制致仕。有鉴于常人难以通读《资治通鉴》，他便取司马光《资治通鉴》事迹，模仿《册府元龟》分门别类，剪裁成《通鉴总类》一书，以便翻检。全书共有治世、知人、奉使、辩士、烈妇等二百七十一个门目，每门内的史事依时代前后排序，每事皆拟有标题，开创了史钞类书籍中"离析而编纂之"的一派。

此书每半叶十一行，行二十三字，小字双行同，左右双边，单鱼尾，白口，版心上记字数，下有刻工。此本字体以颜体为基础，但写刻中似又受到浙刻的影响，而流露出些许欧体劲健。版匡高 25 厘米，宽 17.6 厘米。（图 2-1-7）卷一首叶版心题"平江张俊刊"，其他刻工还有赵、赵海、赵伯川、海、潘、番、何、可、夫、仲、中、王、周、章、朱、魏、景仁、仁、傅、付、世、元、原、陈、东、圭、芦显、芦、显、祥、彳、彳中、

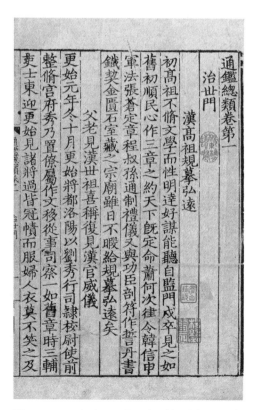

图 2-1-7　元至正二十三年平江路儒学刻本
《通鉴总类》　中国国家图书馆藏

好古、古、亨等。

此书卷首有南宋嘉定元年（1208）四明楼钥序。在后世的刻本中保存了至正二十三年（1363）前太史知制诰鄱阳周伯琦为此本撰写的序。周序云："今江浙行中书省左丞海陵蒋公德明分省于吴，偶购得之，遍阅深玩，嘉其编次有益于治，意积岁弗靖，兵燹所被，无不荡然，非广其传，必致泯灭，遂命郡庠重刻之，以行于世。"结合全书版刻风气、刻工题名，综合判定此本即是江浙行省左丞蒋德明命平江路儒学所刊者。

元代平江路儒学的最后一次刻书活动，应该就是上面已经介绍过的由元吴师道校注的《战国策》十卷，修版于元至正二十五年（1365）。两年以后朱元璋便攻占平江，苏州收入明朝版图。

黄永年先生总结宋代浙本的版式特征，是"绝大多数是白口，单黑鱼尾，书名、卷次在上鱼尾下方，常用简称，上方有时记本页字数，相当于下鱼尾处则记页次，都是左右双边，无书耳，无牌记"[1]。以此逐一对照上举几种元代苏州官方刻本就可以发现，它们的版式特征都与宋代浙本吻合，仅仅《玉灵聚义》的双鱼尾略显一点差异。官方刻本保守传统的特性于此可见。

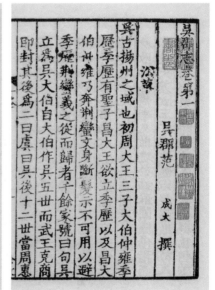

图 2-1-8 宋绍定刻元修本《吴郡志》，左图卷二叶四为元代补版，右图卷端为宋代原版。

---

[1] 黄永年《古籍版本学》，江苏教育出版社 2005 年版，第 78 页。

在字体方面，元代苏州官方刻本总体上略显方整，但赵体流行之后，也不能不受其影响。这种变化在宋代苏州官刻本原版和元代补版的比较中最容易显现，比如宋范成大撰《吴郡志》的南宋绍定年间苏州刻元修本，就是一个很好的例子（图2-1-8）。

第二节　现存的元代苏州私家刻书

官刻之外，私家刻书在元代也得到了进一步的发展。当时苏州的私家刻书，普遍版式清朗，后期字多赵体。但是，私家刻书的写样往往专门找能书之人担任，因此不同于官方刻本的匠气，或多或少都具有自己的面目。其中有实物流传至今且颇为有名的，是苏州范氏的刻书。

苏州范氏刻书的时间，从天历元年（1328）延续到至正十年（1350）以后，跨度达二十多年。正因如此，即使同一家早期和后期所刻书的风格也有所变化，于此可见风气的转移。现存宋乾道三年（1167）鄱阳郡斋刻，元天历至正间（1328—1341）范氏岁寒堂修补增刻印本《范文正公集》及其后续诸刻，就是典型的例子。

这部以北宋苏州籍著名文臣范仲淹（989—1052）所撰《范文正公集》二十卷、《别集》四卷、《政府奏议》二卷、《尺牍》三卷领头的名著，包含了宋范纯仁、范纯粹撰《遗文》一卷，宋楼钥撰《年谱》一卷，以及未署名的《年谱补遗》一卷、《祭文》一卷、《诸贤赞颂论疏》一卷、《论颂》一卷、《诗颂》一卷、《朝廷优崇》一卷、《言行拾遗事录》四卷、《鄱阳遗事录》一卷、《遗迹》一卷、《褒贤祠记》二卷，实际上是一部范仲淹文献集成。

其中《范文正公集》卷首有元祐四年（1089）苏轼《范文正公集叙》。《别集》卷末有乾道三年（1167）邵武俞翊跋、淳熙十三年（1186）綦焕跋，及嘉定壬申（1212）重修题名三行。其书每半叶十二行，行二十字，白口，单鱼尾，左右双边，版心下有刻工。版匡高22.1厘米，宽16.6厘米（图2-2-1）。因为苏《叙》后镌有"天历戊辰改元褒贤世家重刻于家塾岁寒堂"篆文牌记，所以《中国古籍善本书目》误将其著录为"元天历元年（1328）褒贤世家家塾岁寒堂刻本"。陈先行先生已指出全书字体并不相同，原刻版片为方整之欧体字，刻于元代者多赵孟頫书体，原刻版片有张允、章益、周成、陈子仁、佑之、方才卿等刻工名，而且遇宋讳警、惊、恒、贞、桓、构、遘、觏等字缺笔，《范文正公集》卷

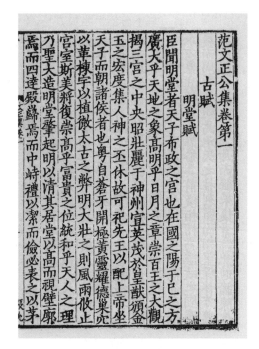

图 2-2-1　宋乾道间刻宋元递修本《范文正公集》卷端（宋代原版）

十一第二叶下第五行"为来俊臣诬构下狱"之"构"字，更以"御名"两字替代；因此综合判断，《范文正公集》《别集》当刊刻于南宋，即旧传之鄱阳郡斋刻本，版片后来为苏州范氏所得，又有所修补，苏《叙》后牌记也是修版时添加的①。

从元代私家刻书的角度看，《范文正公集》和《别集》最值得关注的，自然是其中的元代补版。元代补版可分为两种，第一种是细黑口、双鱼尾、字作赵体者，如陈先行先生指出的元代重刻的俞翊、綦焕跋就属于此类（图 2-2-2）。第二种是版式同宋代原刻一致，且模仿原刻方整字体。第二种补版版心也有刻工题名，如单署"赵"字者。（见图 2-2-3）从版刻技法来看，这位赵姓刻工无疑是当时苏州的良工。赵氏刻工在元代苏州各种公私刻本上多次出现，其背后应该存在着一个赵氏刻工家族。不过尽管竭力模仿，第二种补版和原刻之间终究存在差异。首先是从整体上看，原版的欧体，至此结体上变成了颜体。其次是即使那些尽力模仿原本欧字的，相同文字的字形也有所差异。比如，原刻为使字体更显方正，会将"亦""迹""跡""言""亡"的最上部的点处理成短横，

① 陈先行《陈先行讲古籍版本鉴定》，上海科学技术文献出版社 2023 年版，第 245—249 页。

甘棠之思乎乾道丁亥五月既望邵武俞翊
謹識
番陽郡齋州學有
文正范公文集奏議歲久板多漫滅殆不可讀判府
太中先生嘗謂此郡太守名德如日月之照終古不
泯者在唐則顏魯公本朝則范文正公文正之集士
大夫過郡者莫不欲見其可不整治乎於是委屬寮
以舊京本丹陽集參校且捐公帑刊補之又得詩文
三十七篇為遺集附于後其間尚有舛誤更俟後之
君訪善本訂正焉淳熙丙午十二月日郡從事北海
綦煥謹識

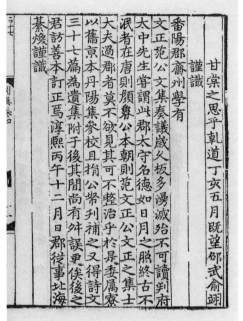

图 2-2-2　《范文正公集》俞翊、綦焕跋（第一种元代补版）

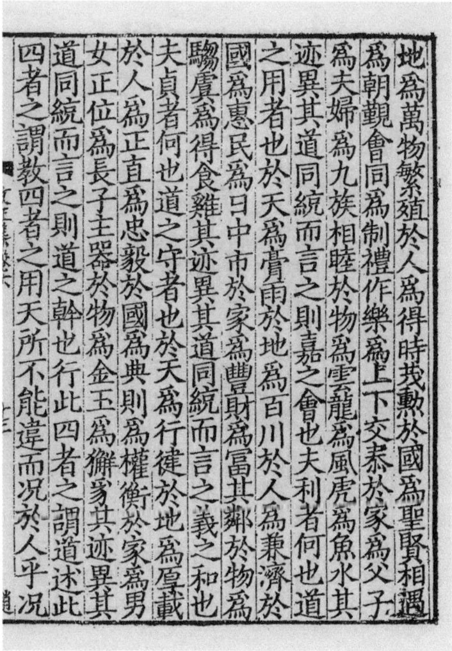
地爲萬物繁殖於人爲得時茂勲於國爲聖賢相遇
爲朝覲會同爲制禮作樂爲上下交泰於家爲父子
爲夫婦爲九族相睦於物爲雲龍爲風虎爲魚水其
迹異其道同統而言之則嘉之會也夫利者何也道
之用者也於天爲膏雨於地爲百川於人爲兼濟於
國爲惠民爲日中市於家爲豐財爲富其鄰於物爲
騶虞爲得食雖其迹異其道同統而言之義之和也
夫貞者何也道之守者也於天爲行健於地爲厚載
於人爲正直爲忠毅於國爲典則爲權衡於家爲男
女正位爲長子主器於物爲金玉爲獬豸其迹異其
道同統而言之則道之幹也行此四者之謂道述此
四者之謂教四者之用天所不能違而況於人乎況

图 2-2-3　《范文正公文集》卷六叶十三（第二种元代补版）

而补版作小点。又如“美”“乎”等字的左右两点在原刻中较少联系，而在补版中往往存在牵丝映带。再次是文字间的距离有所差异。原刻因字形方正，字与字之间截然分开，而补版则会出现当上一字下部为撇捺组合时，下一字顶部有时挤在撇捺中间的现象（图 2-2-4）。可见私家刻本的补版也受到时代风气的影响。

编次在《别集》之后的诸书，都是完全的元代刻本。其中《范文正公政府奏议》每半叶十二行，行二十二字，白口，双鱼尾，左右双边，版心上记字数。版匡高 23.6 厘米，宽 15.6 厘米。卷首有元统二年（1334）八世孙文英序，称范仲淹奏议旧本十七卷，版片已经不存，新得二卷本一部，而版面已多漫漶，因此命工重刊。目录末页有篆文牌记“元统甲戌褒贤世家岁寒堂刊”篆文牌记，可知《奏议》刊于元统二年。值得一提的是，写样工作由当地书法好手钱良右（字翼之，虞集有诗赞之曰“吴郡名书盛有唐，流传风致到钱郎”）自愿担任，因此字体风格较为独特，笔画的连笔和省笔较多，较一般赵体字刻本更增行书笔意。

《文正公尺牍》的版式及大小与《范文正公政府奏议》基本一致，但字体则较为方整。卷下末尾有后至元三年（1337）八世孙文英刊书识语“先文正公《尺牍》旧刊于郡庠，岁久漫漶。今命工锓梓，刊置家塾

宋代原刻

元代补版

图 2-2-4 《范文正公集》原版与补版的局部比较

之岁寒堂",可知《尺牍》即刊于是年。

除此之外的《范文正公年谱》《言行拾遗事录》《祭文》《褒贤祠记》四种,行款相同,都是每半叶十二行,行二十字;版式大部分是白口,双鱼尾,左右双边(仅《祭文》是单鱼尾),版心还多上记字数,下记刻工。其中《范文正公年谱》版心刻工有"周""章刊""陈",《言行拾遗事录》版心刻工有"周""东",《祭文》版心刻工有"东",《褒贤祠记》刻工有"周""东"。以上四种都字体方整,与《文集》中的第二种补版接近,而且周、陈、章等刻工在其他元代苏州刻本中也往往与"赵"一起出现,当为同批刊刻。另有《鄱阳遗事录》,版心虽无刻工,但行款版式一如上述四种,且字体方整,推想也应该是同时刊刻的。《言行拾遗事录》卷首有天历三年(1330)八世孙国俦序,提到因为《年谱》未有刻本,所以命工刊梓,使之与《文集》《奏议》并行①。据此这批版片的刊刻时间,当在天历年间(1328—1330)。

这套大书中剩余的《遗文》《年谱补遗》《诸贤赞颂论疏》《论颂》《诗颂》《朝廷优崇》《遗迹》七种,行款版式跟上述《范文正公年谱》等五种完全相同,但字体均为赵孟頫体,与《文集》中的第一种补版相似,疑为同批刊刻。因为《诗颂》《遗迹》的纪事下限已到至正年间,而至正是元朝最后一个年号,所以这批书的刊刻时间,当也在至正间(1341—1368)。由此可知,赵体字诸种的刊刻时间当晚于方整字体诸种。同理,《文集》中的赵体字补版也晚于方整字体补版。另外,需要特别注意的是目前的《褒贤祠记》二卷是由叶码各自独立,刊刻时间不同的几个篇章拼凑而成的。其中既有时间较早的方整字体的部分,也有时间较晚的赵体字的部分,比如最后一篇《文正书院记》是赵体字,所署时间已迟

---

① 此处的《奏议》当指旧本,而非上述元统二年重刻本。

至至正十年（1350）。

《政府奏议》《尺牍》等品种在刊成后应该一度单独别行，所以从现存印本来看范氏岁寒堂所刊各种附录之间的版片磨损程度不均。不夸张地说，元代苏州刻书风气的演变，从一部《范文正公集》在元代的先后两次补版，以及各种附录之间的字体差别中就能看出。

范氏之外，元代苏州私家刻书中有实物遗存至今的，还有俞氏的读易楼刻本和金氏的金天瑞刻本，它们都是至正年间的产物。

俞氏读易楼刻本现存俞琰《周易集说》一种，刻于元至正八年至十年（1348—1350）间。

俞琰（1258—1327），字玉吾，号林屋山人，晚号石涧，苏州吴县人。他生于南宋宝祐六年，早年以词赋著称。宋亡，隐居著书，不复仕进。于书无所不读，尤精于《易》学。卒于元泰定四年，年七十。事迹见王都中撰《故处士俞先生行状》。

俞琰曾经荟萃诸家学说，撰成《大易会要》一百三十卷，又有《阴符经解》一卷、《周易参同契发挥》三卷、《幽明辩惑》二卷、《书斋夜话》四卷等，均已亡佚。其著作存世者有《周易集说》十五卷，包含《周易上下经集说》二卷、《周易象传集说》二卷、《周易爻传集说》二卷、《周易象辞集说》一卷、《周易文言传集说》一卷、《周易系辞传集说》二卷、《周易说卦集说》一卷、《周易序卦集说》一卷、《周易杂卦集说》一卷、《易图纂要》一卷、《易外别传》一卷。俞琰著此书，先后历时二十七年，凡三易其稿，"实有冥心独造，发前人所未发者"①。

读易楼刻本《周易集说》每半叶十二行，行二十一字，单鱼尾，细黑口，左右双边。版匡高 18.5 厘米，宽 13.5 厘米。字体受赵孟頫影响，显得宽绰秀美（图 2-2-5）。卷首有至大三年（1310）孟淳、至大三年王都中、至治二年（1322）李克宽、皇庆元年（1312）白珽、皇庆二年张瑛、至治二年颜克宽、至治二年杨载、泰定元年（1324）黄溍、至正六年（1346）干文传《周易集说题辞》九篇，以及元贞二年（1296）俞琰《周易集说序》。《周易上经说》卷末有"嗣男仲温校正，命儿子桢缮写，谨梓于家之读易楼，至正八年岁在戊子十二月廿五日谨志"刊记，《周易下经说》卷末有"嗣男仲温点校，孙贞木缮写，锓梓于家之读易楼，至正九年岁在己丑十一月朔旦志"刊记，《周易象传说》卷末有"嗣男仲温校正，命儿桢、植

---

① 《四库全书总目》卷三，第 20 页。

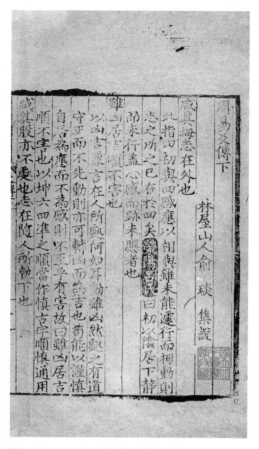

图 2-2-5　元至正间俞氏读易楼刻本《周易集
说·周易爻传集说》

缮写，锓梓于家之读易楼，至正十年岁在庚寅八月旦谨志"刊记，《周
易文言传说》卷末有"嗣子仲温点校，孙机缮写"刊记。综合可知，《周
易集说》是由俞琰之子俞仲温负责校正，由俞桢、俞植、俞机等人分任缮写，
在至正八年至十年总共三年间以读易楼名义陆续刊刻而成的。

《易外别传》正文末行有"孙男桢拜书"刊记，卷末又有俞仲温至
正十六年（1356）跋云"近刊《阴符经解》，儿桢请以是稿缮写，同锓
诸梓，并《沁园春解》，三书共为一帙，将与四方高士共之，因请总
名曰《玄学正宗》云"。由此可知，俞氏的刻书活动至少延续到了至正
十六年，所刊还有《阴符经解》《沁园春解》，而且这两种书还曾经与《易
外别传》一起组成一部名为《玄学正宗》的小型丛书。目前，前两书都
已不传，只有《易外别传》附属于《周易集说》行世。

此书刊刻似乎颇费周折，俞琰弟子王都中的至大三年《题辞》称"书
成，不可不传，敬锓诸梓"，当时应该已有刊刻的动议，不知何故未能

实现。过了十七年，到俞琰临终前，仍以刊刻之事嘱托俞仲温。此后又过了二十一年，俞琰的愿望才得以实现。大概是因为俞氏家非素封，所以要等到俞仲温诸子长成，举全家之力在经济上有所积累后才能雇工刊印。于此可见旧时刻书之不易。此本字体精美秀丽，版式舒朗悦目，可谓不负所托。

相比于俞氏刻书的艰辛，同时期的苏州金氏，刻书似乎就要更从容些。

金天瑞，字伯祥，世居长洲笠泽，力田为业，应该是当地的大地主。此人富而有文，爱好风雅，与之诗歌往还者有陈基、杨维桢、倪瓒等人，都是一时名流。他的刻书活动里，涉及两位姓虞的元代文士：一位是苏州同乡虞堪，字克用，一字胜伯，不乐仕进，隐居读书，又能诗，诗风清顺则丽。另一位是虞堪的从祖、大名鼎鼎的虞集（1272—1348），字伯生，号道园，世称"邵庵先生"，祖籍四川仁寿，迁居江西崇仁，官至翰林学士兼祭酒，曾与修《经世大典》，《元史》里有他的传记。早在至治年间，虞集来苏州省墓时，便已结识金天瑞的父亲金乐善，所以虞、金两家算得上世交。此外，金天瑞平生好义乐施，所以当他的同乡好友虞堪编完虞集的《道园遗稿》，他主动承应刊刻事务，是顺理成章的事。

虞集素负文名，篇章甚富，先由季子翁归同门人编为《道园学古录》五十卷付刊，此外散落于世者尚不可胜计。《道园遗稿》前五卷为从孙虞堪所编集外古体诗、律诗、绝句，共计七百四十一首，第六卷收录词作，前为散词四首，后为《鹤鸣余音》。《鹤鸣余音》共收录虞集追和全真道士冯尊师修真词《苏武慢》之作十首和《无俗念》一首，集中反映了他的宗教思想。

金天瑞代刊的《道园遗稿》六卷，刻成于至正十四年（1354）。此书每半叶十一行，行二十字，三鱼尾，细黑口，左右双边。版匡高 17.9 厘米，宽 11.2 厘米。字为赵孟𫖯体（图 2-2-6）。卷首有至正二十年（1360）黄溍《道园遗稿序》、至正十九年杨椿《道园遗稿序》。卷五末尾有至正十四年虞堪跋。《鹤鸣余音》卷端有虞集自序。虞堪跋称《道园遗稿》编成后，"吾友金君伯祥乃必用寿诸梓，以广其传。命其子镠书以入刻"。由此可知，此书的刊刻者是金天瑞（字伯祥），写样者是金天瑞之子金镠。

令人意想不到的是，在有的《道园遗稿》印本中，竟然又收录了金天瑞于十年之后重新刊刻的《鹤鸣余音》一卷①。这部重刻本收录了冯尊

① 这种特殊情况承蒙罗鹭先生指教，特此说明，并致谢忱。

师《苏武慢》原作二十首，虞集和作十二首及《无俗念》一首。此本每半叶十行，行十七字，双鱼尾，白口，左右双边。字体是流丽的赵体。卷末有虞集跋和金天瑞至正二十四年（1364）刻书跋。据虞跋，所和《苏武慢》十二首中，后二首乃是在前十首完成后的第二年春天所得，所以流传有先后。金跋则称"右《苏武慢》三十二首、《无俗念》一首，全真冯尊师、道园虞先生所共作也。天瑞昔刊《道园遗稿》，而先生所作已附于编。然其所谓冯尊师最传者廿篇，世莫全睹，今复并类编次，以刻诸梓，庶方外高人便于通览"。金天瑞之所以重刊此书，首先当然是因为冯尊师原作罕见流传，同时也应该是由于新得虞集《苏武慢》和作二首的缘故。虽然《道园遗稿》卷六的《鹤鸣余音》和至正二十四年刻本《鹤鸣余音》同名，且内容也有所重合，但是前者属于别集，后者属于总集，性质已经发生了变化。

《道园遗稿》并不是唯一一部由金天瑞父子襄助刊刻的书籍。就在重刻《鹤鸣余音》的同一年，他们又合作写刊了宋魏了翁撰、税与权编

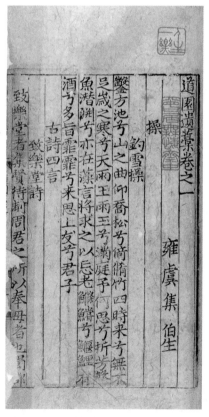

图 2-2-6　元至正十四年金天瑞刻本
《道园遗稿》

的《鹤山雅言》。

魏了翁（1178—1237），字华父，号鹤山，四川蒲江人。庆元五年（1199）登进士第。历武学博士，召试学士院，改秘书省正字，后出知嘉定府。绍定中累迁至同签书枢密，督视京湖军马，并领江淮，封临邛郡开国侯。不久以浙东安抚使就医平江，因家姑苏。嘉熙元年（1237）卒，谥"文靖"。事具《宋史》本传。所著有《鹤山文集》一百卷，《九经要义》二百六十三卷等。

《鹤山雅言》是门人税与权记录的魏了翁讲学语录，分为经总说、易、诗、书等四十七类，共计二百九十八则。本书刻本每半叶十二行，行二十一字，双鱼尾，细黑口，左右双边。版匡高 18.2 厘米，宽 13.1 厘米。卷首有嘉熙三年南充游侣《鹤山师友雅言序》和税与权序，卷末有税与权跋和至正二十四年六世孙文彪跋。正文末叶又有"渤海金天瑞刻梓归于鹤山书院"刊记两行。因为魏了翁晚年家于苏州，所以后世建有鹤山书院，在府城西南隅。又，魏文彪跋称"近吴郡金伯祥父即文彪所藏《雅言》，命子镠缮录，镂刻诸梓，以广其传"，可证此书的刊刻者是金天瑞，写样者也是他的儿子金镠。

值得一提的是，南宋讲学盛行，魏了翁独能不染时儒空疏拘腐之病，穷经学古，自成一家之言。以《鹤山雅言》为例，本书"史"类评论司马迁、班固优劣。魏了翁指出《史记》对陈胜、项羽、刘邦、张良都称字而不名，是因为这四人对于灭秦功劳最大。尽管前二者最终失败，但是功过不相掩，司马迁仍对他们极为推重，所以《史记》立《项籍》于本纪，叙《陈涉》于世家。《汉书》改为《陈胜传》《项羽传》，是以成败论人，有失公允。南宋的史学强调正统与非正统，对于项羽和陈胜的评价同于班固，所以魏了翁的观点在当时是有些惊世骇俗的。金天瑞生活的时代，虽然离南宋有一段距离了，但能关注这样一部特异之书并加以刊刻推广，可见其人境界独到，识力不凡。

第三节　大藏经之外元代苏州的佛书单刻

佛教与刻书的关系历来密切，在历史上佛经刻本的产生远早于正经正史。元代统治者以藏传佛教为国教，禅宗也借机在东南地区大力发展，由此催生僧侣和信众对教派相关书籍的需求，使得佛教刻书在元代苏州刻书史上占有了重要的地位。早在宋代，《碛砂藏》已经开始在苏州刊刻，这一浩大的工程到元代仍在继续（参见第一章）。除此之外，元代苏州还存在为数不少的佛书单刻，这里选介四种。

首先是元至大二年（1309）释永中募刻的宋释契嵩《镡津文集》。

释契嵩（1007—1072），俗姓李氏，字仲灵，广西藤州镡津人。七岁出家，十三得度，十九游方，遍参知识，得法于洞山晓聪禅师。皇祐间入京师，将所著《禅门定祖图》《传法正宗记》《辅教编》进御，得宋仁宗下诏褒宠，赐号"明教大师"。契嵩以其禅净合一、儒佛一贯的思想开创了儒释融合的先河，因此在禅宗历史上拥有重要的地位，其著作也在后世被一再翻刻。

《镡津文集》二十卷，前十八卷为文，后二卷为诗。北宋时期古文运动兴盛，士大夫尊崇韩愈，排斥佛教，因此契嵩力诋韩愈，文集中有《非韩》三十篇。又作《辅教篇》《孝论》等篇，解释儒释一贯之理。又作《论原》四十篇，笔力雄伟，论端锋起。集中除契嵩自作以外，卷一收录尚书屯田员外郎陈舜俞撰《明教大师行业记》，卷二十收录释怀晤等人所作的后序、诗赞。

此本每半叶十二行，行二十四字，小字双行同，单鱼尾，细黑口，左右双边（图2-3-1）。或许是为了节约工料，此本行多字密，版式与其他苏州刻本不同，而且笔划也有意细瘦化，更显险劲，略有欧体遗意，与后来的赵体字大不相同。卷首有云屏山居士李之仝叙、高安沙门释德洪题。卷末有《镡津文集拾遗》，收录《豫章西山奉圣院感应观音事实记》一篇。此文由释永中得于江西奉圣院，属于首次刊入集中。又有幻住沙门明本撰《重刊镡津集疏并序》，住寿山广应禅寺嗣祖佛灯大师法珊跋、林之奇跋、至大三年住仰山比丘希陵跋。释明本《重刊镡津集疏》末尾有至大二年吴城西幻住庵比丘永中刊记。

幻住庵在姑苏阊门外雁荡村，由释明本于大德四年（1300）创建。这位释明本大有来头，他号中峰，俗姓孙，是杭州钱塘人。十五岁决志出家，二十六岁受具足戒，第二年便得法于天目山高峰原妙，从此倡道于东南各地，影响广大，甚至于名闻庙堂，得元仁宗赐号"佛慈圆照广慧禅师"，并赐金襕袈裟，卒后元惠宗又赐号"普应国师"。一日，明本云游至苏州雁荡村，因喜村名与雁荡山相同，便结草庵于此。由于他早已声名远播，问道者连翩而来，至五百人之多，于是只得增建精舍，取名幻住庵，并由赵孟頫题额"栖云"。顺带一提，赵孟頫对于明本颇为推崇，不但向其叩问佛学，又曾为其画像，后世甚至传言当初庵堂扩

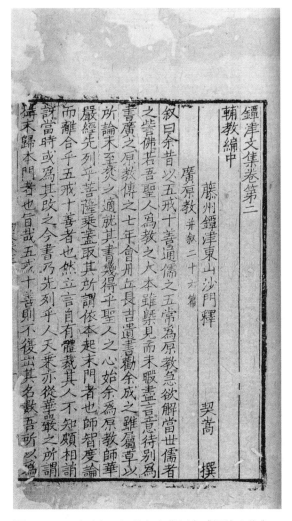

图 2-3-1　元至大二年释永中募刻本《镡津文集》

建时赵孟頫也曾亲自来搬过砖。

　　释永中刊记内称"《镡津集》诸方板行已久，惟传之未广，因细其字画，重新锓梓。工食之费，荷好事者助以成之，其名衔具题各卷之末"。根据各卷卷末刊记，施财锓梓者有仪真长芦禅寺主持比丘正传，吴城西华四无量寺比丘弥满，吴门比丘定慧，苕溪比丘节用，吴门比丘惟一、陆祖方，吴门比丘了修、妙心、祖传、智深、净福、普恢、道传、性圆、庆闲、惟懃，临安清信弟子高梦斗，吴中承天寺比丘元坚，天目比丘明广，吴城宝积教寺比丘善安，广州路清远县徐庚骏，吴城比丘普周、子明、润泽、元已，吴城西观音庵比丘师秀。施财者多在姑苏本地，远者可达广州，释明本教派的广通声气于此可见。尽管释明本与赵孟頫交往密切，但是此书并未采用流丽的赵体。这似乎展现了时代风气的一个侧面：赵体成为元代刻书的主流字体还需要经过一段时间的沉淀。

其次是至正七年（1347）释念常募刻的自撰著述《佛祖历代通载》。

释念常（1282—？），号梅屋，俗姓黄，松江华亭县人。自幼在平江圆明院出家，元贞元年（1295）剃发受具。年弱冠，遍游江浙大丛林，博究经律。至大元年（1308），依佛智晦机座下参禅有得。延祐三年（1316），住持嘉兴祥符禅寺。至治三年（1323），应选赴京缮写金字藏经。自京而回，主平江万寿禅寺法席。传见明释明河撰《补续高僧传》。

释念常检阅僧史，慨叹其散杂浩繁，难知次序，故"以时君年代纪教门事实"，历二十余年撰成《佛祖历代通载》一书。全书二十二卷，卷一收录《七佛偈》及《彰所知论》中的《器世界品》和《情世界品》。自卷二至卷二十二为编年体佛教通史，上起盘古氏，下至至正年间。内容包括释迦牟尼降生前的帝王世系，禅宗西天二十八祖事迹和佛教传入中国后在各朝的事迹。两宋以前的部分主要参考袭用了此前已有的佛教史籍《隆兴编年通论》《佛祖统纪》等。卷十八至卷二十二记述宋、元两代的佛教大事，及各派人物传记，则都是释念常自撰的，较全面地反映了宋元时期禅宗的活动情况，具有较高史料价值。除中国刻本以外，此书在日本有五山版和古活字本，流传朝鲜半岛后也有翻刻本，甚至在敦煌也出土了回鹘文译本残叶。

此本每半叶十行，行二十字，小字双行同，双鱼尾，细黑口，左右双边。版匡高 21.8 厘米，宽 13.5 厘米（图 2-3-2）。版心上记字数，下有刻工。首卷卷端书名下有小字题"吴郡朱显卿刊"。版心刻工题名有吴郡朱仁卿、平江朱、沈君、仁、亨、林、茂、朱、仲、礼、元、言、中、祥、沈、子寿、立、士、显、二、月、古月等。同时，卷一、四至八、十至十七，共计十四卷卷末有写工题名"比丘一清书"，其书法源自赵孟頫，真行间出，姿态横生。卷首有至正元年微笑庵道人虞集《佛祖历代通载序》和至正七年前嘉兴路大中祥符禅寺住山比丘念常《佛祖历代通载略例叙》，卷末有释本无、释正印、释守忠三人《佛祖历代通载后序》。

《例叙》同叶末尾有施资刊记"比丘念常回施平江路治中也先不花相公看藏经寸钱壹拾定，刊《通载》二卷功德。祝贡相公辛巳本命星官，夫人忽都的斤壬午本命星官，合家本命星官。伏愿紫绶金章，永股肱于王室；芝兰玉树，盈轩盖于高门"。此外，卷十五、卷十九至二十二卷末也各有施资刊记，其格式均同上例，依次叙述施资人名氏、施资金额、刊书卷数，最后是吉祥语，计有：平江路在城宁府文寿舍人施钞四锭，

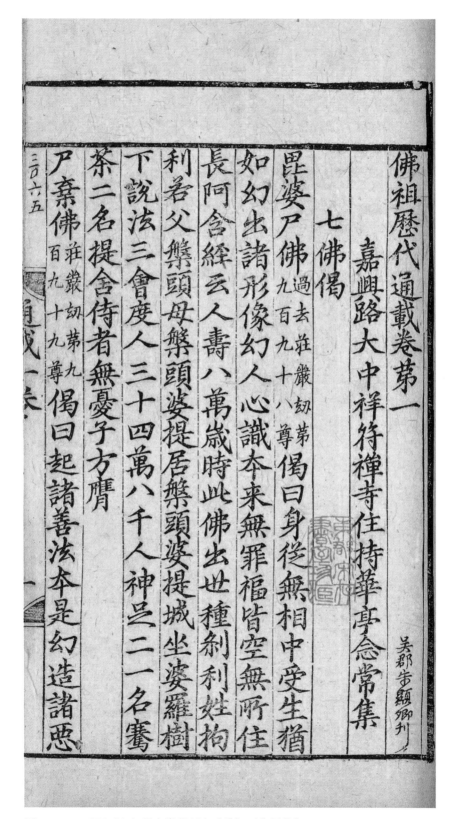

佛祖歷代通載卷第一

嘉興路大中祥符禪寺住持華亭念常集

吳郡筆顯卿刊

七佛偈

毘婆尸佛 過去莊嚴劫第 九百九十八尊 偈曰身從無相中受生猶

如幻出諸形像幻人心識本來無罪福皆空無所住

尸棄佛 並莊嚴劫第九 百九十九尊 偈曰起諸善法本是幻造諸惡

長阿含經云人壽八萬歲時此佛出世種刹利姓拘

利若父槃頭母槃頭婆提居槃頭婆提城坐婆羅樹

下說法三會度人三十四萬八千人神呂二一名騫

茶二名提舍侍者無憂子方膺

三百六五

图 2-3-2　元至正七年释念常募刻本《佛祖历代通载》

助刊卷十五；平江中兴万寿寺住持比丘良弼、平江宝幢讲寺住持比丘绍隆、惠日寺住持比丘明玉、平江龙兴寺比丘庆闲各助钞一锭，共刊卷十九；平江妙湛寺住持比丘尼如海助钞三锭，耆旧比丘尼智深助钞一锭，共刊卷二十；平江虎丘寺住持比丘普明助刊卷二十一；平江卧佛寺前住持比丘传教施钞四锭，助刊卷二十二。可以发现除也先不花施寸钱十锭，刊得《通载》二卷以外，其馀卷十五、十九、二十、二十二的刊资均为钞四锭。但是各卷间的印版数量是颇有差异的，卷一、二共四十九版、卷十五有五十版、卷十九有五十九版、卷二十有五十六版、卷二十二有七十四版，如果将各卷所得资助平均到每一印版上，那么每版刊刻工本就会大有出入，显得不合理。这或许说明书籍刊印同其他工程一样，资金在实际运作中会被统筹分配使用，以保证每一卷的完工。

虞集序末叶又有行书牌记两行"板留嘉兴城东／云门庵印行"，通常据此认为刊刻地点在嘉兴（图2-3-3）。不过，笔者谛视此叶书影，发现牌记与周围栏线、版匡、文字相比，墨色明显较淡，非同时印刷而成。而且，牌记中"东"字的撇画已经与左侧栏线交叉，这种现象在牌记与栏线处在同一块版片上的情况下是不可能出现的。因此，牌记与版片是分离的，应该是一块另外镌刻加盖在已经印成的书上的墨色戳记。

如前所述，此书的刻工朱显卿自表籍贯为平江，而朱仁卿与朱显卿很可能是兄弟，其他单字刻工也多数出现在同时期的其他苏州刻本中。另一方面，此书施资人当中，也先不花和宁文寿都居住在苏州城内，而一众比丘、比丘尼所住的寺院除惠日寺处所尚不详以外，其馀悉数分布在苏州城内外。从刻工和施资人两方面可以推断此书刊刻地应在苏州。其后版片转移到嘉兴城东云门庵，于是另刻戳记加盖于印本上。

最后要谈的是苏州由狮子林刊刻的两部元释惟则的著作。其中刊刻在先的是元释善遇辑《师子林天如和尚语录》二卷、《别录》五卷、《剩语

图2-3-3 《佛祖历代通载》戳记

集》二卷。

释惟则（约 1280—1350），字天如，俗姓谭氏，江西永新人，是前述中峰明本门下的高足弟子。狮子林在姑苏城东北隅，林有竹万竿，竹下多怪石，状如狻猊，由此得名。正巧中峰明本在天目山的得法之地唤作狮子岩，惟则便结庐于苏州的狮子林，以识其授受之原。至正二年，由其门人扩建成菩提正宗寺。惟则既得明本衣钵，又提倡禅净双修，自然在东南一带信众中颇具影响，而且还曾受赐"佛心普济文慧大辩禅师"之号与金襕僧伽梨衣。

《师子林天如和尚语录》二卷和《别录》五卷收录有示众、普说、升座、小参、法语、偈颂、佛事、佛祖赞、赞、诗、序、说、记、铭、跋、疏、榜、书问、祭文等体裁。其中示众、普说、升座、小参四类是对大如禅师在各种场景下说法的记录，其他各类是他自撰的文章。《剩语集》上卷为"宗乘机要"，包含对于禅宗五派的十六段开示，下卷为"净土或问"，内容是关于修习净土之法的二十六段回答。

此书每半叶十一行，行二十一字，细黑口，单鱼尾，左右双边。版匡高 19.5 厘米，宽 13.2 厘米（图 2-3-4）。书中成熟标准的赵体字让业内专家也不禁赞之为元代赵字本中的白眉①。《语录》卷首，有至正九年（1349）翰林学士资善大夫知制诰同修国史长沙杨宗瑞《天如和尚语录叙》，至正十四年（1354）欧阳玄《师子林菩提正宗寺记》。欧阳《记》首叶版心刊有"何可大刊"，显然这是苏州刊刻赵体字的一位好手。《别录》卷首有至正九年承务郎前江浙等处儒学副提举李祁《天如禅师别录序》，至正九年翰林待制奉议大夫兼国史院编修官远者图《师子林别录序》，卷五末叶尾题后又有至正八年释善遇识语。释善遇为天如和尚弟子。据其识语，《语录》《别录》本有十卷，当时甫编成草就被钱塘沙门炬菩萨持去。因此只得命张克明重写，并率先刊刻《语录》二卷。不久，吴郡寓居菩萨戒弟子普达实立副使等人见到行世的《语录》，欣然集资捐刊《别录》五卷，其中雕版所需梨木是由宁文寿捐助的。细心的读者或许会发现，这位宁文寿还曾在前一年捐助《佛祖历代通载》卷十五的刊刻。现有《语录》《别录》当刊成于至正八年。《剩语集》刊刻于至正十二年。卷首有至正十二年郑元祐《天如和尚剩语集叙》，卷末又有同年释善遇刊记，称此书由吴郡菩萨戒弟子张善照施财入梓。

① 陈先行《古籍善本》（修订版），上海人民出版社 2020 年版，第 26 页。

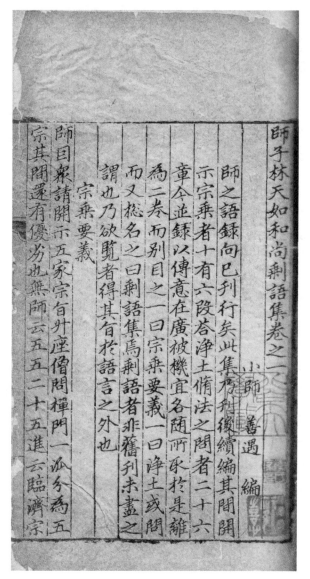

图 2-3-4　元至正十二年狮子林刻本《师子林天如和尚剩语集》

就在刊刻《剩语集》的同时，狮子林的僧徒与信众又协力刊刻了由释惟则会解的《大佛顶如来密因修证了义诸菩萨万行首楞严经》十卷。

此书版式、行款与《师子林天如和尚语录》悉同，字作赵体（图2-3-5）。《楞严经》自唐代译出，至宋代已有十余家注解，相互间多有异同。释惟则搜括诸家，参酌去取，间附己见，会而通之，故名曰《会解》。

此书卷首有释惟则《大佛顶首楞严经会解叙》和临川释克立序，序文末叶末行刻有小字一行"板留平江在城师子林"。首卷卷末有刊记"平

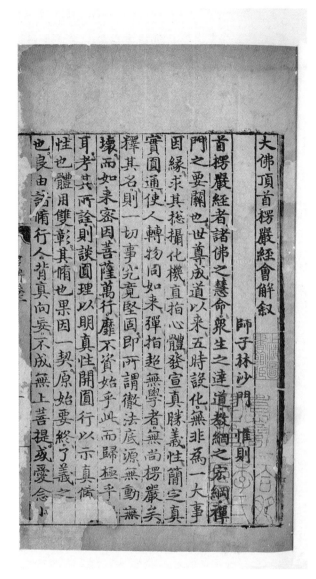

图 2-3-5　元至正十二年狮子林刻本《大佛顶如来密因
修证了义诸菩萨万行首楞严经》　上海图书馆藏

江在城乐桥北菩萨戒弟子张子明施财刊此第一卷"。除此以外，根据相
关各卷卷末同样格式的刊记，卷二同样由张子明施资刊刻，卷三由常熟
州承化里何舍土地渡江大王界居弟子殷宪同室张氏捐助，卷五由泉州在
城菩萨戒弟子蔡普明捐助，卷六由平江在城孔圣坊居信士沈右捐助，卷
九、十由泉南弟子李从道和西域沙门阿咱剌、阿伦、速咱纳释理、菩萨奴、
速葛实理捐助。卷二首叶版心题"蒋叔奉刊"，这又是一位能刻赵体字
的良工。卷末有释惟则《劝持叙》和释克立跋。跋中记载了刊刻的经过：

《会解》并前后叙引，随本经通为十卷。昨于甲申岁间尝刊为梵夹广行矣。或谓梵夹固佳，惟四方禅讲游学之士尚恨包笈中将带未便。于是吴郡张子明倡率同志，复刊为方册，盖各从其便耳。书之者，同郡罗元也。施梨板者，王文勇也。其点校参详劝募营办者，宜春嗣讵，华亭师训、善遇，高昌正因也。刊始于至正壬辰之暮春，至十有一月而工□。

由此可知，《楞严经会解》先有至正四年（1344）的狭长型梵夹装刻本，使得狮子林刻书活动的起始时间可以上推至此。而且，因为携带不便而重刻了方册装版本的案例也为考察书籍形制的演变提供了一条线索。值得一提的是，本书的写工罗元，字居仁，是当时苏州的一位书法家，擅长行、楷二体。从流传下来的书画题跋来看，他对于赵孟頫颇为推崇，称之为"学者宗匠"。因此，由他来写赵体字，自然尤易见精彩，《师子林天如和尚语录》《别录》《剩语集》的写样或许也出自他手。

总体而言，在字体方面，元代苏州私家刻本早期活用颜欧二体，后期则是使用赵体为多，且不乏杰作。在版式方面，相对于宋代的白口、单鱼尾，细黑口、双鱼尾在元代苏州私家刻本中大量出现了，甚至金天瑞刻《道园遗稿》还出现了三鱼尾的情况。这些现象，都表征了元代苏州私家刻本相比官方刻本更为自由灵活。

第三章

徘徊的代价：
明代前期苏州刻书业的萧条与复苏

在明代历史上，弘治、正德两朝从许多角度来看都称得上是转折期，比如在政治方面久经压抑的相权借由内阁制度得以确立，在思想方面王阳明的心学开始在江右和浙中传布开来，在文学方面则有"前七子"所倡导的"文必秦汉，诗必盛唐"的复古运动，这些都是为人所熟知的变化。即使小到刻书风气方面，此时也以苏州为中心悄然发生着转变。因此，从明初到弘治朝可以算是明代苏州刻书史的前期。

明代苏州刻书史的前期总共包含了洪武、建文、永乐、洪熙、宣德、正统、景泰、天顺、成化、弘治等九帝十朝，共计一百三十八年。纵观现存前期苏州刻本的情况，不难发现一个显著的特点，那就是洪武、建文、永乐三朝的刻书屈指可数，此后则呈现出时代越晚数量越多的趋势。尽管元末的苏州刻书业已经相当发达，至正年间的各类精美官私刻本至今多有留存，但是在明朝最初的半个多世纪里苏州的刻书业却急遽衰落了。通常而言，时代越晚，刻本留存越多，明初的苏州刻本实物却异常稀少。这一现象，不禁让人好奇这一时期在苏州究竟发生了什么。

元至正二十七年（1367）九月，朱元璋率军击溃张士诚，攻占苏州。同年，改平江路为苏州府，仍领二县四州。明洪武二年（1369），改昆山、常熟、吴江、嘉定四州为县。洪武八年（1375），以扬州府崇明县来属，苏州府疆域扩大，共领七县。弘治十年（1497），割昆山、常熟、嘉定三县地置太仓州。此时苏州府治下虽然增加一州，但是疆域并未变化。

洪武四年（1371）统计的苏州人口数据是四十七万三千八百六十二

户，共计一百九十四万七千八百七十一口[1]。与元代至元二十七年（1290）统计的四十六万六千一百五十八户相比有一定增长，元、明易代未造成苏州人口的大量损失。由于明初苏州的土地和人口相比元代有所增长，因此苏州的经济在总体上并无剧烈衰退的可能。

不过，众所周知，明初时期朱元璋在政治上实行了严酷的高压统治。他认为"士君子其学既成，必君之用"，"寰中士夫不为君用，是外其教者，诛其身而没其家，不为之过"[2]，苏州府两位有才的儒士姚叔闰、王谔便因不受朝廷征召而遭受了斩首抄家的酷刑。这个案例被收入《御制大诰三编》，向全天下的士大夫昭告了君主的绝对主宰权。可是，即便出仕，士大夫的处境也仍然是十分危险的。朱元璋自己也曾说过："自开国以来，惟两浙、江西、两广、福建所设有司官，未尝任满一人。"[3] 由于皇帝近乎变态的苛求，东南诸省的地方官员往往还在任期内，便已经遭到夺官惩处。而且，朱元璋对于苏州府的官场又似乎格外关注。在洪武朝的三十一年中，苏州共送走了三十位知府，许多人的任期只有几个月，很少有人能够平安落地。同样，明初出仕的苏州才士不管曾经受到皇帝怎样的器重，一旦出现微小差错便是遭受重谴，不得善终，著名的高启、杨基、徐贲、张羽、陈桱、卢熊等都是如此。在这种两难的境地之下，士大夫甚至不惜隐藏自己的才能以避祸，比如自从高启惨死，其弟子吕勉便绝口不道诗书。如此，苏州的文艺风气自然不复往日了。

同样残酷的还有经济方面的打击。从明朝建政之初，朱元璋便致力于抑制江南豪富的势力。比如，九月刚打下苏州，十月便"徙苏州富民实濠州"[4]，以后又多次将江南富民迁往凤阳、南京和北方。除了迁徙富民以外，朱元璋又推行了黄册和鱼鳞图册制度，意图将土地和人口的实况牢牢掌握在政府手中，杜绝富豪隐匿人口，诡占田地的门路。还有一

---

[1] 王鏊等纂《（正德）姑苏志》卷十四"户口"，《天一阁藏明代方志选刊续编》第 12 册影印明嘉靖重刻本，上海书店 1990 年版。

[2] 朱元璋撰《御制大诰三编》"苏州人材第十三"，明洪武内府刻本，《续修四库全书》影印本。

[3] 朱元璋撰《御制大诰续编》"松江逸民为害第二"，明洪武内府刻本，《续修四库全书》影印本。

[4] 胡广等纂修《太祖高皇帝实录》卷二十六，"中研院"史语所 1962 年校印《明实录》第 1 册，第 383 页。

项不得不提的打击措施是，明代苏州税赋之重甲于天下。[①] 通过榨取超高的税赋可以延缓财富在民间的积聚，在客观上也能起到抑制富豪的作用。因此，当正德时代的苏州人回首往事，发现的便是如下的残酷事实，"洪武以来，罪者谪戍，艺者作役，富者迁实京师，殆去十之四五"[②]。当民间的财富开始萎缩，经济基础遭到破坏，那么依附其上的文学、艺术等上层建筑势必难以发展。

政治上的压抑和经济上的盘剥到了洪熙、宣德朝才有所缓解。洪熙年号虽然仅存在了一年，但明仁宗即位以后一改乃父乃祖之故辙，行宽大之政。明宣宗治下更是纲纪修明，闾阎乐业，蒸然有治平之象。针对江南重赋导致的积欠和人口逃亡，宣宗屡次下诏减租。宣德五年（1430），他命周忱以工部右侍郎巡抚江南诸府，总督税粮。翌年，又命况钟出任苏州知府，两人计算累月，一举为苏州减省税额达七十二万石之多。其后，况钟又奏请免除包荒之粮十四万余石，停征淹没田粮二十九万余石，免除旧欠粮草钞数百万锭等。由于况钟在苏州多行惠政，苏州民众仰之如父母。经过几度留任，他的任期前后长达十五年之久。种种举措给苏州带来了一些仓庾充羡、民气渐舒的景象，而同时期的苏州刻书业也终于出现了恢复的迹象。

与仁宣之治相呼应的是成弘之治。明宪宗笃于任人，蠲赋省刑，明孝宗恭俭有制，勤政爱民，加之此时来自北方蒙古的压力减轻，一派天下太平、民物康阜的景象。苏州经过一百多年的休养生息，到弘治十六年（1503）田地已经开垦至九万四千七百八十五顷[③]，人口也增长到五十八万二千馀户，共计二百万九千三百馀口[④]，经济的发展是不言而喻的。与此同时，苏州的刻书业也随着经济水平的提升有了进一步的发展。

有鉴于明代前期苏州刻书业与同时期的政治和经济环境有着密切的关系，而且这一时期内的苏州刻书史内部又可以划分为三个不同的阶段，

---

① 从纵向历史来看，苏州的税额是"宋三十余万石，元八十余万石，国朝几至三百万"（《（正德）姑苏志》卷十五"田赋"），在耕地和人口增长有限的情况下，税收相比元朝猛然间增长了两倍有馀。从横向地域来看，据有关学者的统计，"洪武二十六年（1393），苏州府田地面积占全国的 1.16%，人口为全国的 3.83%，税粮却占全国的 9.53%；而同为富庶之地的浙江全省，此三项数字分别为：6.08%、17.07% 和 9.33%。"（侯官响《明代苏州府赋税研究》，中国社会科学出版社 2019 年版，第 93 页）苏州一府的税粮竟超过浙江一省的总和。

② 《（正德）姑苏志》卷十四"户口"。

③ 《（正德）姑苏志》卷十五"田赋"。

④ 《（正德）姑苏志》卷十四"户口"。

因此本章主要按照洪武至永乐，洪熙至天顺，成化至弘治三个历史时期加以叙述，分别对应着明代前期苏州刻书业的萧条、恢复和发展三阶段。

第一节　洪武至永乐时期的苏州刻书和刻工

洪武至永乐（1368—1424）时期共计57年。明初，无论作者，还是刻工都是直接从元代过渡而来，因而此时苏州刻书的风格不可避免地承袭元代刻书的馀波，版刻特征几乎与元代不可分辨。不过，由于上面说明的原因，此期的刻本十分稀少。以下举公私刻本两例。

一、现存洪永两朝苏州的官刻和私刻

苏州府于洪武十一、十二年间刊刻的卢熊篡修的《苏州府志》五十卷、图一卷，是此期官方刻本的代表。

卢熊（1331—1380），字公武，昆山人。元末曾为吴县学教谕，洪武初以荐任工部照磨。以善书擢为中书舍人，又迁兖州知州，以事坐累而死。卢熊博学工文词，尤精篆籀，所著有《鹿城隐书》《蓬蜗》《忧幽》《石门》《清溪》等集，以及《说文字原章句》《苏州府志》《兖州志》等书。《苏州府志》是自范成大《吴郡志》以来，第二部以苏州府全域为对象的方志，门目较前志多有增设，资料搜罗更为完备。

此本每半叶十三行，行二十三字，细黑口，单鱼尾，四周双边。（图3-1-1）版心上记字数，下有刻工题名：张伯上、张德名、张清之、章良之、杨茂、张克名、张上、付继之、章德辛、朱仁、吕、章、范、羊、介、王、侯、陈、何、昌、徐、成、可、文、且等。此书是唯一记载洪武时期苏州刻工姓名的刻本，具有重要的版本学史料价值。

此书卷首有洪武十二年宋濂所撰《苏州府志序》，内称"洪武十一年，知府庐陵李侯亨嘉是书之有系于政也，将命工刻版以传，丁内艰去。已而高邮汤侯德来继其职，遂督成之"。可见此书的刊刻发起于苏州知府李亨，时在洪武十一年，而完成于其继任者汤德之手，其时当已在洪武十二年。尽管时代相去不远，但此书版刻质量之精善，比之元至正年间平江路的几部官方刻本已经不可同日而语。

永乐十五年（1417）韩夷所刻元罗天益所撰《卫生宝鉴》二十四卷《补遗》一卷，则可算此期私家刻本的代表。

罗天益（1220—1290），字谦甫，河北真定人。师承金元名医李杲，

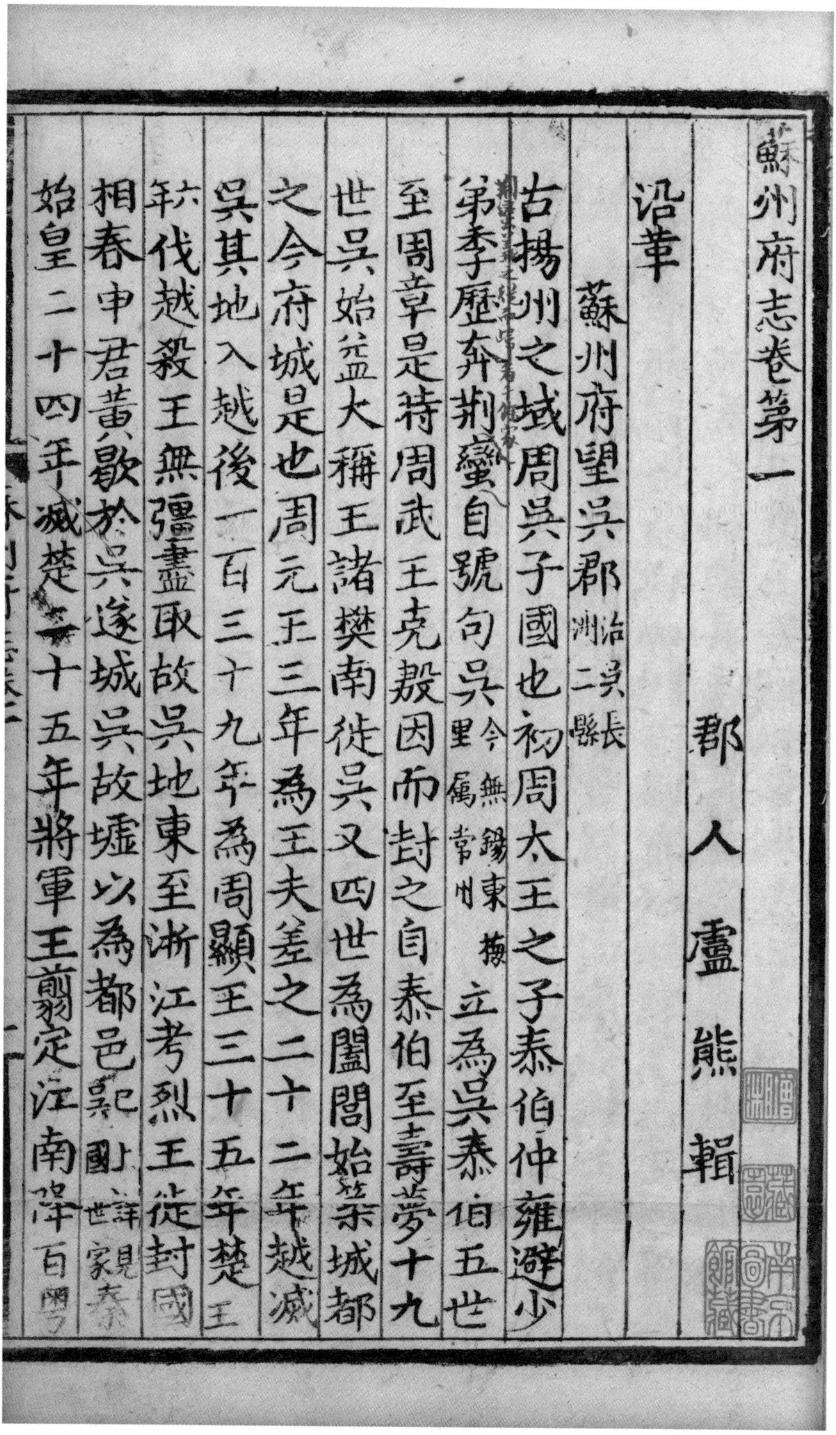

蘇州府志卷第一

郡人盧熊輯

沿革

蘇州府望吳郡治吳長洲二縣

古揚州之域周吳子國也初周太王之子泰伯仲雍避少弟季歷奔荆蠻自號句吳里今属無錫東揑立為吳泰伯五世至周章是時周武王克殷因而封之自泰伯至壽夢十九世吳始益大稱王諸樊南徙吳又四世為闔閭始築城都之今府城是也周元王三年為王夫差之二十二年越滅吳其地入越後一百三十九年為周顯王三十五年楚王六伐越殺王無彊靈取吳地東至浙江考烈王徙封國相春申君黃歇於吳遂城吳故墟以為都邑詳見世家泰始皇二十四年滅楚二十五年將軍王翦定江南降百越

图 3-1-1　明洪武刻本《苏州府志》　南京图书馆藏

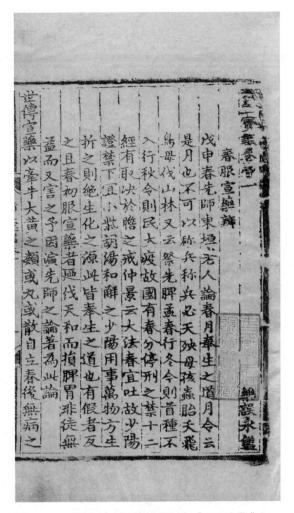

图 3-1-2　明永乐十五年韩夷刻本《卫生宝鉴》

尽得其术。所著《卫生宝鉴》是中医"温补派"的集大成之作，全书分为四个部分，分别是《药误永鉴》三卷，指正前人用药的失误之处；《名方类集》十七卷，是对古今药方的精选；《药类法象》一卷，是对各种药材性味用法的辨证；《医验纪述》三卷，是罗天益自身的行医经验的总结。《补遗》针对原作论述伤寒病的内容过于单薄，集中收录了历代"伤寒派"名医治疗内伤外感和中暑的药方。

　　刊刻本书的韩夷，原名诒孙，字伯翼，吴县人。出身于岐黄世家，父凝、兄奕皆为名医。永乐二年（1404），因从兄太医院使韩㪍的推荐而受到永乐皇帝召见，成为御医，自此改名夷，改字公达。后升为太医院判。十一年（1413）扈驾北巡，归来后病不能朝，皇帝派中贵探视。十五年（1417）卒，受赐祭葬视三品。作为皇帝的"家庭医生"，韩夷无疑得到了明成祖的宠信，他在当时实属罕见的私人刻书活动，或许与这层特殊的政治背景不无关系。

此本每半叶十二行，行二十二字，细黑口，双鱼尾，四周双边（图3-1-2）。卷首有永乐十五年（1417）胡广《重刊卫生宝鉴序》、蒋用文《重刊卫生宝鉴序》、至元辛巳砚坚《卫生宝鉴序》、至元癸未王恽序、罗天益《上东垣李先生启》。卷二十四末有永乐十五年韩夷刻书跋。《补遗》卷末有永乐十五年金幼孜《重刊卫生宝鉴后序》。刻书跋里提到，韩夷此前已经刊刻了李杲《脾胃论》《内外伤辨》和《用药珍珠囊》，都是"温补派"的经典著作。此次《卫生宝鉴》由医士钱垣缮写，共刻书版四百八十一块，总计十五万五千余字。

二、从元刻补版看明初苏刻特征

除了新刻以外，前代的刻本进入明代以后在苏州补版的也不在少数，比如《说文字原》《六书正讹》《范文正公文集》《楞伽经会解》等。其中，元至正二十一年（1361）顾逖刻本《通鉴续编》的后印本中存在为数甚多的永乐时期苏州补版，也为观察这一时期苏州刻书的风格提供了宝贵的资料。

《通鉴续编》二十四卷，元陈桱撰。陈桱（？—1370），字子经，浙江奉化人。元至正年间游学来吴，恰逢世乱难归，于是定居长洲。明洪武元年（1368）征为翰林修撰，次年迁待制，三年以附杨宪论死。

此书虽然名为《通鉴续编》，但第一卷记载的是盘古氏至高辛氏的历史，实际是金履祥《通鉴前编》的"前编"。第二卷补记契丹和辽在唐五代之间的史事，自第三卷以下记载的才是南北两宋的史事，而且采用纲目体叙述，表明这个部分是《通鉴纲目》的续编。一如《通鉴纲目》在魏、蜀、吴三国中独尊蜀汉为正统，《通鉴续编》也尊宋朝为正统，附记辽、金史事于其下。

顾逖刻本每半叶九行，行二十二字，小字双行同，单鱼尾，细黑口，左右双边（图3-1-3）。版心下记刻工。笔者所见印本中的元代刻工有：王叔敬、惠夫、永之、周祥、王、潘、番、赵、朱、伯、周、徐、彳、永、亨等。在此书较早印本中卷尾还有至正二十五年杨㑧、范熙等人校正文字的刊记。明代补版版式与原版相同，刻工有：有诚、李顺、吕臻、毛达、章敬、冯敬、徐得、徐孟得、徐进、徐海、苏良、吴海、何汉、王盛、张思温、陈海等。而且，当这些明代刻工题名出现时，一定还伴随着一位校正者的题名。校正者共有三位，分别是训导钱绅、训导钱如坝和教

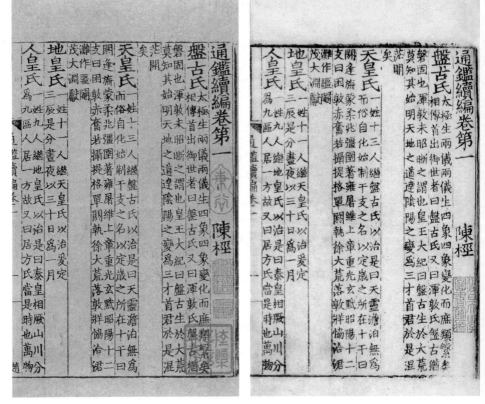

图 3-1-3 元至正二十一年顾逖刻本《通鉴续编》原版卷端

图 3-1-4 元至正二十一年顾逖刻本《通鉴续编》补版卷端

谕陈道曾。只有刻工有诚是个例外，他的题名总是单独出现，似乎与其他补版刻工不属于同一批人。

此书卷首有至正二十一年（1361）鄱阳周伯琦《通鉴续编序》、至正十八年（1358）临海陈基序、至正二十二年（1362）齐郡张绅《通鉴续编叙》、至正十年（1350）陈桱自序、姜渐《通鉴续编序》。据周伯琦作序，此书先是在时任长洲县令的马玉麟资助下定稿，到至正二十一年五月又由松江府同知顾逖付梓，并请他写序。至同年十月张绅来到苏州与陈桱相见时，已经见到了刻本。由此可知，全书刊刻历时约为半年。

尽管此书刊刻的出资人是松江府官员，但是元代刻工中的潘、王、赵、亨等人又见于平江路儒学所刊《通鉴总类》和《战国策》等书，并且三书的字体风格是相似的。因此，不排除原版的刊刻地也在苏州。至于明代的补版，因为上文提到的三位校正者都是苏州的教官，其中钱绅是苏州府儒学训导，钱如埒是长洲县儒学训导，陈道曾是吴县儒学教谕，所以显然是苏州官方的一次行动。通过排比三人在任的共同时段可知，此次修补大约发生在永乐二十一年（1423）。由此也可以推知李顺等人都是永乐时期的苏州刻工。

补版显然对原版进行了刻意模仿，因此两者的字体风格非常接近，粗看几乎发现不了时代的差距。（见图3-1-4）当然，如果取同叶两相比对，还是可以发现补版笔画的线条稍显松弛。经过永乐时期的这次修补，补版已占全书多数，甚至有整卷都是补版的。产生这种情况的原因可能有两个：一是《通鉴续编》在元、明两代只有这一个刻本，因此刷印次数较多；二是从留下的原版大多由两块木板横向拼接而成，且目前都已经开裂来看，损失的原版版片应当也是如此，所以不耐使用。

三、明初苏州刻工应征赴南京内府刻书

洪武初期的苏州刻书活动陷于停滞，但是苏州刻工的活动却并未停止，他们的舞台从苏州转移到了南京。明朝建立之后，以南京为都城，苏州则成为直属京师的十四府、州之一。因此当南京的内府刻书需要工匠时，征调苏州的刻工也是理所当然。

目前所见最早有苏州刻工参与的明代内府刻本是大部头的《元史》。此书的纂修经历了两个阶段，初次纂修从洪武二年（1369）二月开始，至八月为止，共修成本纪三十七卷、志五十三卷、表六卷、列传六十三卷。八月十一日由李善长上表进呈，但朱元璋以为尚未完备，于是有了第二次纂修。此次纂修开始于洪武三年二月，至七月结束，共增修本纪十卷、志五卷、表二卷、列传三十六卷。尽管经过续纂之后的《元史》全帙已达二百十二卷，不过刊刻工程在同年十月便告完成。不得不提的是，有二十三卷列传的版心下象鼻处刻有列传卷次，往往与本卷卷端的列传实际卷次不相符合，比如这种情况第一次出现是在列传卷七，版心刻"卷五"，最后一次出现是在列传卷九十五，版心刻"卷六十一"。笔者认为下象鼻处保留的是初纂本的卷次，而卷端则是经过续纂后重新编排过的卷次，因此两者存在差异。由此也可推知，《元史》的初纂本在续纂之前已经刊刻完成，其开板当在洪武二年。

通过统计版心的刻工题名，参与此事的刻字匠多达百馀人。其中与元末明初的苏州刻本相重合的刻工有：缪亨、顾恭（又简写作"雇恭"），刻过至正十五年平江路儒学本《战国策》；朱仁卿，刻过至正七年（1347）本《佛祖历代通载》；张伯上、杨茂、傅继之（又简写作"付继之"），刻过洪武《苏州府志》。《元史》刻工中还有张德明、张克明二人，可

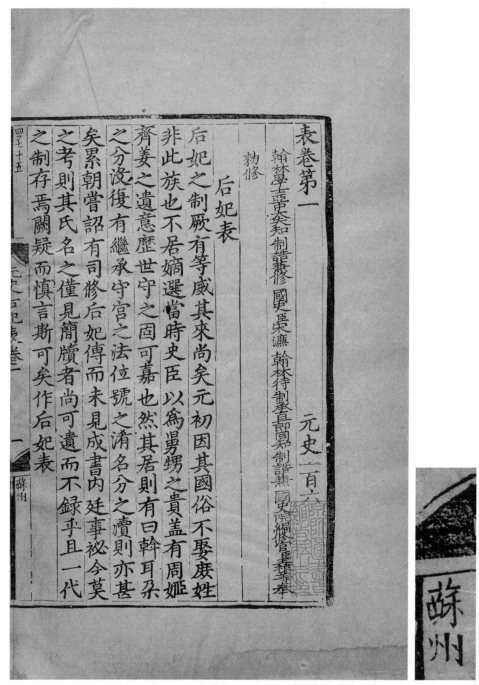

图 3-1-5 明洪武间内府刻本《元史》卷一百六卷端，版心下方刻 "苏州" 字样

能就是《苏州府志》的刻工张德名、张克名。除了刻工重合以外，《元史》卷一百六、一百八、一百九的版心刻"苏州"二字（图3-1-5），更直接地表明了此书刊刻与苏州之间的密切联系。

张伯上、杨茂、张克名还是八十韵本《洪武正韵》十六卷的刻工，此书卷首有洪武十二年（1379）吴沈《洪武正韵序》，刊刻时间当距此不远。顾恭、杨茂、张克名又参与了明初内府本《御制文集》十八卷的刊刻，此书卷十二所收乐章改定于洪武十年八月，刊刻时间不能早于此。又因为杨茂、张克名等人在洪武十一年（1378）已经回到苏州刊刻《苏州府志》，所以此书刊刻时间当在洪武十至十一年之间（1377—1378）。顾恭还刊刻了明初内府本《算法全能集》二卷，此书具体刊刻年代不详。综合来看，苏州刻工在南京的活动至少从洪武二年（1369）延续到洪武十二年（1379）。刻工被南京方面征用可能也是导致洪武十一年以前苏州本地刻书活动停滞的一个原因。如果这个推测无误，那么《苏州府志》就是明代苏州刻书的开篇之作。

众所周知，南宋国子监的书版入元后由西湖书院继承，到了明代又被转移至南京的国子监。同时，南京国子监也继承了元代集庆路儒学的书版。比如，著名的南宋前期两淮江东转运司刊《史记》《汉书》《后汉书》三史和南宋刊南北朝七史的版片通过第一条路线来到明代南监，而元大德九路儒学刊十史的版片则是通过第二条路线来到南监的。由于其中有些书版自南宋中期以来一直处于边修边印的状态，因此南监这批宋元版后印本中历代刻工的分期便成了学界关注的焦点。值得注意的是其中有多位苏州刻工，而以往学者通常认为他们是元代杭州的工人。以雇恭为例，赵万里认为他是"元时杭州补版工人"[1]。尾崎康进一步将元代补版工人划分为第一、二期或初、前、中三期，第一种分类的依据只是刻工自身的年代先后，第二种分类则似乎参照了元朝的时代分期。在第一种分类中，雇恭被划入第二期，对于第二种分类虽然尾崎未多具体举例，但雇恭至迟也是元代中期刻工[2]。

如果细加探究，便可发现以往学者整理的元代刻工名单与明初内府本的刻工多有重合。比如《元史》刻工和南宋前期两淮江东转运司刊三史元代补版刻工重合的有：陶士中、王元亨、王德明、倪平山、朱大存、

---

① 北京图书馆编《中国版刻图录》，文物出版社1961年版，第18页。
② [日] 尾崎康著，乔秀岩、王铿编译《正史宋元版之研究》，中华书局2018年版，第88、114页。

曹谷中、周鼎、林茂实、张伯上、施君宝、雇恭等十一人[①]。《元史》刻工和南宋刊南北朝七史元代补版刻工重合的有：陶士中、王元亨、王德明、倪平山、朱大存、周鼎、周东山、林茂实、缪伯山、施君宝、雇恭等十一人[②]。《元史》刻工和元大德九路儒学刊十史的补版刻工重合的有：朱大存、张伯上、傅继之、杨茂、雇恭等五人[③]。这批刻工的共同特征是出生在元代，进入明代以后也继续参与了刻书活动。与雇恭、张伯上类似的苏州刻工还有朱仁，他既参与了洪武《苏州府志》的刊刻，又在南宋刊南北朝七史元代补版和元大德九路儒学刊十史补版中共同出现。

　　表面上看，在至正二十一年（1361），张士诚的弟弟张士信命人对西湖书院所藏版片进行了一次大规模修补[④]，而雇恭的刻书活动最晚在至正二十五年（1365）便已经开始，因此他从苏州前往杭州参加补版工作并非不可能。但是，由于九路儒学刊十史在元末保存于集庆路儒学，也就是现在的南京；所以如果雇恭、张伯上、朱仁等人的补版活动是在元代进行的，那么他们必然要辗转来往于杭州与南京之间。而实际上，从至正十七年（1357）起杭州和南京便已经分别属于张士诚和朱元璋两股敌对的地方割据武装。在这种情况下，刻工来往于两地之间恐怕是比较困难的。

　　进入明代以后的情况就大不相同，两地的书版被汇集到南京国子监，这批刻工也被征召来南京刊刻内府本。而且，洪武十五年（1382）朱元璋曾"命礼部官修治国子监旧藏书版"[⑤]，可见皇帝本人也对国子监书版的完缺十分重视。尽管没有直接的证据否定元代说，但更合理的解释，当为雇恭、张伯上、朱仁等人的补版活动是明初受命于朝廷而为的。依此类推，与上述三人同时代的苏州刻工中参与南宋刊南北朝七史明初补版的还有缪谦、何原等，参与元大德九路儒学刊十史明初补版的还有赵伯川、张克名、张清之、章良之等。如果调查更多宋元版的南京国子监印本，一定还能进一步发现其中的苏州补版刻工。反之，如果宋元版印本中出现了上述苏州刻工的补版，则说明其印刷时间已进入明代。

---

① 南宋前期两淮江东转运司刊三史元代补版刻工名单参考了尾崎康的调查结果，参见《正史宋元版之研究》，第88、92页。

② 南宋刊南北朝七史元代补版刻工名单参考了尾崎康的调查结果，参见《正史宋元版之研究》，第113-115、536页。

③ 元大德九路儒学刊十史的补版刻工名单参考了尾崎康的调查结果，参见《正史宋元版之研究》，第149页。

④ 陈基撰《西湖书院书目序》，《夷白集》卷九，明弘治八年张习刻本。

⑤ 黄佐撰《南雍志》卷一，明嘉靖刻本，《续修四库全书》影印本。

第二节　洪熙至天顺时期苏州公私刻书的恢复

洪熙到天顺（1425—1464）时期一共 40 年。尽管时间短了 17 年，但是此期的苏州公私刻本的数量远超过前一期，呈现出回升的态势。另外值得注意的是，此期内苏州刻书的地理范围扩大了。常熟县在元代已有刻书活动，只是没有实物遗存，令人难知其面目。宣德以后，常熟刻书的实物数量猛增，成为苏州刻书中举足轻重的存在。同时，昆山县也开始出现了刻书活动。

一、苏刻高启别集两种

从内容来看，此期苏州所刊最重要的书籍莫过于高启的两种别集。

高启（1336—1374），字季迪，号槎轩，又号青丘子，长洲人。博学工诗，与同里杨基、张羽、徐贲并称"四杰"。元至正年间，张士诚据吴，高启隐居吴淞江之青丘。洪武初，被召与修《元史》，授翰林院国史编修官，又受命教授诸王。三年（1370）秋，超擢户部右侍郎，高启以年少不敢当重任固辞，乃受赐内帑白金而还。归来后仍隐居青丘。洪武七年（1374），受故人魏观的连累而卒，终年三十九岁。事迹具《明史·文苑传》。

在诗歌方面，高启是一位天才式的人物。他才思俊逸，诸体兼擅，诗风清新超拔，雄健豪迈，是明初最重要的诗人。《四库全书总目》对他的评价是："其于诗，拟汉魏似汉魏，拟六朝似六朝，拟唐似唐，拟宋似宋，凡古人之所长无不兼之。"相对于创作生涯的短暂，他所取得的成就是异常辉煌的。

同时，高启也是一个悲剧式的人物。尽管他一生厌倦政治，主动远离权力的中心，但是最终还是难逃政治的毒手。洪武七年，苏州知府魏观重新修建了府衙。由于高启在短暂出仕时曾是他的下属，而且二人还有些文学交往，因此受命撰写了《郡治上梁文》。后来，御史张度借此弹劾魏观劳民伤财，善于猜忌的朱元璋则发现新官署修建在张士诚王宫旧址上。于是，魏观、高启等人都被逮捕到京师问罪，最终高启惨遭腰斩。据说触怒皇帝的只是《郡治上梁文》中"龙蟠虎踞"四字。这桩文字狱似乎是一个信号，让士大夫明白政治的压迫是如何残酷。高启的死本身也在明代成为一种禁忌，他的各种传记对此事都只能语焉不详。

两种别集的第一种是《高太史凫藻集》五卷，由长洲县于正统九年（1444）刊刻，收录的都是他的文章。尽管高启的著作此前已经有洪武

三十一年（1398）刊《姑苏杂咏》和永乐元年（1403）周立刊《缶鸣集》
两种诗集，但是此番出自官方的刊刻行动似乎是在宣告政治的解禁，具
有别样的意义。

此书卷首有正统九年（1444）工部左侍郎周忱《高太史凫藻集序》和
洪武八年（1375）李志光《高太史传》，卷末有正统九年监察御史郑颙《书
凫藻集后》。周序记载了此书刊刻始末：先是周忱借巡抚吴中之便从高启
内侄周立处访得此书抄本。后来郑颙又从周忱处获读，反复再四，大为激赏，
于是嘱托司训张素加以校正，命令长洲县丞邵昕用公钱刊刻，版存县学。

目前号称此书正统九年本的实际有两种版本。两本不但行款相同，
都是每半叶十行，行二十字，而且版式也近乎一致，都是黑口、双鱼尾、
四周双边，唯一的区别是一种是大黑口，另一种是细黑口。（图3-2-1、
图3-2-2）显然其中一个是原刻本，另一个是翻刻本。细黑口本有《四

图3-2-1 《高太史凫藻集》大黑口本 中
国国家图书馆藏

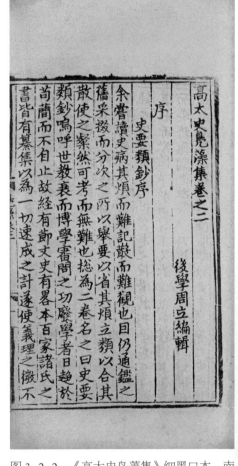

图3-2-2 《高太史凫藻集》细黑口本 南
京图书馆藏

图 3-2-3　大黑口本周忱序首叶

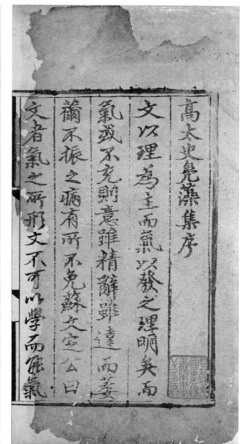

图 3-2-4　细黑口本周忱序首叶

部丛刊》影印本，较为常见，其底本借自当时的江南图书馆。

　　笔者认为细黑口本是原刻本，大黑口本为翻刻本。理由主要有如下三点：第一，从南京图书馆所藏细黑口本的印面来看，卷四第十一叶每行第三字以上的部分和第十七叶每行第二字以上的部分（包括文字、边框和栏线）都是空白。可见南图藏本是细黑口本的一部后印本，印刷时这两叶的版片已经破损残缺。而大黑口本卷四第十一叶和第十七叶虽然边框、栏线完整，但是相应文字也付之阙如。这种现象说明大黑口本是照细黑口本翻刻的，而且所据底本是一部与南图藏本一样的后印本，因此缺损的文字无从填补，只得留空。第二，卷首序文为手书上版，细黑口本字距疏朗，笔触自然，而大黑口本经过翻刻，文字间距变得密集，笔画牵丝显得克意做作，字形也似是而非。（图 3-2-3、图 3-2-4）第三，细黑口本的版刻工整精美，不失江南刻本的风韵，而大黑口本的版刻朴拙粗狂，甚至同一行的文字也左欹右侧，大失水准。

此外，细黑口本每行的字数实际并不固定，常常出现上一行有二十一字，而下一行只有十九字的情况。每行内字数不平均是宋元本以来的旧规，在明初的细黑口本内仍有体现。大黑口本在翻刻时特意将每行字数统一为二十字，体现了时代风气的变化。

书经翻刻难免出现文字讹误，比如细黑口本卷首《高太史传》，"徐贲之徒，胥不羁赡才，爽迈有文，谈辩华给"，大黑口本在"爽"下衍一"有"字。又如细黑口本卷三《送黄省掾之钱塘序》，"躬茸理之勤，需培积之久，有不能变凋敝为完庶者乎"，大黑口本误"久"为"义"。至于细黑口本卷三《送刘侯序》，"且刘君往矣，必能益发之于政，则松江之民不其又幸欤"，大黑口本在"之于政"三字处空缺，则可能是底本缺损所致。

两种别集的第二种是景泰元年（1450）徐庸刊《高太史大全集》十八卷。

徐庸，字用理，是常熟的一介儒士。高启曾将入明前所得《吹台》《江馆》《青丘》《南楼》《胜壬》等小集合编为《缶鸣集》，共收诗732首。在史馆时又吟得《凤台集》，于是将《缶鸣集》扩充至937首。当永乐元年《缶鸣集》经周立重编刊刻时，收诗已达1000首。此外，尚有《姑苏杂咏》等集以及私家抄本流传之诗多未收录在内。经过徐庸搜集编成的《高太史大全集》，篇幅已多达1759首，成为当时收录高启诗歌最全的一种别集。

不无巧合的是，目前同样存在两种号称是景泰刻本的《高太史大全集》版本。其中一种版本每半叶十一行，行二十字，黑口，单鱼尾，四周双边。（图3-2-5）另一种版本每半叶十行，行二十字，白口，无鱼尾，四周单边。（图3-2-6）十行本有《四部丛刊》的影印本，其底本也同样借自江南图书馆。从字体来看，十行本呈现出起笔轻、收笔重的面貌，横划末尾的顿笔已经程式化，而且笔画的线条也趋于僵直。从版式来看，十行本摒弃了黑口和鱼尾，而且字与字的间距也加大了，努力追求印面的舒朗悦目。依据版刻风格可以判断十行本当为正德、嘉靖以后的重刻本。

不仅有重刻本的干扰，而且十一行本的版片曾几度易主，屡经修补，因此原刻本还存在先印本、后印本的区别。

十一行本的初印本卷首有景泰元年刘昌《高太史大全集叙》，洪武二年胡翰和洪武三年王袆、谢徽的三篇《缶鸣集序》。此本卷一、二、三、八、九末尾分别有"常熟钱允言助刊""常熟钱允辉助刊""昆山王宗器助刊""常熟陈宗盛助刊""常熟陈原锡助刊"等刊记。可见此书刊刻由多人出资，并非徐庸独力完成。出资人的籍贯不出苏州府范围，而且

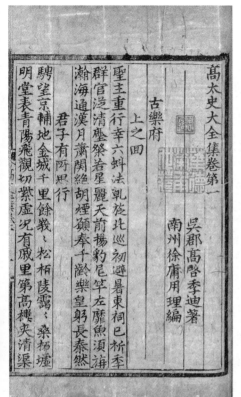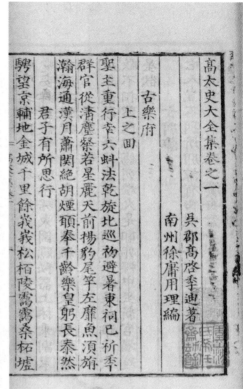

图 3-2-5　明景泰元年徐庸刻《高太史大全集》十一行本　中国国家图书馆藏

图 3-2-6　明正德嘉靖间重刻《高太史大全集》十行本　南京图书馆藏

以常熟为主。这种"众筹"刻书的形式在元代苏州的佛教刻书中已经屡见，在苏州普通的私家刻书中出现似乎还是头一次。

后印本卷首比初印本多出高启自撰和永乐元年周立所撰《缶鸣集序》，以及洪武八年李志光《高太史传》一篇。周立序末又附刻王益识语，内称"今用理以板付益藏之，乃增太史公并周君序于前，李志光《传》于后"。由此可知，版片已从徐庸处转移到了王益处，后印本新增的序和传乃是王益所刻。

除王益以外，此书版片在成化五年（1469）又经过常熟刘以则割补，因此后印本卷末又有同年南京国子助教高德所作《题高太史大全集后》。这篇跋文也告诉我们在很早之前书版就已经被刘以则之父刘宗文所得。刘宗文在卷十四末尾补刻了"常熟刘宗文助刊"刊记，他所增刻的内容是卷十五末尾的《郡治上梁》等十首诗。谁都知道高启的死与《郡治上梁》等诗文有关，以前它们只能以口传手抄的形式私下流传，而本次补版敢于将它们"寿诸梨枣"，公开流传，无疑是政治解禁的一个强烈信号。

二、吴讷在苏所刻及被刻书

无论是《凫藻集》的原刻与翻刻，还是《大全集》的版片流转、内容增补，都证明了高启这个名号对于苏州刻书业的推动作用。其时以自身影响力推动苏州刻书业发展远超常人的还有一位苏州名贤，他就是吴讷。

吴讷（1372-1457），字敏德，号思庵，常熟人。永乐间以儒士荐至京师，召入便殿，奏对称旨。洪熙改元，授监察御史，先后巡按浙江、贵州两省。宣德五年（1430），升南京都察院右佥都御史，寻升左副都御史，为政务持大体，不以苛察取威。正统四年（1439）致仕。天顺元年（1457）卒，谥"文恪"。事具《明史》本传。

吴讷博洽群书，尤好程朱性理之学。平生著述宏富，自著有《小学集解》《性理群书补注》《祥刑要览》《思庵先生文粹》等，编纂有《晦庵诗文钞》《草庐吴先生文粹》《文章辨体》《百家词》等，均流传于世。这些著作在此期的苏州刊刻的有三种，以下按照时代先后顺序，加以介绍。

第一种是宣德九年（1434）正月吴讷自刻所编吴澄《草庐吴先生文粹》五卷。

吴澄（1249—1333），字幼清，江西崇仁人。年少有志于学，日夜诵读不辍。元至元十三年（1276），著《孝经章句》，校定《易》《书》《诗》《春秋》《仪礼》《礼记》《大戴礼记》。至大元年（1308）召为国子监丞，皇庆元年（1312）升司业。英宗继位，超迁翰林学士。泰定二年（1325），以老病辞归。居乡以讲学为业，四方之士负笈来学者常不下千人。元统元年（1333）卒，追封临川郡公，谥"文正"。吴澄晚年遍注《五经》，有《易纂言》《书纂言》《诗纂言》《礼记纂言》《春秋纂言》等，精明简洁，卓然成一家之言。后人又编有《临川吴文正公集》百卷。事具《元史》本传。

此书每半叶十三行，行二十四字，大黑口，双鱼尾，四周双边（图3-2-7）。下象鼻处记字数和刻工。刻工有徐、王、李、吕、高、陆等。卷首有宣德九年（1434）吴讷《草

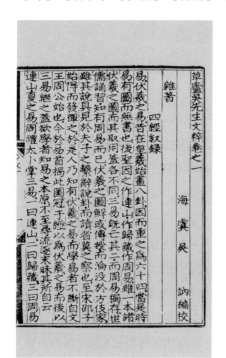

图 3-2-7　明宣德九年吴讷刻本《草庐吴先生文粹》　中国国家图书馆藏

庐吴先生文粹序》和《元史·吴澄传》。可能是受到内府本的影响，此书正文还刻有句读和多音字的圈发。

一生著述不辍，而且专主程朱理学是吴讷和吴澄的相通之处，这也使得吴讷对这位前代儒宗推崇备至。当时恰巧有吴澄玄孙吴燧所编百卷本《临川吴文正公集》刊刻不久，吴讷因其篇帙既多，文字细小，不便于阅读，所以从中选录杂著、答问、序、记、碑、说、题跋、书、墓志铭等共计九十一篇，单独刊行。或许只是巧合，此书刊成仅仅一年以后吴澄便被朝廷提升到孔庙配享名单里了。虽然此事背后未必有吴讷的推波助澜，但是客观上却增加了人们对于吴澄著作的阅读需求，以至于吴澄的另一个玄孙吴炬不得不在正统六年（1441）翻刻了这部《文粹》以应对朋友们的索求。

到了同年十二月又有一部吴讷的著作刊行，那就是徐讷所刻的《性理群书补注》十四卷。

此书每半叶十一行，行二十一字，黑口，双鱼尾，四周双边。卷首有宣德七年（1432）杨士奇序和宣德九年（1434）吴讷自序，卷末有宣德九年严本《书性理群书补注后》。《性理群书》是南宋讲学盛行时期的产物，由熊节采摭周敦颐、程颢、程颐、邵雍、张载、司马光、朱熹等人文章分类编纂而成。因为在吴讷之前已有熊刚大的集解本《性理群书句解》，此书是对《句解》加以删补而成的，因此取名《补注》。

《补注》本是吴讷还在布衣时的著作，后来重加考订，缮写成帙，交由好友严本收藏。刊刻者徐讷则是严本的姻亲。徐讷，字敏叔，常熟人。徐氏累世聚居，是当地的大族。敏叔本人也爱好文艺，曾集历代同居故实为《同居集》，付之刊刻。

此期苏州刊刻的第三种吴讷著作是天顺八年（1464）刘孜等刊《文章辨体》五十卷、《外集》五卷。

《文章辨体》是吴讷分体选编三代到明初诗文的一部总集。其选录的标准仿照南宋理学家真德秀的《文章正宗》，注重文学作品羽翼经传的道德价值和可为法戒的实用功能。正编大体收录古文，分为古歌谣辞等五十一体，《外集》收录四六骈文、律诗词曲，共五体。每体各撰小序，介绍其历史源流。此书卷首有天顺八年（1464）彭时《文章辨体序》，以及《文章辨体总目》《诸儒总论作文法》《文章辨体凡例》等，卷末有资助人题名，末行有刊记"天顺八年岁次甲申秋九月吉日海虞王济刊"。

刘孜（1411—1468），字显孜，江西万安县人。正统十年（1445）

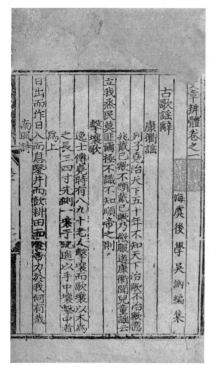

图 3-2-8　明天顺八年刘孜等刻本《文章辨体》

举进士，授监察御史。天顺四年至成化元年（1460—1465），以右副都御史巡抚南畿。官至南京刑部尚书。事具《明史》本传。

据彭时序，刘孜最初从同僚吴讷之子吴淳处获读《文章辨体》，一见之后便不能忘怀。等到他巡抚南直隶的时候从吴讷后人家访得此书抄本，由其亲加校正后倡议刊刻。常熟官绅踊跃响应，出资人中既有苏州府提调官同知卢忠，常熟县知县孟玭，儒学教谕谢纮，训导诸伦、高旦等官员，也有刘效、顾岳等十二位平民义士。不过从刊记来看，或许王济才是出资最多或者具体承揽其事的人。

此本每半叶十三行，行二十四字，黑口，双鱼尾，四周双边（图 3-2-8）。版心记刻工，有金、宗、何、孟、熬、黄、孜、田、吴、仁、进、六、高、章、周、文等。全书字体带有赵孟頫笔意，精美程度远超于此前的其他明初苏州刻本。

三、其他洪熙至天顺间苏州刻本

除了高启、吴讷的著作以外，还要介绍两种此期较为重要的苏州刻本。首先要谈的是张适著《甘白先生张子宜诗集》的明初刻本。

张适，字子宜，长洲人。七岁即能赋诗，有神童之誉。洪武初，召为水部郎中，以病免。居家日与高启等人诗歌唱和。其后又以明经荐，授广西理问所提控案牍，调滇池鱼课司大使。考满，改宣课司大使，卒于任。所著有《乐圃》《江馆》《南湖》《滇南》《甘白》诸集。

此书每半叶十行，行二十一字，黑口，双鱼尾，四周双边（图 3-2-9）。卷首有永乐元年（1403）朱逢吉序。目前仅知上海图书馆收藏此书，该馆将其定为永乐元年刻本，其依据可能是朱逢吉序所署时间。不过，序中说到："余来吴中，闻先生名而不及见矣。得见其子用轸。间出先生文集，俾余序其端。……用轸其广传之，以为后学者式。"朱逢吉只是

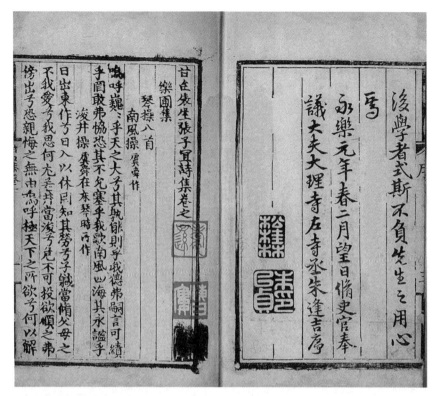

图 3-2-9　明初刻本《甘白先生张子宜诗集》　上海图书馆藏

勉励张用轸将此书广为传播，而未提及刊刻之事，以此揣测，其时书当尚未付刊。张收，字用轸，张适之子，曾以善操琴受到永乐皇帝召见。

　　除了这部刻本以外，还有几种抄本《甘白先生张子宜诗集》六卷、《文集》六卷传世，可资比对。比如南京图书馆藏有清王氏十万卷楼抄本，此本卷首有正统六年（1441）陈镒《甘白先生诗集序》，卷末有正统十二年（1447）张收跋，详细叙述了十二卷诗文刊刻的过程。以下谨录原文：

　　　　先君平日所作诗文甚多，尝命收手录以遗后昆。不幸自弃背以来四十余年，衰门多故，欲刊未就。然其全集屡因回禄，散缺狼藉，所存者十中七八耳。收止生二子。长敔，教授于乡里；次祝，于宣德间以明经登进士第，授大理评事，而先业稍复。乃命长孙纲编录先君诗文，分为十二卷，遂以研耕之资、俸禄之积命工寿梓，六年始成。

　　由跋文可知，抄本的底本是正统年间的张收刻本。张氏一门本来在

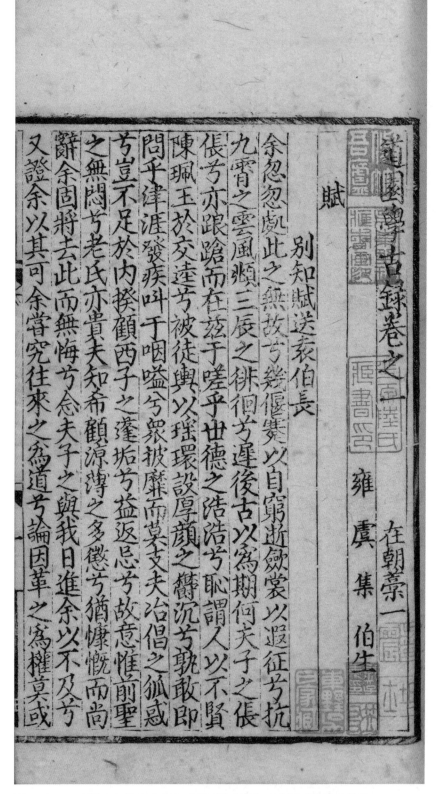

道園學古錄卷之四
在朝稾一
雍虞集伯生

賦

別知賦送衰伯長

余忽忽處此之無故兮繁傴僂以自窮斂裳以�](逡)征兮抗
九霄之雲風颯三辰之徘徊兮遲後古以爲期何夫子之張
張兮亦踉蹌而在兹于嗟乎世德之浩浩兮恥謂人以不賢
陳珮玉於交達兮被徒與以瑤環設厚顏之慚沉兮軏敢即
問乎津涯發疾叫于咽嗌兮眾被靡而莫支夫治倡之狐感
兮豈不足於內揆顧西子之蓬垢兮益返忌兮故意惟前聖
之無悶兮老氏亦貴夫知希顧源溥之多懲兮猶慷慨而尚
辭余固將去此而無悔兮念夫子之與我曰進余以不及兮
又證余以其可余嘗究往來之爲靈兮論因革之爲權莫或

经济上似乎较为贫寒，直到张祝考取进士以后才有所改善，从而具备了刻书的条件，但是整个过程仍然长达六年。从陈镒作序到张收作跋正好历时六年，足见所言不虚。据张收所说，其父张适的别集在他死后的四十余年中一直未能刊刻，因此不太可能存在永乐刻本。而且，在待刊的四十多年中，张适的诗文已经因为几次火灾而遭受损失。但是，取抄本与刻本比对，可以发现二者篇目是相同的。也就是说刻本所载的也是遭受损失后的内容。再从版刻风气来看，刻本字虽学赵体而失其灵动，正与正统九年《高太史凫藻集》原刻本相似。综合各点，笔者认为此刻本并非永乐刻本，而是正统六年到十二年（1441—1447）张收刻《甘白先生张子宜诗文集》的《诗集》部分。

此时期还有一种不得不提的苏州刻本是景泰七年（1456）郑达刻元虞集撰《道园学古录》五十卷。这是目前所知苏州第一种翻刻福建本的版本。

《道园学古录》是虞集的诗文全集，由其幼子翁归和门人李本编定。全书分为《在朝稿》二十卷、《应制稿》六卷、《归田稿》十八卷和《方外稿》六卷。此本卷首有景泰七年昆山知县郑达序，至正六年欧阳玄《雍虞公文序》以及欧阳玄致刘基书，其后附刻叶盛识语。卷末有至正元年李本跋。欧阳玄序是为刘伯温刻本而作的，本来不属于李本、虞翁归编定本系统。据叶盛识语可知，此序和书信都是成化元年由他从虞湜家临摹加入的，并非景泰本原来所有。除了序跋混合了两种文本系统以外，景泰本的目录末尾又有"重增目录"，全书新收录佚文35篇，附刻于各卷之末。

景泰本每半叶十三行，行二十三字，黑口，双鱼尾，四周双边（图3-2-10）。不但整体版式密行细字，而且书中文字笔画也多逆锋起笔，这些都是在一般明初苏州刻本中罕见，相反在元末明初的福建刻本中常见的特征。郑逵自述此书底本是得自太仓兴福寺老僧暕公的一部福建本，应该是可信的。此书又有嘉靖四年陶谐、虞茂的翻刻本，也是惟妙惟肖，风格与寻常嘉靖本大不相同。

第三节　成化至弘治时期苏州私人刻书的突起

成化至弘治（1465—1505）时期共计四十一年。此期的苏州刻书业延续了前一时期的发展趋势，而且在质量和数量两方面都有所超越。另外，从刻书的地理分布来看，嘉定和吴江两县也从此期出现了刻本。至此，除崇明以外的苏州六县都有了流传至今的版刻实物遗存。

此期的苏州仍然存在官方刻本，比如弘治《吴江志》二十二卷和弘治《常熟县志》四卷等，但是与同时期的私家刻书相比已经无足称道。成化年间的苏州私家刻书有苏州知府贾奭刻《欧阳论范》二卷，东吴项璁刻《存复斋文集》十卷《附录》一卷，长洲刘俸刻《草窗集》二卷，嘉定章晃刻《新编并音连声韵学集成》十三卷、《直音篇》七卷等，展现出蓬勃的势头。不过，若论刻本质量之精和数量之多，吴县张习刻书又远在诸人之上；比之稍逊一筹的还有昆山严春。这两家所刻书籍不但是苏州此期的代表性刻本，而且也是整个明代前期刻本中屈指可数的名品。由于两家刻书精美绝伦，甚至有商贾撕去序跋冒充元刻本，哪怕著名的藏书家也难免上当受骗。

一、吴县张习所刻书

张习，字企翔，吴县人。成化五年（1469）进士，授礼部主事，升为员外郎。成化十八年（1482），外放为广东按察司提学佥事。平生爱好诗

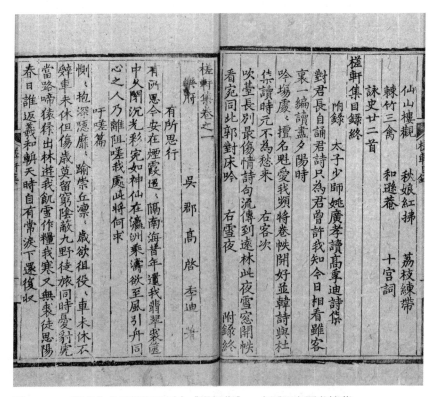

图 3-3-1　明成化十三年张习刻本《槎轩集》　中国国家图书馆藏

古文词，又喜欢搜集郡中遗文故实，勤于刊刻乡邦前辈的别集，许多元末和明初苏州文人的文集都赖以传世，以下按照刊刻时间顺序逐一介绍。

张习所刻的第一部文集是高启的《槎轩集》十卷、《附录》一卷，刊于成化十三年（1477）。以高启在明代苏州诗坛的地位，最先刊刻似乎是理所当然的。此书每半叶十一行，行二十一字，黑口，单鱼尾，四周双边（图3-3-1）。卷首有成化十四年（1478）张泰《槎轩集序》，卷末有成化十三年张习刻书跋。此书底本是得自吕勉的高启《江馆》《凤台》《槎轩》三集手稿，与此前已刻的《缶鸣集》《高太史大全集》不属于同一文本系统。张习刊刻时将三集合并为一，分体编排。另外，卷十末尾书名下有"娄东莫宗源刊"题名一行。从此书赵体字精美不输元刻本来看，此人无疑是当时苏州的顶级刻工。

虽然有了第一次的成功，但直到成化二十年（1484），张习才刊刻了第二部书——元代萨都刺的《雁门集》八卷。萨都刺（1274—1345），字天锡，号直斋，祖上是西域人。元泰定四年（1327）举进士。由于他长期在江浙任职，得以往来吴中，因此与苏州文士多有交往。他擅于诗词，各体兼备，诗风清新，是一位重要的元代诗人。此书每半叶

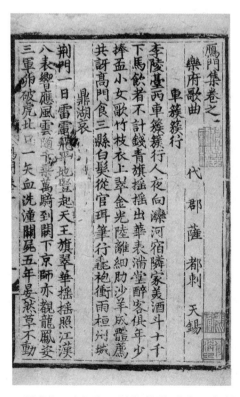

图3-3-2　明成化二十年张习刻本《雁门集》　南京图书馆藏

十一行，行二十一字，黑口，双鱼尾，四周双边。（图3-3-2）卷首有元至正丁丑干文传《雁门集序》，卷末有成化二十年张习刻书跋。《雁门集》先前已有天顺三年（1459）萨琦编刻六卷本，此本文字与之多有异同，颇具校勘价值。虽然已经时隔七年，但是此书保持了与前一次同样的版刻水准。瞿镛《铁琴铜剑楼藏书目录》卷二十二著录此书，因为卷末张习跋已经缺失，所以误定为元刊本。以此书为开端，张习的版刻活动迎来了一个高潮期，每年稳定地推出一种新刻本。

成化二十一年（1485），张习刊刻了杨基《眉庵集》十二卷。杨基（1326—1378），字孟载，号眉庵，原籍四川嘉州，因祖父服官江左而移家苏州。明初以荐任荥阳知县，累官至山西按察使，后被谗夺官，罚服劳役，死于工所。杨基的诗风清俊纤巧，在明初苏州诗坛与高启齐名。此书每半叶十一行，行二十一字，黑口，单鱼尾，四周双边。卷首有成化二十年江朝宗《眉庵诗集序》，卷末有成化二十一年张习《眉庵集后志》。天顺年间，苏州教授郑钢刊刻了第一部杨基诗集。因为其中文字讹谬、排列失序等问题较多，所以张习刻本又经庠生颜恭文汇集诸家抄本，重加校定。郑钢刻本至今已经无传，张习刻本的价值愈加显著。

成化二十二年（1486），张习得到了高启《姑苏杂咏》的旧版片，在末尾增刻了自己题咏读书台、郁石林等苏州古迹的六首模仿之作和跋文一篇。新旧版的版式相同，都是黑口，双鱼尾，四周双边，但是字体有差异，而且行款也不一致，旧版是每半叶十行，行二十字，新版则是每半叶十二行，行二十一字。

成化二十三年（1487），张习刊刻了徐贲《北郭集》十卷。徐贲（1335—1393），字幼文，毗陵人。因家居姑苏城北郭外，故自号"北郭生"。与同城高启、杨基、张羽等人时相倡和，大著诗名。洪武九年（1376），以荐授给事中，历任监察御史、刑部主事、广西参政，官至河南左布政使。任内因犒劳过境大军不周，下狱而死。此书每半叶十一行，行二十一字，黑口，双鱼尾，四周双边。卷首有成化二十二年闵珪《北郭集序》，卷末有成化二十三年张习《北郭集后录》。此集由张习编集自幼抄录的徐贲诗作而成，是第一部徐贲诗集刻本。至此，明初"吴中四杰"中只有张羽的诗集未曾刊刻。

经过三年的停顿，张习在弘治四年（1491）刊刻了张羽《静居集》六卷。张羽（1333—1385），字来仪，本江西浔阳人，因父仕吴，移家吴兴。后又徙居苏州，与高启、杨基、徐贲相友善。洪武四年（1371），征为太常寺丞。后以事谪戍岭南，半道召还，至京投水而死。此书每半叶十一行，行二十一字，黑口，单鱼尾，四周双边。卷首有弘治元年左赞《静居集叙》，卷末有弘治四年张习《静居集后志》。张羽诗多散佚，张习先在苏州得到抄本《静居集》一部，仅存十之二三。后又从吴兴访得别本，较苏州本存诗加倍，于是将两本合编，刊成此集。

同年，张习又刊刻了王行《半轩集》十二卷、《补遗》二卷、《楮园草》一卷。王行（1331—1395），字止仲，吴县人。居苏州城北，喜为词章，其文汪洋恣肆，其诗清刚萧爽，与高启、徐贲等并称"北郭十友"。洪武初，受聘为府学训导，后受"蓝玉案"牵连而死。此书每半叶十一行，行二十一字，黑口，单鱼尾，四周双边（图 3-3-3）。卷首有洪武二十四年（1391）金文徵序。

弘治八年（1495），张习刊刻了陈基《夷白集》十二卷、《附录》一卷。陈基（1314—1370），字敬初，浙江临海人。初从黄溍学，授经筵检讨，后避时南归。张士诚据吴，拜为学士院学士，一时书檄碑铭多出其手。明初召修《元史》，书成而还。洪武三年卒。此书每半叶十二行，行二十四字，黑口，单鱼尾，四周双边。卷首有至正二十四年（1364）戴良序，卷末有弘治八年张习《刊夷白集录》。张习访求陈基文集的过程颇费周折。他先是听说《夷白集》全本三十四卷收藏在苏州一士大夫家，可惜秘不外传。继又听说另一士人也有收藏，但也不肯假借。张习只能出资将其购下，才发现是一部残本。不得已加上从陈思耘处得到的陈基手稿数十篇，又从另一位友人处抄录百篇，合编为十二卷。

弘治九年（1496），张习刊刻了元代郑元祐《侨吴集》十二卷、《附录》一卷。郑元祐（1292—1364），字明德，浙江遂昌人，移家姑苏。至正十七年（1357），任平江路儒学教授，后升浙江儒学提举，不久即卒。著有《遂昌杂录》一卷、文集若干卷。此书每半叶十二行，行二十四字，黑口，单鱼尾，四周双边（图 3-3-4）。卷首有至正二十年（1360）谢徽《侨吴集序》，卷末有弘治九年张习《刊侨吴集录》。张习所见郑元祐文集抄本有两部，其一是《遂昌山人集》二十卷，仅分诗和文两大类，而排列漫无次序。另一是《侨吴集》，虽然排列得当，但是多有重出。因此通录两本，去除重复，编为诗六卷和文六卷。此书也是张习刊刻的最后一部书。

张习的刻书活动前后持续长达二十年，以一己之力刻书多达九种，在整个明代前期都是罕见的。即便是同一人所刻，前后各集的版式字体也有所不同，显示了版刻风气的转移。

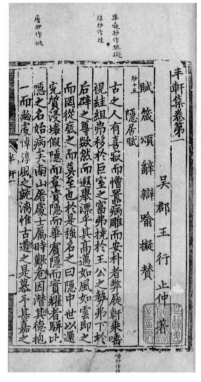 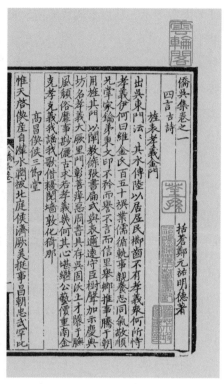

图 3-3-3　明弘治四年张习刻本《半轩集》　南京图书馆藏

图 3-3-4　明弘治九年张习刻本《侨吴集》　中国国家图书馆藏

二、昆山严春所刻书

严春留下的信息很少，只知道他字景和，是昆山人。不过他能够请到进士陆钶写序，也能接受昆山知县的刻书任务，在当时应当也是一位风雅人物。他所刻的第一种是唐代陆龟蒙的《唐甫里先生文集》二十卷。

陆龟蒙（？—881），字鲁望，长洲人。少通六经，尤明《春秋》。举进士不第，乃游湖州、苏州刺史幕府，后退隐甫里终老。平居以诗文自娱，著有《耒耜经》《小名录》《松陵集》《笠泽丛书》等。其诗卓然成家，与皮日休并称"皮陆"。

由于陆龟蒙在苏州诗史上的重要地位，吴江叶茵于南宋宝祐年间合《松陵集》《笠泽丛书》二书并所得遗篇，编成《唐甫里先生文集》二十卷。卷一至十三为古今体诗，卷十四至十五为赋，卷十六至十九为杂著，卷二十为附录，收录《新唐书·陆龟蒙传》及各集旧序跋等。

此次乃是据宝祐本重刻。此本每半叶十行，行二十字，黑口，双鱼尾，四周双边。卷首有明成化二十三年（1487）陆钶《重刊甫里先生文集序》，宋宝祐六年（1258）林希逸《甫里先生文集序》和宋胡宿《甫里先生碑铭》，卷末有严春识语。此书底本选用宋本，也可见他的品味不凡。

除了《唐甫里先生文集》之外，严春刻书最精美的当推弘治七年（1494）刻宋龚明之撰《中吴纪闻》六卷。

龚明之（1091—1182），字希仲，号五休居士，昆山人。绍兴间，以乡贡廷试，授高州文学。淳熙五年（1178），超擢宣教郎，致仕。此书采集吴中故老嘉言懿行，以及范成大《吴郡志》中未记载的当地风土人情，仿照范纯仁《东斋纪事》、苏轼《志林》之体例，分撰为二百二十五条，编为六卷。

此书自宋末已属罕见，元末卢熊据旧抄本校定，已缺失二十五条。弘

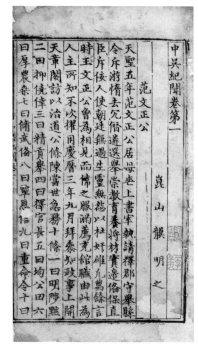

图3-3-5　明弘治七年严春刻本《中吴纪闻》　南京图书馆藏

治年间，昆山知县杨子器以此书自宋至明，未有刻本，所以取卢熊校本重加校勘，命义民严春刻而传之。此本每半叶十一行，行二十一字，黑口，无鱼尾，四周双边（图3-3-5）。卷首有弘治七年杨子器《新刊中吴纪闻序》和宋淳熙元年（1174）龚明之《中吴纪闻序》，卷末有元至正二十五年卢熊跋。

此本字仿鸥波，版刻精美，书估多将卷首杨序撤去，谎称为至正二十五年卢熊刻本以售其欺。

三、向嘉靖本过渡的苏刻

此期的苏州刻本中不但出现了足以媲美元刻的精品，而且有学者认为部分刻本已经具有苏式嘉靖本的形态①。除此以外，实际上还有部分刻本处于介乎两者之间的过渡状态。明代前期刻本的版式承袭元末的传统，黑口是其一大特征。字体虽有巧拙之分，但主要受到赵孟頫体的影响。处于中间状态的苏州刻本的特征便是不再遵守黑口传统，字体也开始脱

---

① 比如弘治十五年（1502）吴江县知县刘泽刻本《松陵集》、弘治十七年（1504）沈津刻本《龙筋凤髓判》、弘治十八年（1505）苏州知府林世远刻本《震泽编》，详见李开升《明嘉靖刻本研究》，中西书局2019年版，第44—49页。

离赵体。这种刻本中最重要的是弘治九年（1496）周木刻本《五经》五卷。

周木，字近仁，号勉思，常熟人。成化十一年（1475）进士，授南京行人司左司副，升吏部郎中。弘治六年（1493），外放浙江布政司右参政。后因与同官不相能，致其事而去。居家究心理学，学者称为"勉思先生"。晚尤好《易》，著有《易心逸说》若干卷。又善书，尤擅古隶。年七十二卒。

此书仅刻《易经》《尚书》《诗经》《春秋》《礼记》的白文，每半叶九行，行十七字，白口，单鱼尾，四周双边（图3-3-6）。相比于一般刻本，此书有意减少了每叶行数和每行字数，再配合白口，可以使版面显得更为整洁舒朗。读者不难发现此前的明代苏州刻本无一不是黑口本。可以说，这部《五经》开创了苏州刻本回归宋本白口特征的先声。根据卷末的弘治九年周木隶书《书刊五经后》，正文部分也是由其手书上版。书中文字笔画锋颖峭丽，字形向右上取势，颇有几分宋建本的面貌。或许周木所据的底本正是一部宋本。需要指出的是，此书不但与当时黑口、赵体的普通苏州刻本不同，而且与成熟的嘉靖本字体也有区别。正巧此书有嘉靖三十一年（1552）诸暨翁溥翻刻本，读者若加以比较，不难体会。（图3-3-7）

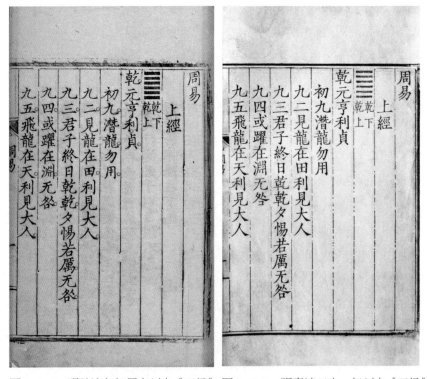

图3-3-6　明弘治九年周木刻本《五经》　图3-3-7　明嘉靖三十一年刻本《五经》

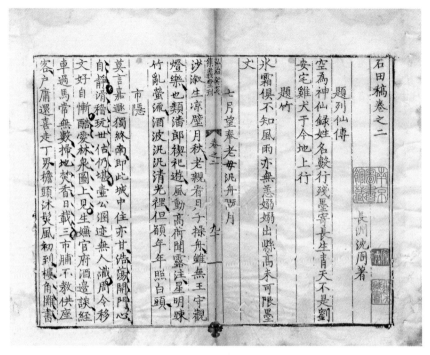

图 3-3-8　明弘治十六年黄淮刻本《石田稿》

同样处于中间状态的还有弘治十六年（1503）黄淮刻本沈周《石田稿》三卷。所不同的是，周木刻《五经》可能还有宋本参照，黄淮刻《石田稿》只能是受时代风气的感染。

《石田稿》的作者沈周（1427—1509），字启南，号石田，长洲人，是明代最重要的画家之一。黄淮是嘉定县学儒生，从游于沈周门下颇久。此前沈周诗集未有刻本，恰好巡抚彭礼巡视苏州时也想促成此集刊行，于是黄淮自告奋勇，担当其任。《石田稿》最终由其刊刻于长洲。此书卷首有彭礼《沈周诗引》，成化二十年（1484）童轩《石田诗稿序》，弘治十三年（1500）吴宽《石田稿序》和正德元年（1506）李东阳《书沈石田诗稿后》。卷末有弘治十六年嘉定知县靳颐《跋石田诗后》和黄淮刻书跋。

此书每半叶九行，行十九字，白口，单鱼尾，左右双边（图 3-3-8）。这部刻本中出现的新现象颇多，比如除减少每叶行数和字数，改用白口以外，连鱼尾也较一般情况有所缩小，其目的是尽量消除版面中的黑色块面，留出空白。又如每叶版心上端刻"弘治癸亥岁清浦黄氏刊"或"弘治癸亥集义堂刊"，并且吴宽序末叶又有方形牌记"弘治癸亥岁夏六月／嘉定庠生黄淮刊行"。此前的部分苏州刻本也有刊记，但是带边框的牌记的出现还是首次。

第四章

宋体字初现：
明代中叶影响全国的苏州式刻本

明代中期，苏州刻书迎来了史上最辉煌的时代。在宋本鉴藏风气的引领之下，从弘治末年开始，苏州逐步形成了以方整的宋体字为主要特征的苏州式刻本。这种风格在正德后期成熟，在嘉靖年间风靡全国。从此，中国雕版印刷史进入软体字和宋体字双轨并行的时代。

第一节　明中期苏州式刻本的起源与初步发展

明代中期苏州为全国文化和艺术中心，其文化风尚和艺术品味风靡一时，影响遍及各个领域，刻书自然也不例外。这种影响主要表现为两点：一是士大夫中形成的宋本鉴藏风气为刻书提供了新的模板，宋本（主要是宋浙本）成为书籍的最高标准和刻书的模仿对象；二是对于传统的旧的书籍形态逐渐厌弃，在审美上厌倦了台阁体的文字和粗黑口的版面，文字越来越挺拔，黑口越来越细，直至变为白口。这种审美与对宋本的追捧结合在一起，于是方整字体、版面白口、左右双边，逐渐成为书籍形态的主流，直至覆盖几乎全部苏州及其附近地区的刻本，并进一步向全国发展。

一、宋本鉴藏与书籍标准

雕版印刷出现以前，书籍只能通过抄写复制，社会上的书籍副本量难以形成较大规模。随着时间推移、社会动荡，很多书籍能流传下来已是万幸。斯文一脉微如线。社会上古书的存量有限，难以支撑藏书家普遍性的收藏。因此这一时期藏书主要看重的是书籍的文本内容，书籍的阅读功能占据了绝对优势。雕版印刷的出现改变了这一状况。但早期的雕版印刷品多为层次较低的畅销书籍，难入士大夫的法眼。五代时期虽然印刷了一些经典，但可能发行量有限，也未能广为流传，因此到南宋陈振孙时，所谓五代旧京本已经稀如星凤。直到宋代雕版印刷大兴，才真正改变了书籍史，也改变了藏书史。宋本刊印精良为藏书提供了内在条件，而雕版印刷的大规模复制，则为藏书提供了现实基础。宋本鉴藏代表藏书史发展到了一个新的阶段，藏书家在注重书籍文本内容之馀，开始注重书籍的文物性和艺术性，书籍在阅读功能之外，还具备了艺术和经济功能，可供人们赏玩品鉴，并成为贵重资产。

　　宋本鉴藏活动在宋元时期就有零星出现，如赵孟頫对宋本《汉书》《文选》的鉴赏①，但似乎尚未成为藏书界的一种普遍现象。随着时间的推移，收藏宋本古书的现象逐步在苏州地区形成风气。早在元末明初，顾瑛、俞贞木等人收藏字画之馀，也收藏古书。其流风馀韵所及，沈周、吴宽、王鏊、都穆、文徵明等人继起，至明中叶以苏州为中心形成鉴藏宋本之风。比较有代表性的如华夏（1494—1567），为无锡巨富，是在王鏊、文徵明影响下成长起来的大收藏家、藏书家。其斋号名真赏斋，请文徵明绘《真赏斋图》，又请丰坊作《真赏斋赋》，丰坊还为其所藏宋本《东观馀论》和《宝晋山林集拾遗》题跋，跋中称赞《东观馀论》"宋刻初拓，纸墨独精，卷帙甚备，世所罕见"，为一时文人风雅。《真赏斋赋》收录宋本等古本四十一部，"皆传自宋元，远有端绪"②，堪称历史上第一部以鉴藏为目的、重视书籍文物价值、重点描述书籍实物形态的实物版本目录和古籍善本书目。另一位代表是严嵩（1480—1567），其所藏宋元等珍本目录见于其抄家清单《天水冰山录》，详细著录了书名、部数、册数和版本，与珍贵的金银器、字画和房产等列在一起，需要押送京城；而其中所收严氏普通书籍则只有总数量，与应变卖碎铜等放在一起，处置方法是送给各地学校和寺观③。显然当时已将宋元本当作珍贵文物，可供鉴赏，是重要资产，不同于仅供阅读的普通书籍。

① 范景中《书籍之为艺术——赵孟頫的藏书与〈汲黯传〉》，载《新美术》2009 年第 4 期。李开升《古籍之为文物》，中华书局 2019 年版，第 10—11 页。

② 丰坊《真赏斋赋》，清光绪宣统间刻《藕香零拾》本，校以上海博物馆藏《真赏斋赋》墨迹照片。

③ 《天水冰山录》叶一百八十至一百八十四，清乾隆至道光间长塘鲍氏刻《知不足斋丛书》本。

文人士大夫对宋本的推崇影响了书籍观念，人们开始将宋本当作书籍的最高标准。如朱存理在向朋友募集资金刊刻自己的一部诗集时，说到自己的要求并不高："刻梓不消学宋板之精，鉴藻岂觊拟唐风之盛。"[①] "刻梓"云云指书籍的版刻形式，"鉴藻"云云则指书籍的文本内容，朱氏的意思是，他的诗集，诗歌内容不敢跟唐诗比，书籍形式则也不追求达到宋本之精。很明显，在朱氏眼中，唐诗是诗歌的最高标准，宋本则是书籍的最高标准，这也是当时一般人的共识。

二、书籍审美的新变化

明代前期刻本字体盛行台阁体一路，偏于绵软。版面则墨色比较重，粗黑口、双黑鱼尾较多。这种书籍形态实际上起源更早。字体自元代赵体字盛行以来，这类字体越来越流行。书口在宋代以白口为主，自宋末出现细黑口及极少数粗黑口，至元代以黑口为主流，一直延续到明代前期。苏州刻本大体上也符合这一演变规律。这种持续一两百年的书籍形态，已经让人们产生了审美疲劳，新的变化开始在苏州酝酿。

从弘治（1488—1505）后期开始，苏州刻书字体逐渐变得挺拔、方整，白口或细黑口、单鱼尾或无鱼尾越来越多。这方面我们看到的比较早的例子是弘治十三年（1500）南直隶巡按御史袁经（1456—1512）和苏州知府曹凤组织刊刻的夏原吉《夏忠靖公集》。夏原吉（1366—1430）为明初五朝元老，曾于苏、松治水，官声极佳。弘治间，南直隶巡抚彭礼奏请为其在苏州立祠堂，巡按袁经遂命苏州知府曹凤（1457—1509）刊刻其文集六卷及《夏忠靖公遗事》一卷（图4-1-1）。这是夏原吉现存最早的文集，也是刊刻最精良者，仅中国国家图书馆藏有一部。此本白口，四周双边，双对黑鱼尾。从版面色彩来看，比较显眼的书口已经由黑口变为白口，只是鱼尾仍为双黑鱼尾，而不是后来通行的单鱼尾。从版式上看，四周双边也跟后来常见的左右双边不同。从总体上看，版面的黑色大幅度减少。更值得注意的是其字体，以典型的欧体字为基础，健朗挺拔，与此前苏州刻本字体相比，笔画有明显的拉直趋向，虽然与后来的方整相比还颇有距离，但已经透露出新的气息。

与《夏忠靖公集》类似的还有弘治十四年（1501）吴县知县邝璠刻《吴

---

① 朱存理《楼居杂著·募刻诗疏》，《景印文渊阁四库全书》第1251册，上海古籍出版社1987年版，第611页。

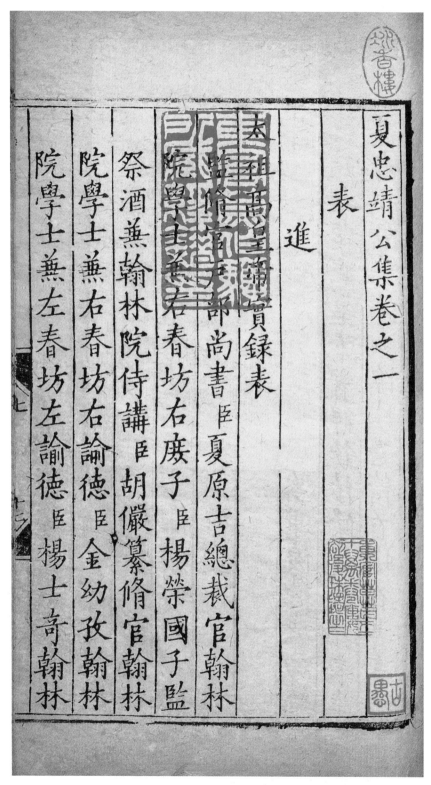

图 4-1-1　明弘治十三年袁经刻《夏忠靖公集》　中国国家图书馆藏

越春秋》①以及附近常州府的两种刻本,弘治十四年江阴县知县涂祯刻《盐铁论》②和弘治十七年(1504)无锡县钱孟濬刻《唐宋名贤历代确论》③。这几种本子都是白口,单黑鱼尾,左右双边,这种版式变化比《夏忠靖公集》更彻底,是一种全新的风格。在字体上,这几种版本大体保持着明前期的书写体风格,但字体比较挺拔秀劲,已经出现了部分方整宋体字的特征,笔画拉得比较直,部分横画收笔也出现了三角形状。不过这种版本还不能算真正的新风格,虽然其版式已与后者没有分别,但字体是版本风格的最重要的因素,版式是次要因素。其字体整体上仍然保持着早期书写体的形态,与方整宋体字仍有区别。对这种区别,即使很有名的版本学者也可能搞不清楚。比如叶德辉就将字体方整的翻刻涂祯本误作涂祯原本,并影响了《四部丛刊》本《盐铁论》底本的选择,成为民国版本学史上的一段公案④。

以上四种书中的前三种刊刻者均为在任官员,《夏忠靖公集》的刊刻缘起于夏原吉之孙夏崇文(1456—1507)。夏氏字廷章,成化十四年(1478)进士,与袁经为湖南同乡,故请求袁经为其祖父刻文集⑤。袁经字大伦,为弘治三年(1490)进士,时任南直隶巡按御史,手握重权,而御史出巡有刻书之风,因此他不仅命苏州知府曹凤刊刻《夏忠靖公集》,而且《吴越春秋》也是他和吴县知县邝璠(1458—1522)组织刊刻(他还命吴江知县刘泽刻《八面锋》,详见下文),为《吴越春秋》作序的是弘治三年状元钱福,钱福与袁经为同年,同时又是弘治六年进士邝璠会试时的座师。《盐铁论》刊刻者涂祯为江阴知县,由工部主事都穆为其题跋,二人为弘治十二年(1499)进士同年。都穆为苏州人,是苏州文化圈的核心人物,也是早期赏鉴宋本的重要学者。只有《唐宋名贤历

---

① 《第三批国家珍贵古籍名录图录》第三册,国家图书馆出版社2012年版,第120页。按,邝璠字廷瑞,故《中国古籍善本书目》史部二七七三号作"邝廷瑞",而《第三批国家珍贵古籍名录图录》则误作"郑廷瑞"。

② 《中国版刻图录》图版三八四、三八五,文物出版社1961年第二版。《第三批国家珍贵古籍名录图录》第四册,第211页。

③ 《第三批国家珍贵古籍名录图录》第四册,第193页。

④ 在这一公案中,傅增湘对涂祯本《盐铁论》的鉴别堪称经典,他不仅表现出卓越的版本鉴别能力,还留下了著名论断:"涂本字体秀劲,正嘉本则方整而神气板滞,全无笔意,已开后来坊工横轻直重之体,为古今刻书雅俗变易之大关键。凡鉴书者,但观其刀法,审其风气,即可断定其时代先后,百不失一。此收藏家所宜知也。"详见《藏园群书题记》,上海古籍出版社1989年版,第282—287页。

⑤ 袁经《跋重刻夏忠靖公集》,载《夏忠靖公集》卷末,明弘治十三年袁经刻本,国家图书馆藏(索书号13415)。

代确论》的刊刻者钱孟濬为江南大族，似无官身，而为其作序者为苏州士大夫领袖、成化八年状元吴宽。可见参与这些书刊刻的绝大多数均为科甲出身的地位较高的士大夫，以苏州为中心，他们之间通过同乡、同年、师生等形成了比较密切的关系，从而共同引导了苏州新的书籍审美和新的刻书风尚。

三、苏州式刻本初现

在宋本鉴藏风气和书籍审美变化两种力量的共同作用下，以较为方整的早期宋体字为主要特征的新的苏州式刻本终于登上了刻书史的舞台。

目前所知最早的苏州式刻本为弘治十五年（1502）吴江知县刘泽刻本《松陵集》十卷[①]。《松陵集》为唐代诗人皮日休和陆龟蒙诗歌的合集。是书卷十末有都穆跋，云：

> 古松陵即今之吴江，予同年济宁刘君济民来为邑令，谓是集为其邑故物，而人未之见。授儒士卢雍校勘，捐奉刻之……刘君为政不减古人，其刻是集，岂直私于一邑，盖将公之天下者也。弘治壬戌九月二日前进士吴都穆记。[②]

刘泽（1468—？）字济民，山东济宁州人。弘治十二年（1499）与都穆、涂祯为同年进士，弘治十三年（1500）至十八年（1505）任吴江县知县，累官顺天巡抚[③]。吴江县为苏州府下辖七县之一，在府城南仅四十里，与苏州府城同处太湖东岸。此本细黑口，左右双边，单黑鱼尾。细黑口与后来典型的白口略有差异，说明此时新风格还不很成熟。而其字体结构上虽尚存颜体的笔意，从整体看已经属于方整字体的类型（图4-1-2），与嘉靖时期典型的苏州刻本是同一种风格。不过，二者还有一些比较小的差异，即此本还保留了一些旧的因素，比如撇或点起笔时常会带钩状，如图中"卷"字上面第二点，这是书写体的因素。这种情况

---

① 《中国古籍善本书目》集部一八〇〇〇号著录此本作"明弘治十五年刘济民刻本"，济民为刘泽之字，按此目体例，著录版本应该用名而不用字。

② 此文又见都穆《南濠居士文跋》卷一，明刻本，国家图书馆藏（索书号8121），此本无落款，无"授儒士卢雍校勘"一句，"捐奉"作"割奉"。

③ 参见《弘治十二年进士登科录》叶五十五，明弘治刻本，上海图书馆藏（线善756755-756756）；《（乾隆）吴江县志》卷十九，民国石印本；《（道光）济宁直隶州志》卷八之二，清咸丰九年（1859）刻本。

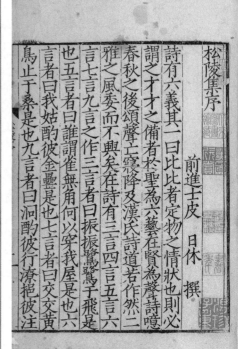
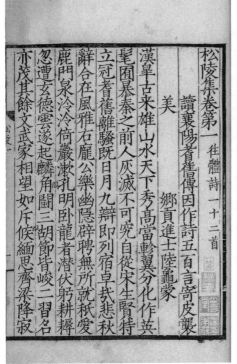

图 4-1-2　明弘治十五年刘泽刻《松陵集》

在嘉靖苏州本中极少，而此本则稍多。又此版有重修本，卷二末三叶重刻，字劣几不成形①。

都穆跋中不言此书所据底本为何本。汲古阁本《松陵集》毛晋跋语云特购宋本付刻。然此宋本在毛晋去世后散失，后毛扆又购得宋本一部，据云有都穆藏印，并定为北宋本。然行款为半叶十二行，与此不同②。若毛扆所说可信，则此本很可能是以该宋本为原本刊刻，但并非覆刻，也许是仿刻。又缪荃孙曾藏毛氏影宋抄本一部，半叶十二行，行二十二字，当据宋本所抄③。此本陶湘曾据以影刻，由北京文楷斋操刀，确有宋浙本

① 国家图书馆藏四部（该馆善本书目限于体例仅著录三部），其中三部为前印本，一部（延古堂李氏旧藏）为重修本。浙江图书馆藏本为重修本。2012 年 5 月中国书店海王村拍卖公司春拍曾拍出一部，为李兆洛、傅增湘旧藏，《藏园群书经眼录》卷十八（中华书局 2009 年版，第 1258 页）、《藏园群书题记》卷十九（第 946 页）著录，亦重修本。国图所藏四部，仅索书号 3259 本有都穆跋，其余三部均无此跋，其中索书号 17182 本此跋被割去，盖以冒充古本。

② 傅增湘《藏园群书经眼录》卷十八，第 1259—1260 页。

③ 缪荃孙《艺风堂藏书续记》卷六，上海古籍出版社 2007 年版，第 381 页。此本今藏国家图书馆，有毛晋、何焯、徐康、刘承幹等印，而《北京图书馆古籍善本书目》（书目文献出版社 1987 年版，第 2783 页）著录作"清初影宋抄本"，不作毛氏抄本，或有所疑。

遗韵。然与此本颇有距离。不过此本既非覆刻，则与宋本差异较大亦属正常。

此外，弘治十六年（1503）刘泽还曾刻陈傅良《八面锋》一书，为南直隶巡按御史袁经巡历至苏州时命刘泽所刻，刘泽亦令卢雍校勘刻之，并同样由都穆记刻书始末 [①]。惜此书未见传本。

大约与刘泽刻《松陵集》同时或稍晚，沈津刻了十余种书，其中十种编为丛书《欣赏编》十四卷，刊刻时间大概自弘治十七年（1504）至正德六年（1511）。还有单行的一种为弘治十七年刻本《龙筋凤髓判》。

沈津字润卿，苏州人，家世业医，正德中举入太医院，充唐藩医正。著有《邓尉山志》《吏隐录》等 [②]。喜收藏，好刻书。为朱凯之甥，与祝允明为姻亲 [③]，又与沈周、吴宽、文徵明 [④]、徐祯卿、朱存埋 [⑤]、都穆 [⑥]、黄云、唐寅、邢参等人为友 [⑦]。

沈津刻《欣赏编》存世者目前仅见一部（图4-1-3），藏于台北"故宫博物院"，为原北平图书馆旧藏（索书号：平图 009746-009755）。书中有"读杜草堂"印，当为日本寺田弘旧藏。又有"孙麒氏使东所得"等藏印，当为中国驻日公使徐承祖 [⑧] 得于日本。其后经徐乃昌积学斋、延古堂李氏递藏，归北平图书馆。

关于《欣赏编》的刊刻时间，卷首沈杰《欣赏编序》云："吾宗侄

---

① 都穆题记，载《永嘉先生八面锋》卷末，《丛书集成初编》本，第 105 页。

② 《四库全书总目》卷一四三，中华书局 1965 年版，第 1221 页。

③ 祝允明《怀星堂集》卷二五《跋宋人聚帖》："右宋人遗墨，聚为一册，通若干纸。书者凡十九人，今藏予姻亲沈润卿家。"《景印文渊阁四库全书》本，第 1260 册，第 718 页。

④ 文徵明著、周道振辑校《文徵明集》卷二一《题沈润卿所藏阎次平画》："此为吾友沈润卿所藏。"上海古籍出版社 2014 年版，第 523 页。

⑤ 朱存理《楼居杂著·跋〈鸣鹤余音〉后》云沈津曾购苏州金伯祥家所刻《道园遗稿》《鸣鹤余音》书版："吾友沈润卿购藏金氏刻板，今并二家以寄润卿，俾续刻之。"《景印文渊阁四库全书》本，第 1251 册，第 612 页。按，此本即《中国古籍善本书目》集部著录元至正十四年（1354）金伯祥刻本，据此跋，金伯祥名天瑞，则按著录体例当作金天瑞刻本。又据此跋，此本为金天瑞之子金镠手书上版。今观此本字体秀媚流利，俨然松雪体，不愧名家写刻。

⑥ 都穆在沈津处观其藏品，详见周道振、张月尊《文徵明年谱》，百家出版社 1998 年版，第 78 页。

⑦ 《欣赏编》所收各书有沈津诸友题跋，包括吴宽、黄云、祝允明、沈周、朱存理、文徵明、邢参、徐祯卿、唐寅和朱凯。

⑧ 徐承祖（1842—？）字孙麒，江苏六合县人，光绪十年（1884）出任中国第三任驻日公使，任内以处理中日"长崎事件"闻名。详戴东阳《晚清驻日使团与甲午战前的中日关系（1876—1894）》，社会科学文献出版社 2012 年版，第 193 页。

津嗜古勤学，尝得诸家图籍如干卷，汇而名之曰《欣赏编》，刻之梓。"落款为正德六年（1511）三月，这应该是台北"故宫博物院"将其定为正德六年刻本的依据。但这套书很可能并不是一次刻成的，因为其所收十种书，每种之后都请名家写了刻书题跋，其中有四种跋落款有时间，时间各不相同，可见这十种书的刻书时间都不一样（没有写明时间的六种不排除可能有一二种年份相同，但连月份也相同的可能性极小）。有时间的四种跋最晚的时间为正德六年三月，与沈杰序的时间年、月均同，很可能是十种全部刻之后，立刻请沈杰写了总序，汇集刷印。这套书带有赏鉴、文玩、娱乐性质，子目跋及总序作者、刻书者共十二人，全部都是苏州人，完全具备随时得到底本、随时编刻、随时写跋的条件，而不必等到所有书编完（包括写序）再统一刊刻。若是统一刊刻，距最早写的刻书跋已近十年，与跋语难以吻合。

标有时间的四种刻书跋按先后顺序依次为：弘治十七年（1504）十月邢参跋《燕几图》："吾友沈润卿间取摹之，以刻于枣。"（图4-1-4）弘治十八年二月朱凯跋《新编打马赋》："吾甥沈润卿氏得而锓木行之。"（图4-1-5）正德二年（1507）二月祝允明跋《文房图赞》："吾郡沈君润卿又能张而阔之。"正德六年三月徐祯卿跋《古局象棊图》："润卿偶获此本，爱而刻之。"因此这套书的刊刻时间大概在弘治十七年到正德六年之间（不排除个别书稍早于这个时间段）。

《欣赏编》全书版式均为白口、左右双边，单黑鱼尾为主，少数无鱼尾，行款不一致。最值得注意的是，其字体横平竖直，较《松陵集》更板硬，只是笔画稍细，个别字体笔画间仍有牵丝，如图4-1-4左图第二行"准"字左偏旁。

弘治十七年沈津刻《龙筋凤髓判》二卷[①]，前有弘治十七年（1504）祝允明序，云：

> 《龙筋凤髓判》二卷，唐司门员外郎张鷟撰，近时少传。允明得之先外大父武功徐府君家，乃元人录本，尝以示沈君津润卿。会吾邑大夫春陵欧阳君东之以名进士来试鸡割，富民教士，化理

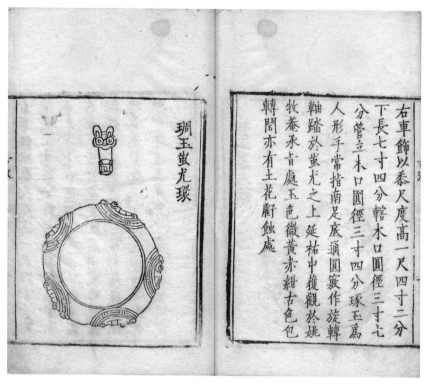

图 4-1-3　《欣赏编》第一种《玉古考图》

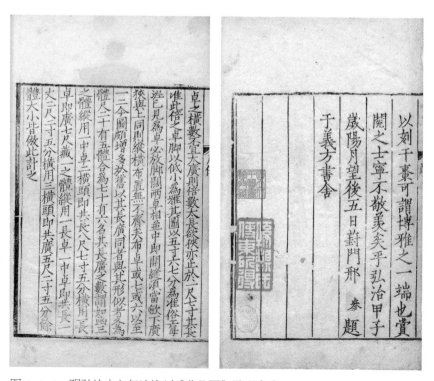

图 4-1-4　明弘治十七年沈津刻《燕几图》及邢参跋

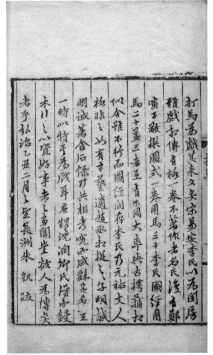

图4-1-5　明弘治十八年沈津刻《新编打马赋》及朱凯跋

大著。鸣弦之馀，益思有以助仕学者。谓是书其一也，将取而刻之。
津进曰："愚请任之，不足烦我公。"遂以登梓。工完，倩述其
故……弘治十七年甲子夏四月既望乡贡进士长洲祝允明序。

"先外大父武功徐府君"即祝允明外祖父徐有贞。据此，则此书底
本为徐有贞家藏元抄本。"吾邑大夫春陵欧阳君东之"即长洲县知县欧
阳光（1462—？）。光字东之，湖广永明县人，弘治十二年（1499）进士，
弘治十五年（1502）至十八年（1505）任长洲知县。调江西永新县知县，
弃官归①。据序，知县欧阳光欲刻《龙筋凤髓判》以助仕学者，而县民沈
津主动承担刻书之事，并亲自手书上版。此本白口，左右双边，单黑鱼尾，
属于比较典型的方整字体苏州式刻本版式。其字体笔画多已拉直，转折
处棱角分明，横画收笔处形成明显的三角形状，可归入新的苏州式刻本
系统。只是可能由于是沈津亲自手书的缘故，整个字体微向左倾，方正

① 参见《弘治十二年进士登科录》叶四十；《（同治）苏州府志》卷五三，台北成
文出版社1970年版《中国方志丛书》影印清光绪九年（1883）刻本，第1440页；
《（道光）永州府志》卷十五上，台北成文出版社1976年版《中国方志丛书》影
印清道光八年（1828）刻本，第945页。

中透出秀劲，与嘉靖时成熟方体字稍有差异（图4-1-6）。

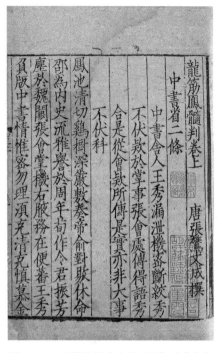

图4-1-6　明弘治十七年沈津刻《龙筋凤髓判》

有三种与吴宽、王鏊两位苏州士大夫领袖相关的书，即弘治十八年（1505）苏州知府林世远刻本《震泽编》①、正德元年（1506）苏州府刻本《姑苏志》和正德三年吴奭刻本《匏翁家藏集》。这三种书版式都是白口、左右双边，前两种为单黑鱼尾，后一种无鱼尾，都是新的版式风格。字体风格也都显示出早期苏州式刻本的特点，一方面已经进入方整字体系统，另一方面又不够成熟。

《震泽编》为苏州人蔡升撰、王鏊重修。前有弘治十八年苏州学者杨循吉序，述苏州知府林世远②刻书之事。王鏊为成化十一年探花，时以吏部右侍郎丁忧在籍③，林氏为刻此书，一方面可得大兴文教之誉，另一方面又可以结交这位苏州文人及官员的领袖，可谓一举两得。《匏翁家藏集》为吴宽文集，有王鏊序，由其长子吴奭刊刻，是典型的家刻本。

编刻《姑苏志》是苏州的一件文化盛事，行政方面由知府林世远负责，包括同知、通判和推官等四位政府首脑全部参与。业务方面由吴宽、王鏊领衔，杜启、浦应祥、祝允明、蔡羽、文徵明、朱存理、邢参、陈怡等苏州文化名流参与编纂。正德元年此书刊行，成为当时苏州最完善的志书。嘉靖十八年（1539），府库失火，《姑苏志》书版被毁。嘉靖

---

① 此版所见有前印本、后印重修本，国家图书馆藏本卷首杨循吉序为楷书，卷二叶二十六、卷四叶二十五等叶版面模糊；南京图书馆藏本杨循吉序为行草书，版面模糊之叶已经重修。

② 林世远（1459—1507）字思绍，广东四会县人，成化十七年（1481）进士，弘治十五年（1502）由御史升任苏州知府，正德二年（1507）卒于任。详见《明成化十七年进士登科录》，明成化刻本；《（正德）姑苏志》卷三，明嘉靖刻本；《（光绪）四会县志》卷七下，清光绪二十二年（1896）刻本。

③ 刘俊伟《王鏊年谱》，浙江大学出版社2013年版，第117、123、126、136页。

图 4-1-7　明正德《姑苏志》原刻本（左）与翻刻本（右）

二十一年，知府王廷翻刻《姑苏志》①。今存世《姑苏志》大多是嘉靖翻刻本，原刻本流传较少。二本的字体，在精神面貌上也是有较大差异的。（图 4-1-7）

最后还有一种比较少见、性质接近坊刻的版本，即弘治十八年（1505）沈颉刻本《贾谊新书》②。此本卷首有弘治十八年沈颉刻书跋语：

> 凡物久渐弊，弊久渐新。《新书》之行尚矣，转相摩刻，不知几家。字经三写，误谬滋多，所谓久则弊也。颉谨将洛本与他本三复参校，尚有传疑，其亦弊则渐新。若好古君子更得善本考正，则此书之弊尽革而永新矣。弘治乙丑勾吴沈颉志。

这段话实际抄自宋绍兴三十一年（1161）建阳崇化书坊陈八郎宅刻本《文选》牌记：

> 凡物久则弊，弊则新。《文选》之行尚矣，转相摹刻，不知几家。字经三写，误谬滋多，所谓久则弊也。琪谨将监本与古本参校考正，的无舛错，其亦弊则新与？收书君子请将见行板本比对，便可概见。绍兴辛巳龟山江琪咨闻。

整段几乎全部照搬，这种夸张的做派，很可能是书商营销。沈颉生平不详，其自署"勾吴"，当为苏州书商。此本版式、字体均比较成熟，尤其是笔画硬直，棱角分明，且横画收笔处之三角形状比较突出（图 4-1-8）。其成熟程度明显超过《龙筋凤髓判》和《震泽编》等书，甚至也超过了《松陵集》《欣赏编》。

苏州式刻本形成时期的七种书，从刻书主体来看，官员或官方刻本有三种，《松陵集》《震泽编》和《姑苏志》。私家刻本有三种，沈津刻的两种《龙筋凤髓判》和《欣赏编》，以及《匏翁家藏集》。《贾谊

---

① 钱榖《吴都文粹续集》卷一《姑苏志后序》后附识语云："（《姑苏志》）刻于府库），嘉靖十八年四月，府库被灾，板毁。二十年，顺庆王侯廷复刻之。"（中国国家图书馆藏清抄本，索书号 11754）据王廷翻刻本《姑苏志》卷三，王廷于嘉靖二十一年始任苏州知府，故翻刻时间当为二十一年。

② 关于此本之年代，陈先行《版本目录学的思考与实践——〈上海图书馆善本题跋真迹〉编后记》（中）（载《古籍新书报》2014 年 3 月）将其列入存疑之本，怀疑为嘉靖时期翻刻本。如果单看这一种，根据学界传统观点，可能确实会有所怀疑，但现在有了这么多同时期的同类版本，则此本如此面目，亦在情理之中。

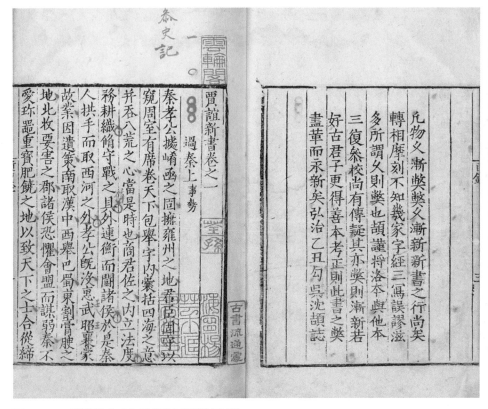

图 4-1-8　明弘治十八年沈颉刻《贾谊新书》

新书》则带有坊刻性质，但也不能完全确定是坊刻本，或者介于家刻与坊刻之间。传统的官、私、坊三分法仍然有相当的效力，但面对具体的、复杂的刻书现实，笼统的概括总是难以完全吻合。比如《姑苏志》是最纯粹的官刻本，不仅苏州府的主要官员全部参与刊刻，而且刻好的书版放在府库，甚至连编纂都是官方性质。而《松陵集》和《震泽编》则云"割奉"或"捐奉"刊刻，称为官员刻书没有问题，但是否纯官方性质就不好定论。《匏翁家藏集》则是纯粹的家刻本，主要是为了纪念家人，而沈津所刻则带有明显的文人雅玩的性质，同为私家刻本，性质也有明显差异。

特别值得注意的是，七种书除了带有坊刻性质的《贾谊新书》之外，另外六种书的编纂、刊刻、序跋等，都有苏州地区鉴藏宋本文化圈的核心文人参与，如吴宽、王鏊、都穆、文徵明、朱存理等，说明苏州式刻本新风格的形成与宋本鉴藏有比较密切的关系。

四、苏州式刻本的初步发展

如果说弘治末年至正德前期大约十年是苏州式刻本的起源时期，那么正德后期至嘉靖前期大约二十年就是其初步发展时期。这一时期的主要发展体现在两个方面：一是新风格在苏州地区定型并取得统治地位。二是苏州式刻本在苏州附近地区陆续出现，甚至个别发展到浙江等外省地区。

首先看苏州地区的情况。由于苏州式刻本的成因是文人鉴藏宋本及其审美变化，因此在刻书活动中文人的作用经常很突出。文人大体可以按是否官员分为两大类，主要指刻书时是否为官员，而且是对刻书有直接作用的官职。而文人对刻书活动的参与大体也可以分为两种，一种是直接负责刊刻工作，很重要的一点就是负责刻书费用；另一种是主要负责提供底本、校勘或作序等相关工作。通过这个分析，我们更容易发现对于不同的刻书活动，文人所起的不同作用，而不是仅仅根据其身份就判断书籍为官刻或私刻。比如黄省曾是这个时期的重要刻书家，他并未做官，但他参与刊刻的书却有不同情况，不能一概视为私刻。如正德七年（1512）黄省曾长庚堂刻本《唐刘叉诗》一卷，书仅十馀叶，诗仅二十六首，编辑、刊刻当皆出自黄省曾之手。此本白口、四周双边、单黑鱼尾，其边栏款式与典型风格左右双边不同，但其字体为方整之正宗，横平竖直，横画收笔处向上有三角形（图4-1-9）。正德十四年黄省曾文始堂刻《申鉴》与此事性质相近，卷首有王鏊序，云"吾苏黄勉之好蓄异书"，说明黄省曾与王鏊同属于宋本鉴藏的文化圈。

正德十三年黄省曾参与刊刻的《楚辞章句》情况与《唐刘叉诗》不同。《中国古籍善本书目》集部一六号著录作"明正德十三年黄省曾、高第刻本"。此书有正德十三年（1518）王鏊《重刊王逸注楚辞序》，云：

> 《楚辞》十七卷，汉中垒校尉刘向编集，校书郎王逸章句。其书本吴郡文学黄勉之所蓄，长洲尹左绵高君公次见而异之，相与校正，梓刻以传。自考亭之注行世，不复知有是书矣……高君好尚如是，则其为政可知也已[①]。

据序文可知，此书当为长洲县知县"高君公次"所刻。"高君公次"即高第，字公次，四川绵州人，正德九年（1514）进士，正德十一年（1516）至十五年（1520）任长洲县知县，历官云南副使[②]。史称其"以文学饰吏

---

① 王逸《楚辞章句》卷首，明正德十三年高第刻本，中国国家图书馆藏（索书号9014）。

② 《（同治）苏州府志》，第1441、1785页。

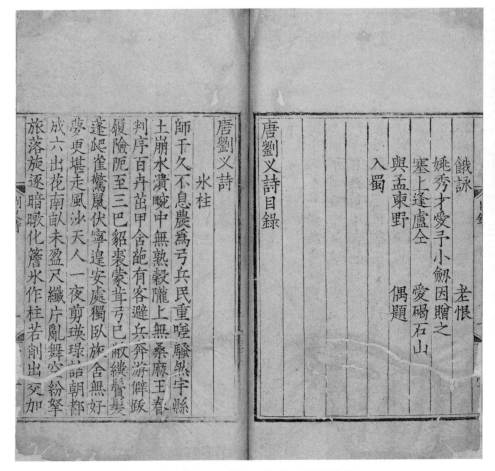

图 4-1-9 明正德七年黄省曾刻《唐刘叉诗》 中国国家图书馆藏

治"，正可与其刻此书互证。故此书当为高第刻本①。黄省曾提供了底本，并参与校勘。这与吴江知县刘泽刻《松陵集》类似，皆为知县刻书。此本版式、字体都是最典型、最成熟的苏州式刻本风格（图4-1-10）。此书底本为黄省曾藏书，王鏊序中未明言是何版本。按今此书存世无宋本，但黄丕烈曾收藏此书宋本，后入汪士钟艺芸书舍，此后下落不明。据袁廷梼以宋本校勘此本，可知宋本与此本行款一致，内容几乎完全一样，②因此黄省曾所出之底本很可能就是宋本。

① 姜亮夫《楚辞书目五种》已定其为"明正德十三年戊寅黄省曾校高第刊本"（《姜亮夫全集》五，云南人民出版社2002年版，第15页）。

② 详见中国国家图书馆藏正德十三年黄省曾刻本《楚辞章句》（索书号2731），目录首叶有袁廷梼校语："残宋本……每半叶十行，行十八字。"卷末有袁廷梼跋："嘉庆十一年初秋，借黄荛翁新得宋槧王逸注《楚辞》校此本。原缺七卷（第六、第十至十五），以《补注》本配入，亦宋槧也。"

图 4-1-10　明正德十三年高第刻《楚辞章句》　中国国家图书馆藏

　　王鏊参与刊刻《孙可之文集》的情况也值得注意。《中国古籍善本书目》集部一九三二号著录为"明正德十二年王鏊、王谔刻本"。此书有正德十二年（1517）王谔识语云："少傅公（王鏊）既刻《可之集》，谔受而读之。"[①] 据此似为王鏊所刻。但正德十二年王鏊序云："后获内阁秘本，手录以归……户部主事白水王君直夫请刻以传，遂授之。"则此书实为王直夫所刻，王鏊负责提供底本，可能也参与一些校勘工作，与黄省曾和《楚辞章句》的情况类似。从广义的刻书活动来说，王鏊是参与者，但具体刊刻事宜，尤其是费用，当由王直夫负责。王直夫即王谔（1476—？），字直夫，陕西白水县人，正德三年（1508）进士，正德十一年（1516）至

————————————
① 孙樵《孙可之文集》卷首，明正德十二年王谔刻本，中国国家图书馆藏（索书号16805）。

十二年（1517）以户部主事出任苏州浒墅关榷使①。督理钞关的榷使为户部外差，掌管大量税收资金，刻书费用，自不难办。王鏊虽为高官，但正德十二年刊刻此书时他已乞休家居，因此他并不参与直接的刻书工作。王谔将刻书归功于他，主要是因为他地位较高，以此表示对他的尊重。

相似的情况发生在不同地位的人身上，就会有不同的说法。与王谔同年进士的胡缵宗于嘉靖六年至七年苏州知府任上委托陆采刊《艺文类聚》，胡氏序云："吴郡陆君子玄，惜其舛剥，托之锓梓，嗜学好文，于学者有补焉。"②而陆采在卷末的识语则云："是书之刻，可泉胡公（胡缵宗）实主之。"此本影响较大，嘉靖时期建阳郑氏宗文堂刻本、平阳府刻本皆从此本出。又有不知何人翻刻之本，刊刻甚精，常被误作原刻③。

这个时期此类官员刻书很繁盛，如正德十二年南直隶提学御史张鳌山刻《怀麓堂诗续稿》、嘉靖元年南直隶巡按御史马录刻《施信阳文集》、嘉靖二年南直隶巡按御史高寔昌命昆山知县王朝用刻《黄丹岩先生集》等。私家刻本则更加发达，除了前文所述黄省曾刻书之外，其他如正德十五年袁表刻《皮日休文薮》、正德十五年皇甫录世业堂刻《博雅》《皇甫持正文集》以及嘉靖三年徐焴刻《重校正唐文粹》等。

这一时期比较值得注意的是带有坊刻性质的书商刻本，即陆涓（陆元大）所刻系列文集，包括正德十四年刻《晋二俊文集》《李翰林集》《唐李顾诗集》、十六年刻《花间集》等。陆涓字元大，苏州洞庭西山涵村人。顾元庆《夷白斋诗话》云：

> 陆子元大，本洞庭涵村世家，晚岁业书，浮沉吴市中。尝刻《漫稿》，中有寄余诗，其联云："屋里阳山应在席，门前春水欲平桥。"结云："常记寻君过浒墅，竹青塘上唤轻桡。"道其实也。后寓丹阳孙曲水馆，疾亟，抵家卒。元大性极疏懒，好远游，如在世外，亦不多见也。④

① 《正德三年进士登科录》叶四十七，明正德刻本，中国国家图书馆藏（索书号18066）。清凌寿祺《浒墅关志》卷六，《中国地方志集成·乡镇志专辑》第五册影印清道光七年（1827）刻本，江苏古籍出版社1992年版，第119页。

② 欧阳询《艺文类聚》卷首，明嘉靖六年至七年胡缵宗刻本，中国国家图书馆藏（索书号9831）。

③ 如美国哈佛大学哈佛燕京图书馆藏本以及天一阁博物院藏三部（一全本二残本）。

④ 顾元庆《夷白斋诗话》，《四库全书存目丛书》集部第418册影印北大图书馆藏明嘉靖十八年（1539）至二十年（1541）顾氏大石山房刻《顾氏明朝四十家小说》本，第70页。

何焯跋《唐音戊签》卷七六八《伍乔》云："庚寅重九以陆涓元大刻本校过，陆刻唐人诗二十余家，此卷其善者。"[1] 又《唐李颀诗集》有正德十四年（1519）吴郡包山陆涓刻本[2]。包山即洞庭西山，涵村即在西山[3]。"涓"字有细小之义，与"大"意义相反，合于名、字之例。据此可知陆涓即陆元大。所谓"晚岁业书，浮沉吴市中"，即陆涓晚年做了书商，贩卖书籍于苏州。"丹阳孙曲水"即孙沐，号曲水[4]。孙沐亦喜刻书，所刻多在嘉靖间，或与陆氏馆其家不无关系。陆氏刻书，今见者多刻于正德，所刻书当不下二三十种。今传世嘉靖朱警本《唐百家诗》，据研究当为正德至嘉靖间陆涓、朱警递辑刻本[5]。陆氏虽为书商，但仍有文人特点，与顾元庆唱和，又"性极疏懒，好远游，如在世外"，不像是纯粹的书商。

苏州式刻本在苏州地区以外的影响，以常州府最为突出。如正德十　年罗幹江阴县刻本《一峰先生文集》，正德十五年、十六年朱承爵江阴县刻本《放翁律诗钞》《庾开府诗集》《樊川诗集》《浣花集》等。其中正德十六年朱承爵刻《樊川诗集》非常精美，字体方整，是典型的苏州式刻本（图4-1-11）。其他如松江府正德七年刻《松江府志》、镇江府正德十四年丹徒知县李东刻《蓝田吕氏遗书》，均为此类刻本，唯数量比较少。

这一时期比较特殊的是浙江方面委托苏州刻了一部书，即正德十年席书、李承勋刻本《大唐六典》。卷首有正德十年（1515）王鏊序云："（王鏊）间于中秘得其书（《大唐六典》），伏读玩绎，手录以归……浙江按察使潼川席君文同不知何自得之，而意独嘉焉，捐俸命工刻之苏郡，未竟升任去。继其任者为嘉鱼李君立卿实成之，且以序属鏊。"此书由浙江按察司连续两任按察使席书（字文同）、李承勋（字立卿）刻成，可知当为浙江按察司官刻之本。此书委托苏州刊刻，可见当时苏州刻书水平当不在杭州之下，而苏州刻书之精已名声在外。从实际刊刻的角度看，此书是苏州刻本。而从出资人的角度看，也可算浙江刻书。这种刻书方

----

[1] 胡震亨《唐音戊签》卷七六八《伍乔》，清康熙二十五年（1686）胡氏南益堂刻本，清何焯批校，上海图书馆藏（索书号线善791646-85）。

[2] 丁丙《善本书室藏书志》卷二四叶十五，清光绪刻本。

[3] 《（同治）苏州府志》，第195、1171页。

[4] 《（光绪）丹阳县志》卷二二，清光绪十一年（1885）刻本。

[5] 贾二强《〈全唐诗稿本〉采用唐集考略》，载党怀兴、赵望秦、张新科主编《中国古典文献论丛》，中国社会科学出版社2004年版，第408—410页。此文中已怀疑陆涓与陆元大为一人。另，文中所云《王昌龄诗集》《严维诗集》《李丞相诗集》等可能皆为陆氏所刻，俟考。

图 4-1-11　明正德十六年朱承爵刻《樊川诗集》

式在下一个阶段会得到进一步发展。

第二节　明中期苏州式刻本的兴盛及其影响

大约从嘉靖十年（1531）开始，苏州式刻本不仅在苏州本地继续发展，乃至进入极盛阶段。更值得关注的是，它在苏州以外的全省，甚至南直隶以外的全国广大地区获得了迅速的扩散，其影响达到前所未有的顶峰，以致成为书籍史和版刻史上一个时代的象征。

一、苏州式刻本的兴盛

在苏州地区，苏州式刻本的兴盛体现为覆盖广、数量大、品种全、质量高和持续久的特点。所谓覆盖广，是指这种风格的版本在这一时期的苏州地区几乎实现了全覆盖，极少有例外的情况，这是苏州作为此版刻风格源发地的本质特征。

所谓数量大，胡应麟《经籍会通》云："吴会、金陵，擅名文献，刻本至多，巨帙类书咸荟萃焉。海内商贾所资，二方十七，闽中十三，燕、越弗与也。"[①]"吴会"即指苏州，可知苏州刻书数量之大。以这一时期的主体嘉靖刻本为例，就已知刻书地的 1014 种而言，其中苏州府刻本 81 种，在全国 160 余府中，仅次于建宁府（属县有建阳县），苏州刻书堪称极盛。

品种全，可以从两个角度来理解，一是经史子集丛五部皆备，经部如嘉靖四十三年（1564）黄希宪、徐节刻本《五经集注》、嘉靖十四年（1535）苏献可通津草堂刻本《诗外传》及嘉靖二十五年（1546）袁褧刻本《夏小正戴氏传》等；史部如嘉靖十四年至十八年（1535—1539）闻人诠刻本《唐书》、嘉靖二十七年（1548）黄姬水刻本《两汉纪》及嘉靖三十七年（1558）刻本《吴江县志》等；子部如嘉靖十二年（1533）顾春世德堂刻本《六子书》、嘉靖四十四年（1565）曹灼刻本《医学纲目》及嘉靖十四年苏献可通津草堂刻本《论衡》等；集部如嘉靖二十二年（1543）郭云鹏宝善堂刻本《分类补注李太白诗》、嘉靖二十六年（1547）范庆刻本《阳明先生文录》及嘉靖三十年（1551）刻本吕炌升风云影山堂刻本《重刊全补古文会编》等；丛部如嘉靖二十九年至三十年（1550—1551）袁氏嘉趣堂刻本《金声玉振集》。其中以集部数量最多，丛部最少。另一个角度是从刊刻者来说，官私皆备，如上述《五经集注》《唐书》《吴江县志》等均为官刻本。其他则多为私家刻本，且多刻书名家，如苏献可、袁褧、顾春及郭云鹏等。

质量高，包括内容好、校勘审、刊印精三个方面。内容好，主要是从当时士大夫阶层的需求、好尚出发，所谓"今文人所急者先秦诸书，诗流所急者盛唐诸书，举子所急者宋世诸书"[②]，皆是。校勘审，刻书者大多为有文化的官员和文人，校勘方面，相对比较认真。刊印精，则多归功于写工、刻工技艺的纯熟、高超。这三个方面的高质量，大概都与苏州刻本的文人趣味有关。

持续久，指这种苏州式版刻风格在苏州地区持续时间最长，从最早出现的弘治末年到万历初年，大约有八十年。而在其他地区，尤其是外省，

---

① 胡应麟《经籍会通》卷四，北京燕山出版社 1999 年版，第 49 页。按，胡氏此书所云苏州、南京与福建刻书的比例为七比三，后者似乎偏少，可能与其本人所购有关，建本刊刻数量虽多，然多通俗读物且多内容重复者，学者所购者未必多。

② 胡应麟《经籍会通》卷四，第 47 页。

一般只有三四十年，甚至更短的时间。以上五个方面的特点，是苏州式刻本得以广泛传播的内在原因，苏州刻本也因此成为这一版刻类型的标准版本。

一般来说，苏州的官刻本不像私家刻本那么有名，但实际上也非常发达，数量很多，精品也不少，不逊于私家刻本。从苏州式刻本的起源及其发展历史来看，这是非常自然的。早在弘治时期苏式本刚刚出现时，官刻就是与私刻一起发展的。正德到嘉靖初年也是如此，这一时期自然延续了这一传统。如嘉靖十四年（1535）朱廷臣刻本湛若水《甘泉先生两都风咏》四卷①，朱廷臣（1493—？）字敬之，号东城，广东海阳县人，嘉靖十一年（1532）进士，官至建昌知府，嘉靖十二年至十七年（1533—1538）任吴县知县②。据卷首湛若水门人南京都察院御史李祿序："适同寅沈君复斋按吴，携本以去。吴令朱子敬之，先生乡人也，遂请付之梓人。书既成，属祿序诸首简。"③"同寅沈君复斋"当为南京都察院御史沈应阳，本书卷末有其跋语，沈氏字肇升，浙江慈溪人，正德五年（1510）举人，曾任凤阳府推官，升南京云南道监察御史，此时当为巡江御史④。可知此书刊刻还与南直隶巡江御史沈应阳有关，则此书不仅是知县刻书，也是巡江御史参与刊刻之书。这为当时比较流行的钦差御史刻书又增加了一个类型。此书为细黑口⑤，四周双边，字体方整，是典型的苏州式刻本（图 4-2-1）。

巡江御史的职责与刻书这类文化事业并不相关，而提学御史则主管

---

① 《中国古籍善本书目》集部七六二二号著录此本作"明嘉靖十四年朱敬之刻本"，盖直接据序言而定，未及考察朱敬之之本名朱廷臣。

② 参见《嘉靖十一年进士登科录》叶六十四，明嘉靖刻本；《嘉靖十一年壬辰科进士序齿录》叶十，明万历刻本，均藏天一阁博物院；《（康熙）吴县志》卷二，广陵古籍刻印社 1989 年影印本。

③ 《甘泉先生两都风咏》卷首，明嘉靖十四年朱廷臣刻本，国家图书馆藏（索书号15929）。

④ 参见《（光绪）慈溪县志》卷二十，清光绪二十五年刻民国三年印本；《嘉靖十六年应天府乡试录》叶二，明嘉靖刻本，天一阁博物院藏；《明世宗实录》嘉靖十一年十一月丁未沈应阳由推官任南京云南道御史、嘉靖十四年十月癸巳御史沈应阳条陈江防事宜。按，李祿序云沈应阳"按吴"，似为巡按御史，然据《（嘉靖）南畿志》卷二叶二十云南直隶有监察御史十一人，北台（北京都察院）五人、南台（南京都察院）六人，其中巡按郡县三人、提督学校一人和治醝法一人均为北京御史，治屯田一人、清戎二人、江防二人和监储一人为南京御史，沈应阳为南京御史，不当为巡按，又于嘉靖十四年条陈江防事宜，则其当为巡江御史。

⑤ 《北京图书馆古籍善本书目》著录国图藏本（第 2351 页）、《第二批国家珍贵古籍名录图录》第八册著录广东省立中山图书馆藏本（国家图书馆出版社 2010 年版，第 247 页）均误作"白口"。又浙江图书馆藏本断版较多，刷印时间应该晚一些。

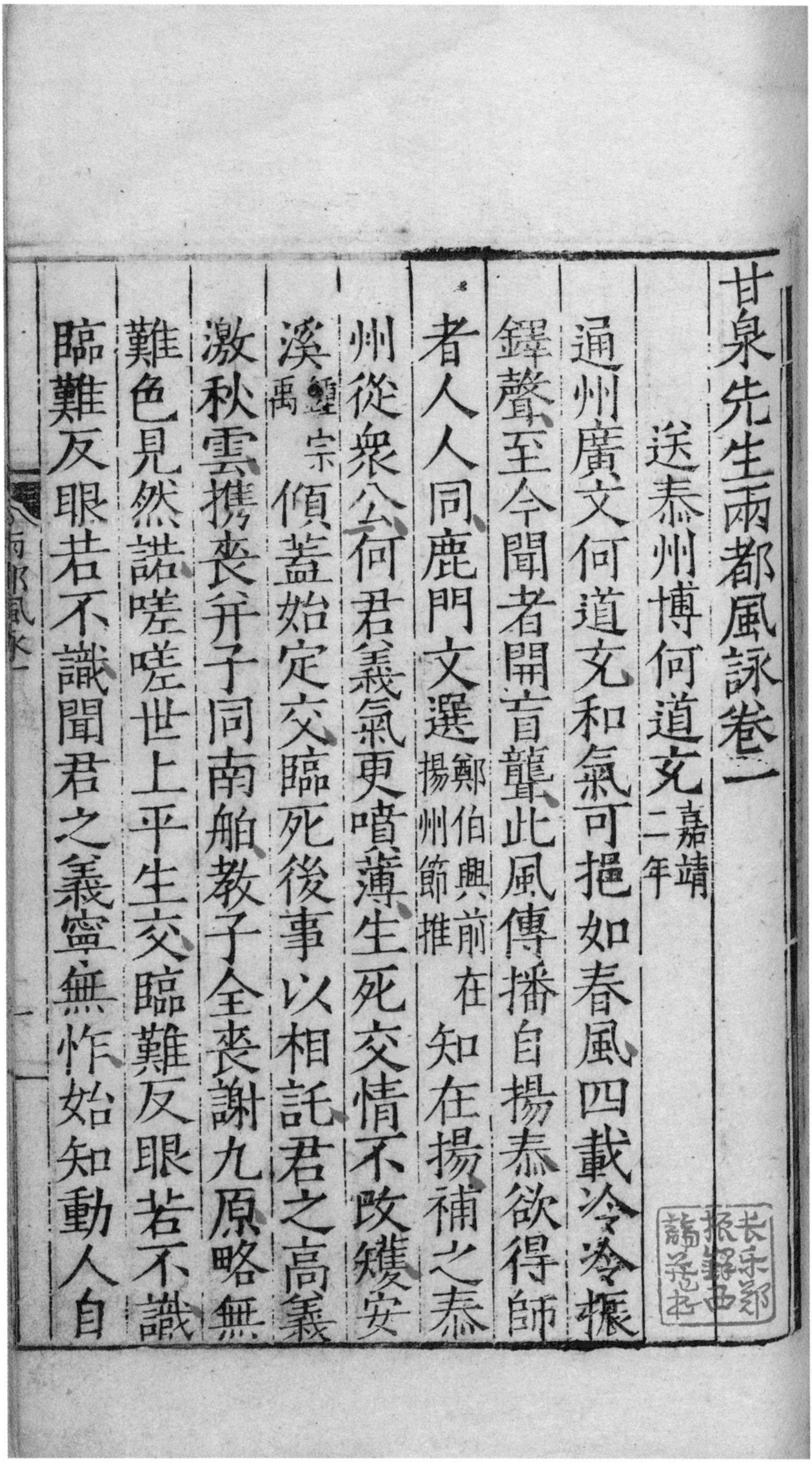

甘泉先生兩都風詠卷二

送泰州博何道充二年嘉靖

通州廣文何道充和氣可挹如春風四載冷冷振

鐸聲至今聞者開盲聾此風傳播自揚泰欲得師

者人人同鹿門文選鄭伯興前在知在揚補之泰揚州節推

州從衆公何君義氣更噴薄生死交情不改孃安

溪壟禹宗傾蓋始定交臨死後事以相託君之高義

激秋雲攜喪开子同南舶教子全衰謝九原略無

難色見然諾嗟嗟世上平生交臨難反眼若不識

臨難反眼若不識聞君之義甯無怍始知動人自

圖 4-2-1　明嘉靖十四年朱廷臣刻本《甘泉先生兩都風詠》　中國國家圖書館藏

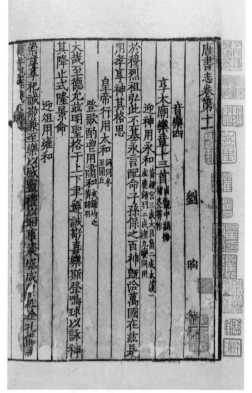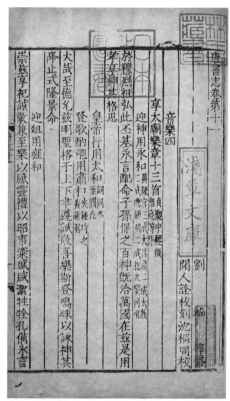

图 4-2-2　《旧唐书》宋绍兴刻本（左）和明嘉靖闻人诠刻本（右）

文教之事，因此会更加直接地、更大规模地参与刻书工作。如南直隶提学御史闻人诠就是一个很好的例子。闻人诠（1490—1553）字邦正，号北江，余姚人，嘉靖五年（1526）进士。官至湖广副使。为王阳明表弟。他担任南直隶提学御史在嘉靖十二年（1533）至十六年（1537）之间，因丁忧去职。史称其"为南京提学御史，以士无实学，校刻《五经》《三礼》《旧唐书》行世。又与钱德洪、罗洪先等同定《阳明文录》"，"刻之行世"①。其中在苏州刊刻的主要是《阳明先生文录》和《旧唐书》，前者是阳明学史上的重要文献，后者是《旧唐书》自宋绍兴本至清殿本之间六百年中唯一刻本，此书一线之脉因此本得以延续，其重要地位自不待言，而其刊刻过程也很值得关注。

　　《旧唐书》规模达二百卷三千多叶，刊刻十分不易，依赖多方支持，费了很多精力、时间和经费，是明代中叶苏州刻书史上的重要代表。首

---

① 《（乾隆）余姚志》卷二十五，清乾隆四十六年（1781）刻本。《（光绪）余姚县志》卷二三《列传九》，清光绪二十五年（1899）刻本。闻人诠生卒年据慈溪博物馆藏《（光绪）余姚县志》此叶眉批："诠，据闻人德行撰《行状》，宏治三年庚戌（一四九〇）生，嘉靖卅二年癸丑（一五五三）卒，年六十四。"此条蒙王孙荣先生示下，谨致谢忱。

先是底本访求不易。闻人诠为访求《旧唐书》善本，广泛向官府和私人藏书家访问了三年，居然没能成功："乃旁谋学属，博访诸司，间礼儒贤，以探往籍，更历三载，竟莫有成。"最后在苏州督学期间，一个月内配齐了宋版全书："末复弭节姑苏，穷搜力索，吴令朱子遂得《列传》于光禄张氏，长洲贺子随得《纪》《志》于守溪公遗籍，俱出宋时模板。旬月之间，二美璧合。古训有获，私喜无涯。"[1]也难怪他那么高兴了。其中"光禄张氏"指光禄寺署丞苏州张汴，"守溪公遗籍"指大学士苏州王鏊遗留给儿子王延喆（即刻《史记》者）的藏书，帮忙借这两家藏书的是吴县知县朱廷臣和长洲知县贺府。实际上根据本书沈桐《识语》，惠借藏书者除了张汴和王延喆，还有礼部员外郎苏州王毅祥和太仆寺卿南京陈沂，四人中苏州占了三人，说明苏州具有深厚的藏书底蕴，这也是苏州刻书发展的重要条件之一。

其次是刻书时间持续四年，如果加上访书时间，则长达六年，中间还经历了闻人诠丁忧的曲折。闻人诠于嘉靖十二年（1533）五月出任南直隶提学御史[2]，至十五年（1536）九月仍在任[3]。其后丁忧，于嘉靖十八年（1539）十二月之前服阕复职御史[4]。据明代丁忧二十七个月之制，其丁忧时间当在嘉靖十六年（1537）九月以前。据此，则其丁忧去职当在十五年九月至十六年九月之间。闻人诠序云出任提学后，访求《旧唐书》善本"更历三载"，当为嘉靖十二年至十四年（1533—1535）。十四年访得，即为刻书开始之年，至嘉靖十七年（1538）全书基本内容应已刻完，故闻序云"效勤四载"、"肇工于嘉靖乙未（十四年），卒刻于嘉靖戊戌（十七年）"。至于文徵明序及沈桐序皆在十八年，当为最后之收尾工作如序跋之撰写及刊刻等。

刻书地点征用了占地广阔的苏州府学官舍。文徵明序云"遂命郡学训导沈桐刊置学官"，杨循吉序云"君鸠工堂西大舍中，无啻三十手，朱墨雠校"。苏州府学之正堂即明伦堂，明伦堂西当为教官官舍。苏州

---

① 闻人诠《刻旧唐书叙》，《唐书》卷首，明嘉靖十四年至十八年闻人诠刻本，国家图书馆藏（索书号13374）。

② 《明世宗实录》卷一五〇嘉靖十二年五月戊午："命山西道御史闻人诠提调南直隶学校。""中研院"史语所1962年校印《明实录》本，第3442页。

③ 明嘉靖十五年刻本《（嘉靖）宁国府志》前有嘉靖十五年九月闻人诠序，署衔仍为"奉敕提督南直隶学政山西道监察御史余姚闻人诠撰"。

④ 《明世宗实录》卷二三二嘉靖十八年十二月丙戌云"河南道御史闻人诠言"云云，第4771页。

府学以面积大著称，达一百五十亩①，故有"大舍"之称，而可容纳三十人工作。

再次是此书虽然名义上是闻人诠刊刻，但实际参与者众多。闻人诠是刻书的提议者和总体负责人。此书为提学御史官刻之书，即杨循吉序所云"盖学政之台，书之所由起也"。但因御史为差官，并无僚属，故只能交由受其管辖的府学来承担具体工作，具体负责人即府学训导沈桐。在闻人诠丁忧去职以后，总体负责人自然转为新任提学御史"午山冯子"，即冯天驭。这是冯氏第一次出任南直隶提学御史，后于嘉靖十九年（1540）因病去职，又于嘉靖二十二年（1543）再次出任此职②。除此三人外，其他人主要分为两部分，一是校对人员，二是提供经费者。校对人员即沈桐识语中"分番校对"之二十人。"分番校对"即轮流校对。这二十人中十八人皆为苏州府学生员，其中龚雷当即刻《鲍氏国策》者。一人为余姚县学生员，这大约跟闻人诠有关，闻人诠为余姚人。另一人为太学生吴岫，当即藏书家号方山者③。

最后非常重要的是此书的刊刻经费开支巨大，故有多种来源，既有官费，也有私人赞助，而以官费为主。此书规模巨大，达二百卷。现存嘉靖刻本近三千种，其中二百卷以上者只有二十馀种。可见大书刊刻非常不易，原因主要还是费用问题。此书之费用，据闻序、杨序，在刊刻不到一半时（应该距一半差不太多），资金缺口大约为一千两（"匮直千金"）。刻书费用主要有两项，即购买板木之费与工匠工、食之费。此书开始刊刻之初应该已经筹集到部分资金，比如板木一般要提前购买。据此粗略估算，此书刊刻总费用可能在二千两左右。这是个很大的数目④，筹集不易。闻人诠在职时未能筹足，导致去职后出现了巨大的资金缺口，需要重新筹措。其中的工匠膳食费用，大约主要由沈桐识语中"捐

① 《（正德）姑苏志》卷二四《学校》，《天一阁藏明代方志选刊续编》，第 357、376 页。

② 《国朝献征录》卷四五胡直《刑部尚书冯公天驭传》，《续修四库全书》第 527 册，第 370 页。

③ 明嘉靖四十一年沈与文跋《李文饶集》云"壬戌五月，借方山吴上舍本校勘"，"上舍"即太学生之别称。见叶昌炽撰、王欣夫补正、徐鹏辑《藏书纪事诗（附补正）》，上海古籍出版社 1989 年版，第 244 页。

④ 当时的米价均价大约一石一两银子（吴承明《16 与 17 世纪的中国市场》，载其《中国的现代化：市场与社会》，生活·读书·新知三联书店 2001 年版，第 213 页），而明代正一品官年俸为千石，二千两相当于两年俸禄。御史为正七品，年俸 110 石，二千两相当于御史二十年收入。当然，其实际收入可能超过此数，但仍可参考。

俸助膳"的苏州府的三位知县与四位教官负责。这七位都是官员，尤其是三位知县，所谓"捐俸"，未必不带官费性质。沈桐识语中"出赀经费"的有六位，四位国子生，一位府学生员，最后一位高本文大约是平民。其所出费用不明，但大约不会超过前七位。他们赞助的时间，应该都是在出现资金缺口之后。主要证据是，七位助膳官员中，能查到任职日期的五位，长洲知县万夔、常熟知县冯汝弼、吴县知县汪旦、苏州府学教授郭恺、长洲学教谕萧文佐，除了冯汝弼是嘉靖十六年（1537）八月任该职，其他四位都是嘉靖十七年（1538）任职的 [①]，都在闻人诠丁忧去职以后。而资金出现不足就是在其丁忧后。"出赀经费"的六位很可能与他们一样。这十三位赞助者所出费用在整个资金缺口中应该不是主要的，所以刻书总负责人闻人诠的序中　句也没提。补足资金缺口主要是靠官方资助，即闻序所云"石江欧阳公"所助之"厚镪"。"石江欧阳公"即时以右副都御史巡抚应天等府的欧阳铎。其"厚镪"即杨循吉序所云："白之巡抚大中丞石江欧阳公，公命掌郡事别驾钟侯助其役。未几，府主王侯至任，许相以完。""别驾钟侯"为苏州府同知钟鉴，"府主王侯"即苏州知府王仪 [②]。这笔费用显然由苏州府支出，只能是官费。从闻序所云"厚镪"可知，大约千两的资金缺口主要由这笔钱来补充。巡抚作为苏州府的直接上级，其对刻书的支持显然非常重要，是经费得以拨出的重要保证和合法性依据。此外，"大巡侍御西郭陈公"即南直隶巡按御史陈蕙（曾于扬州刻《广文选》）的支持也很重要。当时巡按与巡抚已成分庭抗礼之势，巡按掌握着知府等官员的考察大权，故也需得其首肯。

《旧唐书》的刊刻是闻人诠经史校刻活动的组成部分，同时也是嘉靖初年南京国子监祭酒张邦奇校刻《二十一史》活动的延续（南监本《二十一史》缺《旧唐书》）。此书之刊刻，主持全局及庶务者三人：闻人诠、冯天驭和沈桐，惠借藏书者四人，协助借书者二人，校对者二十人，提供经费支持者自抚、按以下十七人，刻工约三十人，共计七十余人。访书、刻书前后历时六年，耗资白银约二千两，最终成就了苏州刻书史上浓墨重彩的一笔。

其他官刻本如嘉靖十七年（1538）苏州府刻本《孟有涯集》、嘉靖

① 《（同治）苏州府志》，《中国方志丛书》影印清光绪九年（1883）刻本，第1441、1449、1438、1556、1662 页。

② 嘉靖十七年，御史徐九皋曾命苏州知府王仪、同知钟鉴刊刻《孟有涯集》十七卷，见《四库全书存目丛书》集部第 58 册影印嘉靖十七年刻本《孟有涯集》卷首，第123 页。王仪出任苏州知府在嘉靖十五年，见前引《（同治）苏州府志》，第 1435 页。

十九年（1540）苏州知府王仪刻本《东塘集》、嘉靖十九年（1540）吴县知县汪旦刻本《春秋啖赵二先生集传纂例》、嘉靖二十八年（1549）南直隶巡按御史陈九德命常熟知县罗鸿刻《皇明名臣经济录》、嘉靖四十三年（1564）南直隶巡按御史黄希宪命苏州知府徐节刻《五经集注》、隆庆五年（1571）刻《长洲县志》、万历四年（1576）申思科刻《昆山县志》等，都是字体方整，刊刻精美。

苏州私家刻本久负盛名，众所熟知。黄永年《古籍版本学》列举嘉靖时苏州的四十二种私家刻本[①]，来说明当时新风格在苏州等地的流行，几乎囊括了所有为人习知的重要版本[②]。其中涌现出了一批著名的刻书家，如黄省曾、黄鲁曾、黄贯曾及黄姬水等黄氏家族、袁褧嘉趣堂、苏献可通津草堂、沈与文野竹斋、顾春世德堂、郭云鹏宝善堂及徐封东雅堂等。

值得注意的是嘉靖初年徐封东雅堂刻《昌黎先生集》，这是嘉靖本中的名品，却长期以来被《四库提要》《书林清话》《中国印刷史》等误作万历徐时泰东雅堂刻本[③]。徐封之父即刻《重校正唐文粹》之徐焴[④]，而著名的嘉靖徐刻《三礼》很可能也是出自此徐氏之手[⑤]。东雅堂本有前印本和后印本之别，后印本版心刻工多被铲去。此后又经多次重修，崇祯十一年（1638）徐封之孙徐元儁补刻约十分之二版片，是为徐元儁重修本，有徐元儁《重葺韩昌黎集跋》，是此书刊刻的重要史料，也是此本为嘉靖徐封刻而非万历徐时泰刻的重要证据。清代又有清初冠山堂递修本、乾隆十一年（1746）王金增递修本，版心刻工及下鱼尾多被铲去。存世多为后印重修之本，前印本仅见国家图书馆藏清阮葵生、丁晏批注本，

---

① 黄永年《古籍版本学》一书在列举版本实例来说明一个版本史现象或规律时，以此处所举版本为最多。另外在谈明中期建阳书坊时也列举了四十二种版本，不过其中包括了正德时期的十九种，嘉靖本只有二十三种。

② 黄永年《古籍版本学》，第121—122页。其中嘉靖袁褧刻《六家文选》并不是纯粹的字体方整的苏州式刻本，详下文。

③ 叶瑞宝《明万历徐时泰东雅堂刻〈韩集〉辨证》，《江苏出版史志》1992年第2期。此文详细考证了东雅堂本《昌黎先生集》被误作万历徐时泰刻本的来龙去脉，并证明当为嘉靖徐封东雅堂刻本。大概因此刊非正式期刊，故此文流传不广，少见引用。《中国古籍善本书目》集部1375号录作"明徐氏东雅堂刻本"，大概看出了徐时泰的问题，但未考出徐封，也未明确为嘉靖刻本。

④ 明范允临《诰封奉直大夫尚宝司少卿芝石徐公行状》，《四库禁毁书丛刊》集部第101册影印《输寥馆集》卷五，第318—321页。

⑤ 叶德辉《书林清话》以刻《三礼》之"东吴徐氏"与刻《昌黎先生集》之"东吴徐时泰东雅堂"分为两家（北京燕山出版社1999年版，第135页），因其误将《昌黎先生集》归于万历徐时泰，与嘉靖刻《三礼》时代不同，故难以合为一家。惟此东吴徐氏尚待进一步考证、确认。

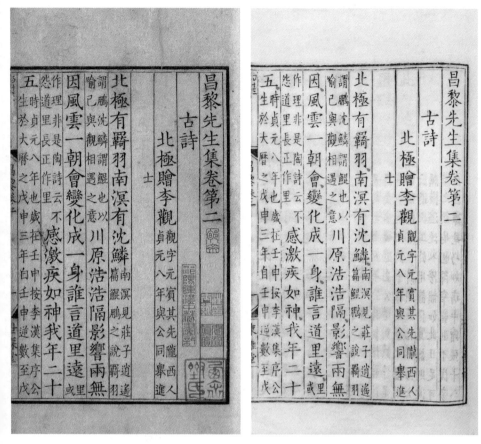

图 4-2-3　宋咸淳廖氏世彩堂刻本（左）和明嘉靖徐氏东雅堂刻本（右）

其风神较后印者更近宋本，刻工题名保留较多。比较特别的是，其各卷末无"东吴徐氏刻梓家塾"牌记，而后印本则有此牌记。东雅堂本字体、版式极力模仿宋本，堪称惟妙惟肖，二者均为细黑口①、四周双边、双对黑鱼尾，版心上镌字数，上鱼尾下镌书名、叶次，下鱼尾下镌堂号、刻工。从字体风格来看，二者也颇为相似。但值得注意的是，虽然两者字体很相似，然而仔细比较，仍可发现东雅堂本字体较宋本字体瘦长，这是受到了苏州式嘉靖本风格的影响，与底本出现了偏差。从具体字形来看，笔画细微处也颇有变形（图 4-2-3）。邓邦述云："宋版譬之汉隶，明刻止如唐碑。姿媚非不胜古，而气势厚薄则有时会之殊。"②大概指的

① 《北京图书馆古籍善本书目》（第 2052 页）、《第一批国家珍贵古籍名录图录》（第01044 号）著录世彩堂本均作白口，盖细黑口黑线过细且被磨损，不易辨认。《中国版刻图录》作细黑口。《北京图书馆古籍善本书目》（第 2052 页）著录东雅堂本（书号 12225）也因此而误作白口。

② 邓邦述《群碧楼善本书录》卷四，上海古籍出版社 2014 年版，第 141 页。

就是这种情况。前人称钩摹、覆刻原本之至精者为"下真迹一等"，其细微差别可能就在这里。

万历初年苏州的一些私家刻本保持了嘉靖以来的风格。如与王世贞齐名的苏州著名文学家刘凤的著作《刘子威集》《续吴先贤赞》（图4-2-4）等即是。刘凤（1517—1600），字文起，后字子威，号罗阳，苏州府长洲县人，嘉靖二十三年（1544）进士，历任中书舍人、监察御史、兴化府推官、湖州同知、广东、河南按察金事①。《刘子威集》分为两部分，前三十二卷为正集部分，当刻于万历四年（1576）前后，后二十卷为续集，即《太霞草》，当刻于万历九年（1581）前后②。《续吴先贤赞》当刻于万历三年（1575）前后③。两书刻工题名均有"吴郡刘溥卿刻"，刘溥卿为苏州名工，刻书多在隆万间。二者均为半叶九行，行十八字，白口，左右双边，单黑鱼尾，为典型的苏州式刻本版式。其字体也比较方整，较典型字体略长。刘氏其他著作如《子威先生澹思集》《刘子威禅悦小草》《刘子威玄应录》等均为同样版式、字体④，其中《刘子威玄应录》甚至已经迟至万历二十六年（1598），这个应该属于特例，因万历二十七年（1599）刘凤刻《海录碎事》字体已经变化为万历时期的新字体。而像万历十年（1582）常熟赵用贤刻《管韩合刻》则是带有过渡性质的字体，既保留了部分苏州式刻本的方整，也出现了部分万历新字体的特征，较方整更富于变化。

有的刻本性质比较特殊，如万历二年（1574）龙宗武刻《吴郡图经续记》（图4-2-5）。其卷末牌记作："大明万历二年岁次甲戌六月朔旦郡理泰和龙公宗武捐俸绣梓，版留长洲钱氏悬磬室。"刻书者龙宗武时任苏州府推官，似乎有官刻性质，但除此之外，此书未见官方参与，如其他官员或生员等参与校勘、刊刻或捐资等均无，且此书版片归钱榖私人所有，

---

① 《嘉靖二十三年进士登科录》叶三十三，明嘉靖刻本，天一阁博物院藏。《（乾隆）余姚志》卷五十六，清乾隆四十六年（1781）刻本。《苏州通史》刘凤生卒年作1527—1610（苏州大学出版社 2019 年版，第 99 页），按《刘子威集》卷二十三《封太孺人母吴述》云"丁丑产不肖于京邸"，丁丑为 1517 年，与《嘉靖二十三年进士登科录》一致，《苏州通史》误。

② 《刘子威集》有前印、后印，后印本首卷卷端镌"幼孙献康重校"，前印本无。后印本疑为后来汇印刘凤著述集时所刷，如台北"国家图书馆"收录之《刘侍御全集》（索书号 15376）。

③ 国家图书馆藏 08849 号《续吴先贤赞》卷末黄河水《续吴先贤赞后序》卷端题名"江夏黄河水著"及序文首行"河水"二字均脱去，13569 号不缺。

④ 浙江图书馆刘凤《客建集》因刻于嘉靖四十年左右，时间较早，版式略有不同，每行为十六字，字体也更为方整，不像此二书字体略长，当非同一批工匠所为。

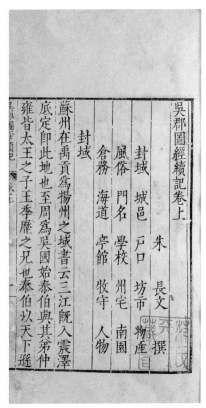

图 4-2-4 明万历初年刘氏家刻本《刘子　图 4-2-5 明万历二年龙宗武刻《吴
威集》郡图经续记》

而非置于官府，可见此书更多还是龙氏个人行为，而非官方活动。此书半叶九行，行十八字，白口，左右双边，单黑鱼尾，字体方整，无论版式还是字体，都是典型的苏州式刻本。

这一时期苏州的书坊刻本比较少见，前人提到一种，嘉靖三十三年（1554）东吴书林刻本《方山先生文录》二十二卷①。前人定此本为苏州本，大概因有"东吴"二字，实际上可能不太准确②。此书刻工张邦本、何钥、何钿、何应亨、何大节等皆为无锡人，曾参与刊刻无锡顾氏奇字斋刻本《类笺唐王右丞诗集》。方山先生薛应旂是武进人。无锡、武进同属常州，可知东吴书林更可能是在常州，常州也可以称"东吴"。此本目录末镌"嘉

---

① 《中国古籍善本书目》集部八三四〇号著录苏州图书馆等四家收藏。《第二批国家珍贵古籍名录图录》第九册第 12 页收录苏图藏本。《四库全书存目丛书》集部第 102 册亦据苏图藏本影印。
② 张秀民《中国印刷史》以东吴书林为苏州书坊，浙江古籍出版社 2006 年版，第 262 页。其 1989 年版亦如此，故坊间流传此说大约是从张说而来。

靖岁在焉逢摄提格东吴书林校刻"一行。"焉逢摄提格"为甲寅，即嘉靖三十三年。此外书中似未见其他有关这个书坊的材料。从其版本风格来说，是典型的苏州式刻本。

二、苏州式刻本在全国的影响

这一时期苏州刻书的最大特点在于其遍及全国的巨大影响。当时苏州刻书有"苏州本""苏刻"或"苏常本"的美誉[①]，可见人们对苏州刻书的推崇。苏州文人对宋本的鉴藏使苏州刻本走在了全国刻书业的最前沿，而整个社会对苏州书籍文化、鉴藏文化的学习和膜拜，推动着苏州式刻本在全国遍地开花。

首先是对苏州府外、南直隶省内的其他各府刻书的影响，其中受影响最早、最大的就是相邻的常州府刻书，以至于两府刻书被合称为"苏常本"。早在正德时期，常州府刻书就深受苏州影响，许多刻本与苏州刻本风格几无二致。如朱承爵于正德十五年至十六年（1520—1521）前后所刻《放翁律诗钞》《庾开府诗集》《樊川诗集》《浣花集》等书，均为白口、左右双边、单黑鱼尾，字体极为方整（图4-2-6）。《庾开府诗集》与《浣花集》均镌有写工"周潮写"，与正德十四年（1519）黄省曾文始堂苏州刻本《申鉴》之刻工相同，可知两府刻书关系密切。朱承爵（1480—1527）字子儋，常州府江阴县人，国子生。多赀财，善鉴别古器物书画，富藏书。与文徵明、唐寅、顾璘、陈沂、王韦皆相交好[②]。可见朱氏与苏州文人圈有密切联系。此外还有正德十一年（1516）徐充刻本《律吕新书解》二卷《雅乐燕乐》一卷、正德十一年（1516）罗幹刻本《一峰先生文集》十一卷，均为苏州式刻本风格。

除了以上六种私家刻本，常州府还有一种官刻本值得注意，即正德八年（1513）常州府所刻《常州府志续集》，此本体现出一种过渡性质的版刻风格。此本版式为粗黑口、四周双边、单黑鱼尾，为旧式风格，与苏州式版式不同。但字体却带有一些方体字特征，如字体笔画拉直比

---

① 嘉靖十三年（1534）秦藩朱惟焯刻二十九年（1550）朱怀埭重修本《史记》前有朱怀埭《史记序刻》提及《史记》之"苏州本""苏常本"。明胡应麟《经籍会通》卷四云："当今刻本，苏常为上。"第51页。《宝文堂书目》《濮阳蒲汀李先生家藏目录》于《唐文粹》《史记》《战国策》《六子书》《六家文选》等书下屡次提及"苏刻"。这些所指的基本上就是这一时期的苏州刻本。

② 文徵明《朱子儋墓志铭》，文徵明著、周道振辑校《文徵明集》之《续辑》卷下，第1690—1692页。

图 4-2-6　明正德朱承爵存余堂刻《庾开府诗集》

较明显，笔画转折处棱角比较鲜明，但这种字体却并不成熟，保留了比较多的自然书写体意味，说明此时新风格在常州府尚未完全流行。到了嘉靖时期，常州府官刻与苏州刻本已无区别，如常州知府应檟嘉靖十三年至十五年（1534—1536）间所刻《周易正义》《周礼注疏》《仪礼注疏》《礼记集说》《四书集注》等书。

比较值得注意的是，常州府有一批从浙江衢州过来的书商所刻之书也是很典型的苏州式刻本，即嘉靖三十一年至三十五年（1552—1556）夏相刻《古今合璧事类备要》（图4-2-7）、嘉靖二十八年（1549）书林桐源胡氏刻《唐会元精选批点唐宋名贤策论文粹》和嘉靖十二年（1533）书林叶氏宝山堂刻《重刊校正唐荆川先生文集》，其中《古今合璧事类备要》写工吴应龙、刻工夏文德为苏州人，和无锡写工江南隽、刻工曹祐、何应亨等一起完成此书刊刻。

南直隶其他各府刻书受苏州刻书影响的早晚、大小，大致以距离远近为准，越近受影响越早、越大。常州府之外，早在正德时期就受苏州刻书影响的是正德七年（1512）松江府刻《松江府志》和正德十四年（1519）镇江府丹徒县知县李东刻《蓝田吕氏遗书》。到了嘉靖时期，何氏清森阁于嘉靖二十九年所刻《何氏语林》是松江府私家刻本的代表（图4-2-8），其刻工陆宗华为苏州名工。

此外南直隶其他各府刻书受到苏州影响基本开始于嘉靖时期。如南京在嘉靖八年（1529）南京国子监刊刻《前汉书》时，其刻工一百二十多名，多来自南京、苏州、无锡、徽州等地，其中袁电、陆奎、陆宗华、徐敫、李潮、章悦等人均为来自苏州的名匠。但《前汉书》的整体风格并不统一，出自苏州刻工之手者（如卷二十七）接近苏州式字体风格，出自徽州刻工之手者（如卷六十四）则仍为旧字体，说明此时南京刻书虽受苏州影响，但影响并不彻底，还不能完全改变一整部书的风格 ①。再晚一些时间，如嘉靖二十二年（1543）杨宜应天府学刻《性理大全书》、同年王宏于南京刻《草木子》及嘉靖三十四年（1555）金陵薛氏刻《重刊校正唐荆川先生文集》，则均为比较成熟的苏州式刻本。其他府的苏州式刻本，如嘉靖十五年宁国府刻《宁国府志》，其写工为"吴县计文卿"，表明有来自苏州工匠的技术支持。嘉靖十九年歙县汪一元刻《文心雕龙》（图4-2-9），刻工为来自歙县仇村黄氏的黄琏、黄瑄等，说明此时徽州刻工也能刊刻比较成熟的苏州式刻本。

苏州刻书在省外的影响大致可以分两类，一类影响比较大，如浙江和福建，浙江距离苏州和南直隶最近，而福建则刻书业最发达，因此这两个省的苏州式刻本比较突出。其他各省为一类，表现相对没有那么突出。浙江早在正德十年就有浙江按察司委托苏州刊刻《大唐六典》，自然是

---

① 详见李开升《明嘉靖刻本研究》，中西书局2019年版，第64—66页。

苏州式刻本。浙江苏式本中影响最大的是嘉靖年间浙江提学副使孔天胤所刻诸官书及杭州洪楩所刻私家刻本诸书。孔天胤所刻有《资治通鉴》《集录真西山文章正宗》《越绝书》等，为此他专门从苏州招募写工沈恒、周慈、吴应龙、章仕、何伦、徐冕等六人，刻工袁电、黄金贤、陆宗华、李潮、章衮等数十人，体现了他对苏州刻书的推崇，同时也是对宋本的尊崇，其中《集录真西山文章正宗》（图 4-2-10）卷首江晓序中的一段话充分说明了这一点：

> 以经用则稽取学役伉馀，以校订则慎简学博暨髦士，以书镂则鸠诸吴，俾精类宋籍。惟杭牧陈君鲁得实赞襄焉。诞昭文式，以垂不朽，君子以是知文谷公（孔天胤）之所以为文也。

"以书镂则鸠诸吴，俾精类宋籍"一句不啻为嘉靖间推崇苏州刻本的宣言。孔天胤为榜眼出身，又主管浙江全省学政，具有重要文化影响力，其刻书行为产生了巨大的示范效应，大约与孔氏同时而稍晚，孔天胤在杭州的朋友洪楩刊刻《六臣注文选》《路史》《夷坚志》《唐诗纪事》《蓉塘诗话》等书，堪称浙江私家刻本之代表，其风格皆为苏州式。

福建刻书受苏州刻本影响较早见于嘉靖十五年至十七年间（1536—1538）福建巡按御史李元阳刊刻诸官书，如《杜氏通典》《史记题评》《班马异同》《古音丛目》等，其中《班马异同》字体比较方整，笔画多已拉直，转折处棱角分明，版式白口、左右双边，比较接近苏式本风格。最能体现苏州刻书影响的是嘉靖三十五年至三十八年间（1556—1559）福建巡按御史吉澄所刻经史、理学诸官书，如《五经集注》《四书集注》《资治通鉴纲目前编》《续编资治宋元纲目大全》《新刊宪台考正少微通鉴全编》《大学衍义》《大学衍义补》等，其中很多书是由苏州写工吴应龙、龚士廉写样，苏州刻工夏文德、黄周贤、袁宸、章循、唐凤等和本地刻工叶文辉、叶再生、陈友、陆旺、余进生等共同完成。由于有苏州名匠参与，故所刻之精美与苏州刻本无异（图 4-2-11）。建阳坊刻本受苏州式风格影响较晚也较小一些，如余氏自新斋所刻的几种，嘉靖三十一年（1552）刻《新刊宪台厘正性理大全》、嘉靖三十四年（1555）刻《新刊性理会要》、嘉靖四十年（1561）刻《新刊正续古文类抄》等，表现出比较明显的苏州风格影响。

其他各省也有不少苏州工匠参与刻书的情况。如嘉靖四十三年山东

图 4-2-7 明嘉靖夏相刻《古今合璧事类备要》

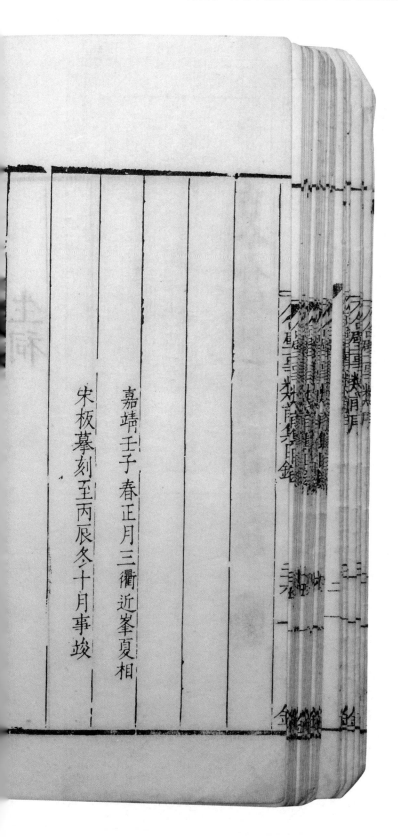

嘉靖壬子春正月三衢近峯夏相

宋板摹刻至丙辰冬十月事竣

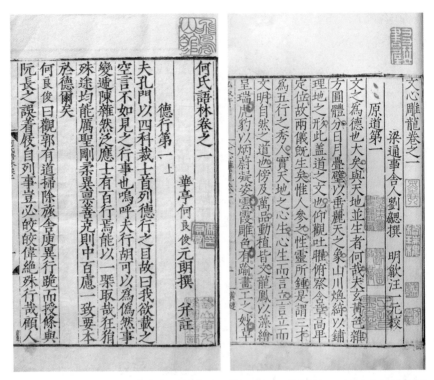

图 4-2-8　明嘉靖何氏清森阁刻《何氏　图 4-2-9　明嘉靖汪一元刻《文心雕龙》
语林》

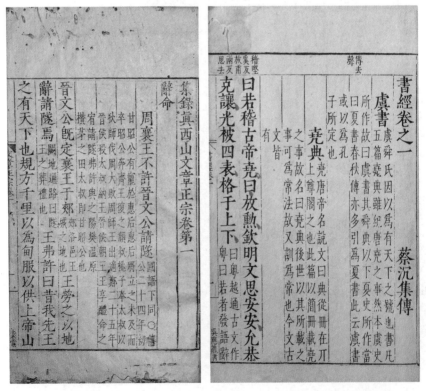

图 4-2-10　明嘉靖孔天胤刻《集录　图 4-2-11　明嘉靖吉澄刻《书经集传》
真西山文章正宗》

布政司刻《西山先生真文忠公文章正宗》，其写、刻工作"吴人吴曜、李澍、钱世杰写，夏文祥等刻""吴人李澍写，李焰刊"，其刻工章循、杨惠、张璬、文约等皆为苏州刻工。嘉靖四十一年至四十五年（1562—1566）青州知府杜思《三辅黄图》（图4-2-12）、《青州府志》《齐乘》《革朝遗忠录》等书，也用了苏州章循、章松、章彬、杨仁、杨惠、夏文祥、文约等刻工。甚至山东的藩府刻书也是如此，如嘉靖四十一年（1562）衡藩（封于青州）刻本《事亲述见》，为"吴门李焰写刻"；德藩（封于济南）最乐轩刻本《前汉书》，刻工有苏州章亨、章聪、何祥、李清、李泽、李约、李受、庄庆、周永日、顾铨、张敖等。这些刻本直接使用苏州工匠，风格自然也都是苏州式。河南的赵藩所刻如《资治通鉴纲目》《王氏脉经》《法藏碎金录》《黄帝内经》等，都是很成熟的苏式本，其中有不少苏州刻工参与。如嘉靖三十五年（1556）赵府居敬堂刻《资治通鉴纲目》（图4-2-13），刻工中李焰、杨惠、杨仁、章松、郭昌时、唐其、夏文瑞、夏文祥等皆苏州地区良工。湖广的辽藩嘉靖三十五年刻

图4-2-12　明嘉靖杜思刻《三辅黄图》　图4-2-13　明嘉靖赵府居敬堂刻《资治通鉴纲目》

《种莲岁稿》，版心下镌"姑苏章仕写刻"，也是典型的苏式本。其他像嘉靖时期江西的赣郡萧兰古翰楼刻《妙绝古今》《阳明先生正录》《名家诗法》等书，嘉靖间广东提学公署崇正堂刻《五经》《杜氏通典》《名家表选》等书，嘉靖云南昆明刻《振秀集》等，也都是明显受到苏州风格影响的刻本。

第三节　明中期苏州的写刻本

苏州式刻本是明中期苏州的主流版刻类型，是占有绝对统治地位的刻书风格，但毕竟还不是全部。前工业时代的出版印刷业作为一种手工业生产方式，还不能完全标准化，因此总有一些与主流不同的版刻风格，主要包括两类，一类是自然书写字体，比方整的宋体字灵动秀美，大概是对方体字长期统治的一种厌倦和反动。一类是翻刻导致的与底本字体近似，而不同于方整的主流字体。

一、明中期苏州出现写刻本

所谓写刻本，指的是宋体字出现之后，仍然使用日常书写的普通楷书体的版本。一般认为最早出现在万历时期[1]。就全国大部分地区而言，万历说是比较可信的。因为成熟的宋体字到万历以后才形成，也更加普及，覆盖面更广。但对于苏州来说却不太一样，因为苏州从正德时期开始已经几乎被宋体字全覆盖了，这种覆盖程度一点也不比万历以后宋体字在其他地区的覆盖程度小。在这种情况下，苏州刻书中出现的写刻本就不是正德以前刻本的直接延续，而是在原来的刻书传统中断了几十年之后，在宋体字刻本统治下重新出现的新风格。就目前已发现的三种写刻本而言，刊刻时间都在嘉靖晚期，最早的为嘉靖三十七年，其他两种都在嘉靖四十年以后。如果从正德后期苏州式刻本成熟算起，到此时已经将近半个世纪，有新的风格出现也在情理之中。写刻本使用自然书写体，字体各取所好，故三种版本字体各异，体现出早期写刻本的特征。

第一种为嘉靖三十七年（1558）昆山周凤起刻《贞翁净稿》十二卷（图4-3-1）。此书存世极少，仅见中国社科院文学所和苏州图书馆有藏，后者入选第四批《国家珍贵古籍名录》（第10764号），并为《四库全书

---

① 黄永年《古籍版本学》，第130—131页。

存目丛书》影印。此书首卷卷端镌"男周凤起寿梓"，卷末有周凤起《刻先康僖公诗集后述》交代刻书经过：

> 先康僖公诗集十有二卷，出自手选。未几，考终于嘉靖壬寅（1542）。先是，昇诸伯兄大理丞贞肃校定，复不幸，以庚戌（1550）春力疾谋诸五泉先生，编次成帙矣。季弟凤来将谋诸梓，而乙卯（1555）亦夭……凤起以先公尚书三载考绩荫，己酉（1549）就选冢宰，承乏光禄。无何，以堂卿马公坐累，谪山东盐官，路阻弗就，而谋梓之心未尝一日忘也。丁巳（1557）之秋，有辽左之命，便道归省，乃得谋诸五泉，始克就梓……岁戊午（1558）春正月望不肖男凤起百拜谨述。

可知此书为周凤起回到昆山时刊刻。又本书卷首有归有光嘉靖四十年（1561）序，卷末又有归有功万历十一年（1583）后序，则此本当为万历以后刷印。其字体为精美小楷，似非一般写工所能为，笔画起收笔多有牵丝（如三点水），与一般的宋体字不同。但从结体来看，跟苏州式常见字体仍有内在一致性。

第二种为嘉靖四十年（1561）王道行、张焯刻《庄渠先生遗书》（图4-3-2）。此书版本情况比较复杂，传世所见本按卷数不同分为三大类，十二卷本（前印本）、十六卷本（后印本）和二十六卷本，因为卷数不同，《中国古籍善本书目》集部将其分为三个条目著录，十二卷本作"明嘉靖四十年王道行刻本"，后二者均作"明嘉靖四十年王道行、张焯刻本"，三者内容相同的十二卷为同一版本。十六卷本新增之四卷为嘉靖四十二年魏校之子魏中甫与魏校门生俞国振、安希尧增刻。十六卷本卷端"门壻归有光校正"被剜改为"苏州府知府太原王道行校刻、昆山县知县清河张焯同梓、门人归有光编次"。二十六卷本则又增加附录十卷，不与前十六卷卷次连续①，为《大学古文》、《大学指轨》附《大学考异》、《周礼沿革传》《春秋经世》《经世策》《职官会通》六种十卷，卷端题"兵备副使王道行梓"，当为嘉靖四十一年（1562）王道行升任常镇兵备副使

---

① 《中国古籍善本书目》集部 7634 号著录作"庄渠先生遗书十六卷又十卷"，而丛部 343 号著录之"庄渠先生遗书七种二十六卷"，当即同书。

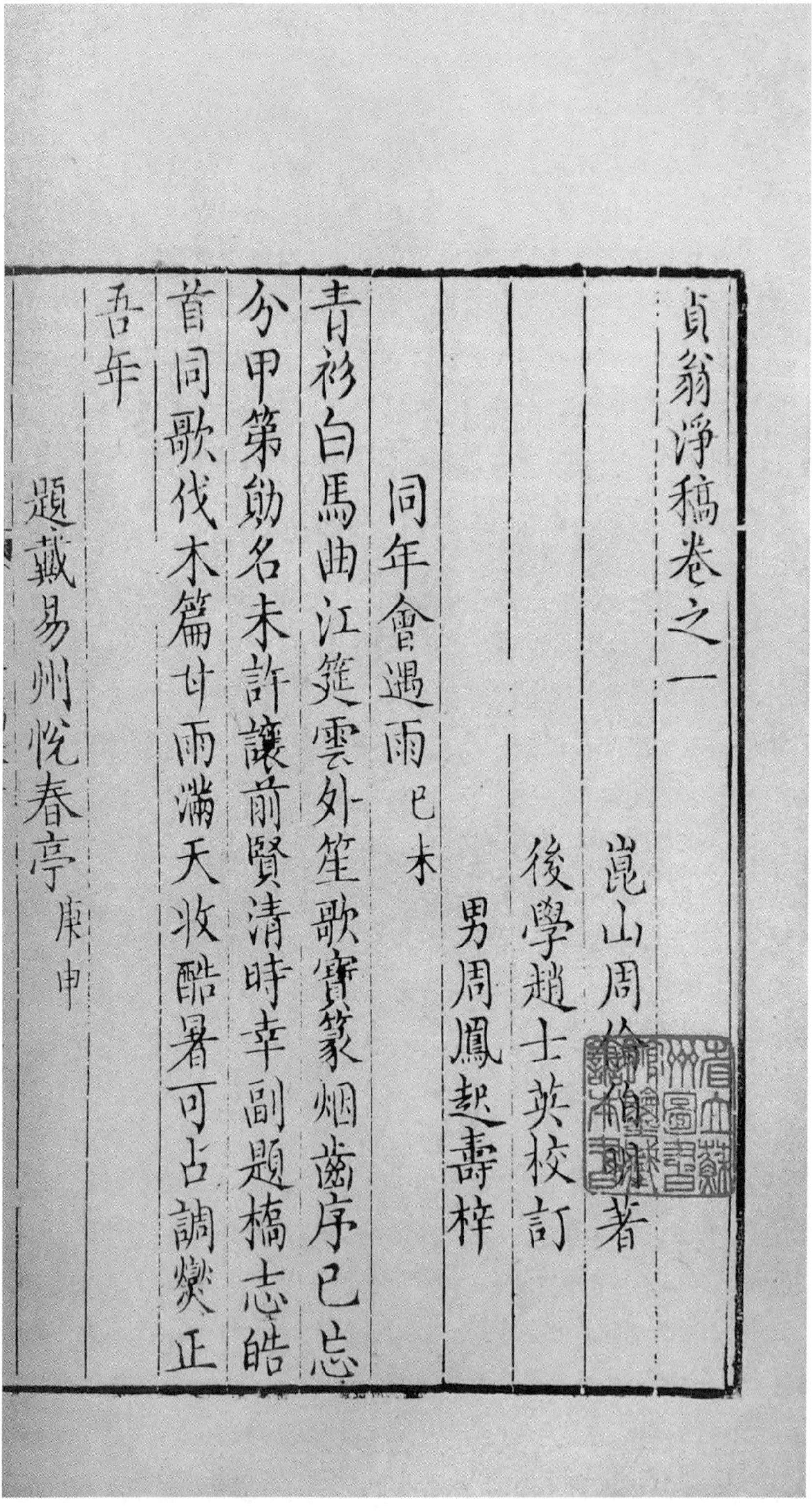

貞翁淨稿卷之一

崑山周倫柏潭著

後學趙士英校訂

男周鳳起壽梓

同年會遇雨 巳未

青衫白馬曲江筵雲列笙歌寶篆烟齒序巳忘

分甲第勣名未許讓前賢清時幸副題橋志皓

首同歌伐木篇廿雨滿天妆酷暑可占調燮正

吾年

題藏易州悅春亭 庚申

图4-3-1　明嘉靖周凤起刻《贞翁净稿》

之后所刻①。十二卷本刷印最早，每册末钤有牌记"苏州府知府太原王道行校刻"。十六卷本卷首有嘉靖四十年六月直隶苏州府知府王道行向昆山县下发的刊刻《庄渠先生遗书》的公文一道：

> 直隶苏州府知府王　为表彰先贤文集以崇正学事。照得昆山县
> 已故太常卿庄渠魏公德行文学师表一世，四方学者得其片言，重
> 若拱璧。今据监生郑若曾送到家藏遗书若干卷，读之一终，率皆
> 躬行心得之妙，可为垂世立教之书。若不早寿诸梓，恐将来散失
> 无稽，景行徒切，考德何从。为此牌仰该县着落掌印官即备羹果，
> 亲诣归经元宅，请其校正删次。停当动支本府及该县无碍赃赎银两，
> 及早刊刻成书，印刷解送，以凭施行。须至牌者。右牌仰昆山县。
> 准此。嘉靖四十年六月　日。②

这篇公文表明此书为官刻本，经费当来自苏州府和昆山县两级政府。此书字体非方整的宋体字，其笔画间常有牵丝（如三点水），这一点与《贞翁净稿》类似，但其字体不同于《贞翁净稿》的修长，而是略扁，结体不同于苏州式方体字。

第三种为嘉靖四十四年（1565）王同道吴中刻本《梦泽集》十七卷（图4-3-3）。王同道（1531—？）字纯甫，号三湘，湖北黄冈县人，嘉靖四十一年（1562）进士，历任苏州推官、监察御史、内江知县③。卷首嘉靖四十四年皇甫汸序云：

> 是集也……凡诗赋十一卷、文六卷，共十七卷，成一家言。旧
> 刻于家塾，季弟云泽君廷瞻刻于淮阳，姪三湘君同道又刻于吴中，
> 而吴板益精矣。二君皆以进士为理官，善治狱，号神明。莅淮者
> 以贤拜河南道御史，莅吴者亦被征行矣。三湘谓余知梦泽最深，
> 命序诸首。

---

① 《（乾隆）苏州府志》卷三十二知府："王道行，阳曲人，嘉靖三十八年由凤翔改任，四十一年升常镇兵备。"清乾隆十三年刻本。

② 《庄渠先生遗书》卷首，明嘉靖四十年王道行、张焯刻本嘉靖四十二年增刻后印本，国家图书馆藏（索书号7756）。台北"故宫博物院"藏此本卷首无此公文（索书号平图014432—014436）。

③ 《嘉靖四十一年进士登科录》叶三十七，明嘉靖刻本，天一阁博物院藏。《（道光）黄冈县志》卷九，清道光刻本。

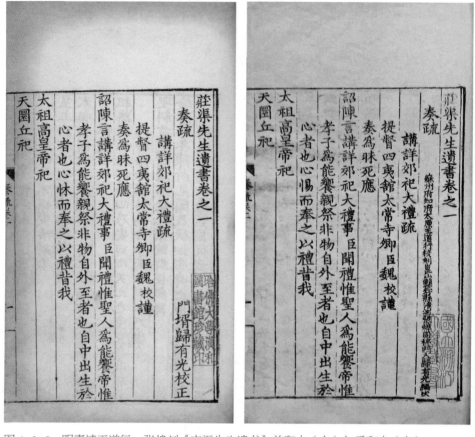

图 4-3-2　明嘉靖王道行、张焯刻《庄渠先生遗书》前印本（左）与后印本（右）

据此可知，此为此书第三次刊刻，王同道时任苏州府推官，书刻成时，王氏已收到擢升御史之命。王氏虽为官员，但此本似不宜直接视为官刻，一般官刻都是由知府或知县这种本行政区最高领导负责或由最高领导委托副手负责，与此书情况不同，但不排除其利用职务之便使用了一些官方资源，故此书性质可能介于官私之间。此本刻工有唐其、郭昌期、章甫言、黄周贤、严春、唐林等，皆苏州工匠。其字体与前二种皆不同，是一种比较个性化的字体，除了常见的牵丝之外，最大特点是整个字左低右高，几乎无平直之笔画。

这三种写刻本中，《贞翁净稿》当为私家刻本，《庄渠先生遗书》则是典型的官刻本，《梦泽集》介于二者之间。三者所用字体各不相同，可能其间并没有互相影响，而是不约而同采取了不同于主流宋体字的字体，是写刻本早期处于自发状态的特点。

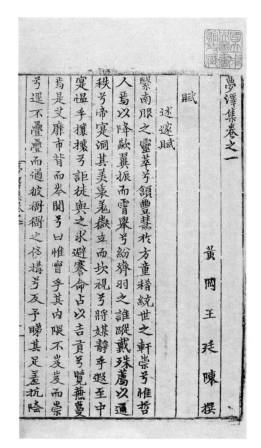

图 4-3-3　明嘉靖四十四年王同道吴中刻本《梦泽集》

二、明中期苏州的其他类型刻本

翻刻是一种很重要的刻书类型，它对版刻风格有着很直接的影响。这种影响突破了时代和地域的限制，直达底本的时代和地域，具有穿越时空的效果。明中期苏州形成的主流宋体字风格本身跟翻刻宋浙本关系密切，甚至一直被认为是翻刻的产物[①]。但宋本除了浙刻本之外还有建刻本和蜀刻本，翻刻这两种风格的底本，如果追求与底本相近的效果，就会与苏州式的主流风格不同。

苏州私家刻本中有两种声名最为显赫的书，即王延喆刻本《史记》和袁褧嘉趣堂刻本《六家文选》，就属于这种非主流的版刻风格。两者在清前期大藏书家孙从添的《藏书纪要》里已被专门提出，并称之为"王板"和"袁板"，可见其影响之大。但这两种版本的字体风格与苏州式

---

① 实际上宋体字风格形成的更重要原因是时代和地域文化尤其是鉴藏文化的选择，见本章第一节第一、二部分。

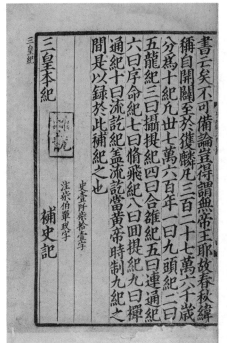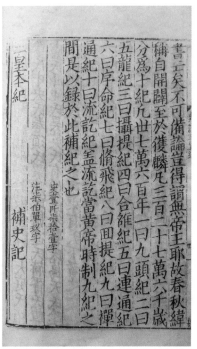

图 4-3-4　宋黄善夫本（左）和明嘉靖王延喆本（右）

刻本的典型风格颇有距离，前者甚至完全不像。其原因在于受到了底本较多的影响，或者说是有意模仿底本，虽然它们与底本字体也不完全一样。其中《史记》比较明显地模仿了其底本宋黄善夫本，整体上很像宋建本（图4-3-4），而与苏式本迥然不同。黄永年显然注意到了这一点，因此其《古籍版本学》所列嘉靖苏州著名私家刻本虽多达四十二种，却并未收录此书。不过《六家文选》在其所列中。

《六家文选》不如《史记》模仿底本程度高，而且《六家文选》的底本为宋蜀刻本①，不如宋建本风格鲜明。但是《六家文选》的字体风格与典型苏式本字体仍有一定距离（图4-3-5），一是其笔画虽然较底本已明显拉直，但仍然不够直，常微带曲度。二是笔画间常有牵丝，尤以三点水之第二、三点为甚（如卷端第四行"注"字），这在典型苏式本中是看不到的。不过这两点并不是贯穿全书的，前面几卷多如此，越往后越接近典型苏式本。但整体而言，它很难说是典型的苏式本。如上所言，《六家文选》不是完全的苏式本风格，而《史记》也不是完全的底本风格。

① 台北"故宫博物院"藏一部作宋淳熙间广都裴氏刊本，行款版式皆同，字体亦多有相似之处，当即袁氏所据底本之版。

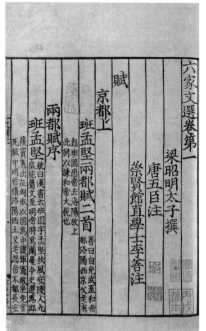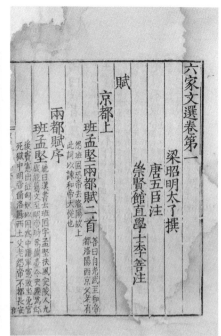

图 4-3-5　《六家文选》宋广都裴氏刻本（左）和明嘉靖袁褧刻本（右）

《史记》字体与底本比较显著的差异在其横画收笔处已受到了苏式本的影响，接近三角形状，而底本则是一个明显的顿笔形成的长点（图 4-3-4）。虽然王本《史记》仿底本并没有完全一样，但像这样与苏式本面目迥异的情况在苏州刻本中仍是十分罕见的，即使像《六家文选》那样虽然不怎么像底本、但与典型苏式本也有一定距离的刻本，也是极少的。绝大部分苏州刻本都是典型苏式本。

嘉靖四年（1525）金台汪谅刻本《史记》与王延喆本《史记》情况也有些相似，两书几乎同时开刻，都是以宋黄善夫本为底本。由于受底本影响，汪谅本也体现出底本和时代、地域互相影响的杂糅风格。在宋建本的基础上，王延喆本往苏州式刻本靠拢，汪谅本往北京式刻本改造，但又都没有整改彻底，都能明显看出建本的底子。

对于苏州刻书来说，翻刻本不仅对主流版刻风格的形成具有重要影响，而且直接促成了少数特殊风格版本的出现。在苏州文化巨大影响的带动之下，苏州地区的主流版刻风格逐步流行于全国，从而形成一个时代的刻书新范式。这一范式中的宋体字不仅成为此后刻书的主要字体，而且在传统的刻书时代结束之后，依然是中国现代汉文书籍的主流字体。

第五章

繁花似锦：
晚明时代苏州的私刻与坊刻

明代中期，以苏州式刻本为代表的苏州刻书，经历了由实验性的试探，到获得跨区域影响的不凡历程。在此基础上，在被习称为晚明的隆庆、万历及其后一段时期，苏州刻书业呈现出一派繁花似锦的隆盛面貌。尤其在私刻和坊刻领域，苏州刻本以精善著称，其中不少佳品，至今仍然广受重视与珍爱。

晚明苏州书业成功的重要基础，是苏州本身的文风鼎盛和经济发达。同时不可忽视的是，苏州人善于利用邻近地方的优良条件，令苏州书业的兴盛得以更上一层楼。举凡金陵书林与杭州书肆的早期商业经验、徽州版画的风格影响和各地工匠的技术交流，以及闽浙皖赣等处为苏州所提供的物质资源，都足以反映晚明苏刻之发达，实在是当时江南经济文化发展多因素多地域共同成就的。而究其根源，则在晚明时代超越既往的开放与互动。

第一节　万历前后繁荣的苏州及其隆盛的书业

苏州由于地理优越，气候适宜，素来民丰物阜。明代中叶以后，随着全国经济的发展，苏州的繁荣更胜前代。《（万历）长洲县志》谓："今苏郡称甲东南，而其赋多至三百有馀万，盖十倍于宋，五倍于元。"[①]丰足的农业生产为商品经济的发展提供稳健的基础，到了中晚明的隆庆、万历之间，苏州的工商百业已经呈现一片繁盛的景象，官方刻书此时已

---

① 见《（万历）长洲县志》卷二，台湾学生书局1987年版，第85页。

不占主导地位，私刻和坊刻则在苏州得到了更大的发展空间，因而整个书业日趋隆盛。

一、便利的交通与流动的工匠

苏州的繁荣，自有其先天的优势。苏州位处水陆交通的要冲，隆庆间郑若曾作《江南经略》，以"水港浩繁，睦路交错，不可胜纪"来形容苏州的地理特征，光是军事上"所当控扼"的"总要枢纽"即有十四处①，其水陆舟车的便利可见一斑。正是由于苏州的交通便利，四方财货一时汇聚，令苏州成为江南乃至全国的经济重镇，对于当时苏州的繁盛，郑若曾如此记载：

> 自阊门至枫桥将十里，南北二岸，居民栉比，而南岸尤盛，凡四方难得之货，靡所不有，过者烂然夺目，枫桥尤为商舶渊薮。上江诸郡及各省菽粟棉花，大贸易咸聚焉。南北往来，停桡解维，俱在于此……天下财货莫聚于苏州，苏州财货莫聚于阊门。②

阊门位于苏州城西北角（图5-1-1），城外七里就是著名的枫桥。枫桥的水网四通八达，往北可通运河，来往南北及上江各地，往东连接阊门，是苏州与四方接壤的门户，自古以来就是贸易的集散地。自枫桥向北二十里，便是浒墅关。③明万历间，沿着大运河，南起杭州，北至通州，共设立七个钞关，按船只大小，向路过商船课税，称为"船料"。当时浒墅关作为"南北运道之要冲"④，船料岁入三万九千九百馀两，仅次于山东的临清钞关，位居第二，而岁入第三的杭州钞关即使兼榷商税，亦仅得三万六千八百余两，足见苏州交通之繁旺。⑤

交通的顺畅为商品销售提供渠道，到了晚明的时候，苏州城内居民大都以手工业和商业为主要生计，而城外近郊的居民，除了农业生产之外，也大量从事简单的家庭手工业作为副业，甚至有各种专业的手工业者完

---

① 见郑若曾《江南经略》卷二，明嘉靖四十五年（1566）刻本。

② 见郑若曾《江南经略》卷二。

③ 见《（乾隆）长洲县志》卷十五《水利》："枫桥至浒墅关计二十里。"《中国地方志集成》江苏府县志辑第13册，江苏古籍出版社1991年版，第169页。

④ 见郑若曾《江南经略》卷二。

⑤ 见万历《大明会典》卷三十五中华书局1988年刊《明会典（万历重修本）》，第245页。当时岁入最高的临清钞关亦是兼榷商税，商税照所载货物价值课税。

图 5-1-1　今日苏州阊门

全脱离农业生产。《（崇祯）吴县志》的一段文字，就提供了晚明苏州的一幅剪影：

> 城中与长洲东西分治，西较东为喧闹，居民大半工技。金阊一带，比户贸易，负郭则牙侩辏集，胥盘之内，密迩府县治，多衙役厮养，而诗书之族，聚庐错处，近阊尤多。城中妇女习刺绣，滨湖近山小民最力啬，耕渔之外，男妇并工捆屦缉麻、织布织席、采石造器营生。梓人、鬻工、垩工、石工，终年佣外境，谋蚤办官课。[①]

其中提及的各种职业中，位于"终年佣外境"也就是整年在外打工挣钱者首位的，是"梓人"，也就是专门刻书的工匠。当时苏州书业发达，有名的刻工、书工（也就是写样者）辈出，他们除了在苏州刻书，也到外地刻书，而仍以"吴郡"自署，足可见苏刻在当时的声名。李国庆在《明代刻工书工自署"吴郡"小录》中，对现存例子做过统计[②]：

---

① 见《（崇祯）吴县志》卷十《风俗》，《天一阁藏明代方志选刊续编》第15册，上海书店1990年版，第892—893页。

② 此表只取万历时代刻工书工为例，详见李国庆《明代刻工书工自署"吴郡"小录》，载《文献》1994年第1期，第245、257页。

行当	工匠姓名	参与刊刻的书籍
刻工	顾　楦	万历元年刻《国雅》二十卷
	沈玄易	万历三年刻《国朝名世类苑》四十六卷
	王伯才	万历五年刻《文选锦字录》二十一卷
	夏　凤	万历十五年刻《绍兴府志》五十卷
	许世魁	万历二十二年刻《淮南鸿烈解》二十一卷
	张佩之	万历三十四年刻《秦汉印统》八卷
	章　镛	万历刻《两晋南北朝史合纂》四十卷
书工	施　云	万历元年刻《国雅》二十卷
	高　洪	万历三年刻《国朝名世类苑》四十六卷
	顾　樏	万历十年刻《管韩合刻》四十四卷
	徐　普	万历十二年刻《甔甀洞稿》五十四卷
	金纯甫	万历三十二年刻《檀弓辑注》二卷
	彭天恩	万历刻《申椒馆敝帚集》四卷

按明代的赋役制度，有所谓"匠户"。这些工匠之家居于全国各地，父子相传、"永世为业"，除了自己的本业之外，尚需替官府劳作，以充力役。明初规定，各行各业的工匠，凡在京者每月上工十日，在各地者以三年为班，轮番赴京服役三月，至洪武二十六年，又按役作繁简、工匠多寡，重新编定班次。当时全国在册班匠二十三万多人，其中与书籍刻印直接有关的，只有"刊字匠一百五十名""刷印匠五十八名"，都是两年一班。宣德以后，匠户制度日渐松弛，先是规定匠户有二三丁的，留一丁在册，有四五丁的留二丁，六丁以上留三丁，其馀男丁任其自理生计，后来单丁的匠户及残疾、老弱、无本者亦次第放回。到了天顺以后，更批准班匠出银免役。[1] 历年以来的工匠轮班制度，为各地的工匠提供了技术交流的机会，提升了明代全国的整体技术水平，而后来从官府次第释出的工匠，也带着技术投入民间，为民间手工业提供深厚的技术基础。到了万历九年，全国实施"一条鞭法"，将力役和丁税摊入田赋，从根本上改变了明朝的赋役制度，专业的手工业者得到更大的空间发展自己的事业，为各行各业提供了充足的技术人才，苏州刻书业就在此基础上得到蓬勃发展。

---

① 见万历《大明会典》卷一百八十九，第 950—951 页。

二、官刻与私刻坊刻之消长

明代苏州刻书，自来以官刻、私刻为主，到了万历、天启以后，书坊大量出现，反映了在晚明的经济环境底下刻书模式的改变，真正具有商业意义的"书业"也正式出现。万历、天启之间，苏州书坊有六十多家，因应各自的商业定位与顾客需求，刻印了各色各样的书籍，造就了晚明苏州书业的多元化局面。当时苏州城内的书业，有两个主要的中心，胡应麟《经籍会通》说："凡姑苏书肆，多在阊门内外及吴县前。书多精整，然率其地梓也。"①这两处，分别对应《吴县志》提及的"金阊"和"胥盘"。"金阊"是指苏州城西北的金门与阊门两个城门，由于靠近运河，自古已是商贸繁旺之地，到晚明更是士商聚居的热闹之处，而"胥盘"指的是城西南的胥门与盘门，明代的苏州府衙、吴县县衙，及书院、府县学都在此一带，也是士人云集之所，因此晚明苏州书业亦多集中于此两处。

晚明私刻和坊刻的隆盛，除了经济环境的影响和社会结构的转变之外，还有一个关键的直接因素，就是官刻书籍的减少。官方刻书是明朝的重要国策，据统计，现存之明代中央层级的官方刻书中，刻于明初洪武至永乐的五十六年间的，共有一百五十五种，平均每年刻书接近三种。其后的洪熙至正德期间，即使稍为减少，九十八年间亦有五十二种，平均约两年刻书一种。嘉靖、隆庆之间，官方刻书迎来一个小阳春，五十二年间共有中央层级刻书三十九种，平均每四年刻书三种，数量虽不及明初，但平均频率远超明代中叶。然而，进入万历以后，这个数字突然萎缩，万历在位四十八年间，仅刻书十一种，平均每四年不足一种，为有明一代最少，其后的泰昌、天启、崇祯三朝，中央层级的官刻书籍亦寥寥可数。②当然，这些数字只是根据现存古籍的统计，明代官刻的全部书籍当中，或许也有一部分因为各种原因而湮没佚失，但宏观来看，这些数字所反映的趋势，大致是可信的，而且这个刻书的趋势从整体来看，也与明代的国力消长呈相应比例。

据嘉靖十年（1531）的统计，当时在司礼监供职的工匠共有一万两千多人，其中与书籍刻印相关的，有"折配匠一百八十九名""刷印匠一百三十四名""刊字匠三百一十五名"等六百三十八人，间接相关的尚有"笺纸匠六十二名""黑墨匠七十七名""笔匠四十八名""画匠

---

① 胡应麟《经籍会通》卷四，第 49 页。
② 详见郭姿吟《明代书籍出版研究》附表三，成功大学硕士论文，2002 年，第 51—61 页。

七十六名"，[1] 可见当时刻书的行当分工极为细致，而官方为刻书所聘用的各色工匠亦为数不少，一旦官方减少刻书，对民间刻书业的刺激是相当可观的。

以上的数据虽然只是根据明代中央层面的统计所得，然而以管窥豹，也可以推想全国各地各层级的官方刻书，或有相似的趋势。落实到苏州官方刻书的具体数字来看，苏州自洪武至正德间，官刻书籍仅六种，而嘉靖一朝就有十三种，入隆庆、万历以来，整个苏州府的官刻书籍就只有隆庆五年长洲县署刻《长洲县志》及万历间常熟县学刻《常熟县儒学志》两种，至崇祯间始稍回升至三种，升降规律与中央层级的官刻数字变化完全相同。万历朝官方刻书的突然减少，令这些技艺精湛又数量庞大的熟练技术工人大量释出，转而投入当时蓬勃发展的民间刻书业，为晚明苏州私刻与坊刻的隆盛，提供优秀的技术基础。在经济发达、文教鼎盛、技术成熟的基础之上，晚明苏州书业显现一片绚丽灿烂的景象。

三、应试、娱乐与多元的晚明苏州书业

经济发展在物质上提升了传统经史文集的刊刻水平，另一方面，也扩大了读者基础，提升了生活水平，引起了江南士庶对新阅读题材的需求。江南素为文学渊薮，而晚明的经济发展，将教育变得更加普及，据张岱言，当时浙江文风鼎盛，"后生小子，无不读书，及至二十无成，然后习为手艺，故凡百工贱业，其《性理》《纲鉴》皆全部烂熟，偶问及一事，则人名、官爵、年号、地方枚举之，未尝少错"[2]。文人之言，固然难免有所夸大，但也足见当时知识传播之广泛，工商百业的从事者也有相当的文化水平，以此推之，同属江南而更加繁荣的苏州，应该有过之而无不及。这些从事各行各业，有着不同生活背景的人，在阅读方面，各自有其不同的需要，也会有不同的审美趣味，书坊因应这些需求，大大扩充了书籍内容的种类，其中比较值得注意的新兴题材，就是科举应试和通俗文学。

正如张岱所谓"后生小子，无不读书"，经济增长令更多人能够承担高昂的教育成本，新兴的士人阶层开始出现，他们脱离劳动生产，专门以读书为业，但又不像传统的文人士大夫世家，拥有深厚的家学渊源。他们亟需考取功名，以跻身仕途，完成社会跃升，由此带动了应试参考书的需求。明代中叶以来，已有书贾向善于作答的文人抄誊习作，转售

---

[1] 见万历《大明会典》卷一百八十九，第 952 页。

[2] 见张岱《夜航船》卷首《序》，天一阁藏清观术斋抄本。

沽利，颇有市场，后来更施于版刻，大量印售，取材亦大为扩充，有所谓"程墨""房稿""行卷""社稿"等名目，甚至加上评点指示窍门。顾炎武《日知录》引杨彝之说，考证这些参考书的刻印，始于万历二十年：

> 十八房之刻，自万历壬辰（二十年）《钩玄录》始。旁有批点，自王房仲选程墨始。至乙卯（四十三年）以后，而坊刻有四种：曰程墨，则三场主司及士子之文；曰房稿，则十八房进士之作；曰行卷，则举人之作；曰社稿，则诸生会课之作。至一科房稿之刻有数百部，皆出于苏杭，而中原北方之贾人市买以去。天下之人惟知此物可以取科名，享富贵，此之谓学问，此之谓士人，而他书一切不观。①

所谓"十八房"，是万历年间的科举制度，以总裁同考试官十八名分阅五经，故以"十八房"概称科场试。明代的苏州举人，每 2.2 人即有一名捷取进士，为比率最高之地②，因此苏州书坊刻售的应试参考书亦最受欢迎，除了风行江浙之外，亦销往全国各省。庞大而稳定的需求，令苏州书坊愈发投入于此类书籍的刻印。为了帮助士人学习制义写作，除了这些八股文的汇编之外，评点文章的书籍亦大量出现，天启年间陈龙山西西堂所刻《古文奇赏》《明文奇赏》，就是此中名作。

伴随经济发达而来的生活水平提升，也刺激了娱乐的需求。苏州素重文艺，如今闻名中外的昆曲，就是源于苏州，晚明苏州士大夫之家，亦颇有养班畜伎之风。董康《曲海总目提要》云："闻明中叶间，苏州上三班相传，曰'申《鲛绡》、范《祝发》'。"③申《鲛绡》，是指大学士申时行的家班，其《鲛绡记》负有盛名；范《祝发》，是指范允临的家班，以《祝发记》为看家的首本名曲。当时士大夫既养班畜伎，亦延聘文人撰写新曲，据焦循《剧说》记载：

> 明祁参政承㸁，集元、明传奇八百馀部……其中三家所撰最多……李元玉一笠庵二十九本：《一捧雪》《人兽关》《永团圆》《占

---

① 见顾炎武撰、黄汝成集释《日知录集释》卷十六，上海古籍出版社 1985 年版，第 1246—1247 页。
② 见麦杰安《明代苏常地区出版事业之研究》，台湾大学硕士论文，1996 年，第 18 页。
③ 董康《曲海总目提要》卷十三，人民文学出版社 1959 年版，第 628 页。

花魁》《五高凤》《双龙凤》《昊天塔》《两须眉》《三生果》《牛
头山》《武当山》《麒麟阁》《虎邱山》《长生像》《千里舟》《眉
山秀》《连城璧》《千忠会》《挂玉带》《意中缘》《凤云翘》《洛
阳桥》《太平钱》《万里圆》《风云会》《罗天醮》《麒麟种》《万
民安》《禅真会》。元玉系申相国家人，为申公子所抑，不得应科试，
因著传奇以抒其愤，而《一》《人》《永》《占》尤盛传于时。其《一
捧雪》极为奴婢吐气，而开首即云："裘马豪华，耻争呼贵家子。"
意固有在也。①

当时士大夫延聘文人度曲，非独申时行一家，根据邓之诚《骨董琐记》
的一段佚事，便可见苏州士大夫养客度曲之风：

> 万历间，吴县申时行、太仓王锡爵两家私怨相构，王作《玉蜻蜓》
> 以诋申，申作《红梨记》以报之，皆两家门客所为，相传至今。②

申氏所作的《红梨记》是南曲，而王氏所作的《玉蜻蜓》是后来同名评
弹的前奏，可见苏州娱乐种类的丰富。这类戏曲的戏文、曲本，亦多有
刊刻以广流传，万历二十八年吴郡书业堂刊刻的《临川四梦》，就是个
中代表作，此书收录汤显祖所撰《还魂记》（即《牡丹亭》）《紫钗记》
《邯郸记》《南柯记》，至今犹称名著。

与戏曲互为表里，而又更加大众化的娱乐读物——小说，亦大量出
现。小说当中，较早流行的是传统说书演变而来的讲史小说，万历间姑
苏金阊书林龚绍山便刊刻了《新镌陈眉公先生评点春秋列国志传》和《新
镌杨升庵批点隋唐两朝志传》，为了提升销量，这些耳熟能详的讲史小
说除了原来的正文以外，更加入当代著名文人的批点，以作招徕。后来，
这些通俗小说更加推陈出新，书坊开始刊刻时人新作的写实短篇小说合
集，其中最著名的，当数天启间吴县书林衍庆堂所刻《警世通言》《醒
世恒言》《喻世名言》（图 5-1-2），以及崇祯初年吴县书林尚友堂所刻《拍
案惊奇》与《二刻拍案惊奇》，这五种书合称"三言二拍"，至今仍广
为中国古典写实小说研究者所推崇。此类写实的小说，由于对当时社会

---

① 见焦循《剧说》卷四，商务印书馆刊《万有文库》本 1939 年版，第 64 页。
② 见邓之诚《骨董琐记》卷六"玉蜻蜓"条，收入《骨董琐记全编》，中华书局
　2008 年版，第 212—213 页。

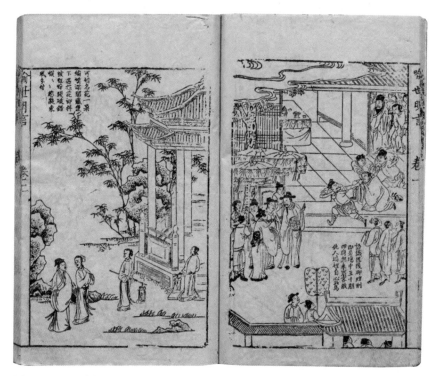

图 5-1-2　天启间吴县书林衍庆堂刻《喻世明言》卷首插图

的人情世故有深刻描写，颇能引起社会大众的共鸣，因而深受读者喜爱，而书坊亦争相求稿，《初刻拍案惊奇》的序言说道：

> 独龙子犹氏所辑《喻世》等诸言，颇存雅道，时著良规，一破今时陋习。而宋元旧种，亦被搜括殆尽。肆中人见其行世颇捷，意余当别有秘本，图出而衡之。不知一二遗者，皆其沟中之断芜，略不足陈已。因取古今来杂碎事可新听睹、佐谈谐者，演而畅之，得若干卷。①

自"三言"行世以来，此类写实的短篇小说广为读者购阅，因此书肆的经营者又向文人征求稿件，始有"二拍"之刊行，照此推断，其他坊刻小说的刻印，应该也是书坊与文人紧密合作的成果。由于读者多来自普通大众，这类坊刻戏曲小说，亦往往多加插图，一来炫人眼目，二来辅助表达，此即所谓"绣像小说"，也是晚明坊刻的一大特色。

---

① 见《初刻拍案惊奇》序，清消闲居刻本。

第二节　　晚明姑苏私刻坊刻的名家名作

晚明时代的苏州刻书，以私刻与坊刻为主。万历时期的苏州私刻虽然稍逊于嘉靖时期，但仍不无善本，精美尤为当世称道。至于苏州的书坊刻书，在万历时代兴起，进入天启、崇祯以后大盛，而且品类多元，其中戏曲、小说尤受后来的研究者重视。本节将胪举万历、天启间一些苏州刻书的名家名作，以见晚明苏刻的风神和面貌。

一、以精善著称的晚明苏州私刻

万历时期著名学者胡应麟在所著《经籍会通》中，曾如此比较苏州刻本和晚明时期其他地域刻本：

> 凡刻之地有三，吴也、越也、闽也……燕、粤、秦、楚今皆有刻，类自可观，而不若三方之盛。其精，吴为最；其多，闽为最；越皆次之。其直重，吴为最；其直轻，闽为最；越皆次之。①

晚明时，刻书以苏州（吴）、杭州（越）、福建（闽）为主要中心，北京（燕）、广东（粤）、陕西（秦）、湖北（楚）虽有刻书，但终不如三地书业之盛。苏州、杭州、福建的刻书各有特色，这当中杭州刻本的质和量最为平均，福建刻本数量最多而价格低廉，而苏州刻本精善、贵重，胜在质而不在量。苏刻的这个"精"的特色，与苏州的人文环境有极大关系。

苏州向来重视文教，明代中叶以来的经济发展，便提供了稳定的物质基础，让苏州文人肆力于文化事业。诚如黄宗羲所言："藏书非好之与有力者不能。"明代中叶以后，由于经济日益发达，富有心力的爱书之家日多，较早兴起的，如成化间之吴宽、弘治正德间之文徵明，当时都是闻名海内的大家。进入万历以后，苏州藏书大为蓬勃，钱毂"悬磬室"、许自昌"梅花墅"、赵琦美"脉望馆"、徐封"东雅堂"、陈仁锡"阅帆堂"等，都是当时有名的藏书之家。他们除了藏书之外，也会刻书，这些藏书大家一般崇尚雅趣，对图书的写刻纸墨都有一定要求，往往多有佳作。

当时风尚竞慕复古，藏书之家或者翻刻旧本，或者搜罗遗文，校订

---

① 胡应麟《经籍会通》卷四，第 50 页。

刊行，经、史、子、集四部的各种典籍，多为私家所刻。史部如张鼎思刻《史通》、陈仁锡刻《资治通鉴》，子部如许自昌刻《太平广记》、王懋明如禅室刻《老子道德经》《庄子南华经》，集部如许自昌刻《李杜全集》、杨鹤在苏州所刻之《陶靖节先生集》，都是传世的重要典籍，亦有如吴郡傅氏日殖斋刻《春秋左传注解辨误》、陈禹谟刻《周易说旨》之类发明经义的书籍。除此之外，私家刻书也关注当代名家的文集，其中也有自刻本和家刻本，如申时行自刻之《纶扉奏草》、王世贞自刻之世经堂本《弇州山人四部稿》（图5-2-1）、文肇祉所刻之《文氏家藏集》、王时敏为祖父王锡爵所刻之《王文肃公全集》等，都是写刻精美的书籍。

1. 太仓王世贞家族

王世贞（1526—1590），字元美，号凤洲，又号弇州山人，苏州太仓人，大同总督王忬之子，为"后七子"之一。嘉靖二十六年（1547）进士，初授刑部主事，累官南京大理寺卿，万历四年（1576）为科道所劾，回籍听候，万历十五年（1587）始获起补，官至南京刑部尚书，十八年（1590）告休回里，冬月卒，赠太子少保，著有《弇州山人四部稿》及《续稿》。（图5-2-3）

世经堂是王世贞的堂号，《四部稿》与《续稿》皆为王氏所刻，号为吴郡王氏世经堂本。《弇州山人四部稿》刻于万历五年（1577），共一百八十卷，每半叶十行，行二十字，白口，单鱼尾，左右双边，字体为手写的楷书体。《续稿》二百零七卷，亦万历间所刊，每半叶十行，行二十字，白口，单鱼尾，左右双边，字体为正方略扁之宋体字。《续稿》卷首有刘凤序，说明此书缘由，乃王世贞去世之后，由其子王士骐所刊。士骐字冏伯，嘉靖三十六年（1557）生，万历十年（1582）举应天乡试第一，十七年（1589）登进士，官至吏部员外郎，后因"妖书案"下狱，削籍归里。

王世贞弟世懋（1536—1588），字敬美，号麟州，亦善诗文，才气稍亚其兄，时人称"少美"。嘉靖三十八年（1559）进士，初授南京礼部主事，累官至南京太常寺少卿，万历十六年（1588）病卒。（图5-2-3）世懋室号妙香室，亦有刻书，今所见万历八年（1580）妙香室刻本《卓氏藻林》，即世懋所刊。《卓氏藻林》为隆庆、万历间杭州人卓明卿所编之类书，例言自谓"所选惟取音响明亮、词华绮丽，可入诗赋者"，乃专为初学诗赋者统汇词藻之书。其书每半叶十行，每行大字二十字，小字双行同，白口，单鱼尾，四周单边，大字为已受宋体字影响的方整楷书体，墨色浓丽，与笔画细硬、整体淡雅的双行小字相配，颇为精美。（图5-2-2）

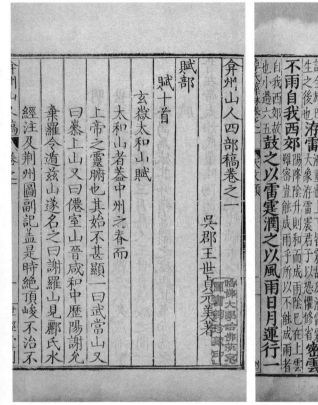

图 5-2-1　明万历五年吴郡王氏世经堂刊本　　图 5-2-2　明万历八年妙香室刊本《卓氏
《弇州山人四部稿》　　　　　　　　　　　　藻林》

图 5-2-3、图 5-2-4　《吴郡名贤图赞》所收王世贞、王世懋昆仲像

2. 长洲申氏

长洲申氏发迹始自申时行（1535—1614），时行字汝默，嘉靖四十一年（1562）进士第一，初授翰林修撰，累官吏部尚书。万历六年（1578）入内阁，十一年（1583）继张四维为首辅，万历十九年（1591），因为立储问题为言官所劾（史称"国本之争"），辞官归里，闲居二十三年，著有《赐闲堂集》及《纶扉奏草》等。

万历末年，申时行摭集历任各职所拟奏章，自刻《纶扉奏草》。此本每半叶九行，行十八字，白口，单鱼尾，左右双边，字体为端正秀丽之手写体，但与嘉隆以前的更趋自由的软体字颇有不同，而有宋体端正之风的印痕。（图5-2-5）

申时行卒于万历四十二年（1614），尔后，其子申用懋与申用嘉为申时行刊刻全集，是为家刻本《赐闲堂集》。用懋字敬中，万历十一年进士，初授刑部主事，后累官兵部尚书，刊刻家集时为太仆寺少卿。用

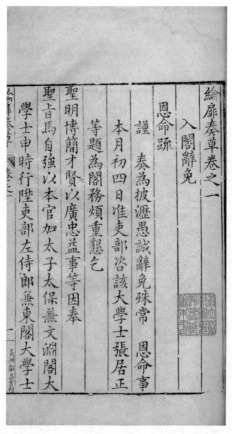

图5-2-5　明万历间长洲申氏自刻本《纶扉奏草》　苏州图书馆藏

嘉字美中，万历十年（1582）举人。长洲申氏家刻本《赐闲堂集》每半叶九行，行十八字，白口，单鱼尾，左右双边，字体是比正方稍长的宋体字，为万历后期流行的样式。

3. 太仓王锡爵家族

中晚明以来，苏州太仓有两个王氏家族都甚有名望，分别为王锡爵家族与王世贞家族。王锡爵（1534—1610），字符驭，嘉靖四十一年（1562）进士第二，初授翰林编修，累官至吏部尚书。万历十二年（1584）入阁，二十一年（1593）为首辅，故与申时行互称同官同年友。万历二十二年（1594）因"三王并封"事辞退，三十五年（1607）再起为阁臣，万历三十八年（1610）病卒于官，赠太保，谥文肃。万历四十三年（1615），孙王时敏为刊《王文肃公全集》。

按王时敏（1592-1680）字逊之，幼工诗文，兼善书画，因祖父高官，未经科考，于万历间荫为尚宝司丞，升太常寺少卿，后辞归故里，潜心创作，隐逸山林。入清以后，以画著称，为清初四王之首。

王时敏为乃祖编刊的《王文肃公全集》共五十五卷，其中《奏草》二十三卷、《文草》十四卷、《牍草》十八卷。《奏草》每半叶九行，行十八字，白口，单鱼尾，四周单边，字体为晚明常见之软体字。内容始万历十三年（1585），终三十八年（1610），按年收录王锡爵的奏议，各篇之提行等一依上表之格式，最大程度保留了奏章的原貌。《文草》《牍草》俱每半叶九行，行十八字，白口，单鱼尾，四周单边，字体为比正方略长之宋体字。（图 5-2-6）

《王文肃公全集》刊行两年后的万历四十五年（1617），王时敏又为父亲王衡刊刻了《缑山先生集》。王衡（1561—1609），字辰玉，号缑山，生性好学，少有文名，万历十六年（1588）举顺天乡试第一，二十九年（1601）进士第二，时人称父子榜眼。王衡先于父卒，故刊行家集之事，并由独子时敏负责。《缑山先生集》二十七卷，版式行款与《王文肃公全集》略同，亦每半叶九行，行十八字，白口，单鱼尾，四周单边，字体亦为正方偏长之宋体字。（图 5-2-7）

值得一提的是，晚明著名人物画家曾鲸，曾为王时敏绘小像，题"逊之尚宝二十五岁小像"，落款万历丙辰。（图 5-2-8）逊之是王时敏的字，尚宝是以他当时的官职尚宝司丞相称，万历丙辰即万历四十四年（1616），而《王文肃公全集》和《缑山先生集》分别编刊于此前和此后一年。画里手执拂尘的年轻人坐姿静雅、风神疏朗，与传世的他为家族所刻两部书

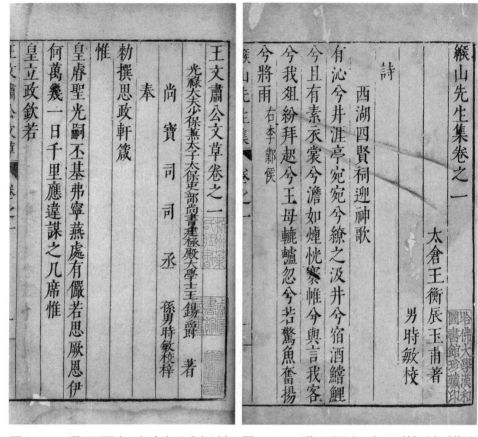

图5-2-6 明万历四十三年太仓王氏家刻本《王文肃公文草》

图5-2-7 明万历四十五年王时敏刻本《缑山先生集》

规整中略显疏朗的版式对读,正可见晚明苏州名门私刻背后的时代风尚。

4. 长洲文氏

长洲文氏以文徵明才名最高,自其祖父文洪开始,至其曾孙文震亨、震孟辈,七世藏书,名重吴门。文徵明(1470—1559),名璧,以字行,与唐寅、沈周、仇英合称"吴门四家",并为明代吴门画派之领袖人物。徵明长子文彭(1498—1573),字寿承,号三桥,人称文国博,工书,精篆刻。次子文嘉(1501—1583),字休承,工画,善山水,兼能花卉,尤善鉴别古画。文彭有子肇祉(1519—1587),字圣基,号雁峰,辑有《文氏家藏集》。又一子元发(1529—1605),亦善书画诗文。元发有二子,长震孟,季震亨。震孟(1574—1636)字文起,号湛持,天启二年进士第一,官至礼部侍郎兼东阁大学士,刻有《南华真经评注》十卷(图5-2-9)。震亨(1585—1645)字启美,崇祯间曾为中书舍人,后辞官隐退,专务藏书,善筑园林,又工书画诗文,著有《长物志》十二卷,论

图 5-2-8 曾鲸绘王时敏二十五岁小像（王氏为祖、父刻书即其时）

述晚明苏州流行之文人清玩，为传世之作。

文肇祉所辑《文氏家藏集》十八卷，包括《文涞水诗》一卷、《文涞水遗文》一卷（并文洪著）、《文温州诗》一卷（文林著，文徵明父）、《文中丞诗》一卷（文森著，徵明叔）、《文太史诗》四卷（文徵明著）、《明文博士诗集》二卷（文彭著）、《文和州诗》一卷（文嘉著）、《文录事诗集》五卷（文肇祉著）、《兰雪斋诗选》二卷（文元发著），由文氏刻于万历十六年（1588）。其书每半叶十二行，每行二十字，白口，单鱼尾，左右双边，为研究长洲文氏家族之重要一手史料。

文震孟主持的《南华真经评注》十卷，刊刻于天启四年（1624）。此本每半叶九行，每行十八大字，小字双行同，白口，单鱼尾，四周单边，三节版，上栏、下栏为各家批语，中栏为正文，并有圈点、句读、批注及行间夹批。此本卷端题"晋郭象子玄辑注""明归有光熙甫批阅、文震孟文起订正"，书口下方有"竺坞藏书"四字，竺坞为文震孟读书处，

图 5-2-9 《吴郡名贤图赞》里的文震孟像

图 5-2-10 明天启四年文氏刻本《南华真经评注》 苏州图书馆藏

可知此本以震孟所藏为底本付梓。（图 5-2-10）

5. 长洲许自昌

许自昌（1578—1623），字玄佑，号霖寰，幼好读书，屡试不中，其父以经商致富，遂为自昌捐资选授中书舍人，未几辞官回乡，筑梅花墅，聚书其中，日夕与董其昌、祁承㸁、陈继儒、钟惺等名士交游，又将所得佳本刊刻行世，主要作品有《李杜全集》《合刻陆鲁望皮袭美二先生集》《前唐十二家诗》《太平广记》及《樗斋漫录》。[1]

《李杜全集》四十七卷，包括《集千家注杜工部诗集》二十卷《文集》二卷及《分类补注李太白诗》二十五卷，为许自昌万历三十年（1602）所刻。二种行款皆每半叶九行，每行二十字，小字双行同，白口，单鱼尾，

---

[1] 许自昌事，见董其昌《容台文集》卷八《中书舍人许玄佑墓志铭》，明崇祯三年董庭刻本。

左右双边。字体皆为正方略偏长之宋体字，版面紧凑而不挤迫，是万历间常见的样式。（图5-2-11）

《合刻陆鲁望皮袭美二先生集》三十八卷，包括《唐甫里先生集》二十卷、《唐皮日休文薮》十卷及《唐皮从事倡酬诗》八卷，分别为万历三十一年（1603）、万历三十六年（1608）及万历四十五年（1617）所刻。三种行款皆每半叶九行，每行二十字，小字双行同，白口，单鱼尾，左右双边，字体与《李杜全集》一样，都是正方偏长之宋体字。

《前唐十二家诗》二十四卷，刻于万历三十一年（1603），为许自昌所编之总集，与《李杜全集》及《合刻陆鲁望皮袭美二先生集》性质不同。十二家为王勃、杨炯、卢照邻、骆宾王、陈子昂、杜审言、沈佺期、宋之问、孟浩然、王维、高适、岑参，都是初唐与盛唐早期之名家，各家分为卷上卷下，故合为二十四卷。此本每半叶九行，每行十九字，小字双行同，白口，单鱼尾，四周单边，字体仍为正方偏长之宋体字。

图5-2-11　明万历三十年长洲许自昌刻本《集千家注杜工部诗集》

《太平广记》五百卷，宋李昉等编。此本刊于万历间，每半叶十二行，行二十四字，白口，单鱼尾，左右双边，字体亦为正方偏长的宋体字，版面略较前述三种古籍紧凑，但依然清爽，不致拥挤。

《樗斋漫录》十二卷，许自昌撰，为当时见闻之笔记，对了解晚明江南艺林风尚颇有帮助。此本刊于万历间，每半叶九行，每行二十字，白口，单鱼尾，四周单边，字体与许自昌所刻诸书风格一致，亦为正方偏长之宋体字，笔画稳重略粗，故知此书当为许自昌自刻。

这些刻书的私家当中，申时行和王锡爵曾经先后出任内阁首辅，王世贞出自三代公卿的世家大族，文肇祉是文徵明之孙，长洲文氏自文徵明的祖父文洪开始，累世藏书，至文肇祉已是第六世，其侄文震亨著有《长物志》，专门介绍各种文人风雅之物，即使是功名最低的许自昌，其父也以经商而成巨富，家境宽裕，多与文人雅士交游，此等藏书家对古今善本经眼之多、涵泳之深、见闻之博，于版本的评鉴自有独到的心得，始成就了晚明苏州私刻得以称冠当时之精善。

二、在通俗读物中大显身手的晚明苏州坊刻

相比于晚明时期苏州私家刻书的精善，同时期的苏州坊刻可以热闹二字来形容。至今尚有书籍实物遗存的主要书坊，有书业堂、龚绍山、存诚堂、清绘斋、酉西堂、衍庆堂、尚友堂等多家。

1. 书业堂

书业堂是苏州一家延续时间较长的书坊，据现存实物所见，晚至清代乾隆年间，书业堂尚有刊刻新书。书业堂刊书，最早在明朝万历年间，此段时期的重要作品有《临川四梦》和《东西汉全传》。

如上节所述，书业堂《临川四梦》共分四种，即《还魂记》《紫钗记》《邯郸记》《南柯记》，以剧情都与梦有关，又是当时著名的作家汤显祖所作，因此冠以汤氏地望或堂号而合称"临川四梦"或"玉茗堂四梦"。每种分卷上、卷下。在每种传奇之前都有一个内封，分作三行，左右分别是"新编绣像"和"吴郡书业堂梓行"，中间一行则大字书写传奇题目。正文一律每半叶九行，每行十九字，科白用小字，每折标题用双行小字，字数同大字，字体为正方稍长的宋体字，为万历间常见的风格。白口，单鱼尾，左右双边，另有上栏注明难字读音或演出时的指示说明。每种传奇的内封与正文之间，有叙与目录，并有插图。插图每幅半叶，绘画一折的故事，其中《还魂记》有图35幅、《紫钗记》30幅（缺第一至四、

图 5-2-12　明万历间吴郡书业堂本《邯郸记》之内封、插图、卷端

二十一、二十二折）、《邯郸记》24 幅（缺第五、六、二十一、二十二折）、《南柯记》35 幅。这些插图的线条细腻，有徽派风格，人物置身山水楼阁之中，构图配合得宜，趣味雅致，有苏州插画的特色。（图 5-2-12）

《东西汉全传》即《新刻剑啸阁批评两汉演义传》，包括《西汉演义传》八卷和《东汉演义传》十卷。书业堂的《东西汉全传》，正文每半叶十行，每行二十二字，字体为正方的宋体字，笔画也是万历间常见的风格。白口，单鱼尾，四周单边。内封分作三行，题"钟伯敬先生评""东西汉全传""金阊书业堂梓"，天头横书"新镌绘像"。卷首有袁宏道序和插图，插图每半叶一幅，西汉 19 幅、东汉 11 幅，每幅一人，为两汉君臣肖像，图中并有名号和述赞。

2. 龚绍山

龚绍山万历间在金阊一带经营书坊，所刊书籍只有"姑苏龚绍山梓行"的题记，未见书坊堂号。龚绍山以刊刻小说为主，主要作品有《新镌陈眉公先生批评春秋列国志传》和《镌杨升庵批评隋唐两朝志传》。

龚绍山所刻《新镌陈眉公先生批评春秋列国志传》有前后两本。初刻本每半叶十行，每行二十字，白口，单鱼尾，四周单边，天头有眉批，卷首有陈继儒序及插图 60 幅，每幅半叶，人物比例较大，构图古朴，画面简单。（图 5-2-13）重刻本刊于万历四十三年（1615），文本与初刻本相同，版式每半叶十一行，每行二十字，白口，单鱼尾，四周单边，天头有眉批，除陈继儒序之外，尚有朱篁序。十一行本卷首仅有插图 10

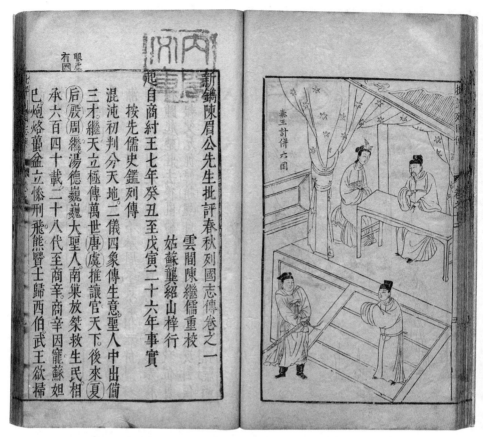

图 5-2-13　明万历间龚绍山刻十行本《新镌陈眉公先生批评春秋列国志传》

幅，亦是每幅半叶，但所绘与初刻本完全不同，首幅署为"刘君裕刊"，人物比例较大，构图古朴，而线条更加复杂细腻。

《镌杨升庵批评隋唐两朝志传》为万历四十七年（1619）所刊，每半叶九行，每行二十字，白口，单鱼尾，四周单边。全书十二卷一百二十二回，讲述隋唐代兴之故事，余绪及于僖宗一朝，题"东原贯中罗本编辑""西蜀升庵杨慎批评"，并有杨慎与林瀚序。此书是否确为罗贯中与杨慎手笔，学界仍有讨论，然而可以肯定的是，当时苏州书林，颇多托于罗贯中著及陈继儒、钟伯敬、李卓吾评点者，盖亦当时有名之文人，书坊每多伪托，以作招徕。①

3. 存诚堂

存诚堂是万历、天启、崇祯间陈长卿所开书坊，与其他苏州书坊专门刊刻某类图书的经营方式不同，存诚堂刻书的类型广泛，包括文章选

① 参孙楷第《中国通俗小说书目》，人民文学出版社 1982 年版，第 48 页；欧阳健《历史小说史》，浙江古籍出版社 2003 年版，第 102—122 页。

本、通俗小说和实用知识的书籍，主要作品有《新镌历朝捷录大全》《古今医统大全》及《新刻魏仲雪先生批点西厢记》。

《新镌历朝捷录大全》封面题作《顾回澜先生历朝捷录大全》。顾充，字回澜，是隆庆、万历间有名的学者，尤精史学，《捷录大全》为顾充所作，删订历代之古史、传说、见闻，上起盘古，下及万历，编为扼要的史纲。此书每半叶八行，每行十八字，小字双行同，白口，无鱼尾，四周单边，字体为方正的宋体字，正文有圈点、句读，天头有眉批。卷首有凡例十六条，其中第五条谓"录中有字法、句法、章法可资举业者，则标出以便熟读"，可见当时选刻此书，除了作为提供读者认识通史的普及读本之外，也是作为科举考生学习作文的参考读本，足见当时书坊经营的目标对象与市场策略。

《古今医统大全》是明代徐春甫所编医书，成于嘉靖年间，采摭当时所见历代医书及经史百家所见医药资料，实为当时医学知识之总汇。《古今医统大全》共一百卷，每半叶十行，行二十六字，小字双行同，白口，单鱼尾，四周单边。此书的版式和字体与常见的坊刻本不同，版面紧凑而不挤迫，字体为楷书体，整体观感略有宋元小字本的味道，颇见苏州刻书之精善。

《新刻魏仲雪先生批点西厢记》是两节版，下栏刻正文，上栏刻批语。下栏每半叶十行，每行大字二十七字，科白用双行小字，字数同大字，白口，无鱼尾，四周单边。此本的字体亦是手写体，但较为粗糙，笔触轻快，有书坊速写的味道，未如《古今医统大全》之稳重、精致。（图5-2-14）《西厢记》是元代剧作家王实甫的作品，魏仲雪，名浣初，为万历崇祯间之苏州常熟人，当时文人颇多以评书为事，足见苏州文风之盛，也反映了苏州书坊兴旺的关键，正在于邻近优厚的文化环境所提供的高质量文本。

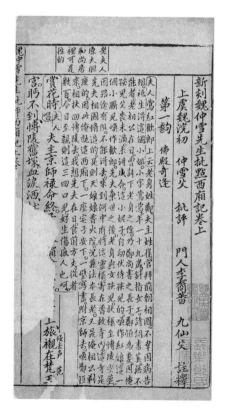

图5-2-14　明崇祯间存诚堂本《新刻魏仲雪先生批点西厢记》

4. 酉酉堂

酉酉堂为天启间陈龙山所经营之书坊,主要作品有《古文奇赏》与《明文奇赏》。《古文奇赏》与《明文奇赏》乃长洲陈仁锡选评的文章选本系列,总共包括《古文奇赏》二十二卷、《续古文奇赏》三十四卷、《奇赏斋广文苑英华》(又称"三续古文奇赏")二十六卷、《四续古文奇赏》五十三卷及《明文奇赏》四十卷。

《古文奇赏》《续古文奇赏》《奇赏斋广文苑英华》与《四续古文奇赏》的版式行款一致,皆为每半叶十行,每行二十大字,小字双行同,白口单鱼尾,四周单边,行间有圈点,天头刻评语。《古文奇赏》选屈原至南宋文天祥、王炎午等名家名作,以时代为次;《续古文奇赏》为天启元年刊刻,遍选经子传记及《文苑英华》之佳篇,以书为次;《奇赏斋广文苑英华》为天启四年刊刻,仿《文苑英华》之例,以文章体裁为纲,选汉代至宋代的名家名作。

《明文奇赏》刻于天启三年(1623),每半叶十行,每行二十一大字,小字双行同,白口,单鱼尾,四周单边,行间有圈点,天头刻评语。所选上起明初,下至天启,自宋濂至王衡,以人之时代为次,并各具评语,

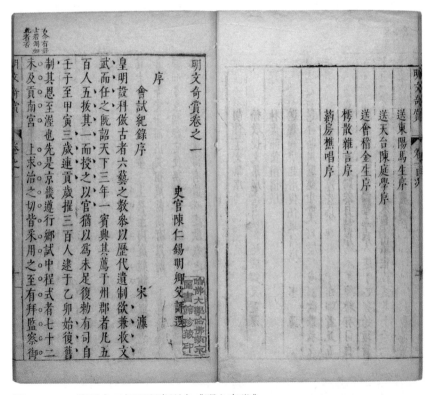

图 5-2-15　明天启三年酉酉堂刊本《明文奇赏》

说明文意与章法。（图 5-2-15 ）

5. 衍庆堂

衍庆堂以刊刻冯梦龙的"三言"著名。"三言"是冯梦龙编撰的《喻世明言》《警世通言》《醒世恒言》三部小说集的合称，原为苏州天许斋所刊，这些短篇故事有不同的时代背景，但内容大多影射中晚明的社会现象，因此大受欢迎，书坊争相翻刻，当时除了苏州的衍庆堂之外，尚有金陵兼善堂本和三桂堂王振华刻本。

《喻世明言》原称《古今小说》，由于后来刊刻的续篇称为《警世通言》与《醒世恒言》，乃于重刊时改名《喻世明言》。衍庆堂本的《喻世明言》据天许斋原刊的《古今小说》重刊，因此封面署为《重刻增补古今小说》，正文每半叶十行，每行二十字，并有插图二十四幅，对应全书的二十四卷二十四篇。原本的《古今小说》共有四十篇，可惜天许斋原版遭火焚毁，零落不全，因此衍庆堂本的《喻世明言》只有二十四篇，当中还有一些篇章是从《警世通言》或《醒世恒言》中挪用的，只有二十一篇来自原本的《古今小说》。[①]

《警世通言》，正文每半叶十行，每行二十字，有插图四十幅，对应全书四十篇，图中有"素明刊"字样，是刻工刘素明的署名。刘素明为万历晚年至启祯间活跃于苏州的刻工，由于曾在苏杭南京等处从业，所以插画的风格糅合了江南各派的特色，画风简练，画面开阔，层次分明，以大量留白制造出疏密与虚实的相间，归结于苏式的雅趣。值得一提的是，天许斋原刊的《古今小说》，有插图四十幅，亦是出自刘素明手笔。[②]

《醒世恒言》，正文每半叶十二行，每行二十二字，无插图。（图5-2-16 ）衍庆堂本的《醒世恒言》有两个版本，其一为四十卷四十篇的足本，另一本删去了原卷二十三的《金海陵纵欲亡身》，而将原卷二十《张廷秀逃生救父》析为卷二十及卷二十一，并将原卷二十一《张淑儿巧智脱杨生》挪作卷二十三，实得三十九篇，为今日通行的版本。除了通行的衍庆堂本以外，《醒世恒言》另有叶敬池刊本和叶敬溪刊本，都是晚明苏州坊刻，且有苏州著名刻工郭卓然所刻之插图，此两本行款、插图完全相同，两家又份属同宗，疑为同一套书版先后在两家书坊刷印图利。

---

① 以上俱见孙楷第《中国通俗小说书目》，第 105 页。

② 见孙楷第《中国通俗小说书目》第 105 页。又日本法政大学图书馆藏天许斋本《古今小说》，卷首插图第三十七叶《梁武帝累修成佛道》中，有"素明刊"三字，知图为刘素明所刻。

图 5-2-16　晚明姑苏衍庆堂刻《喻世明言》

6. 尚友堂

尚友堂为安少云所开的书坊，以刊刻"二拍"著名。"二拍"是《拍案惊奇》（后称"初刻拍案惊奇"）和《二刻拍案惊奇》之合称，是凌濛初自著的小说集，初刻成于天启七年，入崇祯元年始行刊刻，由于故事写实亲切，讥评世风之伪善，因此大受欢迎，未几又于崇祯五年刊行续作，是为"二刻"。

《拍案惊奇》每半叶十行，行二十字，白口，单鱼尾，四周单边，行间有圈点、夹批，天头有眉批，卷首有插图八十幅，每卷两幅，每幅半叶。《拍案惊奇》内封分作三行，右书"即空观评阅出像小说"，中间一行稍为靠右，宋体大字"拍案惊奇"，左边一行有长篇刊语云："即空观主人胸中磊块，故须斗酒之浇，腹底芳腴，时露一脔之味，见举世盛行小说，遂寸管独发新裁，庶拾奇邪，演敷快畅，原欲作规箴之善物，矢不为风雅之罪人，本坊购求，不啻拱璧，览者赏鉴，何异藏珠。金阊安少云梓行。"据此可知，尚友堂之主人名安少云，《拍案惊奇》之书稿，是尚友堂向作者购来刊刻，是书为即空观主人"独发新裁"自作，亦为即空观评阅，亦即批者与作者同为凌濛初。

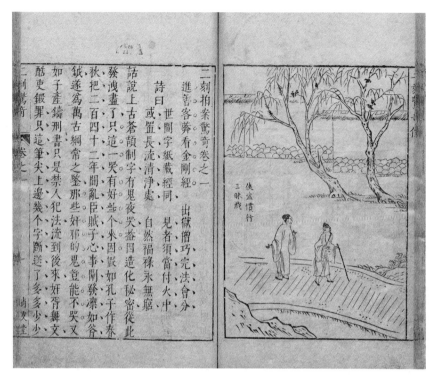

图 5-2-17　明崇祯间尚友堂刻《二刻拍案惊奇》

《二刻拍案惊奇》亦每半叶十行，行二十字，白口，单鱼尾，四周单边，行间有圈点、夹批，天头有眉批，版式行款俱同《初刻》。（图 5-2-17）《二刻拍案惊奇》有插图七十八幅，每卷两幅，每幅半叶，署有绘工"刘蚉"及刻工"刘君裕"。刘蚉其人未详，而刘君裕为晚明苏州之版画名手，刀法雄健工整，自成一家。《二刻》之插图，线条细腻，善以粗细不同的线条渲染深浅效果，人物生动，有生活气息，而背景之山水楼阁仍不失典雅，是晚明苏州坊刻插画的典型作品。此本长久流落海外，国内只有残卷，二十世纪八十年代初，章培恒先生往日本讲学期间，拍摄胶片回国影印出版，始得见其原貌。

第三节　与杭州、南京、徽州互动的晚明苏刻

胡应麟的《经籍会通》论及当时各地刻书的高下，说："余所见当今刻本，苏、常为上，金陵次之，杭又次之。近湖刻、歙刻骤精，遂与苏、常争价。"[1] 在胡氏看来，苏州刻书冠绝当代，即使是南京、杭州等传统

---

[1] 胡应麟《经籍会通》卷四，第51页。

刻书中心的刻本，亦在苏刻之下。其实，苏州位处江南交通之要冲，晚明苏刻的发达和精美，正是由于苏州的刻书业者善于吸纳来自南京、杭州、徽州，乃至江西、福建等传统刻书中心的经营模式、商业嗅觉、创新技术和优质资源，使苏刻成为江南刻书的集大成者。

一、金陵书林与吴门书坊

在苏州书坊大盛之前，坊刻以南京的"三山街书林"擅名。[①]南京本身是六朝古都，文化积累深厚，加上明初定都南京，宋元官版尽入南京国子监，种种优势都有利于南京刻书业的发展。据统计，南京的坊刻，最早见于洪武年间，嘉靖以前亦偶有出版，进入嘉靖时期渐趋隆盛，在万历间达到高峰，之后突然回落。当时，苏州坊刻在数量上仍居南京之后，要到泰昌、天启以后，才超越南京。[②]从南京与苏州两地书林交替兴起的现象推断，苏州书林的兴盛，一方面固然是两地经济发展与商业竞争的结果，另一方面也可能因为苏州书林善于以较早兴起的南京书林为借镜对象。

晚明苏州书坊的经营模式，与南京书坊颇有相同之处。首先是书坊的选址方面，南京书坊集中在三山街一带，三山街靠近南京城的三山门，为内外秦淮交会之处，又邻近贡院、夫子庙，是商贾、行旅、士人、贵戚聚集之处，附近的上下浮桥又是外省入城的重要水道，因此三山街很早就发展成热闹的商业区。明人所作的《南京都察院志》就如此形容三山街之兴盛：

> 凡勋戚、乡绅、士夫、青衿，及名流墨士胥居其中，盖文物渊薮，且良工巨商百货丛集。如三山街一带，最冲要地也，俗竞华，人嗜谤，群不逞之徒，亦每藏纳焉。[③]

这种繁华的景象，恰似晚明人对苏州阊门一带之描述。书籍作为文化产品，属于暇闲消费的一种，选址在人来人往的闹市当中，对销售较为有利，促成了书业的发达，这是苏州书林与南京书林的相似之处，也

---

① 胡应麟《经籍会通》卷四："吴会、金陵擅名文献，刻本至多。"又云："凡金陵书肆，多在三山街及太学前。"第 49 页。

② 见郭姿吟《明代书籍出版研究》附表 4-1，第 87—90 页。

③ 施沛《南京都察院志》卷二十一，明天启刻本。

是基于行业性质的自然发展趋势。

其次是家族式经营。当时南京书坊林立，但主要由唐氏、周氏两家占据市场。当时，唐氏各书坊主要刊刻戏曲小说，而周氏各坊则以制义书为主。这些家族式的书坊延绵数代，父子、兄弟、叔伯之间，

图 5-3-1　金阊叶敬池刻《醒世恒言》

有时互相竞争，有时互相合作，在经营艰难的时候互相合并，待条件许可时又再自立门户，分分合合，自隆庆至明末维持了七八十年，有些甚至持续到清代，充分显示了家族式经营在当时的优势。① 而在苏州，家族式的书坊则以叶氏最为昌盛。苏州在嘉靖晚年已有叶姓书商刊刻书籍，入万历天启以后，随着苏州书业的勃发，叶姓书商亦大量出现，当时苏州六十多家书坊当中，有十一家姓叶，从名字来看，其中"叶瑶池""叶昆池"与"叶敬池""叶敬溪"等，很有可能是同一排行的同族兄弟。② 叶氏刻书以通俗小说为大宗，其中叶敬池和叶敬溪都刻有《醒世恒言》（图5-3-1），据考，两本的行款、插图、序跋完全相同，只是封面稍异③，极有可能是两个书坊共享一套书版。除小说以外，尚有叶清庵、叶龙溪、叶华生三家，专门刊刻医书。由此可见，叶氏开设的各家书坊，一方面针对不同市场，妥为分工；另一方面，在可行的范围内又互相提供资源，大大发挥了家族经营的优势，因而得以执苏州坊刻之牛耳，这点也与南京的唐氏、周氏的经营模式十分相似。

二、科举读物与古今画谱里的苏杭互动

苏州与杭州同为江南大城，地理相邻，民风相近，人多以苏杭并举。或许是人文风气相近，苏杭两地之书业，亦互有影响。与金陵书林不同，

---

① 见戴欣慰《万历南京外地书商周履靖与〈夷门广牍〉的出版历程》，台湾清华大学历史研究所硕士论文，2015年，第100—104页。

② 见郭姿吟《明代书籍出版研究》，第76页。

③ 见孙楷第《中国通俗小说书目》，第107页。

杭州书肆对苏州书坊的影响，主要是在于商业触觉，而不是商业模式。胡应麟在比较苏杭刻书之时，往往以苏州为上，而杭州次之。这种结论，或许是因为杭州书业在宋元时代极为鼎盛，令明代的杭州书业在比较之下稍为失色，因而产生的偏见。其实，中晚明之杭州书业，虽然在巅峰上稍逊苏州，而其发端之处，往往为苏州书业之前导，晚明苏州书坊的商业创意，每多取法于杭州书肆的商业嗅觉。

本章第一节曾经提及，万历以后，苏州的科举应试参考书大盛。然而考其故实，晚明苏州之应试参考书的成就，不得不溯源于明代中叶之杭州括帖书。所谓"括帖"，是指科举考生在考试之前，预估考试内容，对其重点记诵，以为干禄之快捷方式。科举之有八股文，始于明初，至明代中叶的天顺前后，已行之百年，渐见规模，形式亦日益固定，因此当时考生，便有预先背熟行文套路，俟应考时默写。田艺蘅《留青日札》云：

> 括帖之说，总属时套，举子习熟，取便于场屋耳。先朝陆钺诸公，号称名家，至如作《易经》时文，亦有套数……又如《锦囊集》一书，人所罕睹，得其片纸只字，不啻大贝南金，率以厚赂购至抄录，七篇偶凑，便可命中，子孙秘藏，以为世宝。其未得第也，则名之曰"撞太岁"；其既得第也，则号之曰"敲门砖"。呜呼！祖宗立法，惟此为进贤选能之具，而顾使人苟且轻忽之若此，不尤为圣世之一玷哉！[1]

田艺蘅为嘉靖间杭州人，述及括帖之弊，每多感慨，足见当时杭州帖括风气之盛。陆钺为天顺间人，盖当时所谓"时套"，只是名家自有套数，尚未有制义之书流行，然而传抄之风既盛，自然有人想到以之付梓，以广流传。郎瑛《七修类稿》云："成化以前，世无刻本时文，吾杭通判沈澄刊《京华日抄》一册，甚获重利，后闽省效之，渐至各省刊提学考卷也。"[2] 则试场程墨之刊刻，实始于杭。杭州乃浙江首府，每逢乡试前后都聚集了全省生员，有力者甚至长居杭州读书备考，因此对制举用书有庞大的需求，刻本时文始于杭州，大概亦只是应运而生。

《京华日抄》在成化间成书，至弘治时，已大行其道。除《京华日抄》

---

① 见田艺蘅《留青日札》卷三十七，明隆庆间钱塘田氏刻本。
② 见郎瑛《七修类稿》卷二十四，中华书局 1959 年版，第 370 页。

外，尚有《定规》《模范》《主意》《锦囊》等书①，这些制义之书，大概因应考试出题的变化，不断推陈出新，而对相关市场动向最为留意者，仍以杭州书商居首。陆容《菽园杂记》中记载了一段往事：

> 予犹记幼年见《易》，经义多兼程《传》讲贯。近年以来，场屋经义，专主朱说取人，主程《传》者皆被黜，学者靡然从风，程《传》遂至全无读者。尝欲买《周易传义》为行箧之用，遍杭城书肆求之，惟有朱子《本义》，兼程《传》者绝无矣，盖利之所在，人必趋之，市井之趋利势固如此，学者之趋简便亦至此哉。②

陆容为正统弘治间人，原来正统初年，科举的《易》经义，多贯通程朱，以后专用朱熹的说法，而程颐所说不复为考官所取，因此杭州书肆上的《程氏易传》马上就被朱熹的《易本义》所取代。

杭州书商对制举用书的变动，反映了他们灵敏的商业嗅觉，而这种贴近试场动向的嗅觉，正是发行科举应试参考书所必需的。万历以后的苏州书商，从杭州书商的早期经验借镜，加上自身的优势条件，令应试参考书的商业出版更加发扬，这固然是苏州书林的成就，但也不能不归功于杭州书肆的创始之功。

说到晚明苏杭书坊的互动，还不得不提清绘斋。那是万历间杭州金氏在苏州所开的书坊，专门出版苏杭画家的画谱，主要作品有《唐解元仿古今画谱》和《张白云选名公扇谱》。此两种作品都为刘素明在万历年间所刻。

《唐解元仿古今画谱》实为曹有光、宋旭等人所画，而伪托为苏州名家唐伯虎所绘，共有四十八叶，每叶前半为图，后半为相应的诗作，内容题材包括山水、花鸟、人物，意在仿古，实质朴拙，颇有雅俗共赏的趣味。

《张白云选名公扇谱》有陈继儒《选刻扇谱序》，称此谱为"大梁张白云所集名公扇谱数百页"，大梁张白云即张成龙，成龙字白云，河南大梁人，为晚明画家，善画山水，又善临摹古画，细密精工，笔力高古，亦颇受时人推崇。此谱实质只有四十八叶，每叶前后相连，横幅大图，扇面上方偶有题记，题材亦是山水、花鸟、人物之类，扇面则传为陈淳、

① 见黄佐《南雍志》卷四《纪事》，明嘉靖二十三年刻本。
② 见陆容《菽园杂记》卷十五，清嘉庆十五年张海鹏校刻《墨海金壶》本。

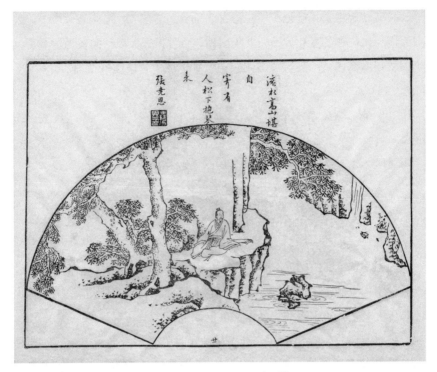

图 5-3-2　明万历间清绘斋刻本《张白云选名公扇谱》

孙克弘、文震亨所作。（图 5-3-2）

　　天启间，杭州集雅斋将《古今画谱》及《名公扇谱》与杭刻之《梅竹兰菊四谱》《木本花鸟谱》《五言唐诗画谱》《六言唐诗画谱》《七言唐诗画谱》合为《集雅斋画谱八种》，也足以窥见晚明苏杭两地书坊、艺林的交流。[1]

三、徽州版画与苏刻插图

　　相比于清绘斋、集雅斋那样的苏杭互动个案，晚明徽州版画对苏刻插图所施予的影响，则不仅规模更大，技术上也更深入。

　　明代万历以后，随着通俗小说和戏曲的普及，书籍插图大为兴盛，逐渐产生了建安、金陵、徽州等不同派系。中国书籍附有插图的历史十分悠久，中晚明的建安版画和金陵版画，往往带有宋元版画的遗意，粗豪雄劲、古朴质直。万历间兴起的徽州版画，一改前人风韵，繁缛细密、工致纤丽，令人耳目一新，一时广为四方推尚，各地书商都不惜重金礼

---

[1] 详傅惜华《明代画谱解题》，收入丁福保、周云青编《四部总录艺术编》补遗，文物出版社 1984 年版，第四册，第 169—175、179—181 页。

聘徽州刻工制作插图，现今所见的晚明苏刻当中，有不少插图都带有徽派版画的特色，甚至本身就是流寓苏州的徽州刻工所作。

当时的徽州刻工，以虬川黄氏最为著名，黄氏世业刻工，流寓南北各地，就其宗谱所见，便有黄铦父子及黄应聘、黄应淮等迁居苏州从事，惜今存苏刻当中，未见他们署名。黄氏家族当中，曾在苏州刻书，而有证据可考凡，以黄德宠（黄玉林）最为著名，黄玉林生于隆庆二年（1568），万历间奔走苏杭等处约五十年，曾于苏州先后为夷白堂与文林阁刊刻《图绘宗彝》的插图，后来定居苏州，复于崇祯六年（1633）刻有《汝水巾谱》，插图末刊署"徽州梓人黄德宠刊于姑苏书肆"，时年六十七岁。①

除了虬川黄氏，徽州旌德的刻工，在外亦颇有声名，当时在苏州最负盛名的徽州刻工，就是来自旌德县的郭卓然。郭卓然的作品刀笔活脱，雅合法度，镌刻清晰流畅，刀锋圆润劲挺，万历间剑啸阁刊《剑啸阁自订西楼梦传奇》与崇祯间叶敬池刊《醒世恒言》的插图，都出自他的手笔。（图 5-3-3）郭卓然也与他人合刻，如《李卓吾先生批评西游记》，即郭卓然与刘君裕合刻。刘君裕是苏州木刻名手，刀法雄健工整，自成一家，万历间曾与李青宇合刻龚绍山本《新镌陈眉公批评春秋列国志传》，崇祯间又有尚友堂本《二刻拍案惊奇》和三多斋本《李卓吾先生批评忠义水浒传》，作品数量与活跃时间都颇为可观。②

在晚明苏州的插画刻工当中，还有一位"刘素明"比较值得注意。刘素明活跃于万历后期和启祯之间，他的早期作品，以建本为多，而且带有建安风格，似为建安人氏。其后辗转于南京、杭州、苏州各处从业，苏州刊本《全像古今小说》、金陵兼善堂本《警世通言》、杭州刊本《唐诗画谱》、建安吴观明本《李卓吾先生批评三国志》等书，都有"素明刊"的署名，而且风格相似，应是出于此人手笔。刘素明虽然源出建安，但他技法成熟之后的版画带有强烈的徽州风格，缛丽柔靡，与建安版画之质朴截然不同，而且在南京、苏州、杭州的作品又各有当地色彩，时而清雅，时而富丽，糅合了不同特色，折衷了各地审美，充分显示了江南各派版画的风格交流和相互影响。③

徽州版画的构图饱满，注重线描，技法可以溯源于墨模雕刻，因此

① 见周芜《徽派版画史论集》，安徽人民出版社 1984 年版，第 26—46、72 页。

② 见周心慧《中国古代版刻版画史论集》，学苑出版社 2001 年版，第 55—56 页及周芜《徽派版画史论集》第 71—73 页。

③ 见周心慧《中国古代版刻版画史论集》，第 53—54 页。

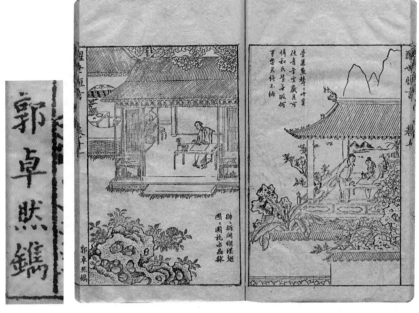

图 5-3-3　金阊叶敬池刻《醒世恒言》卷首插图为徽州郭卓然所刻

运刀丝毫不苟，与先前流行的版画相比，更加富丽典雅，具诗情画意，有文人书卷气，天然地符合苏州的风尚。[1]早在明隆庆间，苏州刻工何钤为《西厢记杂录》所刻的"莺莺像"与"会真图"，虽然线条运用仍然略显滞重，但用笔已较当时流行的金陵版画细致。万历二十四年（1596），顾正谊所绘《笔花楼新声》插画，构图饱满，背景繁杂，精致典雅。[2]这些例子都足见苏州士民的审美，本身就倾向纤巧秀雅，与徽州版画之精工可谓一拍即合。

苏州刻本的插画，在技法上善于吸收徽派的长处，而形式上又屡创新猷。万历、天启以后，苏州刻本的插画，又有双面连式、狭长式、月光式等数种布局。双面连式的插画，万历四十四年（1616）章镛刊《吴歈萃雅》，双面连式图十六幅，写刻极为精细，又万历间《西厢记考》，双面连式图二十幅，镌刻细密纤巧。天启三年（1623）吴门萃锦堂刻《词林逸响》，也是双面连式图，构图清新明快，刀刻线纹匀洁，神腴澹远，同时带有徽派风格和苏州意趣。[3]狭长式的插图，比较著名的有《新刻魏仲雪先生批评琵琶记》《新刻魏仲雪先生批点西厢记》《新刻魏仲雪

① 见周芜《徽派版画史论集》，第 14 页。

② 见周心慧《中国古代版刻版画史论集》，第 69、87 页。

③ 见周心慧《中国古代版刻版画史论集》，第 87、92 页。

先生批评投笔记》《续西厢升仙记》《樱桃记》《量江记》等，这种形式的插图令画面更为紧凑，在天启崇祯以后较为常见。[①]

较有特色的插图形式，是月光式插图。所谓"月光式"，是指插图有一个圆形的内框，因而得名。这种插图最早见于万历间杭州延阁李氏刊本《北西厢记》，观赏时有如镜中窥影，小巧精致而隽秀典雅，传入苏州以后，大受欢迎，一时蔚为风尚，颇为天启崇祯间的戏曲小说选用，戏曲如《笔末斋批评二奇缘传奇》，小说如叶敬池刊《墨憨斋评点石点头》，都是晚明苏刻月光式插画的代表作。[②]

四、江南纸墨与苏刻精洁

晚明的苏州刻本，以精善著称，所谓"精善"，除了写刻精美之外，物质载体的好坏也是一个重要因素。晚明人士对"精善"的理解，在胡应麟的《经籍会通》中就有详细的说明：

> 凡书之直之等差，视其本，视其刻，视其纸，视其装，视其刷，视其缓急，视其有无。本视其抄刻，抄视其讹正，刻视其精粗，纸视其美恶，装视其工拙，印视其初终；缓急视其时，又视其用；远近视其代，又视其方。合此七者，参伍而错综之，天下之书之直之等定矣。[③]

按照胡氏的说法，书的价值由七个条件判断，最重要的当然是版本，紧接的就是写刻的水平，随后的纸、装、印，都是就其物质形式而言。明代苏州文风鼎盛，加上中晚明以来经济发达，对文房用品的要求自然更高，相传毛晋汲古阁刻书，专门从江西订购毛边纸，也足以反映晚明苏州文林对纸张的讲究。

苏州造纸工艺发达，宋时已有"吴笺"之美誉。明人所刻《袖中锦》，便云"监书、内酒、端砚、蜀锦、定磁、浙漆、吴纸……皆为天下第一"[④]。据《（崇祯）吴县志》所载，苏州当时的名产，就包括"金笺""云母

---

① 见周心慧《中国古代版刻版画史论集》，第 92 页。

② 见周心慧《中国古代版刻版画史论集》，第 56、92 页。

③ 见胡应麟《经籍会通》卷四，第 50 页。

④ 此书旧题宋太平老人撰，但书中以"汉篆、晋字、唐诗、宋词、元曲"为"五绝"，此书非宋人所作可知，当是明人伪托，故其内容，亦足反映明人风尚。

笺""大红纸""五色纸""砂红纸""砂绿纸"等①。但是，这些苏州本地名产，属于精美的文房用纸，而印书所用的纸张，则多自江西、浙江、福建等传统的造纸中心进口，胡应麟谓：

> 凡印书，永丰绵纸上，常山柬纸次之，顺昌书纸又次之，福建竹纸为下。绵贵其白且坚，柬贵其润且厚。顺昌坚不如绵、厚不如柬，直以价廉取称。闽中纸短窄黧脆，刻又舛讹，品最下而直最廉，余筐箧所收什九此物，即稍有力者弗屑也。
>
> 近闽中则不然，以素所造法演而精之，其厚不异于常，而其坚数倍于昔，其边幅宽广亦远胜之。价直既廉而卷帙轻省，海内利之。顺昌废不售矣。
>
> 馀他省各有产纸，余弗能备知。大率闽、越、燕、吴所用刷书，不出此数者。②

可见当时各地印书，主要选用永丰绵纸、常山柬纸、顺昌书纸、福建竹纸。永丰县在江西吉安，常山县在浙江衢州，顺昌县在福建延平府，三地的物产，沿着河网，可以方便地运到苏州。三地所产绵纸、柬纸、书纸，都极有名。福建竹纸素来颇受劣评，而据胡应麟所记，当时技术已有改良，生产的竹纸纤薄、坚固、轻省、廉宜，海内以为便利，足以淘汰当时以价廉取胜的顺昌书纸。

除了纸张之外，印书所需的墨和雕版用的木材也经由水路，从江南各处流入苏州。江南山林资源丰富，闽浙皖三省交界的山区，盛产林木，尤以枣木、梨木、青檀、松木为最。枣木和梨木质地坚硬细密，吸水均匀，适合表现细致的线条，是制作高质量雕版的首选，而青檀、松木则是制作纸墨的上好原料，宣纸、徽墨因此享负盛名。这些物产通过水路远销各地，当时南京、苏州等江南中心城市，多有徽商集散，成行成市。凡此种种，都为晚明苏州刻本的精善提供了重要的物质基础。

---

① 见《（崇祯）吴县志》卷二十九《物产》，第 805—806 页。
② 胡应麟《经籍会通》卷四，第 50 页。

第六章

跨时代的接力：
从明末汲古阁到清中叶扫叶山房

由明天启、崇祯至清顺治、康熙，历经百年。其间苏州府下辖吴、长洲、常熟、吴江、昆山、嘉定、崇明七县和太仓一州，疆域未变，而山河易主。沧海桑田，物是人非，此种震撼与刺激，对于苏州刻书业的深刻影响，可想而知。

然而就是在这大变故陡生的时刻，苏州地区先后出现了两家亦私亦坊的家族刻书机构——常熟毛氏汲古阁和洞庭席氏扫叶山房，围绕着《十三经》《十七史》等一系列图书的雕版、补版和先后印，前赴后继，向世人展示了一场特定区域书业的跨时代接力，最终在众多苏州书坊和私人刻书家的共同参与下，使苏刻名播全国，流芳海外。

第一节 汲古阁与明末清初吴门刻书的几个侧面

苏刻小说，在晚明繁花似锦的场景里曾有过不俗的表现。至明末清初，苏州书坊更联合发力，使苏刻小说为举国所瞩目，也因此而乐极生悲，导致康熙间其中的"淫词"受到巡抚汤斌的严厉打击。

另一方面，明清易代，吴门私家刻书的内容与风格发生了迥然不同的变化。在这一过程中，清初私刻尤显特色。无论是发皇心曲，还是保存先贤手泽、地方文献，都体现出吴门私家刻书在承续晚明遗风上所做的积极探索，为乾隆之后吴门刻书之发达打下了基础。

其间从晚明起步的毛氏汲古阁，虽经战乱而刊书不辍，最终不仅成为同时代苏刻中的翘楚，也对之后的江南刻书史产生了深远的影响。

一、由明入清的吴门坊刻小说

明万历末年至崇祯数十年间，由于湖州、歙县两地刻工移居金陵、苏州一带，进一步促进了苏州书坊刻书的繁荣。苏州书坊技术力量雄厚，如王氏、叶氏、袁氏等家族书坊，延续几代而不衰。凭借精湛的质量，苏州很快成为全国重要的刻书中心。入清以后，苏州的刻书业持续兴盛，遥遥领先于其他地区，成为全国最有名的刻书地区之一。

这一时期苏州刻书业的繁盛，虽有崇祯间苏州府署刻本《吴中水利全书》、吴县刻本《吴县志》、太仓州署刻本《太仓州志》作官刻依旧的例证，也不乏精美的私家刻本，如明崇祯间赵均小宛堂刻《玉台新咏》、清康熙二十九年（1690）张氏影翠轩刻本《百城烟水》（图6-1-1）等，而更典型的则体现在通俗小说的编刊上。

如所周知，建阳和金陵在明万历间刊刻小说数量众多，但编刊质量尚属一般。到万历末期，苏州的冯梦龙、袁于令等开设书坊、编刊小说，大大提升了小说创作及刊刻的质量，苏州地区后来居上，取代了福建、金陵，成为小说刊刻的中心。

据文革红《明清小说书坊考辨与综录》大致统计，明末清初苏州

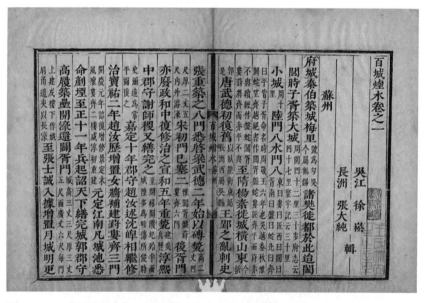

图6-1-1 《百城烟水》 清康熙二十九年张氏影翠轩刻本

刊刻过通俗小说的书坊有六十四家之多，其中明末十八家①，刊刻小说二十九种；清初四十六家②，刊刻小说九十一种，合计六十四家书坊刊刻小说一百二十种。

在这些苏州坊刻小说中，刊刻时间在明末而颇为有名的，除了上一章已经提到的天许斋刻《古今小说》和金阊安少云刻《拍案惊奇》《二刻拍案惊奇》，明万历、天启间金阊舒载阳刻本《新刻钟伯敬先生批评封神演义》二十卷一百回（图6-1-2）和金阊叶敬池明末崇祯间刊《新列国志》一百零八回，也可以一说。

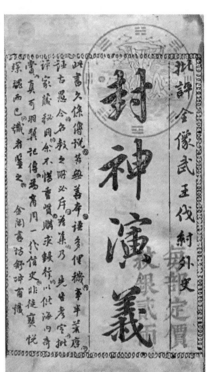

图6-1-2　金阊舒载阳刻本《新刻钟伯敬先生批评封神演义》

---

① 明天启、崇祯间刊刻过通俗小说的书坊，有白玉堂、萃锦堂、德聚堂、贯华堂、嘉会堂陈氏、剑啸阁、藜光楼、麟瑞堂、安少云尚友堂、舒载阳、天许斋、万卷楼、五雅堂、叶敬池、应心斋、袁无涯、赠言堂、吴郡植槐堂，计十八家。

② 清顺治、康熙间刊刻过通俗小说的苏州书坊，有宝翰楼、宝仁堂、步月楼、长春阁、陈长卿、赤绿山房、崇文堂、梵香阁、畹川主人、改过轩、皋鹤草堂、龚氏、花慢楼、崔市散人、怀颖堂、稼史斋、来凤馆、林屋石楼、绿荫堂、墨憨斋、清籁阁、三多斋、三槐堂、三近堂、山水邻、书业堂、四雪草堂、素政堂、天德堂、天花主人、同人堂、文盛堂、文枢堂、文英堂、啸花轩、修绠山房、醒斋、金阊叶敬溪、金阊叶瑶池、映旭斋、拥万堂、郁郁堂、载道堂、致和堂、酌玄亭、紫宙轩，计四十六家，数量在全国占据首位。

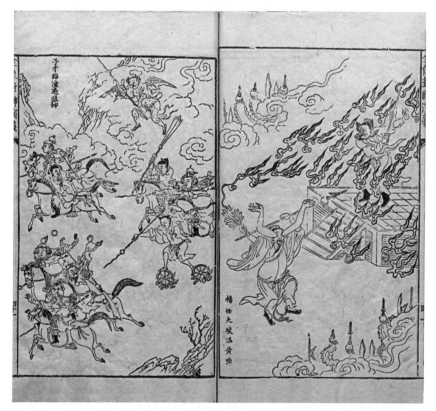

图6-1-3　金阊舒载阳刻本《新刻钟伯敬先生批评封神演义》插图

　　舒载阳刻本《新刻钟伯敬先生批评封神演义》二十卷一百回，原书藏日本内阁文库，内封题"金阊书坊舒冲甫刻"，第二卷题"钟山逸叟许仲琳编辑，金阊载阳舒文渊梓行"，则可知刊刻者为苏州的书坊主舒冲甫，又名舒载阳。金阊舒载阳于万历四十八年梓武林藏珠馆刊本《唐传演义》，故可推测其为万历、天启间人，此本刊于万历、天启间。图五十叶，极为精美，清朝的本子不能望其项背。（图6-1-3）

　　金阊叶敬池明末崇祯间刊《新列国志》一百零八回，北京大学、日本内阁文库有藏本，有插图五十四叶。金阊叶敬池又刊《石点头》十四卷十四篇，有圆图十四叶，崇祯间刊，题天然痴叟著，墨憨主人评，实际上就是作序人"古吴龙子犹"之冯梦龙。冯梦龙的《新列国志》也是金阊叶敬池刊刻，郑振铎认为"大约叶敬池与冯氏的关系是很深的。叶敬池曾请于冯氏，要陆续的改编列国、两汉诸演义，虽其结果仅有《新列国志》一种出版，两汉诸作俱未见，然冯氏后半期的著作，大都俱交给叶敬池出版，却是很有可能的"。①

清初苏州书坊刊刻的小说中，著名者首推大连图书馆藏皋鹤堂"本
衙藏板"本《皋鹤堂批评第一奇书金瓶梅》一百回。皋鹤堂是清初小说
批评家张竹坡的斋号，据王汝梅《皋鹤堂批评第一奇书金瓶梅会校本》（吉
林大学出版社），该本在所有的《第一奇书》版本中最称完整，《寓意说》
比其他的本子多出两百馀字，总评和正文分开刻。康熙四十七年（1708）
满文译本《金瓶梅》即以《第一奇书》为底本②，证明此书的刊刻不会晚
于康熙四十七年。书序的写作年代在康熙三十四年（1695），书大概也
是在此年刊刻的。由于中国人民大学图书馆藏有一种《第一奇书》翻刻本，
内封既题"皋鹤草堂梓行"，又题"姑苏原板"，故研究者推定此皋鹤堂"本
衙藏板"本为姑苏刻本。③

其次是上海图书馆藏康熙三十四年四雪草堂刻《隋唐演义》二十卷
一百回。该书是《隋唐演义》刊刻最早、内容最为完备的一个刻本，我
们可以将其称为"繁本"。该书题"剑啸阁齐东野人等原本，长洲后进
没世农夫汇编，吴鹤市散人鹤樵子参订"，版心每叶皆作"四雪草堂"。
插图共五十叶，第五十叶图上有"康熙甲子年古吴赵澄笔"字样，小印
"同文""澄"，赵澄即赵同文，为苏州著名画工，除本书外，还绘有《封
神演义》插图；康熙甲子年即康熙二十三年（1684）。全书共插图一百幅，
皆细致入微，堪与明代高手并驱，是康熙年间小说插图本的代表作。

再次是大连图书馆藏顺治十五年刻本《新镌批评平山冷燕》二十回。
该书由荑秋散人编次，首《平山冷燕序》，署"时顺治戊戌立秋月，天
花藏主人题于素政堂"，无印章，封面佚失。此本是现存《平山冷燕》
诸刊本中刊刻时间最早的一种，可能即天花藏主人原刊本。

此外还要特别介绍一种书版刻于明代、刷印于清代的姑苏书坊小说
《水浒传》。按贯华堂是明末著名作家兼批评家金圣叹的斋号，其崇祯
间刻《第五才子书施耐庵水浒传》七十五卷七十回，系金圣叹用袁无涯
原刊本、芥子园刊本为底本删节，是《水浒传》刊刻史上的名作，此书
一出，就压倒了其他刊本，流传三百馀年。此书有一金阊叶瑶池后印本，

① 郑振铎《西谛书话》，生活·读书·新知三联书店 1998 年第 2 版。
② 参见黄润华《略谈满文译本〈金瓶梅〉》，文收入徐朔方、刘辉编《〈金瓶梅〉论集》，
　 人民文学出版社 1986 年版，第 204 页。
③ 参见文革红《清代前期通俗小说刊刻考论》，江西人民出版社 2008 年版，第 123—
　 129 页。

内封题："第五才子书施耐庵水浒传／金阊　贯华堂古本／叶瑶池梓行／本衙藏板"。从内封的题署看，这是苏州刻本无疑，乃金阊叶瑶池据金圣叹贯华堂原刻本后印而成。宋体，字大，有直格，有圈点，字下有黑色着重号，有文内夹批、眉批、回前评，为金圣叹所评。此本版心尚有"贯华堂"字样，"皇帝崇祯十四年二月十五日"中"皇帝"两字抬头两格，金阊叶氏书坊活动的时间大约是清初，此书的印行当亦在此时。题"本衙藏板"，意为叶瑶池据自己书坊所收藏的底版刷印而成。

明末清初苏州书坊刊刻的这些小说，以内容丰富、字体秀丽、图画精美、刷印精良著称，满足了较高层次读者的需求。传苏州郁郁堂还曾刊刻八色套印的《三国演义》插图。四雪草堂刊刻的《隋唐演义》《封神演义》和本衙藏板本《残唐五代史演义》堪称小说刻本中的翘楚，刻印精良，具有极高的欣赏价值和收藏价值。苏州书坊刻书之盛，由此可见一斑。

如果加以更细致的区分，则清初苏州坊刻小说的情况和明末相比有了很大的变化，不仅书坊数量从十八家增加到四十六家，而且很多文人，包括小说作家本人开始加入小说刊行中来，大大提升了小说创作及刊刻的质量。文人型刻书家包括文人型书坊主和文人个体刻书家，在清初以前已经存在。如明末冯梦龙开始涉及小说刊刻领域，他的山水邻于崇祯十三年（1640）刊刻《欢喜冤家》二十四卷；天启间编刊《古今小说》《新列国志》《平妖传》等。

值得一提的是，冯梦龙此前已以墨憨斋为号刻了笑话集《古今笑》三十六卷和戏曲丛书《墨憨斋传奇定本》十馀种，后者包括个人创作的《双雄记》《万事足》和改编的《新灌园》《酒家佣》《邯郸梦》等。据研究，冯氏自刊"墨憨斋传奇定本"系列本当在天启七年（1627）之前就陆续刊行了。[①] 此书入清后又于乾隆五十七年（1792）由铁瓶书屋翻刻十种，名《墨憨斋新曲十种》。

因为自创、自编、自评、自刻，文人刻书家所刊刻小说最大的特点，是出版名号用"本衙藏板"。清初的文人刻书家，比较有名的有天花藏主人、四雪草堂主人、古吴娥川主人、谷口生、古吴梵香阁、长春阁主人、古吴遁世老人、酌玄亭主人、张竹坡皋鹤堂、崔市散人等。其中天花藏主人刻书最多，刊刻的才子佳人小说有十多种，代表了文人型刻书家刊

---

① 涂育珍《〈墨憨斋定本传奇〉研究》，华东师范大学博士论文，2009年，第1页。

刻小说的最高成就。

明末清初苏州小说书坊不仅数量众多，还出现了以刊刻通俗小说为主的专业性书坊，如素政堂，顺治、康熙年间刊刻小说十五种，大多数为才子佳人小说，已经形成了小说的专门化生产。以经营小说刊刻业为主的啸花轩，从康熙中期至嘉庆间刊刻小说近三十部，在清初推出的小说有《醉春风》《人中画》《梧桐影》《巫梦缘》《恋情人》等七种。

刊刻小说数量最多的书坊大部分集中于苏州，客观上不仅反映了苏州地区通俗小说繁盛的局面，也显示了苏州刻书在全国的重要地位。

二、易代之际的姑苏私刻

姑苏私刻，在明末崇祯年间仍不乏名品，如顾凝远（号青霞）诗瘦阁，崇祯间刻有《诗传大全》《周易传义大全》《松陵集》等书。吴县赵均小宛堂，崇祯六年（1633）刻《玉台新咏》十卷。姑苏兜率园，崇祯三年（1630）刻《松隐唯庵然和尚语录》三卷、《槑庵庄禅师语录》八卷，后者为释普庄撰。

但这个由士大夫、僧侣等主导，悠闲地刻着精心编纂的小书的世界，很快被一场天翻地覆的战乱搅翻了。顺治二年（1645）五月，苏州归降，不久南明常镇监军杨文骢潜入苏州，将降清的苏州官员扑杀殆尽。六月四日清兵正式入城，杨文骢弃城而去。之后清廷下削发令，姑苏城内有士人不堪其辱而自尽，城外则有反清的陈湖白头军攻打葑门等要塞，导致据城清军纵火，一时烽火四起。[①] 也是在这一年，七月初六，清军破昆山而屠城。八至九月，清军占领常熟，复开杀戒，沿河岸到处滚落着人头。至于同年清军李成栋破嘉定后三次下令屠城，史称"嘉定三屠"，其惨状不堪复述。整个苏州地区，被一种恐怖、压抑的气氛所笼罩。

明清易代，激烈的民族矛盾，兵戈扰攘的时局，给当时士大夫带来沉痛的打击。虽然"时运交移，质代文变"，但是作为精神层面上的文化变革，并非一朝一夕的事。顺治之初，用来雕版的刻刀在某种程度上成了一种隐形的工具，帮助尚处在动荡之中的文人学者们抒写悲情、寄托遥思。当时，许多有志之文人，弃制举业，埋首著述，将一腔愤懑付诸枣梨。综观现存顺治十八年间的吴门私家刻书，内容上多为发皇心曲之作，版式风格也延续了明末的特点。我们以明末清初在吴门有重要影

---

① 佚名撰《吴城日记》卷上，见《丹午笔记　吴城日记　五石脂》，江苏古籍出版社 1999 年版，第 205—210 页。

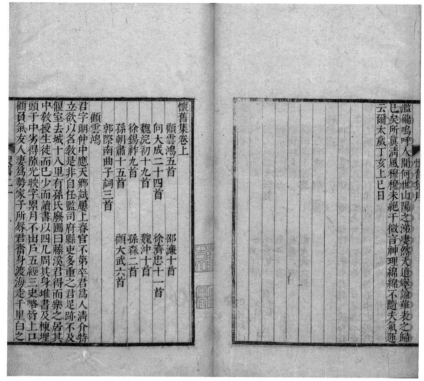

图 6-1-4 　《怀旧集》　顺治四年刻本　中国国家图书馆藏

响的钱谦益为代表，从围绕在他周围的师生友朋中选取数种书，以一斑来窥见清初吴门私刻的一些特点。

　　钱谦益的同乡兼契友冯舒（1593—1649），于顺治四年（1647）自刻《怀旧集》一书（图 6-1-4），因书中所录二十四位诗人皆为冯氏亡友，故题为怀旧。清兵南下攻陷江南，先后血洗扬州、昆山等地，吴门士人或慷慨赴死，或惨遭屠戮。冯氏自序惟以选诗寄托自己的哀思——"生初盛世，老际横流，火焰昆山，嗟玉石之莫辨；桑生沧海，痛人琴之两非"，于是和泪舐墨，朝书暝写，得二十四人诗词二百馀首，编为《怀旧集》。书同钱谦益编《列朝诗集》之体例，书前撰诗人小传。卷中为钱谦贞所撰小传，抒写自己与钱氏之情谊，感人至深。然而，冯舒没想到自己因"怀旧"而遭遇横祸。该集自序落款处仅书"太岁丁亥上巳日"，不列清朝国号、年号。由此为当时知县瞿四达所构陷，冯氏惨遭杀害。这一冤案虽是由地方官吏所为，但可以说是清朝开国以来最早的文字狱之一，拉开了有清一代文字狱的序幕，也为吴门私家刻书内容上的变化埋下了伏笔。

　　《怀旧集》的版式风格，与下文介绍的汲古阁刻《列朝诗集》字体颇为相似。冯氏与毛氏友善，或亦毛氏代刻。同为毛晋友人的吴江顾有孝（1619—1689）刻于顺治十四年（1657）的《唐诗英华》二十二卷，黄永年也认为此刻"版式全同常熟毛氏汲古阁刻《乐府诗集》等诸书，或即由其代刻"[1]。《唐诗英华》一书，专选唐代律诗成集，所录三百五十五位诗人，诗歌二千二百九十首，每人名下亦均撰小传。钱谦益为之作序。是书在当时较为盛行，坊间翻版者甚多。[2]

顺治十六年（1659），曾馆于钱谦益红豆山庄的吴江人朱鹤龄（1608—1683）刊刻《李义山诗集笺注》一书（图6-1-5）。与上述诸人选本不同的是，专取晚唐一人诗集笺疏，其自序云：

> 古人之不得志于君臣朋友者，往往寄遥情于婉娈，结深怨于蹇修，以序其忠愤无聊、缠绵宕往之致。……予故博考时事，推求至隐，因笺成而发之。

朱氏于明清鼎革之后，无意科举，隐居于乡，潜心著述，以布衣学者身份，完成了当时第一部完备的李商隐诗注，可以说也是吴中士人以著书明心迹的代表。该书字体与上述诸本相比略长，但仍有晚明遗风。

同刻于顺治十六年（1659）的《天启崇祯两朝遗诗初集》一书，则无论从立意至体例、版式、小传写法，皆仿钱谦益《列朝诗集》。编者陈济生（1618—1664），长洲人，明万历间著名藏书、刻书家陈仁锡之子，明末清初著名学者顾炎

图6-1-5　《李义山诗集笺注》　顺治十六年刻本

① 黄永年、贾二强《清代版本图录》卷一，第16页。

② 按《唐诗英华》有顺治十四年宁远堂初刻本，卷首顾有孝所撰《凡例》下有"识于宁远堂"字样。日本笠井直美认为是书的宝翰楼藏板本为用宁远堂本剜改后的印本，台湾郭明芳则认为实为宝翰楼之翻版，后者未详校原书，俟考。参见［日］笠井直美《吴郡宝翰楼初探》，载《古今论衡》第27期，2015年，第101—134页。郭明芳《从苏州宝翰楼出版品看清初出版文化》，《东海大学图书馆馆刊》2017年，第1—10页。

武之姐夫。是书又名《忠贞录》，只录卒于崇祯后的诗人，意在有别于《列朝诗集》，并视明清易代中"罹逆奄祸以死"者、"殉国者"、"洁身死者"为一代伟人，特录之于首。[①] 此集自顺治十年（1653）开始选刻，随选随刻，随时抽调增补。为保留先贤之佳作，陈济生到处访求，可谓用心良苦。然该诗集在其去世后，于康熙六年（1667）为人告发有抨击满人之"逆诗"，从而引发巨大的政治风波，导致顾炎武获罪下狱，直到康熙二十七年（1688）仍麻烦不断。[②]

除了反映特殊时期的忧世伤生，整理家族先贤著述，将家学发扬光大，也是清初私家刻书较具代表性的一个方面。而明清战乱之中，文献的保存尤为不易，所以，搜罗先贤手泽是一件颇有难度的事，而吴中士人多竭力为之，其间所经历的曲折波澜，正可反映出他们对于刻书之事的热爱。

顺治十二年（1655），沈自晋刻《南词新谱》（又名《广辑词隐先生增定南九宫词谱》）二十六卷（图6-1-6）。该书为遵从其族伯沈璟《南曲全谱》旧式而加以完善之书。沈璟（1553—？）是有明一代著名的戏曲家，"吴江派"之代表人物，于万历三十四年（1606）编成《南曲全谱》，在曲坛产生了巨大的影响。其所属吴江沈氏一族，人才辈出，自明至清，与戏曲有关共历九代，约七十人，闺秀二十一人，故周绍良称"在东南隐然执曲坛牛耳，当属吴江沈氏"[③]。沈自晋（1583—1665）为沈璟族侄，同样精通曲学，明末清初隐居于乡，以著书为乐。顺治初，友人冯梦龙建议他增订沈璟的曲谱，以承先业[④]。然而，沈氏于乱世之中颠沛流离，直到顺治二年（1645）春才得以安居，于顺治四年（1647）开始根据冯梦龙所提供的一些手稿资料补全《南词新谱》一书，至顺治十年（1653）完成修订，但尚未刊刻，直至顺治十二年（1655）才刊刻行世，时年已七十有三。所刻版式风格与沈璟《南曲全谱》明万历间文喜堂本[⑤]可谓一脉相承。

而归氏家族为明末古文大家归有光编定《归有光集》的过程，可谓

---

① 邵毅平《中国古典文学论集》，上海古籍出版社2019年版，第537页。

② 详见漆永祥《清学札记》，北京联合出版公司2017年版，第69-71页。

③ 周绍良《吴江沈氏世家》，载周绍良《绍良文集》第1卷，北京古籍出版社2005年版，第754页。

④ 参见沈自南《重定南九宫新谱序》，沈自晋《南词新谱》二十六卷，顺治十二年（1655）沈氏不殊堂刻本。

⑤ 沈璟之《南曲全谱》在当时的影响很大，翻刻本甚多，顺治年间，有文治堂、丽正堂、三乐斋、绿荫堂等翻板，参见谭笑《沈璟〈南曲全谱〉版本系统考论》，《戏曲研究》2020第3期，第169-184页。

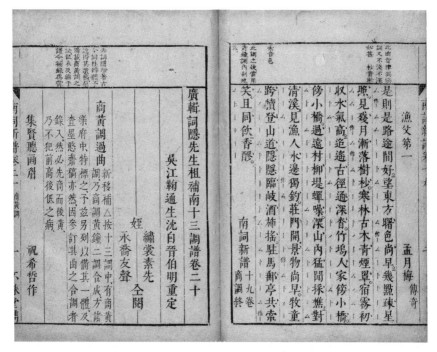

图 6-1-6 《南词新谱》 顺治十二年沈氏不殊堂刻本 中国国家图书馆藏

更多磨难。是集由钱谦益在明末清初选定，历经归氏三代，前仆后继，于康熙十四年（1675）才刻完行世。据邵毅平考订①，钱谦益对归文推崇备至，于明末与归有光孙归昌世共同收集归有光遗文，谋求合刻成集，但归昌世于顺治二年（1645）过世，钱氏正本又毁于绛云之火，仅存昌世所录副本。归集的刊刻就由归有光族曾孙归庄完成。归庄曾参与陈济生《天启崇祯两朝遗诗》的编纂，自顺治十七年（1660）起多方访求，谋刻《归有光文集》，其间经历诸多波折，直到康熙十二年（1673）仲秋去世，也未能刻成全书，临终将此事托付给侄子归玠（1641—？）。此后，归玠得徐乾学（1631—1694）之帮助，才最终完成《归有光集》的刊刻。后来归集之各种刻本，多基于此本。

清初吴门家族刻书中，还有一类专为女性家人所刻别集，也颇引人注目。今略举二例，即吴江沈氏母女的《午梦堂诗钞》与王慧的《凝翠楼集》。

《午梦堂诗钞》由叶燮刊于康熙二十三年（1684），收录叶氏母沈宜修，姊叶纨纨、叶小纨、叶小鸾四人诗数十首（图6-1-7）。其母沈宜修，

---

① 邵毅平《中国古典文学论集》，上海古籍出版社2019年版，第489—513页。

出身于吴门沈氏文学世家，与三个女儿同为明末文坛之才女。惜除叶小纨以外，其馀三人均早逝于明末。叶燮父叶绍袁悲痛之馀，于崇祯九年（1636）合沈氏母女四人之作刻成《午梦堂集》，包含作品十部。而叶燮为何在康熙年间还要重刻《午梦堂诗钞》呢？叶氏在《午梦堂诗钞述略》中叙述了编选的原委：诗钞分别从母女三人诗集中"选十之二三之必可传以永世者"刊印，并将二姐叶小纨（1613–1657）入清以来所写诗稿题为《存馀草》附《诗钞》之后。叶燮入清以来隐居横山，致力于诗学理论的阐发，为母亲和三位姐姐选诗，既是一种对亲人的怀念，也有着对女性诗歌的欣赏与肯定。《午梦堂诗钞》与叶燮自己的著作《已畦集》合刻，字体版式均一致。黄裳称是集"写刻精绝，有明嘉靖馀韵，是中吴开板特色"。① 而叶燮自刻诗论《原诗》一书则用相对呆板的方体字，颇可玩味。

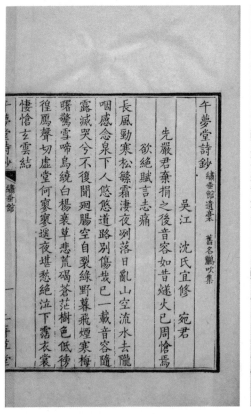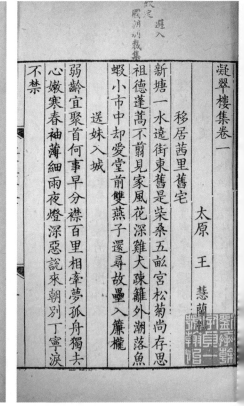

图 6-1-7 《午梦堂诗钞》 康熙二十三年叶氏二弃草堂刻本

图 6-1-8 《凝翠楼集》 康熙四十七年刻光绪二十三年印本

① 黄裳《清刻本》，第 57 页。

太仓女诗人王慧的《凝翠楼集》亦用软体字写刻，十分精美（图6-1-8）。王慧，字兰韫，父王长源，曾任吴门督学。丈夫为常熟诸生朱方来。《凝翠楼集》由其弟王吉武（？—1725）刊于康熙四十七年（1708），初刻初印本今已少见，常见的为光绪二十三年（1897）由其六世侄孙王寿慈假板重印本。后印与初刻时间相差近两百年，却如初印一样笔画清晰。寿慈在《志凝翠楼诗集后》中称其两百年间"完好精善如新出剞劂氏之手"。究其原因，一是所用板片为坚硬的红梨木雕成，二是有赖王慧裔孙朱氏世代珍守。王慧夫朱方来的生平，今已不可考，似无著作行世。作为一名女性，其诗集版片能为子孙世代珍藏，百年之后还能重印行世，足可见吴中家族刻书印书传统源远流长。

三、毛晋与亦私亦坊的汲古阁

明末清初的苏州刻书业界，名声最显赫的，自然非毛氏汲古阁莫属。

汲古阁初代主人毛晋（1599—1659），初名凤苞，字子九，后改名晋，字子晋，号潜在。弱冠前，曾字东美。苏州府常熟县人。家在昆承湖畔七星桥侧。父亲毛清，"以孝弟力田起家"，家业始大。为培养独子，毛清夫妇"广延名人硕儒，纵其子游学，以成其名"①。因此，毛晋自小就受到良好教育，后又拜同里魏冲、钱谦益为师，学问大进。但终其一生，也只是博士弟子员，未能考中举人、进士。

受钱谦益等人的影响，毛晋也喜读书藏书。他"于书无所不窥，闻一奇书，旁搜冥探，不限近远，期必得之为快"②。他的藏书楼有汲古阁（图6-1-9）、目耕楼等，"藏书之富，与绛云楼埒"③。荥阳悔道人《汲古阁主人小传》称毛晋曾"榜于门曰：有以宋椠本至者，门内主人计叶酬钱，每叶出二百；有以旧钞本至者，每叶出四十；有以时下善本至者，别家出一千，主人出一千二百"，以至于七星桥下，书贩聚集。邑中传言："三百六十行生意，不如鬻书于毛氏。"④据记载，毛氏藏书以地支分架编号，总计十二架八万四千馀册十万馀卷。殷实的家底，丰富的收藏，为毛晋刻书创造了良好的条件。

---

① 钱谦益《牧斋初学集》卷三十九《毛母戈孺人六十序》，明崇祯十七年（1644）瞿式耜刻本。
② 王象晋《汲古阁书跋引》，见《汲古阁题跋》，名崇祯间毛氏汲古阁刻本。
③ 陆世仪《桴亭先生文集》卷六《祭虞山毛子晋文》，清光绪二十五年（1899）唐受祺刻《陆桴亭先生遗书》本。
④ 见潘景郑《汲古阁书跋》附录，上海古典文学出版社1958年版，第3页。

图6-1-9　明王咸《汲古阁图》

　　万历四十六年（1618），年届弱冠的毛晋，在母亲戈氏的全力支持下，以"绿君亭"的名义，刊刻了《屈子》一书。（图6-1-10）《屈子》行世后，因刊刻精良，校对严谨，大获读者好评。《屈子》七卷，也成为毛晋刻书的开端①。

　　此后在万历、天启间，毛晋又陆续刊刻了《神农本草经疏》《葬经翼》《古本葬经内篇》《难解二十四篇》《苏米志林》《倪云林遗事》《洛阳伽蓝记》《浣花集》《二家宫词》《三家宫词》等书。毛晋这一时期的刻书，有明显的版式特点，多为半叶八行十八字，白口，四周单边，无界行，版心镌"绿君亭"。其字体较万历时流行的方体字稍长，黄永年先生称之为"长方体字"②。

　　天启七年（1627），毛晋参加举人考试，考场中因梦兆吉，于是发愿，自崇祯元年（1628）开始，每年订正经史一部，付之梨枣。消息一出，

① 见《以介编》陈瑚《为昆湖毛隐居六十乞言小传》，清初刻本。郑伟章先生认为，毛晋所刻书当以《蝶几谱》为最早，在万历四十五年（1617）。但陈瑚《小传》云："盖自其垂髫时即好镂书，有《屈》《陶》二集之刻。"《以介编》严炳诗云："《屈》《陶》发韧籍无数，万里购书通尺素。"毛表刻《楚辞》跋亦称："表方舞勺，先人手《离骚》一篇教表曰：……我之从事铅椠，自此书昉也。小子识之。"故仍以《屈子》为最早。

② 黄永年《古籍版本学》，第144页。

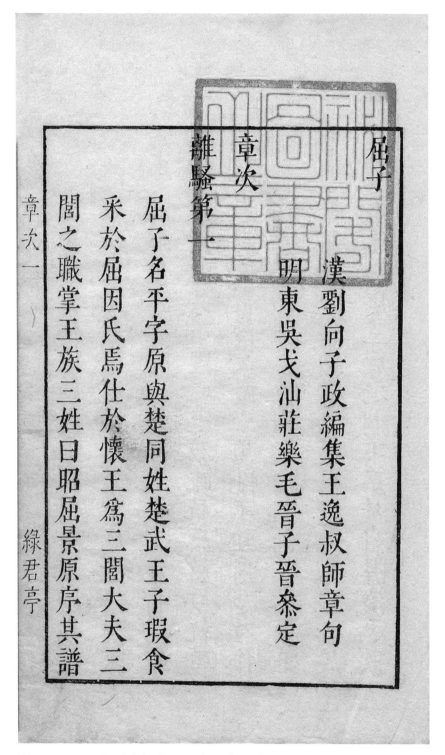

屈子

漢劉向子政編集王逸叔師章句

明東吳戈汕莊樂毛晉子晉叅定

離騷第一

章次

章次一

屈子名平字原與楚同姓楚武王子瑕食

采於屈因氏焉仕於懷王爲三閭大夫三

閭之職掌王族三姓曰昭屈景原序其譜

綠君亭

图 6-1-10　万历四十六年毛氏绿君亭刻《屈子》

同人闻风而起，皆愿任校勘之职。到崇祯十三年（1640），经部全部刻完。毛晋请钱谦益等人作序，风靡海内。十四、十五两年，常熟遭受蝗灾，毛晋在经济上受到了一些影响。为保证刻书能顺利进行，他卖掉良田三百亩，充当刻资。到十七年（1644）仲春，十七史也基本完成。不过这年三月，明朝覆亡，崇祯皇帝亦吊死煤山。不久，清兵南下，江南陷入战乱之中。毛晋担心书板损坏，将书板分藏在“湖边、岩畔、茅庵、草舍中”。江南安定后，毛晋将书板取出，“水火鱼鼠，十伤二三”，他“收其放失，补其遗亡”，到顺治十三年（1656），十三经、十七史“连床架屋，仍复旧观”，前后费时三十年。[①]（图 6-1-11）

据王鸣盛统计，《十三经》“除总序，共一万一千八百四十六页”，《十七史》“除总序、缘起，共二万二千二百九十三页”[②]，卷帙庞大。汲古阁所刻《十三经》，主要依据北监本，而十七史则是访求宋元旧刻精钞重梓，虽一年一经一史，校勘未免草率，但他流通书籍、泽被后昆之功，却不容忽视。叶德辉曾如此评价汲古阁《十三经》：

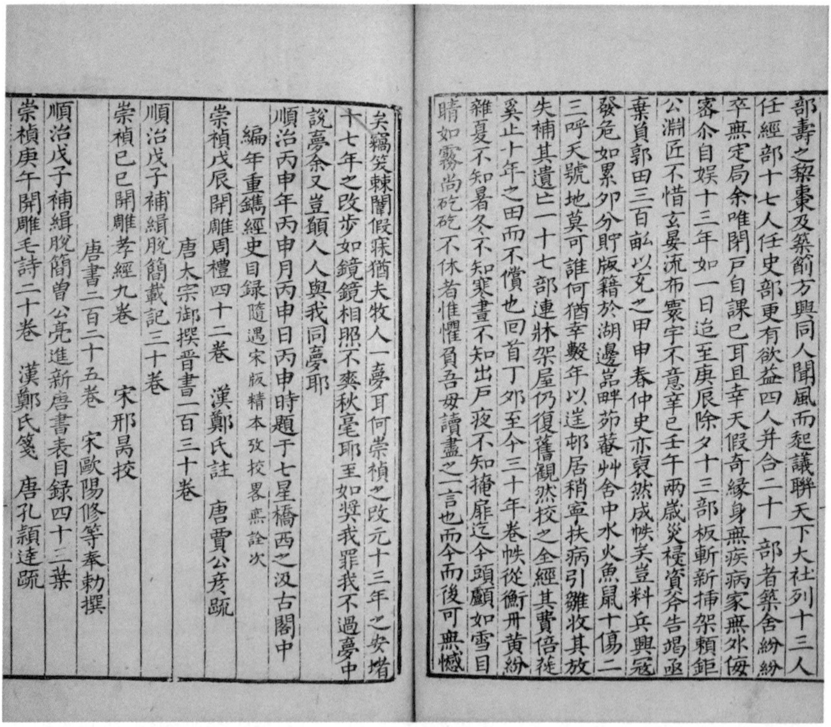
部壽之梨棗及築箭方與同人聞風而起議聯天下大社列十三人
任經部十七人任史部更有欲益四人并合二十一部者築舍紛紛
卒無定局余唯閉戶自課已耳且幸天假奇緣身無疾病家無外侮
寄介自娛十三年如一日迨至庚辰除夕十三部板斬新插架賴鉅
公淵匠不惜玄晏流布寰宇不意辛巳壬午兩歲災祲資斧告竭亟
棄負郭田三百畝以充之甲申春仲史亦裒然成帙矣豈料兵興寇
發危如累卵分貯版籍於湖邊嵒畔茆菴艸舍中水火魚鼠十傷二
三呼天號地莫可誰何猶幸數年以逆郡居稍寧扶病引雛收其放
失補其遺亡一十七部連牀架屋仍復舊觀然校之全經其費倍蓰
奚止十年之田而不償也回首丁丣至今三十年卷帙從衡冊黃紛
雜夏不知暑冬不知寒晝不知出戶夜不知掩扉迄今頭顱如雪目
睛如霧尚矻矻不休者惟懼負吾母讀盡之一言也而今而後可無憾
矣竊笑棘闈假寐猶夫牧人一夢耳何崇禎之改元十三年之安增
十七年之改步如鏡鏡相照不爽秋毫耶至如奬我罪我不過夢中
說夢余又豈顧人人與我同夢耶
順治丙申年丙申月丙申日丙申時題于七星橋西之汲古閣中
編年重鐫經史目録隨遇宋版精本攷校畧無詮次
崇禎戊辰開雕周禮四十二卷　漢鄭氏註　唐賈公彥疏
唐太宗御撰晉書一百三十卷
順治戊子補緝脫簡戴記三十卷
崇禎已巳開雕孝經九卷　宋邢昺校
唐書二百二十五卷　宋歐陽修等奉勅撰
順治戊子補緝脫簡曾公亮進新唐書表目録四十三葉
崇禎庚午開雕毛詩二十卷　漢鄭氏箋　唐孔穎達疏

图 6-1-11　毛晋《重镌十三经十七史缘起》

① 毛晋《重镌十三经十七史缘起》，见清顺治间毛氏汲古阁刻《十七史》卷首。
② 王鸣盛《蛾术编》卷十四《汲古阁刻》，清道光二十一年（1841）刻本。

展转传刊，鱼鲁多误，而毛刻十三经乃风行海内，由于南北两监刻本版片日就散佚，乾隆武英殿刻版尚未告成，士人舍此无他本可求，故遂为天下重也。①

当然换一个角度，这也可以说是在一个急剧变动的时代里，毛晋和他的汲古阁抓住特殊的机遇，成就了自己的事业。

明末清初汲古阁初刻及修补《十三经》《十七史》年表

书名	卷数	刊刻时间	补辑情况	
			时间	补辑脱简
周礼	四十二卷	崇祯元年		
晋书	一百三十卷	崇祯元年	顺治五年	载记三十卷
孝经	九卷	崇祯二年		
新唐书	二百二十五卷	崇祯二年	顺治五年	曾公亮进书表、目录共四十三叶
毛诗②	二十卷	崇祯三年		
新五代史	七十四卷	崇祯三年	顺治六年	司天考二卷、职方考一卷、十国世家年谱一卷、陈师锡序一叶
周易	九卷	崇祯四年		
陈书	三十六卷	崇祯四年	顺治六年	儒林、文学列传二篇
尚书	二十卷	崇祯五年		
后周书	五十卷	崇祯五年	顺治七年	异域列传二篇
孟子	十四卷	崇祯六年	顺治七年	孟子注疏题辞解十一叶
梁书	五十六卷	崇祯六年	顺治七年	皇后太子列传二篇

---

① 叶德辉《郋园读书志》卷一，民国十七年（1928）上海郋园铅印本。

② 《隐湖唱和诗》卷上记载崇祯十二年正月，福建藏书家徐𤊹来访，众人赋诗作乐，徐诗小注云："时主人方镌《毛诗注疏》。"徐氏以《毛诗》赞扬毛晋，乃行文方便耳，所记刊刻时间并不可靠。

（续表）

书名	卷数	刊刻时间	补辑情况	
			时间	补辑脱简
公羊传	二十八卷	崇祯七年		
宋书	一百卷	崇祯七年	顺治八年	符瑞志三卷、百官志二卷
穀梁传	二十卷	崇祯八年		
隋书	八十五卷	崇祯八年	顺治八年	志三十卷
仪礼	十七卷	崇祯九年		
魏书	一百三十卷	崇祯九年	顺治九年	志二十卷
论语	二十卷	崇祯十年		
南齐书	五十九卷	崇祯十年	顺治九年	舆服志一篇，高逸孝异列传二篇
左传	六十卷	崇祯十一年		
北齐书	五十卷	崇祯十一年	顺治十年	神武本纪二卷，后主幼主本纪一卷，列传散失八十八叶
礼记	六十三卷	崇祯十二年		
北史	一百卷	崇祯十二年	顺治十年	本纪一十二卷
尔雅	十一卷	崇祯十三年		
南史	八十卷	崇祯十三年	顺治十一年	列传六十卷至七十卷
史记	一百三十卷	崇祯十四年	顺治十一年	周本纪一卷，礼乐律历书四卷，儒林列传五六七叶
前汉书	一百二十卷	崇祯十五年	顺治十二年	艺文志一卷，文三王传、贾谊传、叙传四卷
后汉书	一百三十卷	崇祯十六年	顺治十二年	八志三十卷
三国志	六十五卷	崇祯十七年	顺治十三年	蜀志二卷至七卷，上三国志表一篇

自十三经、十七史起，汲古阁刻书，采用了一种新的字体。这种字体横瘦竖粗，较万历字体更为扁平，黄永年先生称之为扁方体字。除

十三经、十七史外，《文选》（图
6-1-12）《乐府诗集》《宋名家词》
也都采用此种字体。在版式方面，
特别是十七史和《文选》，半叶字
数多至十二行或十三行二十五字，
小字双行三十七字，蝇字满眼，版
心又多镌"汲古阁""毛氏正本"
字样，具有鲜明的汲古阁特征，极
具辨识性。

此外，汲古阁刻书，还有一
种仿欧字体。（图6-1-13）黄永
年先生提到：

图 6-1-12　明汲古阁刻清康熙间钱氏重校本《文选》

> （汲古阁）仿欧字体，
> 但又不像南宋浙本、明嘉靖
> 本，而是瘦长且斜，不甚好看，
> 且为数也不多，只《中州集》
> 等少数几种，其中有的如《四唐人诗》笔道还要肥一些，《说文解字》
> 更端正一些。①

《诗词杂俎》也是这种字体，毛晋跋其中《河汾诸老诗集》云：

> 秋来复溯洄秦淮，访庐陵周浩若，示予斯编，且促与《月泉吟社》
> 同函分布。予欣然订正，命侍儿效率更令笔法，鸠工锓木。②

毛晋刻书，不仅仅只有经史，叶德辉云："当时遍刻《十三经》
《十七史》《津逮秘书》、唐宋元人别集，以至道藏、词曲，无不搜刻
传之。"③据苏晓君先生统计，毛氏刻书"现今可考者源自各藏家记录，

---

① 黄永年《古籍版本学》，第 144 页。

② 汲古阁欧体写工，似是吴门王咸。王咸，字与公，号介庵。长洲人。毛晋《姚少
　监诗集跋》："但未及招与公于临顿里中，亦用率更笔法，与浪仙、长吉媲美，
　洵一恨事。"

③ 叶德辉《书林清话》卷七"明毛晋汲古阁刻书之一"，《书林清话（外二种）》，
　北京燕山出版社 1999 年版，第 190 页。

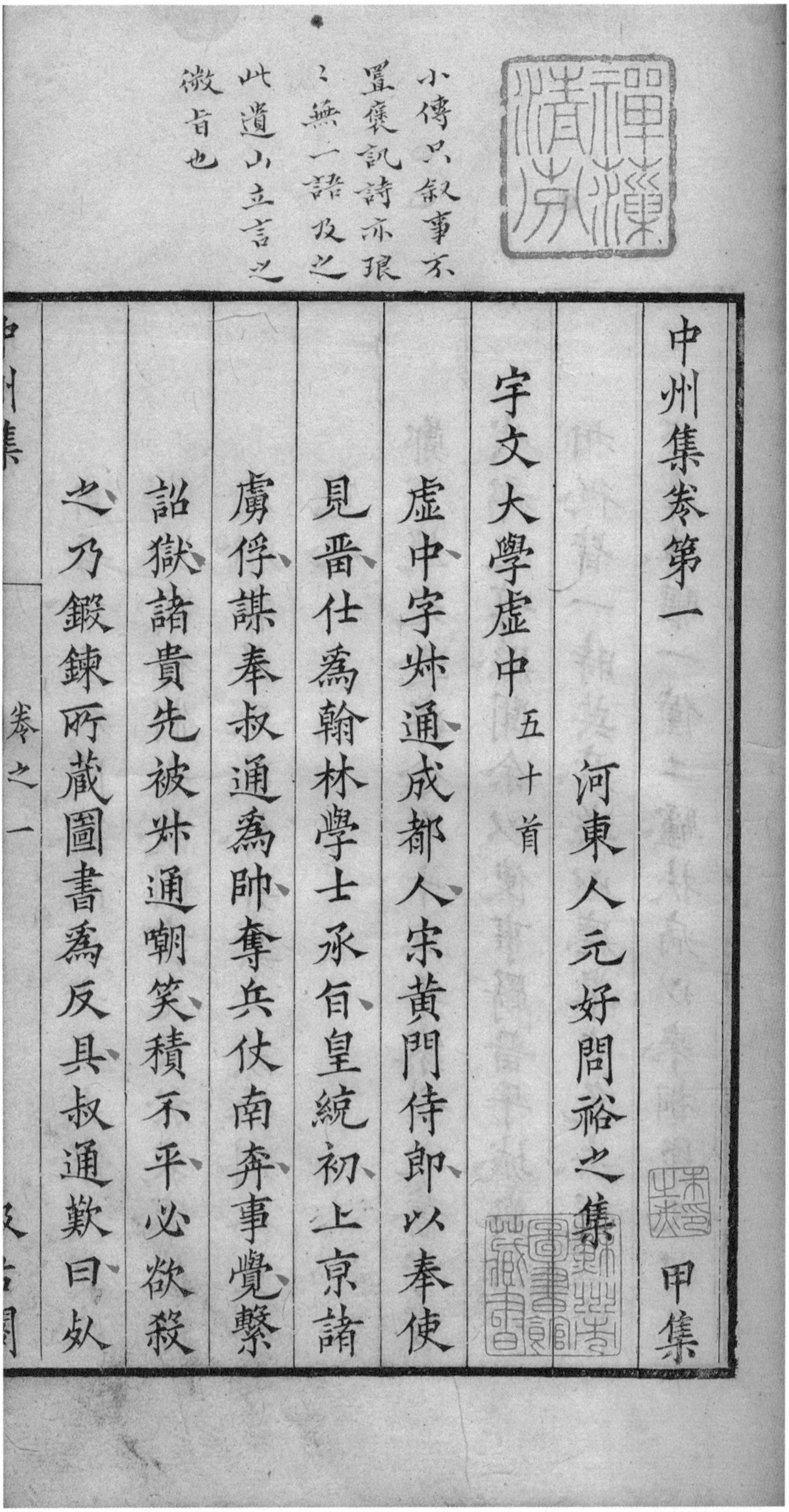

中州集卷第一　　　　　　河东人元好问裕之集　甲集

宇文大学虚中　五十首

虚中字叔通成都人宋黄门侍郎以奉使

见晋仕为翰林学士承旨皇统初上京诸

虏俘谋奉叔通为帅夺兵伏南奔事觉系

诏狱诸贵先被叔通嘲笑积不平必欲杀

之乃锻炼所藏图书为反其叔通歎曰以

小传只叙事方

置褒讥诗亦琅

之无一语及之

此遗山立言之

微旨也

中州集

卷之一

图6-1-13　明汲古阁刻本《中州集》

有早期绿君亭十四种，含丛书四种，其中丛书含子目十七种，单种加子目共二十七种；汲古阁一百二十一种，其中丛书三十三种，子目及合刻六百五十三种，总共七百四十七种。《汲古阁校刻书目》及《补遗》《明毛氏汲古阁刻书目录》中知而未见、未得者四十七种，以上各类合计八百五十二种。另外还有毛氏参与《嘉兴藏》刻经六十六种，以及毛晋校经一百六十二种。"[①]《汲古阁校刻书目》及《补遗》著录有书板有十万馀片。毛扆在《五经文字》跋文中亦称：

> 吾家当日有印书作，聚印匠二十人刷印纴籍。扆一日往观之，先君适至，呼扆曰："吾节衣缩食，遑遑然以刊书为急务，今板逾十万，亦云多矣。窃恐秘册之流传者，尚十不及一也。"

除藏经外，比较重要的有《津逮秘书》《宋名家词》《六十种曲》《词苑英华》《道藏八种》《元人集》等。

《津逮秘书》共十五集一百五十七种（图6-1-14），书品较杂，占验、艺术、诗话、题跋、笔记，无不收录。其中有一部分书，即用绿君亭原板，如《洛阳伽蓝记》《葬经翼》等；另外较大一宗，来自海盐胡震亨《秘册汇函》焚馀之板。《秘册汇函》刻于明万历年间，天启元年（1621）杭州大火，书板损失大半。胡氏于是半卖半送，将书板转给了毛晋。毛晋为之增辑补亡，命名为《津逮秘书》。《四库全书总目》评价此书：

> 凡版心书名在鱼尾下，用宋本旧式者，皆震亨之旧。书名在鱼尾上，而下刻汲古阁字者，皆晋所增也。晋家富藏书，又所与游者多博雅之士，故较他家丛书去取颇有条理。而所收近时伪本，如《诗传》《诗说》《岁华纪丽》《琅嬛记》《汉杂事秘辛》之类，尚有数种。又《经典释文》割裂《周易》一卷，尤不可解。其题跋二十家，皆抄撮于全集之中，亦属无谓。今仍分著于录，而存其总名于此，以不没其搜辑刊刻之功焉。

叶德辉对此书则持肯定态度，他说：

---

① 苏晓君《汲古阁汇纪》例言，北京大学出版社2018年版，第1页。

图 6-1-14　汲古阁刻《津逮秘书》　　图 6-1-15　汲古阁刻《宋名家词》

《秘册汇函》其未经归并《津逮秘书》以前，印本传布颇稀。吾曾藏有多种，《岁华纪丽》《琅嬛记》实在其内，则其所收芜杂，咎不属子晋一人。且有高似孙《纬略》一种，为《津逮》所未收，而《唐音统签》，板式亦复相合。是否为《秘册》旧有，事无可考。今则收藏家惟知有《津逮秘书》矣。[1]

清嘉庆间，里人张海鹏见《津逮秘书》版久漫漶，又取而汰益，重加校订，刊成《学津讨原》二十集。

《宋名家词》六集（图6-1-15），共收书六十一家九十一卷。叶德辉云："汇刻词集，自毛晋汲古阁刻《六十家词》始，当时拟刻百家，后四十家未刻者，其钞本流传，载彭元瑞《读书跋》。"[2]《全宋词》编订说明也承认："明末毛晋汲古阁刊《宋名家词》六集六十一家，为宋以后大规模刊刻词集之始，其书流传最广。"《四库全书总目》虽对此书颇有微词，但据学者研究，《四库全书》词曲类著录别集五十九种，径用毛

---

① 叶德辉《书林清话》卷七"明毛晋汲古阁刻书之七"，第199—200页。

② 叶德辉《书林清话》卷七"明毛晋刻《六十家词》以后继刻者"，第200页。

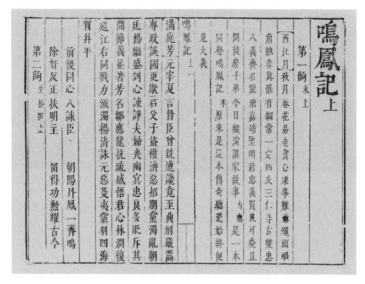

图 6-1-16　汲古阁刻《绣刻演剧》本《鸣凤记》

刻者达三十八种，嘉惠倚声家之恩甚大。①

又《六十种曲》，原名《绣刻演剧》，共十本六十种，所收多为南戏及传奇，杂剧只有《西厢记》一种，是一部极重要的戏曲总集。其中如《三元记》《春芜记》《精忠记》《四喜记》《投梭记》等十馀部作品，之前未见刻本流传。有些曲文，如《鸣凤记》《水浒记》《白兔记》等，也要明显优于其他版本。（图 6-1-16）

明朝灭亡以后，毛晋心态有了明显的改变。据陈瑚记载，这时的他"杜门却扫，以著书自娱，无矫矫之迹，而有渊明、乐天之风。与耆儒故老、黄冠缁衲十数辈为佳日社，又为尚齿社。烹葵剪鞠，朝夕唱和以为乐"②。因此汲古阁刻书量明显缩减，所刻书以师友著作及藏经为主。代表性的有钱谦益《列朝诗集》、钱谦贞《愚公集》《未学庵诗稿》、戴明说等辑《历代诗家》、释德清《憨山老人梦游集》以及《嘉兴藏》等。

顺治十六年（1659）七月二十七日，毛晋去世。（图 6-1-17）他的儿子毛扆、毛表、毛褒继承了他的刻书事业。毛褒（？—1677），字华伯，号质庵，曾与毛表、毛扆合刻《三才汇编》六卷，独刻陈瑚《确庵文稿》四十卷。毛表（1639—1700），字奏叔，号正庵，刻有《楚辞》十七卷、释道源《寄巢诗》二卷。毛扆（1640—1713），字斧季，为藏书刻书家

① 凌天松《明编词总集丛刻述评》，上海古籍出版社 2014 年版，第 178-179 页。
② 《以介编》陈瑚《为昆湖毛隐居六十乞言小传》，清初刻本。

图 6-1-17　毛晋墓志铭拓片（局部）

陆贻典婿，刻书最多，也最为知名，刻有《陶渊明文集》、真德秀《大学衍义》、释明河《补续高僧传》、卢绪《四照堂文集》、冯班《钝吟老人遗稿》等，又校订补刻了《陆放翁全集》《说文解字》《乐府诗集》《元人集》《松陵集》《中吴纪闻》等。不过到毛扆晚年，汲古阁已日渐式微，书板和藏书也多散出。百年芳华，风流顿歇，不免让人浩叹。

　　汲古阁入清后所刻之书，较为重要的是《列朝诗集》和《说文解字》。《列朝诗集》原名《国朝诗集》（图 6-1-18），分乾集、甲集（另有前编）、乙集、丙集、丁集、闰集六部，共八十一卷，是钱谦益编纂的一部诗史性质的明诗总集，在当时及后世皆享有盛名。此书虽是毛晋所刊，全书却没有任何汲古阁刊刻的痕迹。但钱谦益致毛晋书札多次提及此书："此间望此集者，真如渴饥，踵求者苦无以应。惟集名国朝二字，殊有推敲，一二当事有识者，议易以列朝字，以为千妥万妥，更无破绽，此亦笃论也。板心各欲改一字，虽似琐屑，亦不容以惮烦而不为改定也，幸早图之。""丁集已可缮写。近日如丘长孺等流，欲存其人，卒未可得，姑置之可耳。""顷又附去闰集五册，乙集三卷。闰集颇费搜访，早刻之，可以供一时谈资也。""乾集阅过附去，本朝诗无此集，不成模样。"①可知是毛晋所刻无疑。

　　除刊印外，毛晋因交游广泛，还承担搜访之事。钱谦益信中即有"曾托胡白叔寻访郡中黄德水、沈从先诗，幸一促之。德水诗惟史辰伯有之，恶其吝而难与言也""德操家藏诗卷，幸为致之"等语。②

　　此外，《列朝诗集》雕刻也颇有特色。它不仅在内容编排上仿照《中

① 《钱牧斋先生尺牍》卷二《与毛子晋》，清康熙三十八年（1699）常熟顾氏如月楼刻本。
② 《钱牧斋先生尺牍》卷二《与毛子晋》。

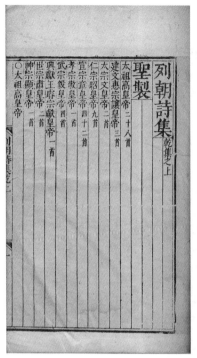 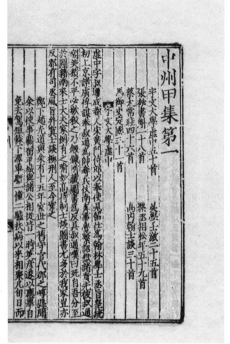

图 6-1-18　清顺治九年毛晋刻本 图 6-1-19　元至大三年曹氏进德斋刻本
《列朝诗集》 《中州集》

州集》，版式也和元刻本《中州集》极为类似（图 6-1-19），但字体却颇有不同。黄永年先生指出，《列朝诗集》采用的是万历时期盛行的方体字[1]。钱谦益自序云，《中州集》自甲至癸共十集（丁集无文），而《列朝诗集》却止于丁集，不满十集之数，这是因为丁代表"丁壮成实"，"于时为朱明，四十强盛之年也"，其中有"微言大义"在。刊刻时，选用万历通行字体，可能也有其特殊的意义。

《说文解字》十五卷，在汲古阁刻书史上极负盛名（图 6-1-20）。这是因为，由于李焘所编《五音韵谱》自宋代淳熙年间刊刻以后，一直广为流传。李焘所改定"始东终甲"《说文》顺序，取代了原本"始一终亥"的顺序。自元至明，很多学者都不知道《说文》原本的面貌。到了明末，毛晋根据吴郡赵均抄本、宋大徐本以及其他韵书对《说文解字》进行校刻，一定程度上恢复了《说文解字》的原貌。但此书尚未完成，毛晋就已过世。直至康熙四十三年（1704），毛扆才正式刷印此书。由于毛扆对毛晋校刊的情况不甚了解，只能参酌己意，取小徐本校正，前

① 黄永年《古籍版本学》，第 144 页。

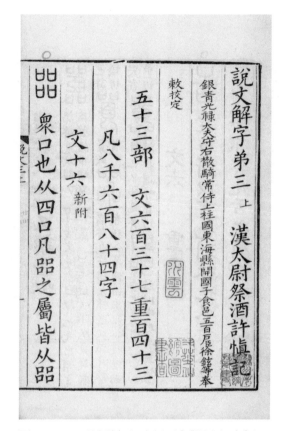

图6-1-20　明末清初汲古阁刻本《说文解字》（五修本）

后五次修订剜补，形成了极其复杂的汲古阁《说文》版本系统。

汲古阁本《说文》，是清代前期最流行的《说文》版本，即使到了清代中后期，仍有不少版本是根据汲古阁本翻刻，如朱筠椒华吟舫本、姚觐元川东官舍本，其底本都来自汲古阁。[1]它对清代经学、小学的推动作用，已不言而喻。因此叶德辉盛赞此书："即其刻《说文解字》一书，使元明两朝未刻之本，一旦再出人间，其为功于小学，尤非浅鲜。"[2]

日本学者井上进在所著《中国出版文化史》中有"儒与商"一节，专门谈到读书人从事刻书业，汲古阁毛晋就是其中的代表之一，他认为毛氏是儒士的同时，也是实质的纯粹的商人，因为他选择的是以古典著作作为主要方向，因此取得了巨大的成功。[3]正如他所言，毛晋在后世常常既被当作私刻的代表，又被当作坊刻的代表而加以讨论。

[1] 见董靖宸《毛氏汲古阁本〈说文解字〉版本源流考》，《文史》2020年第3期。
[2] 叶德辉《书林清话》卷七"明毛晋汲古阁刻书之一"，第190页。
[3] 井上进《中国出版文化史》，华中师范大学出版社2015年版，第168页。

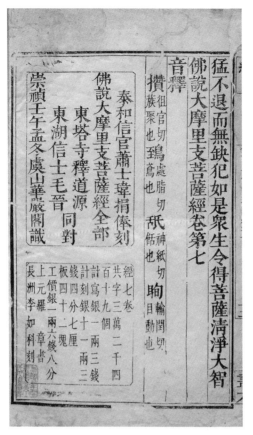

图 6-1-21　萧士玮、毛晋合刻《嘉兴藏》本牌记

汲古阁在刻书史上的另一个重要贡献，就是续刊《嘉兴藏》（图6-1-21）。《嘉兴藏》又名《径山藏》，由紫柏、道开、袁黄、冯梦祯等人发起，以方册装（线装）代替以前的经折装，以广流通。早在天启六年（1626），毛晋就立下重誓，要刊刻经史全部及《华严经》，"以报四恩"①。崇祯十一年（1638），《华严经》刊毕。而此时，《嘉兴藏》面临巨大困境，主事者紫柏、道开等人相继去世，法将凋零，刊刻工作难以为继。毛晋于是联合萧士玮、范景文、钱谦益等人，承担起"浮屠合尖"的责任，并建造华严阁作为藏板之地。自崇祯十五年至十七年（1642—1644），三年之间，毛晋一共刊刻佛经277种，板4375块，字数达340万②。兵乱之后，华严阁的刻藏事业基本趋于停滞，所刻经藏寥寥无几。顺治十四年（1657），萧士玮侄萧伯升东来。毛晋与钱谦益抓住机会，与萧伯升再次合作，了结以前未竟之事业。这一段时间，毛晋

① 毛晋《刻华严经缘起》，见《汲古阁珍藏秘本书目》，清抄本，中国国家图书馆藏。
② 见胡艳杰《毛晋父子校刻佛典书录》，国家图书馆出版社2019年版，第641—643页。

先后刊刻了憨山《梦游全集》、钱谦益《楞严蒙钞》《心经略疏小钞》《金刚经疏记会钞》等书，可惜不久毛晋即因病去世，剩下的书板在钱谦益的监督下，由其子毛表、毛扆等刊成。大约在顺治十八年前后，在径山僧寿光以及钱谦益的活动下，华严阁经板全部移交径山化城寺。

关于毛氏汲古阁刻书的功过，前人撰文甚多。特别是自钱曾开始，后人对汲古阁的评价逐渐趋向负面。他们对汲古阁的批评，主要集中在底本选择和校勘两方面，其中尤以叶德辉最为苛刻，有"明人刻书而书亡"之讥 [1]。不过，批评者在评价之时，往往忽视了当时的实际情况，比如善本之难得、明末学术发展水平等，其结论未必公允。总的来说，汲古阁刻书功大于过。其功绩主要有以下几点。一是将珍稀秘本化身千百，促进了知识和文化的流通。钱谦益称赞毛晋："故于经史全书勘雠流布，务使学者穷其源流，审其津涉。其他访佚典、搜秘文，皆用以裨辅其正学。于是缥囊缃帙，毛氏之书走天下。" [2] 二是在底本的选择上，能考镜源流，网罗众本，尤其重视宋本、善本、足本、全本。书板刊刻后，如果得到善本，毛晋甚至不惜毁板重刻 [3]。同时，毛晋也不是一味佞宋，而是有所去取，择善而从。比如《歌诗编》，毛晋就不以临安陈氏为佳。他这种求善、求全的观念，对后世刻书家影响很大。三是重校勘，慎改字，刊刻时多保留古字。特别是毛扆、毛表，继承发扬了这一传统，把"缺疑"当作校书"第一要义"。毛扆自言，"苟非有善本可据，亦且依样葫芦，须在心领神会，不可擅加涂乙也" [4]。遗憾的是，这些标准在刊刻过程中，并没有能严格执行，给后人留下了口实。

附：汲古阁刻书表

此表综合毛氏《汲古阁校刻书目》、郑德懋《汲古阁校刻书目补遗》、陶湘《明毛氏汲古阁刻书目录》，以及苏晓君《汲古阁汇纪》等书著录，不含毛氏所刻藏经。

---

[1] 叶德辉《书林清话》卷七"明毛晋汲古阁刻书之一"，第 192 页。
[2] 钱谦益《牧斋有学集》卷三十一《隐湖毛君墓志铭》。
[3] 见毛扆《石屏词》跋，明毛氏汲古阁刻《宋名家词》本，中国国家图书馆藏。
[4] 毛扆《洛阳伽蓝记》跋，明毛氏绿君亭刻本，中国国家图书馆藏。

书名	刊刻时间	备注	版片流转
屈子七卷附录四卷	万历四十六年	合称《屈陶合刻》，版心镌绿君亭	
陶靖节集六种六卷	天启五年		
苏米志林二种三卷	天启五年	版心镌绿君亭	板在苏州蒋氏，有文粹堂印本
倪云林遗事一卷题画诗一卷	明	版心镌绿君亭	
洛阳伽蓝记五卷	明	版心镌绿君亭，入《津逮秘书》	
神农本草经疏三十卷	天启五年	版心镌绿君亭	
葬经翼一卷古本葬经内篇一卷葬图一卷	明	版心镌绿君亭，入《津逮秘书》	
难解二十四篇一卷	明	版心镌绿君亭，入《津逮秘书》	
浣花集十卷补遗一卷	明	版心镌绿君亭	
二家宫词二种二卷	明	版心镌绿君亭，入《诗词杂俎》	
三家宫词三种三卷	明	版心镌绿君亭，入《诗词杂俎》	
十三经三百三十三卷	崇祯元年至十三年	入清后有修板	板在常熟席氏

（续表）

书名	刊刻时间	备注	版片流转
十七史一千五百七十四卷	崇祯元年至十七年	入清后有修板	板在苏州席氏扫叶山房
群芳清玩十三种十六卷	崇祯		
李翰林集二十五卷	崇祯三年		
唐诗纪事八十一卷	崇祯五年		
苏门六君子文粹六种七十卷	崇祯六年	陶湘认为是毛晋代刻	
秦张两先生诗馀合璧三种五卷	崇祯八年	王象晋辑，毛晋为其门人，因代刻此书，入《词苑英华》	
元人集十种五十四卷	崇祯十一年	毛扆增刻《玉山草堂集外诗》一种	板在无锡华氏
筠溪牧潜集七卷	崇祯十二年		
唐人八家诗十种四十五卷	崇祯十二年		板为山东赵执信买去
四书集注二十一卷	崇祯十四年		有静远楼印本
四书六经读本十一种一百十二卷	崇祯十四年		
载之诗存一卷	崇祯十四年		
天潢世系图一卷	崇祯十六年		

（续表）

书名	刊刻时间	备注	版片流转
明僧弘秀集十三卷	崇祯十六年		
周易本义四卷	明		
九正易因不分卷	明		
童子问八卷首一卷末一卷	明		
礼记集说十六卷	明		
经典释文三十卷	明		
汉隶字源五卷碑目一卷	明		有受恒堂印本
陆状元增节音注精议资治通鉴一百二十卷首一卷目录一卷	明		
史记索隐三十卷	明		板在常熟鲍氏
五代史补五卷	明		板在常熟鲍氏
五代史阙文一卷	明		
吴郡志五十卷	明		
（宝祐）重修琴川志十五卷	明		板在常熟一农家
中吴纪闻六卷	明	毛晋刻，毛扆重校	
五代名画补遗一卷圣朝名画评三卷	明		
宣和画谱总目二十卷	明		

（续表）

书名	刊刻时间	备注	版片流转
道藏八种四十二卷	明		
万姓统谱一百四十卷	明		
陶渊明文集十卷	明		
杜工部诗集二十卷文集二卷	明		
田园杂兴诗一卷	明		
铁崖先生古乐府十卷补一卷	明		
铁崖先生复古诗集六卷	明		
丽则遗音四卷附录一卷	明		
沧螺集六卷	明	此书据弘治本翻刻，字体肥厚，与别本字体迥异	
剪桐载笔不分卷	明		
松陵集十卷	明	有毛宸重修本	有寒松堂、因树楼印本
唐僧弘秀集十卷	明	清初毛宸重修	
中州集十卷首一卷乐府一卷	明		有吴门寒松堂、苏州萃古堂印本
忠义集三种七卷	明	入《津逮秘书》	板在常熟邵氏
文选注六十卷	明		有钱士谥等修订本
滑耀编四卷	明		

（续表）

书名	刊刻时间	备注	版片流转
乐府诗集十二种一百卷目录二卷	明	清初毛扆重修	板在江宁
董彦远除正字谢启合疏	明		
六十种曲十二集一百二十卷	明		
汉魏六朝百三家集四百四十二卷	明	张溥辑，陶湘认为毛晋代刻	
五唐人诗集六种二十六卷	明		
三唐人诗集三种三十四卷	明		板在常熟邵氏，因火灾，仅抢出李翱集一种
元诗四大家五种二十七卷	明		
五经四子书九种七十七卷	明		
深牧庵日涉录一卷南归日录一卷汴游录一卷	明		
隐湖题跋一卷续题跋一卷	明		
孔子家语十卷	明		有宝翰楼印本
二如亭群芳谱十三种二十九卷	明	代王象晋刻	
津逮秘书十五集一百五十七种	明		
陈眉公先生订正丹渊集四十卷拾遗一卷附录一卷年谱一卷	明	此书为吴一标所刻，但未能流传，毛晋遂购板重修	

（续表）

书名	刊刻时间	备注	版片流转
读杜私言一卷读杜小笺一卷二笺一卷	明		
陆放翁全集三种一百三十七卷	明	毛扆后又增刻《南唐书》《家世旧闻》《斋居纪事》三种	板在常熟张氏，后在苏州紫阳书院
江东白苎二卷续二卷	明		
诗词杂俎十二种二十五卷	明		板在扬州某商人处，有吴门寒松堂印本
唐人选唐诗八种二十三卷	明		有嘉会堂印本
牧云和尚病游初草一卷后草一卷	明		
唐三高僧诗集五种四十七卷	明		
唐人四集五种十六卷	明		传言劈为柴火煮茗
词苑英华九种四十五卷	明		板在扬州，有洪振珂因树楼印本
宋名家词六十一家九十一卷	明		板在常熟邵氏，毁于火，仅抢出《珠玉词》一种
愚公集四卷未学庵诗稿十一卷得闲集二卷集外诗一卷尺五集二卷怀古集二卷颐仲遗稿一卷	顺治二年至四年		

（续表）

书名	刊刻时间	备注	版片流转
重刻历体略三卷	顺治三年		
列朝诗集八十一卷	顺治九年		
牧云和尚懒斋别集十四卷	顺治十四年		
历代诗家五十六卷二集八十六卷	顺治十四年		
憨山老人梦游集四十卷	顺治十七年	毛晋刊刻未就去世，其子毛褒等续成之	
寄巢诗二卷	顺治十八年	毛表、陆贻典等合刊	
唐人六集九种四十二卷	顺治		
楚辞十七卷	康熙元年	毛表刊	板归宝翰楼
三才汇编六卷	康熙五年		
陶渊明文集十卷	康熙三十三年	毛扆刻	
大学衍义四十三卷	崇祯	毛扆重修本	
四照堂文集三十五卷乐府诗集二卷	康熙		
乐府诗集十二种一百卷			
确庵文稿四十卷	康熙	毛褒刊	

（续表）

书名	刊刻时间	备注	版片流转
钝吟老人遗稿九种二十三卷	康熙	与陆贻典合刊	
说文解字十五卷	康熙四十三年	毛晋刊刻部分，清康熙毛扆五次剜改重订	
隐湖倡和诗三卷	康熙		
杨大洪忠烈实录二卷		此书毛晋订，版心题世美堂	
读易便解二卷		见《汲古阁校刻书目》	
大易则通六卷		见《书目补遗》，有明刻本存世，为十五卷闰一卷	
毛诗微言二十卷		见郑氏《书目补遗》	
毛诗名物图考		见陶湘《目录》	
三元四书		见《汲古阁校刻书目》	
左概六卷		见《汲古阁校刻书目》	
顾麟士十一经考		见郑氏《书目补遗》，有刻本存世	
小学析疑三卷		见《汲古阁校刻书目》	
切韵指掌图		见郑氏《书目补遗》	
诸理斋通鉴集要十卷		见郑氏《书目补遗》，有刻本存世	
宋史四百九十六卷		见陶湘《目录》，傅增湘亦云曾刊，但刷印绝少，与十七史同式，疑未刊	
宗谱先贤		见郑氏《书目补遗》，云未刻	

（续表）

书名	刊刻时间	备注	版片流转
永思录一卷		见郑氏《书目补遗》，云未刻	
方舆胜览七十卷		见郑氏《书目补遗》，云未刻	
国概三卷		见郑氏《书目补遗》	
吴郡图经续记三卷		见郑氏《书目补遗》	
吴地记一卷		见郑氏《书目补遗》，云未刻	
虞乡杂记三卷		见郑氏《书目补遗》，云未刻	
救荒四说		见郑氏《书目补遗》，云未刻	
大学衍义补一百六十卷		见郑氏《书目补遗》	
昨非庵日纂三集		见郑氏《书目补遗》，有刻本存世	
外科正宗四卷		见《汲古阁校刻书目》	
痘证新书全卷		见《汲古阁校刻书目》	
广笔记三卷		见《汲古阁校刻书目》，有刻本存世	
武烈帝签诀		见郑氏《书目补遗》	
北斗经一卷		见郑氏《书目补遗》	
禊帖总闻		见郑氏《书目补遗》	
玉台新咏十卷		见《汲古阁校刻书目》	
唐诗类苑一百卷		见《汲古阁校刻书目》	
昔友诗存		见郑氏《书目补遗》，云未刻	
古文渎编二十三卷		见郑氏《书目补遗》，有明崇祯刻本	

（续表）

书名	刊刻时间	备注	版片流转
国玮集五十六卷		见郑氏《书目补遗》，有明刻本	
明四秀集		见郑氏《书目补遗》	
海虞古文苑		见郑氏《书目补遗》，云未刻	
海虞今文苑		见郑氏《书目补遗》，云未刻	
严维诗二卷		见《汲古阁校刻书目》	
鸡肋集七十卷		见郑氏《书目补遗》	
隐湖小识		见郑氏《书目补遗》，云未刻	
隐湖遗稿		见郑氏《书目补遗》，云未刻	
明诗纪事		见郑氏《书目补遗》，云未刻	

图 6-1-22　现存汲古阁唯一建筑原物——海棠形石缸　常熟石梅小学

第二节　汲古阁书版流转与琴川书屋、扫叶山房

黄裳在《清代版刻丛谈》中曾说常熟汲古阁毛氏，是"中国雕版史上由明入清的代表人物"[①]。事实上，从书版的流传情况来看，其在雕版史上的影响已不仅仅限于由明入清这一段时间，甚至可以说影响了整个有清一代的苏州书坊刻书史。

一、汲古阁《十三经》《十七史》书版与常熟席氏

顺治十六年（1659）毛晋过世，家道中落，其子孙迫于生计，陆续将汲古阁书版典质。清嘉道间人郑德懋所撰《汲古阁刻板存亡考》一书，记录了汲古阁所刻书版的去向，虽然有一些流转到了苏州以外的地区，但是从现存的实物调查来看，主要的书版多由苏州本地的书坊、藏书刻书之家所得。[②]其中最引人注目的，是汲古阁刻两套大书《十三经》《十七史》的书版，均归苏州席氏。

席氏本为富甲一方的苏州洞庭东山望族。其家虽以经商为业，但入清以来，顺治间的席本桢，康熙时席本桢的次子席启图、季子席启寓，均于藏书刻书有所致力。尤其是因曾授工部虞衡司主事而被称"席工部"的席启寓（1650—1703），因羡慕常熟绛云楼"藏书之富"、汲古阁"雕印之精"，故自洞庭东山迁居常熟。[③]自此，席氏家族参与藏书刻书之文化事业者绵延不绝。

康熙间人张云章（1648—1726）撰有《工部虞衡席君传》一文，称席启寓"于学者有雕本《十三经》《十七史》行于世，又辑唐诗百家付之梓，于是世之人读席氏书者为多"。又，张云锦（1704—？）为其舅父陆陇其所撰《陆陇其传》中，述陆氏于康熙三十一年（1692）"馆于虞山席氏……订正汲古阁《十三经》《十七史》"[④]，虞山席氏即指席启寓。据陆陇其日记[⑤]所记，陆氏在京时就与席启寓相识，先后在京及常熟

① 黄裳《清刻本》，第3页。

② 郑德懋《汲古阁刻板存亡考》称，《十三经注疏》版归常熟小东门外东仓街席氏，《十七史》版归苏州扫叶山房，《说文解字》版归钱氏萃古斋，《陆放翁全集》版归虞山张氏诗礼堂，这些书版至道光、光绪间仍有刷印。

③ 见席启寓康熙四十一年《唐诗百名家》自序。

④ 张云锦《陆陇其传》，载吴光酉等撰《陆陇其年谱》附录，中华书局2006年版，第616页。

⑤ 陆陇其《三鱼堂日记》，中华书局2016年版。

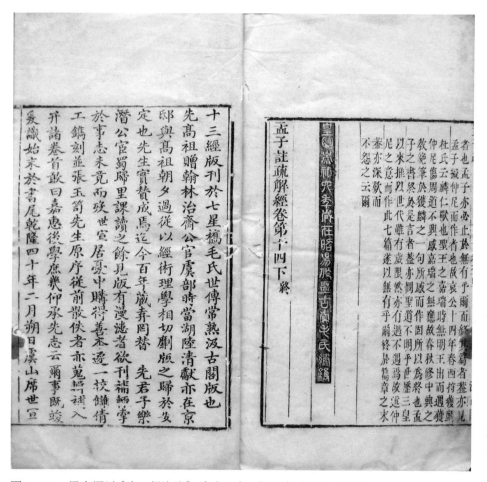

图 6-2-1　汲古阁刻《十三经注疏》自右至左：初印本 中印本 后印本
后印本右半叶为清代补版，左半叶为乾隆间席世宣重印跋

二地教授席氏二子长达十二年之久。因此，可知汲古阁二书版均在康熙三十一年（1692）前先归席启寓所藏。

现存于世的《十三经注疏》毛氏汲古阁本中有一种海虞席氏修补印本（图6-2-1），书前有席启寓玄孙席世宣撰于乾隆四十年（1775）二月的序，序言称：

> 《十三经》版刊于七星桥毛氏，世传常熟汲古阁版也。先高祖赠翰林治斋公官虞部时，当湖陆清献亦在京邸，与高祖朝夕过从，以经术理学相切劘。版之归于安定①也，先生实赞成焉。迄今百年，藏弄罔替。先君子乐潜公宦蜀归里，课读之馀，见版有漫漶者，欲刊补，辄牵于事，志未竟而殁。世宣居忧中，购得善本，逐一校雠，倩工镌刻。并张玉笥先生原序从前散佚者，亦蒐辑补入，弁诸卷首。敢曰嘉惠后学，庶几仰承先志云尔。事既竣，爰识始末于书尾。

序言所述与前所述《陆陇其传》的内容是一致的，可见汲古阁《十三经注疏》本归席启寓所有。席世宣《十三经注疏》修补印本内封有"汲古阁原板"和"海虞席氏珍藏"题字，仅有张序，版心下方有"汲古阁"三字。各卷末仍有原本刊记，如《孟子》书末有"皇明崇祯六年岁在昭阳作噩古虞毛氏绣镌"。但如序言所言，多数已漫漶难识，应该是经过多次刷印造成的。上述《工部虞衡席君传》一文称席启寓有雕本《十三经》行世，当指其在世时重印过汲古阁《十三经》。至晚自康熙三十一年（1692）席启寓得此书版，到乾隆四十年（1775）几近百年，期间应该多次刷印②，也可说明百年间此书受读者欢迎程度。

但是由于现存汲古阁本《十三经》《十七史》入清后印本中刷印年代略早的本子，大多没有留下席氏的任何印记，故席启寓得汲古阁刻《十三经》《十七史》书版后印的本子真实面貌如何，尚是一个有待进一步调查研究的课题。值得注意的是，伴随着得汲古阁书版，席启寓同时期自己刊刻的一部大书《唐诗百名家集》现存初后印各种本子，从一个侧面

---

① 洞庭席氏源于安定席氏，故自称安定世家。

② 此本国内较少著录，关于此后印本的详情可参见日本学者长泽规矩也《汲古阁本注疏の序跋封面に就いて》，载《长泽规矩也著作集》第一《书志学论考》，汲古书院1982年版，第40—41页。

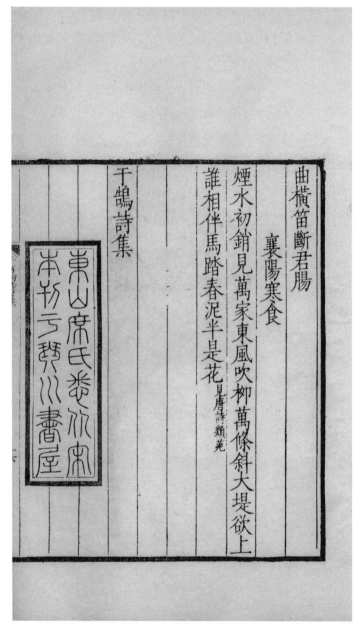

图 6-2-2　《唐诗百名家集》　清康熙四十一年席氏琴川书屋刻本　上海图书馆藏

提供了康熙时代席氏刊印书籍的真实样态。

《唐诗百名家集》共计三百二十六卷，由席启寓编录，其子永恂、前席同校。实际收录了唐贞元年间至五代间九十九位诗人的诗集，另有五位诗人仅存目无诗，于中晚唐诗史上重要诗人的作品收录颇为完备。（图 6-2-2）根据席氏自序，可知该书约从康熙十年（1671）左右编刊，至康熙四十一年（1702）完成。清初以来，辑选和刊刻唐诗渐成风气，顺治时有汲古阁据宋本重雕《三唐人集》《四唐人集》《五唐人集》及《唐人选唐诗》等数种；康熙时，有王士禛辑十种《唐诗选》十七卷、《唐贤三昧集笺注》三卷。席启寓刻唐诗，应当有受这一风气影响的因素，但是他选择诗家的标准在当时确能独树一帜，首先，以李白、杜甫之前诸家诗集善本易得，而专取中晚唐诗人之诗集汇刻；其次，于中晚唐诗人中又因刘禹锡、元稹、白居易、皮日休、陆龟蒙五家[①]诗集刊刻较广而易得，故仅在目录中列出，不收其诗。

康熙三十八年（1699）康熙皇帝第三次南巡途经太湖，时任江苏巡抚的宋荦进呈该集已刻的四册以供御览，席刻唐诗得以声名远播。宋荦在康熙四十七年（1708）为此集所撰序中说，虽然当时官方已有《全唐诗》刊刻，但版藏内阁，外人不易获得，而席氏所刻唐诗之选诗标准在当时可谓自成一家，可补胡震亨《唐音统签》之不足。[②]

从刷印和版刻风格来看，席启寓所刻《唐诗百名家集》也称得上清初刻本中的上品。书前自序与宋荦所撰序皆称悉依宋本刊之，各集中卷末偶有"东山席氏悉从宋本刊于琴川书屋"之长方形牌记。书前《辑唐诗百名家小传凡例》中称，诗人小传多采自《新唐书》与《旧唐书》等正史，而各家诗集名原本有以官名，有以地名，有以姓名，均依"宋雕善本模勒"，但卷首小传则"概用官爵或赠谥，存画一之义"[③]，除此以外，各书的行款也统一为每半叶十行十八字，左右双边，白口，单鱼尾，与南宋书棚本同，但实际所据并非书棚本。是集颇有特色的一点是，将所收各家诗集原底本上的序跋照刻不误，如其中《张司业集》卷八后录有钱谦益、冯班的跋，由此可知所用底本为由钱谦益、冯班所递藏的宋平江本（八卷本），而非十卷本的书棚本。丁丙《善本书室藏书志》亦

---

① 其自序中称"元、白、皮、陆四家"有目无诗，调查实物，目录中实有上述五位诗人。
② 宋荦《唐诗百名家集》序，《唐诗百名家集》康熙四十一年（1702）光绪八年（1882）修补印本。
③ 席启寓《辑唐诗百名家小传凡例》，《唐诗百名家集》康熙四十一年（1702）刻本。

肯定席氏所刻为此八卷本。^① 席氏所刻唐诗，因刊刻时间跨度较长，各本刊刻的字体略有差异，但整体风格还是较为统一。席氏有意将各书行款统一成书棚本之格式，这是为了既保证全书风格统一，又要保存宋本面貌而做的一种探索。

二、汲古阁《十七史》书版与苏州席氏扫叶山房

席世宣乾隆间得汲古阁《十三经》书版重印后，没有资料显示其开设书坊，他是否刊刻过其他书籍的情况也不可考。而《十七史》书版归其堂兄弟席世臣（约1756—约1814）以后，情况则完全不一样。据唐梦赉（1627—1698）《吴越同游日记》所记，《十七史》书版先由毛晋的儿子典与时任苏松督粮道的卢纮（1604—？），于康熙中归常熟席启寓所有。^② 席启寓得汲古阁《十七史》书版，当亦重印多次。乾隆年间，此书版为席启寓的曾孙席绍容（1725—1784）所得。与《十三经》情况相同的是，席绍容得此版后欲修补重印，但未竟而卒，由其长子席世臣完成。席世臣为父所撰《皇清诰授中宪大夫户部山西司员外郎加三级显考守朴府君行述》一文，开首即曰：

> 呜呼痛哉！天何夺我府君之速也耶。府君才周绮甲，虽体中素羸，而精力犹强。年来息鞅里门，综核家务。偶从虞山故里购得毛氏汲古阁《十七史》版片，因出所藏武英殿各史，手自校雠鱼豕。^③

根据上文所记，书版是席世臣父于花甲之年从常熟故里购得，而肯定不是继承，有可能是从同宗亲戚或者辗转从别人手中购得。时为乾隆四十九年（1784）左右，是年六月，席绍容去世。因此，他不太可能有时间重印《十七史》。这一工作实际上由其长子席世臣接手完成。根据

---

① 按丁氏藏书志有《张乔诗集》四卷解题，称"常熟席氏所刊宋本"与明仿宋本"无毫发差"；又有《皇甫御史诗集》一卷解题，云"此亦与席刻相同，当从宋本重刊"。《郎刺史诗集》一卷解题云"此本即为东山席氏刊于琴川书屋之祖刻"等等，可参见丁丙《善本书室藏书志》卷二十五，江苏广陵古籍刻印社据光绪二十七年（1901）丁氏刻本影印，1986年。另，关于席刻唐诗之底本问题，可参考王欣夫《蛾术轩箧存善本书录》庚辛稿卷四，上海古籍出版社2002年版，第222页。傅增湘《藏园群书题记》卷十三，上海古籍出版社1989年版，第626页。
② 唐梦赉《志壑堂集》卷八，康熙间西湖书林藏版本。
③ 席世臣撰《皇清诰授中宪大夫户部山西司员外郎加三级显考守朴府君行述》，载《洞庭席氏支谱》中。

家谱所记，席世臣于乾隆四十九年以商籍学生充任分藏扬州文汇阁等三阁《四库全书》总校之一。嘉庆二十年（1815）青浦人周郁滨（1780—1834）所修《珠里小志》中称席世臣：

> 自校三分书归，开雕秘籍，肆设漕坊，费以巨万计。①

根据这一记载，席世臣在校完《四库全书》后开设书坊，时间当不早于乾隆五十一年（1786）②。

席世臣于乾隆六十年（1795）着手刊刻《宋辽金元别史》五书，书前有谢启昆所撰序，其中云：

> 常熟席君世臣，博闻好古，藏书尤富……一日，以所刻宋辽金元五书来质于予……予以此叹席君之能识其大矣。近代刻书家，毛氏最盛，以经史有功于艺林甚巨。今毛氏《十七史》板，席君既购藏之，又将广搜别史开雕，为诸正史之附庸。吾知扫叶山房之名与汲古阁并寿于世，甚为席君期之。③

此序提供了两个信息：一是汲古阁《十七史》版已归席世臣所有，此时也已有扫叶山房之名；二是席世臣刊《宋辽金元别史》，正是为《十七史》之补。又，光绪间扫叶山房的执事者朱记荣，撰有《行素堂目睹书录》一书，其中卷四著录"扫叶山房《二十三史》"，下有按语曰"汲古阁原刻《十七史》典于席氏，钱序删去，补印别史者"④，与谢氏序言所记相符。汲古阁所刻《十七史》书前有序三篇，分别为钱谦益、张能麟、侯于唐三人所撰。钱谦益的著作于乾隆修《四库全书》之时书已遭禁毁，而席世臣获书版时已是乾隆后期，自然抽掉钱序。现上海图书馆藏有一种内封题为"汲古阁毛氏刊本/十七史/附宋辽金元"的本子，仅有张能麟序（图6-2-3）。这一情况与席世宣所印《十三经注疏》是一样的。

在这一辗转过程中，汲古阁《十七史》书版不断被重印、修版，由

---

① 周郁滨修纂《珠里小志》卷十八，《中国地方志集成》之乡镇特辑第2辑，据清嘉庆二十年（1815）刻本影印。

② 中国第一历史档案馆编《纂修四库全书档案》，上海古籍出版社1997年版。

③ 谢启昆《宋辽金元别史序》，嘉庆三年（1798）扫叶山房刻本。

④ 朱记荣《行素堂目睹书录》卷四，光绪十年（1884）吴县朱氏槐庐刻本。

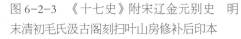

图 6-2-3　《十七史》附宋辽金元别史　明末清初毛氏汲古阁刻扫叶山房修补后印本

图 6-2-4　《宋辽金元别史》清乾隆至嘉庆年间席氏扫叶山房刻本

此形成了不同时期的印本，顺治间为汲古阁原刻初印，康熙中后期为常熟席氏后印，乾隆四十九年（1784）以后则为席氏扫叶山房修补印本。

扫叶山房所刻《宋辽金元别史》五书，是书关涉宋、辽、金、元四朝，又称"四朝别史"（图 6-2-4）。此四朝别史，虽然是为汲古阁《十七史》之补，行款、版式风格、字体均依汲古阁《十七史》。席世臣父于乾隆四十九年（1784）左右获得汲古阁书版的时间，与席世臣于乾隆五十一年（1786）左右回乡创办扫叶山房书坊的时间相差无几，席世臣在开办扫叶山房书坊不久，即刊刻《宋辽金元别史》以补《十七史》，可以说汲古阁《十七史》书版对于扫叶山房的创办起到了奠基性的作用。

三、其他姑苏书坊得版后印或翻刻汲古阁本

自汲古阁之后，苏州比较有名的书坊以宝翰楼、绿荫堂及书业堂三家为代表。瞿冕良认为书业堂创自明万历间，入清后，与宝翰楼、绿荫

堂齐名。① 根据各馆藏目录的著录情况，统计三家书坊刊记中有明确标明刊刻地为苏州②的书籍，其数量虽然远不能与汲古阁抗衡，但自清初至乾隆后期扫叶山房创立之前，三家刊印书籍的数量均超过三十种，远远超出了当时吴门的其他书坊，尤其是书业堂，达百种之多。而三家所刻书目中，都有不少与汲古阁书版密切关联的书籍。

宝翰楼主人当为沈氏③，主要刻书活动在顺治康熙年间。其在康熙年间所刻《孔子家语》和《楚辞》二书，应该是得汲古阁书版之后的修补印本。汲古阁《孔子家语》，乃毛氏明崇祯年间据两宋本所刻。宝翰楼印本内封题为"汲古阁校""吴郡宝翰楼"，书前钤有"宝翰楼藏书"朱印。中国图家图书馆所藏"宝翰楼"印本有出生于康熙年间的常熟藏书家孙淇（1677—？）的校跋。因此，印刷时间不会晚于康熙后期。此后印本版匡完整、字划精晰，尚能呈现汲古阁原本的样貌。

汲古阁《楚辞》，实为宋洪兴祖所撰《楚辞补注》一书，初刻于康熙元年（1662）（图6-2-5）。内封中书名题为"楚辞章句"，每卷首尾二叶鱼尾下有"汲古阁"三字，每卷末皆有"汲古后人毛表字奏叔依古本是正"图记。宝翰楼本内封题为"楚辞笺注"，右上方题"汲古阁校"，左下方为"吴郡宝翰楼"，与《孔子家语》风格相同。有不少馆藏目录将此本著录为翻刻本。比对部分文字和断版痕，实为得版后印本（图6-2-6）。④

据著录，宝翰楼还刻有顾有孝《唐诗英华》，而顾氏与汲古阁毛氏关系密切。因此，可以推测宝翰楼于清初已存在，与汲古阁也应该有一定的联系，有机会得其书版。

---

① 瞿冕良《中国古籍版刻辞典》，苏州大学出版社2009年版，第122页。

② 本文仅统计著录中明确标有"金阊""吴郡""姑苏"等能说明刊刻地为苏州的书坊。

③ 关于宝翰楼的主人问题，瞿冕良《中国古籍版刻辞典》、尤云鹗、汤炳正《楚辞类稿》、陈枚等有不同说法。日本笠井直美《吴郡宝翰楼初探》一文对宝翰楼的主人身份进行了详细的考证，所引文献，详实可考。其中包括曾在康熙年间担任江苏巡抚张伯行的《正谊堂文集》以及吴门著名学者何焯的《义门先生集》。根据此二书的记载和相应的实物，推测其主人有沈明玉（一作沈鸣玉）、沈良玉等人。而宝翰楼所刊书籍上多有"沈氏山楼藏书印"；另宝翰楼康熙二十七年（1688）所刻沈雄《古今词话》一书，书前序后有题识曰："吴江沈雄识于金阊宝翰楼"。沈雄，沈璟同宗侄孙，钱谦益弟子。沈氏为吴江世族。综合笠井直美的推断，虽然不能肯定宝翰楼创办人的具体姓名，但其为吴门沈氏的结论应该是可以肯定的。

④ 汤炳正在《〈楚辞补注〉宝翰楼本校记》一文中指出，宝翰楼本虽封面改《楚辞补注》为《楚辞笺注》，但书内文字较之"明翻宋本"更为精确。凡"明翻宋本"之误字，此独不误，犹存汲古阁本之面目，诚为难能可贵。参见汤炳正《楚辞类稿》，巴蜀书社1988年版，第121-122页。

图 6-2-5 　《楚辞》 　清康熙元年（1662）汲古阁刻印本

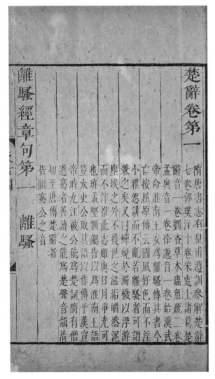

图 6-2-6 　《楚辞》 　毛氏汲古阁刻宝翰楼后印本 　京都大学人文科学研究所藏

金阊书业堂，在明万历年间已有刻书记录①，目前没有发现其有得汲古阁书版后的修补印本。但书业堂的名声，却因翻刻汲古阁《十三经注疏》和《十七史》而远播。尤其是《十三经注疏》的翻刻相似程度，几可以假乱真。《士礼居藏书题跋记》卷六中称"时阊门书业堂新翻汲古阁《十三经》，每部需钱十四两"②。下节所述顺治年间徐增九诰堂所编《元气集》书前"刻元气集例"中有当时的刻书工价约"每页定白银四钱"，而《十三经注疏》共计三百三十四卷，即使以平均每卷十叶计算，十四两也是相当便宜的价格，更何况每卷是不止十叶的。中国国家图书馆所藏《周易兼义》一书的内封则题"嘉庆三年仲冬／汲古阁原本／十三经注疏"。上海图书馆藏本中有"金阊书业堂重雕"字样。而书业堂《尔雅注疏》一书的内封题为乾隆五十一年（1786）夏镌，有"汲古阁原本"字样，但无《十三经注疏》之名；有可能因为此书卷帙繁多，书业堂自乾隆末开始至嘉庆间陆续翻刻，最后汇印成《十三经注疏》。每书版心下偶有"汲古阁"字样，与其翻刻《十七史》一样。

书业堂所刻《十七史》，内封题为"汲古阁十七史，附宋辽金元宏简录"。其中《史记》一书的版心刻"汲古阁"，但无"毛氏正本"字样；卷一至卷二题名下刊记为"琴川毛凤苞氏审定宋本"，而自卷三起又题为"古吴书业赵氏重镌"，卷三第一叶版心则为"古吴赵氏"字样。字体仿刻汲古阁扁方字，但笔划较粗，字体略窄，版匡大小及断版痕亦不同原刻，实为翻刻汲古阁本。此本流传甚广，各大图书馆均有藏本，不少图书馆将其著录为汲古阁本，多半是为版心之"汲古阁"和刊记所误。尽管这种翻版行为颇为恶劣，但却以一个反面的事例说明了汲古阁刻版在当时书业中的影响。《十三经注疏》三百三十四卷、《十七史》一千五百七十四卷，两书共计近两千卷。刊印两书所需的书版数量巨大。若无销量，定不会花此精力——翻刻之。

第三节　集资私刻、书坊合刻与书业同业公会的萌芽

书坊刻书业的发展，不单单依靠书版的流转与翻刻，切合读者的书籍内容更是民间书业赖以生存之基。在吴门学术文化的影响下，吴门书

---

① 苏州书业堂所刻书籍的内封多署"金阊书业堂"，因所刻书籍版心偶有"古吴赵氏"，故后世多称为赵氏书业堂。具体姓名不可考。
② 黄丕烈撰、屠友祥校注《荛圃藏书题识》，上海远东出版社 1999 年版，第 1037 页。

坊刻书很明显受到了当时文人编书、刻书的影响，或者说二者之间的合作更为频繁与密切。

一、集资私刻与书坊士林合作刊书

清代苏州私刻中以集资方式刊刻的，最早或为长洲徐增九诰堂编刊的《元气集》。徐增（1612—？）字子能，号而庵，明崇祯间诸生。他是金圣叹的好友，受金氏影响，好选评古今诗歌，入清后以九诰堂之名刻有《而庵说唐诗》等书。所刻《元气集》，是一部汇聚同时人诗作的合集，现存七种，选当时人周亮工、卢綋等七人诗合刻。而据邬国平考证，《元气集》所收诗人当在八家以上，每卷刊刻时间也不一致，当从顺治十七年（1660）开始，"至康熙八年尚在断断续续进行之中"。[1]尤其特别的，是作品被《元气集》收录的作者，需要自己出资若干。该书前《刻元气集例》中有以下文字：

> 不佞回弁诸同志，商定其刻费。有愿入选者，庶为两便云。选一人诗，以百首为率。无力者少刻，有力者多刻。少刻，亦须三十首；多刻，亦不过一百首。非三十首，不足以概其全；非百首，未免有遗珠之叹。有至一百五十首收不尽者，复为之破格，子能盖不欲没人之善也。吴门刻宋字者，每刻一百字，连写与板，计白银七分五厘。有圈者，以三圈当一字。《元气集》每一叶字与圈，约有四百字，该白银三钱。今加笔墨纸张、修补印刷之费一钱，每叶定白银四钱。刻三十首诗，约有十馀叶；刻一百首诗，约有四十叶。有欲刻入选者，即以梓金同寄到，使子能照赀选刻。少者一月竣工，多者两月竣工，便可报复矣。[2]

这一刊刻方式在当时比较少见，是否为吴门刻书所独创，有待进一步考证。徐子能并非坊刻主，他以这种形式来评选时人的诗文，既反映了他在当时的影响力，同时也反映出了吴门私刻在当时的影响力。乾隆年间，吴中名医唐大烈所刻《吴医汇讲》，与此刊刻方式类似，并被后

---

① 邬国平《徐增与金圣叹——附金圣叹两篇佚作》，载《中华文史论丛》2002年第2辑，上海古籍出版社 2002 年版，第 228–234 页。

② 陆林《徐增与金圣叹交游新考》，载《文史哲》2016 年第 4 期，第 108–122 页。

图6-3-1 《徐孝穆全集》清康熙年间宝翰楼刻本

世研究认为是最早的中医杂志。①

除了私家刻书偶尔采用集资方式，更常见的是吴门书坊同士人合作开展营利性的刻书活动。自汲古阁之后，宝翰楼参与刊刻印刷的吴中人士著作就有数十种，其中明末著名的复社成员张溥著作4种、吴江人顾有孝著作3种、馆于席氏家的理学家陆陇其著作5种②。这些著作，极有可能都是与文人合作出版的著作，而非得其书版的后印本或者是翻刻本。下面以宝翰楼在康熙年间刊刻的《徐孝穆全集》与《庚子山全集笺注》二书为例（图6-3-1）。徐孝穆，即徐陵（507—583），南朝梁时文学家，与庾信并称。二人的诗集在宋代开始散佚，传本非常少。陈先行认为二书当为宝翰楼初刻，而非得版后印本，扬州艺古堂本为重刻本③。是书的笺注者吴兆宜（1637—1709），苏州人，以笺注闻名于世，是当时吴门著名诗人吴兆骞（1631—1684）之弟。吴兆宜在《庚子山全集笺注》自序中提到，宝翰楼主人请其寿梓，可知这两部书是宝翰楼与吴氏合作刊刻的。

在宝翰楼所刻书籍中，不少作者是吴门当地的一些知识分子，他们大多在科场失意后以著书为业。如蔡方炳（1626—1709），字九霞，别号息关学者，昆山人。其自康熙十八年（1679）辞博学鸿词回归吴门，不再参与科举，以治学著书为业。宝翰楼在康熙间刊刻过蔡氏所辑《增订广舆记》和《八大家集选》。同于康熙十八年落第后的吴门文人黄始，宝翰楼为其刻有《听嘤堂翰苑英华》等书。

又如《苏子美文集》（图6-3-2），康熙间震泽藏书家徐惇复以白

---

① 傅维康《最早的中医杂志——〈吴医汇讲〉》，载《新中医》1985年第7期，第57页。

② 参见 [日] 笠井直美《吴郡宝翰楼初探》。

③ 陈先行《柏克莱加州大学东亚图书馆中文古籍善本书志》，上海古籍出版社2005年版，第256页。

图 6-3-2　《苏子美全集》　清康熙间徐惇复白华书屋刻本

华书屋之名所刻，内封钤有"吴郡宝翰楼书坊发兑"，应该是由宝翰楼代其发售。由此可见，当时书商与文人之间的合作是有多种形式的。

　　绿荫堂的《百名家词钞》则应该是与文人共同合作编辑刊刻的选集（图6-3-3）。此书旨在"汇集海内之词华，表章艺林之骚雅"，目前所知共收录词人 108 家，江苏词人 47 位，浙江词人 28 位，占一半以上。是书为随到随刻之类型，内封钤印"征刻名媛词钞／瑶章恳赐并发"，当是一种征选广告。据相关学者研究[1]，此书初刻于康熙二十年（1681）以后，直到康熙二十八年（1689）还在补刻新近得到的词集，最后因为编选者早逝而没有刻完计划中的所有词集。编选者为吴门文人聂先、曾王孙二人。聂先，字晋人，吴人，其友刘廷玑称其"才学颇富，手眼亦高，但性情冷僻"，人称"聂怪"[2]，与毛奇龄、纳兰性德、吴伟业等人友善。

　　此部词集刊印颇为精美，版式疏朗，字体略方，与晚明风格比较接近，

① 闵丰《〈百名家词钞〉版刻源流探考》，载《古典文献研究》第十辑，凤凰出版社 2007 年版，第 194-214 页。

② 刘廷玑《在园杂志》卷二，中华书局 2005 年版，第 80 页。

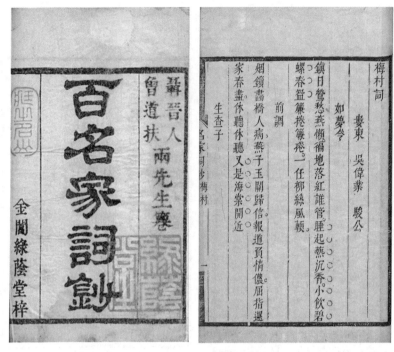

图 6-3-3　《百名家词钞》　清康熙间绿荫堂刻本

可称得上坊刻中的精品。

以上书籍，从内容上来看，也不是一般坊刻所常刻之蒙学、时文类科举读物，针对的读者应该是以治学为主的读书人。这一特点当与吴门当时的学风有密切关系。从康熙以来学者的批校情况来看，宝翰楼、绿荫堂、扫叶山房所刻也多为学者所利用，如钱大昕、陈揆皆曾校扫叶本《契丹国志》《大金国志》，刘佳批校过扫叶本《元史类编》。而《四朝别史》《钱塘遗事》《旧五代史》《西汉年纪》《东观汉纪》《吴越备史》等书的扫叶山房本均作为通行本，被收入张之洞《书目答问》一书。这些都说明吴门书坊所刻书籍在内容和底本的选择上能紧跟时代风气，切合当时治学人的需求。

虽然入清以来，宝翰楼、绿荫堂、扫叶山房等吴门书坊，在刻书数量、品种、质量以及版刻风格上都无法与汲古阁媲美。但客观来看，他们有的继承汲古阁的书板修补刷印，有的与吴门文人联合编辑刊印一些秘籍，应与汲古阁一样，抱有搜罗秘籍刊印以广流传的理念，延续了苏州书坊刻书的传统，亦当有功于姑苏刻本之名扬四海。

二、书业同业公会在苏州萌芽

苏州刻书业的发达，不仅表现在所刻书籍的数量与质量上，还反映在整个行业的联合与传承上。根据彭泽益《中国工商行会史料集》收集的史料统计[①]，有清一代，全国书坊刻书业和刻字业中最早有行会组织的地区均为苏州一地，其历史最早可追溯至清康熙年间。结合现存顺治至康熙年间的书籍实物，也可以发现吴门书坊之间的合作是常见的现象。正是这种书业之间的联合，推动了清代苏州地区的刻书业乃至后来上海出版业的发展。而根据现存有关苏州书业同业之间行会组织的官方记录和书籍实物，可以发现，洞庭席氏及其子孙所创立的扫叶山房，对书业同业公会的创立起着非常重要的作用。

虽然现存最早关于苏州书业同业之间行会组织的官方记录为道光二十五年（1845）六月二十八日的"崇德公所印书行规碑"以及同治十三年（1874）三月十四日"吴县为重建书业公所兴工禁地匪借端阻挠碑"[②]（图6-3-4），但是从后者碑文可知苏州书业同业公会的历史最早可追溯至康熙年间：

> 窃照苏城书坊一业，向于康熙十年间，曾建崇德书院。在治北利三图汪家坟，供奉梓潼帝君。为同业订正书籍、讨论删原之所，并同业中异乡司伙，如有在苏病故，无力回乡者，代为埋葬狮山义冢等项事宜。历年久远，咸各遵守。

碑文具明了苏州书业同业公会最早成立的时间和名称，但并没有指出创建人。陈乃乾《上海书业公会史》一文称，康熙七年（1668），席启寓集合了苏州的同业，在城北利三图汪家坟地方建设崇德书院，为会合集议之所，是中国书业同行最早的集团。除时间和地点以外，其馀内容均与碑文内容一致。陈文未注明出处，不知本源于何。[③] 但是根据上述二碑，可以知道自道光年间，席启寓六世孙席元章是苏州书业公所的主持者之一，崇德公所毁于咸丰间太平天国运动中。同治十三年（1874），席元章子席威与苏州同业诸人一起发起重建，仍名为崇德公所。公所与

---

① 彭泽益《中国工商行会史料集》，中华书局1995年版。

② 上述二碑均引自江苏省博物馆编《江苏省明清以来碑刻资料选集》，生活·读书·新知三联书店1959年版，第73页。

③ 陈乃乾《上海书业公会史》，载《出版史料》2001年第一辑，第126-127页。

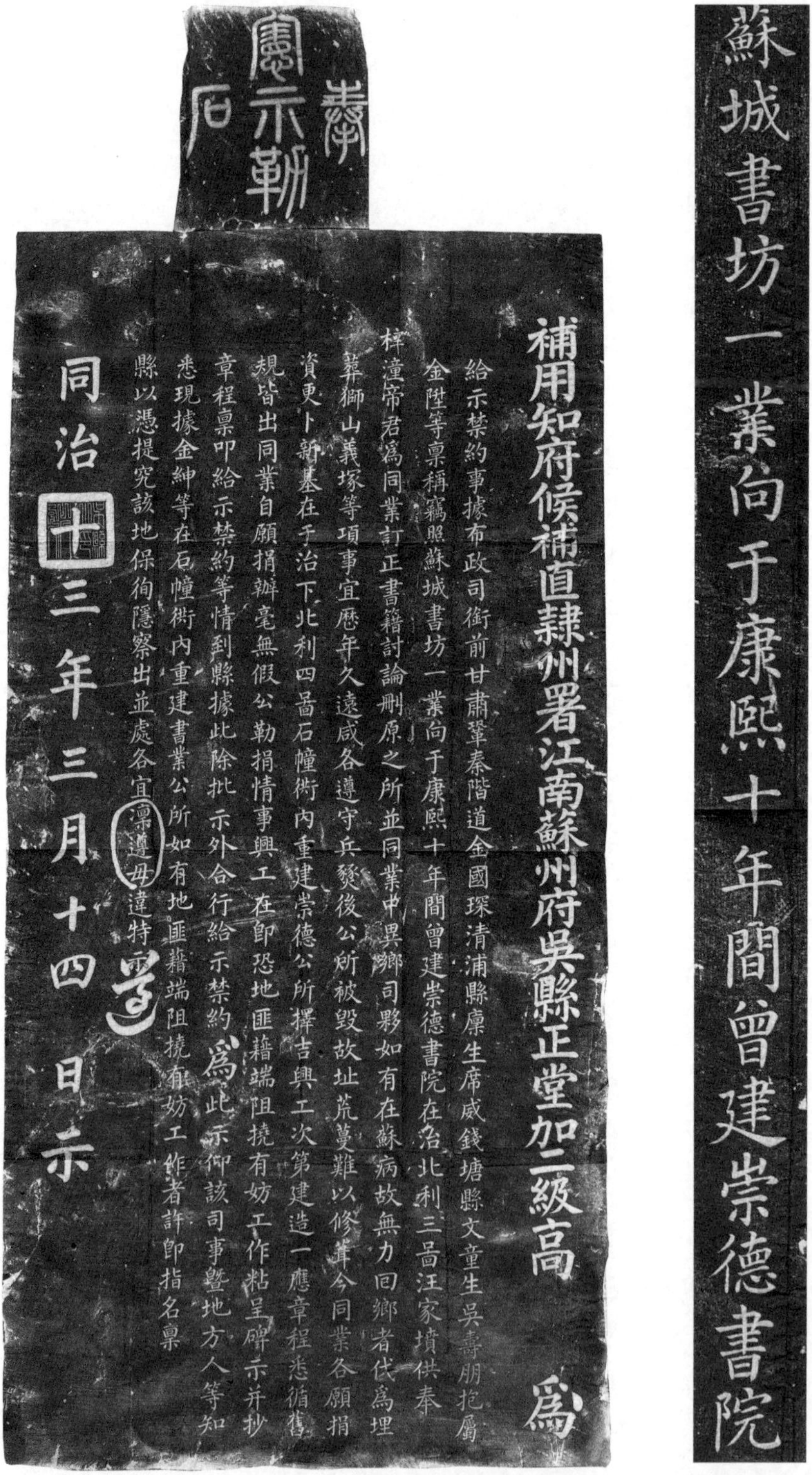

奉憲示勒石

補用知府候補直隸州署江南蘇州府吳縣正堂加二級高

給示禁約事據布政司衙前甘肅肇秦階道金國琛清浦縣廩生席咸塘縣文童生吳壽朋抱屬
金階等稟稱竊照蘇城書坊一業向于康熙十年間曾建崇德書院在治北利三昌汪家墳供奉
梓潼帝君為同業計正書籍討論刪原之所並同業中異鄉司夥如有在蘇病故無力回鄉者伐為埋
葬獅山義塚等項事歷年久遠咸遵守兵燹後公所被毀故址荒蕪難以修葺今同業各顧捐
資更卜新基在于治下北四昌石幢術內重建崇德公所擇吉興工次第建造一應章程悉循舊
規皆出同業自願捐辦毫無假公勒捐情事興工在即恐地匪藉端阻撓有妨工作粘呈碑示並抄
章程稟叩給示禁約等情到縣據此除批示外合行給示禁約為此示仰該司事整地方人等知
悉現據金紳等在石幢術內重建書業公所如有地匪藉端阻撓有妨工作者許即指名稟
縣以憑提究該地保徇隱察出並處各宜凜遵毋違特示

同治十三年三月十四日示

蘇城書坊一業向于康熙十年間曾建崇德書院

图 6-3-4 吴县为重建书业公所兴工禁地匪借端阻挠碑拓片（右为局部）

康熙间崇德书院实一脉相承，
故在道光以后还常称公所为
"崇德书院"。

　　根据相关史料统计①，苏
州书业同业公会的创建时间在
苏州的手工业行会中也是较早
的，乾隆四年（1739）刻字业
还成立剞劂公所。这都可以反
映出清中期之前苏州刻书业之
发达。结合上述碑文，康熙间
的书业公会崇德书院的主要作
用有：一为同业订正书籍、讨
论删原；二为同业的生活提供
一些保障等事宜。道光间书业
公所的作用也有两项：一是维
护同业中书坊主的利益，如禁
止书坊印手擅自加价所设行规②；二是保存书版，供同业刷印。

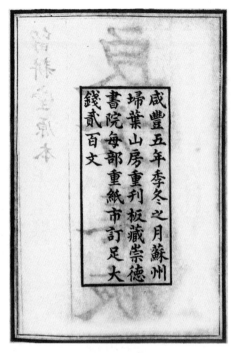

图 6-3-5　《良方集腋》咸丰五年扫叶山
房刻本

　　保存书版，供同业刷印的方法，应该是由一家或多家出资刊刻书版，
刻好后版存书业公所，然后出租给其他书坊刷印。如扫叶山房咸丰五年
（1855）所刊《良方集腋》，牌记题："咸丰五年季冬之月，苏州扫叶山
房重刊，板藏崇德书院。每部重纸市订足大钱贰百文。"（图 6-3-5）

　　这种形式对于刻印一些长年有需求的书籍十分有好处。对刻板者来
说，能避免翻版，还能获取板租；而对于租版刷印者，则省去了刻板的
成本和时间，只需支付一定的版租和刷印装订的费用。虽然像《良方集腋》
这样标有"板藏崇德书院"字样的书籍并不多见，但是，这种保存书版
供同业刷印的方法，应该在当时苏州的书坊中比较常见。③

————————

① 参见《鸦片战争前苏州公所表》，载范金民等著《苏州地区社会经济史·明清卷》，
　　南京大学出版社 1993 年版，第 489 页。

② 江苏省博物馆编《江苏省明清以来碑刻资料选集》，第 73 页。

③ 苏州书业公会于光绪间迁往上海后，有明确的租印账目，其中记录了至少七种以
　　上的书籍，均由上海书业公所出资铸板，由一家承印；而书业公所出资金来源于
　　各家书坊之奉捐，书印好后由公所将该书分给各坊，各坊又将售书所得之一部分
　　上交公所，再由公所付给承印者，没有售完的书仍上交公所。详见《书业公所租
　　印三续文编清帐》，载上海档案馆藏档案《清朝书业公所收支帐目报告及有关文书》
　　（全宗号 S313-1-80）。

图6-3-6 《启祯野乘二集》 清康熙存仁堂、素政堂合刻本

图6-3-7 《听嘤堂新选四六全书》康熙二十三年（1684）绿荫堂、宝翰楼、文雅堂合刻本

这种租版印行的方式并非是在晚清时才出现，自有刻书业以来，因为刻工的短缺，官私共用一批刻工，或者官方租版给私家的现象也都是存在的。明末清初，因为刻书业的发达，需求量也随之增大，吴门书坊间通过租版或者合作刻书的情况应该更为常见。我们可以从许多书籍的刊记中发现这种现象的存在。如康熙十八年（1679）存仁堂、素政堂二家同刻邹漪所撰《启祯野乘二集》（图6-3-6），宝翰楼、体仁堂二家共同梓行《四诊脉鉴》一书。宝翰楼与绿荫堂的合作也比较常见。如《听嘤堂新选四六全书》一书（图6-3-7），就由绿荫堂、宝翰楼、文雅堂三家于康熙二十三年（1684）共同梓刻。作者黄始所编还有《听嘤堂翰苑英华》一书。因内有钱谦益的诗文多篇，与上述《四六全书》均在乾隆间被列入禁书①，时各地呈上来的禁书目录中，宝翰楼三家合刻的黄始

① 参见中国第一历史档案馆编《纂修四库全书档案》上，第829页。

之书多见于云南、福建等省。[①]

绿荫堂还与文雅堂于康熙二十三年刊刻了李时珍《本草纲目》；宝翰楼与文雅堂于康熙二十年（1681）共同刊刻了吴门当地文人蔡方炳的《八大家集选》，二书内封中均有二家共同梓行字样。可知康熙间三家之间联合出资刊印书籍的情况是较为常见的。

哈佛大学图书馆藏有著录为金阊绿荫堂《学耕五经》一书，包括《诗经》《书经》《礼记》《易经》《春秋》五书（图6-3-8）。各书刊刻时间和藏版者并不一致，其中《书经》最早，刊于乾隆四十九年（1784），内封题为"绿荫堂藏板"；《礼记》刊刻的时间最晚，为乾隆六十年（1795），内封题"金阊绿荫堂梓行"；刊于乾隆五十一年（1786）的《春秋》，内封则题"金阊宝翰楼梓行"。除此之外，五书的行款均为九行十七字，小字双行十八字，版心为白口单鱼尾，除宝翰楼所刊《春秋》一种以外，其馀四书均有眉栏。有意思的是，各书版心下方零星出现其他书坊名或室名。其中《诗经》少数叶版心下刻有"沙村草堂"；《礼记》数卷版心下方有"青莲书屋"字样，卷末有一行字曰"康熙戊寅仲春日文靖公十九世孙李灿章重镌"，说明青莲书屋的主人名为李灿章[②]；《春秋》中则有两处版心下有"敬业堂镌"字样，卷三十末有"康熙戊子孟冬云间敬业堂华氏新镌"一行。[③] 其馀版心中均无书坊刊记。

笠井直美认为，这种情况有可能是宝翰楼使用敬业堂的版木，挖去版心下部而印行。[④] 比对版心有刊记和无刊记的数叶，字体差别不大，前后印的痕迹不是很明显，版心有刊记的数叶略有断板痕。《四库简明目录》中著录有元代陈澔所撰《云间礼记集说》一书[⑤]，其中有康熙四十一年（1702）云间华氏敬业堂刊本，今已不存。很显然，《学耕五经》各

① 雷梦辰著《清代各省禁书汇考》，书目文献出版社1989年版，第39页。

② 按：李灿章可能是明末清初吴门文人李玉（约1612-约1681）的后代。李玉明末时刻有《一笠庵北词广正谱》一书，内封上题"文靖书院藏板"，书名下题"青莲书屋定本"，版心下方亦刻有"青莲书屋"四字。文靖书院可能为李氏家族所有，而李灿章又称文靖公十九世孙，当与此有一定渊源。而沙村草堂，除著录中有刻本《群芳谱》一种外，馀者不可考。

③ 按：其中第9册《诗经》卷五第四十一至四十八叶，卷七第九叶，卷八第二十二至二十六叶，版心下刻有"沙村草堂"字样；《礼记》卷三第四十叶、第十二至第十四叶，卷六第十至十四叶、十八至二十一叶、二十六至六十一叶，卷七第二十四至二十六叶、四十叶，卷九、卷十所有叶版心下方均有"青莲书屋"字样；宝翰楼《春秋》卷二十七第七叶，卷二十八第四页下有"敬业堂镌"字样。

④ [日] 笠井直美《吴郡宝翰楼初探》。

⑤ 邵懿辰、邵章《增订四库简明目录标注》，上海古籍出版社1995年版，第91页。

书所用的底本是来源于不同的刻本，至少包括敬业堂本、青莲书屋本、沙村草堂本三种，而五书的字体并没有明显的差别，应该是同一批刻工所刻。那么，剜掉重印的可能性并不大。而《五经》中宝翰楼《春秋》一种并无眉栏，五书是不是有可能为二家分别出资刊印，然后合装在一起，但是刊刻的时间不一，或者有可能是二家原来都刻过各零种，然后汇印成《五经》。

　　无论是何种情况，这种一个刻本里涉及五家刻印者刊记的现象，在当时并不是唯一的。绿荫堂与宝翰楼的名字还同时出现在《十三唐人诗》《八刘唐人诗》二书的版本系统中。目前各大馆藏著录有康熙间野香堂刻本、野香堂刻绿荫堂印本[1]、野香堂刻宝翰楼印本。刘云汾（字青夕，江苏淮南人）还编有《唐宫闺诗》一书，国图藏有此书的清初梦香阁刻本，内封上亦钤有"宝翰楼章"朱印，正文每卷下版心下刊"梦香阁"三字，书前序有刘氏"识于梦香阁"之题署，可知梦香阁是刘氏室名。有学者推测此书为刘氏野香堂私刻本，然后板片易于"绿荫堂"，又由绿荫堂卖与宝翰楼。现在可以找到的本子中，并没有野香堂的初刻初印本。绿荫堂《十三唐人诗》的印本中有一种后附有《唐宫闺诗》，其中多数叶版心下为"梦香阁"，"刘兰翘"叶下则题"野香阁"，此叶字体较"梦香阁"所印略长。而钤有"宝翰楼章"的《唐宫闺诗》应该是清初早期

---

① 《四库全书存目丛书补编》第 38 册收录的是据山东大学图书馆所藏康熙间绿荫堂印本。

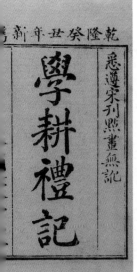

图 6-3-8 《学耕五经》 清乾隆间绿荫堂、宝翰楼合刻本

的印本，刻印非常清晰，以此本与绿荫堂印本对照，后者当为后印补配本。因此，不可能是绿荫堂卖与宝翰楼。

从上述二家多次合作刊印书籍的情况来看，应该还有这样一种可能性：刘氏与宝翰楼、绿荫堂共同出资刊刻此书。我们虽然不能知道刘氏二书在当时是否畅销，但其内容很显然与科举应试无关。以营利为目的的书坊，有没有必要大费周章地翻刻一种不太畅销的书？还有一种可能是，是书先由宝翰楼刊刻，版片后归绿荫堂。据研究①，宝翰楼在康熙五十年（1711）因戴名世《南山集》案受到牵连；又据何焯所记，其在康熙中曾遭遇火灾，受此重创后，经营状况可能不太理想。自乾隆后逐渐以刊刻科举应试读物为主，并逐渐衰落。前所述《徐孝穆全集》的版片就在乾隆中先后归湖州頔塘徐敦善堂、吴门困学书屋。而绿荫堂存续的时间较长，直到民国间还在上海开设了文瑞楼。因此，宝翰楼的书版流转到绿荫堂的可能性比较大。

吴门书坊之间的合作，应该还有兑换书版的形式。道光十七年（1837）十月《苏州各书坊公禁淫书议单条约》中兑换书版的条款，其立同议单的有"书业堂、桐石山房、酉山堂芝记、文渊堂、师德堂、扫叶山房"等。②《芥子园画传》复杂的版本，或亦可说明这一点。李渔《芥子园画传》，初

---

① 详见笠井直美《吴郡宝翰楼初探》一文。

② 原载余治《得一录》卷十一，转引自宋原放主编《中国出版史料（近代部分）》第三卷，湖北教育出版社 2004 年版，第 493 页。

刊于康熙年间，据日本学者研究，李氏于乾隆年间向各地书商出让了版权，所以导致《画传》初集有十一种以上的版本，其中苏州一地就有文渊堂、书业堂、经义堂、三多斋等多个版本。而有些藏本的内封上印有"文渊堂"，目录末却题"乾隆壬寅仲春月金阊书业堂重镌珍藏"[①]。文渊堂和书业堂都出现在上述议单条约的名单中，二家的刊记同时出现在一部书上，很有可能就是书版兑换的结果。

由此可见，这种一套书版中出现多个书坊刊记的现象在当时是很常见的，结合苏州书业同业公会的相关条例，我们不能简单将这种现象归为坊间翻刻的乱象。而应该考虑这背后可能有合刻、租版或者兑换书版等多种合作形式，这样的形式可能更符合实际情理。不然，书业同业公会之成立就毫无意义，而道光之后各吴门书坊刻本中多钤有"督造书籍"朱印，这应该也是应租版刷印情况的频繁而产生的现象。[②]

在上述书业的同议单里，还有一个规定，"外省书友来苏兑换者，先将捆单交崇德书院司月查明"，这说明苏州书业与外省之间也存在着合作。我们可以通过杭州还读斋和陈氏文治堂的两个案例来窥见苏州、杭州、徽州三地文人与书商的合作模式。中国国家图书馆所藏《诗苑天声》一书，内封中有金阊童晋之与武林还读斋联合梓行的字样。童晋之，生平不可考。有学者认为他是一个书商[③]。钱谦益在《列朝诗集》归有光小传中谈到《归有光文集》昆山本时，说有"贾人童氏"为之刻，但不知与童晋之是什么关系。[④] 童晋之还刻有朱鹤龄（1606—1683）所撰《愚庵小集》和《读左日钞》，由茅坤所选、清人章诏增订的《三苏文选体要》等。可知童氏当为钱谦益同时期人。武林还读斋，已为大多数研究者证明[⑤]，是徽州汪氏家族的汪淇（1604—约1676）在杭州开设的书坊，明末清初刊刻书籍数量多，品种广。汪淇于顺治十八年（1661）以后开始信奉道教，

① [日]古原宏伸《〈芥子园画传初集〉解题》，载范景中等主编《美术史与观念史》4，南京师范大学出版社 2005 年版，第 223—224 页。
② 参见杨丽莹《晚清民间书坊"督造书籍"印考略》，载《图书馆杂志》2010 年第 8 期，第 78—80 页。
③ 瞿冕良《中国古籍版刻辞典》，第 870 页。
④ 钱谦益《列朝诗集》八十一卷丁集卷十二，清顺治九年毛氏汲古阁刻本。
⑤ 参见张舰戈《明末清初徽商后裔汪淇与汪昂关系考证——以汪淇"还读斋"书坊为中心》，载《徽学》2018 年第 2 期，第 144—153 页。魏爱莲《苏杭还读斋：17 世纪出版业之个案研究》（Ellen widmer, *The Huanduzhai of Hangzhou and Suzhou:a Study in Seventeenth-Century Publishing*），载《哈佛亚洲学报》1996 年第 56 卷第 1 期，第 77—122 页。

将书坊名改为"蜗寄"，后逐渐不再刻书。之后有的学者认为书坊由其子汪恒继承，继续在杭州，也有研究者认为还读斋由其族亲汪昂迁入苏州。不管是哪一种情况，还读斋几代主人与苏州当地文人有非常密切的来往，这一点是没有争议的。是书编者范良（1630—1664），字眉生，安徽休宁人，与钱谦益、陈子龙等人友善。书前有顺治十六年（1659）钱谦益的序。《诗苑天声》包含范氏五种著作，每一种的内封书名下均题"幽草轩藏板"，根据范氏自序题识曰"淮阴寓舍之幽草轩"，可知"幽草轩"为其室名。因此，是书的版权该归三家所有，也就是苏州的童晋之书坊、杭州的还读斋书坊和休宁人范良。

这并不是一个单独的案例，杭州文人陈枚（1638—1707）文治堂与吴门宝翰楼的合作，也反映了这种跨地区合作的情况。与汪淇不同的是，陈枚世代居杭州，其父即《花镜》的作者陈淏（1615—1703）。父子二人以经营书坊为生。① 陈淏所撰《花镜》一书亦有康熙二十七年（1688）的文治堂刻本。陈枚编有时人尺牍选本《写心集》《写心二集》。《二集》之"选言"部分有征尺牍启事，其中称两选本刊刻以来受到了读者的欢迎，欲续刻三集，"兹选或投之邮筒，或得之手授……倘有邮函，乞寄吴门宝翰楼、武林文治堂"。由此可见，吴门宝翰楼是他的合作者。而陈枚所编《凭山阁留青采珍全集》，书前钤有"宝翰楼藏书记"，可见陈氏与宝翰楼的合作并不止一次。

虽然并不知道这种情况在其他地区是否也存在，但综合目前所见的史料和实物，可以说明苏州书业之间的联合，自清初即走在全国前列。正是因为有这样合作，才能推动苏州一地整个书业的良性发展，使吴门坊刻本能销往各地；也才能使整个吴门的书业在动荡的时局中保持稳定，并影响后来上海出版业的形成与发展。

---

① 陆学松等《清初尺牍选本研究》，东南大学出版社2019年版，第71页。

图 6-3-9　清徐扬绘《姑苏繁华图》里的书坊

第七章

苏式优雅：
苏刻欧字与乾嘉时代的覆宋刻本

进入康熙朝以后，清王朝的统治逐渐稳固，政治、经济、文化等都开始全面复苏，并快速发展，从而迎来了清代综合国力最为鼎盛的康、雍、乾盛世。苏州作为江南地区的经济、文化中心之一，其刻书业在经历了明末清初的短暂沉潜后，也迅速恢复了蓬勃生机。一方面，明清鼎革的动荡在一定程度上促进了工匠的迁徙与流动，使得苏州与周边地区如南京、杭州、徽州等地有了更加深入的人员与技术互动；另一方面，经济上的富足、学术上的繁荣又使得刻书者们常以一种不惜成本、精益求精的态度，从形式和内容两个方面对所刻书籍作出高标准的要求，从而将清代苏式刻本的精美与优雅推向了极致。

第一节　从"欧字""软字"看优雅秀美的苏州写刻本

清代的苏州刻本，在刻书的样式与风格上仍然走在引领时代风尚的前列。特别是其字体，除了明代创造的以方整为主要特征的宋体字仍然得到了进一步的发展变化外，又在保留了手写书体面貌的写刻字体上有不少创造性的运用，从而在日趋整齐单调的宋体字刻本外，又打造出一批精写精刻、秀美优雅的写刻本。具体而言，一方面是重新回到南宋浙江刻本的"欧字"传统，并在此基础上略作发展演变，使其更规范化，形成一种别样的方劲风格。另一方面，则是将传统的"软字"进一步精致化，使其更趋圆熟柔美，从而成为清代写刻本中最具典型性与普遍性的一种字体风貌。这种圆润秀美的"软字"与方劲潇洒的"欧字"一起，共同谱写了清代苏州写刻本的优雅篇章。

一、苏州的"欧字"刻本

以唐楷中的欧体字刻书，起源于南宋浙江地区，即所谓"浙本"。元、明以降，虽然也有部分用欧体字刊行的书籍，但一方面数量较少，没有形成规模；另一方面字体各有特色，缺乏一定的规范性，因此很难说成为一种固有的风格。到了清代，最早开始大规模地使用欧体字，并使其初具规范色彩，从而对同时代及后来的写刻本产生较大影响的书籍，当属昆山徐乾学所刻的《通志堂经解》（以下简称《经解》）。

这套丛书是清代第一部经学类的大型丛书，共一千八百六十卷，子目则多达一百四十种，囊括了唐宋元明四朝最重要的一批经学著作。其主体部分完成于康熙十二年至十九年（1673—1680）之间，其后仍不断有刊刻、校勘之事，一直到康熙三十年（1691）前后才全部校订、刊刻完毕。此后又经历了数次修版重印，其中孙觉《龙学孙公春秋经解》仅

图 7-1-1　《吴郡名贤图赞》里的徐乾学像

见于最初印本（图7-1-2）。[①]除了内容重要外，此书的版式字体也十分精美。尤其是字体，是一种以宋代浙刻典型字体欧体为基本架构，字形相对扁方，笔划局部拉直，因而又便于刊刻的劲健字体。《清代版本图录》称《经解》"点画精雅，为清初用方劲欧体写刻之典范"[②]，正是肯定了其在清初版刻史上所树立的典范意义。

关于《经解》的编刊者，历来存在一些争议。因为书名及版心出现的"通志堂"隶属于著名词人纳兰性德（原名成德，1654—1685），且全书不仅有纳兰的总序，其中六十馀种书前还有纳兰的小序叙述各书编纂之过程，又每种经书卷末一般还有"后学成德校订"之语，看上去就好像是纳兰性德编的。不过在《经解》卷首另有一篇康熙十九年（1680）徐乾学的序，其中云：

> 因悉余兄弟家所藏本覆加校勘，更假秀水曹秋岳，无锡秦对岩，常熟钱遵王、毛斧季，温陵黄俞邰及竹垞家藏旧版书若抄本，厘择是正，总若干种，谋雕版行世。门人纳兰容若尤怂恿是举，捐金倡始，同志群相助成，次第开雕。经始于康熙癸丑，逾二年讫工。

序中说得非常清楚，纳兰只是"捐金倡始"，至于选择底本、校勘厘正乃至雕版行世，都是徐乾学本人主持的。对此，其同时代人早有成说。与徐乾学素有往来的著名文人王士禛（1634—1711），曾在其《分甘馀话》中记"徐氏《经解》"一条云："昆山徐氏所刻《经解》多秘本，仿佛宋椠本，卷帙亦多，闻其版亦收贮内府。"[③]这就明确将《经解》的著作权归给了昆山徐氏。诸如此类的文献材料还有很多，尽管在细节解读上还有一些微小差异，但对于徐乾学是《经解》的主要编刊者这一说法，

---

① 据上海图书馆郭立暄先生研究发现，《通志堂经解》原刻至少存在四种印本，其中孙觉《龙学孙公春秋经解》仅见于最初印本。另相关刊印问题的讨论，可参见关文瑛《〈通志堂经解〉源流考》（民国二十三年新京排印本）、王爱亭《昆山徐氏所刻〈通志堂经解〉版本学研究》（山东大学2009年古典文献学博士学位论文，第70-74页）、杨国彭《〈通志堂经解〉刊刻问题新探》（《中国典籍与文化》2019年第2期）等文。

② 黄永年、贾二强《清代版本图录》，浙江人民出版社1997年版，第1册，第43页。

③ 王士禛《分甘馀话》卷四"徐氏经解"条，中华书局1989年版，第85页。

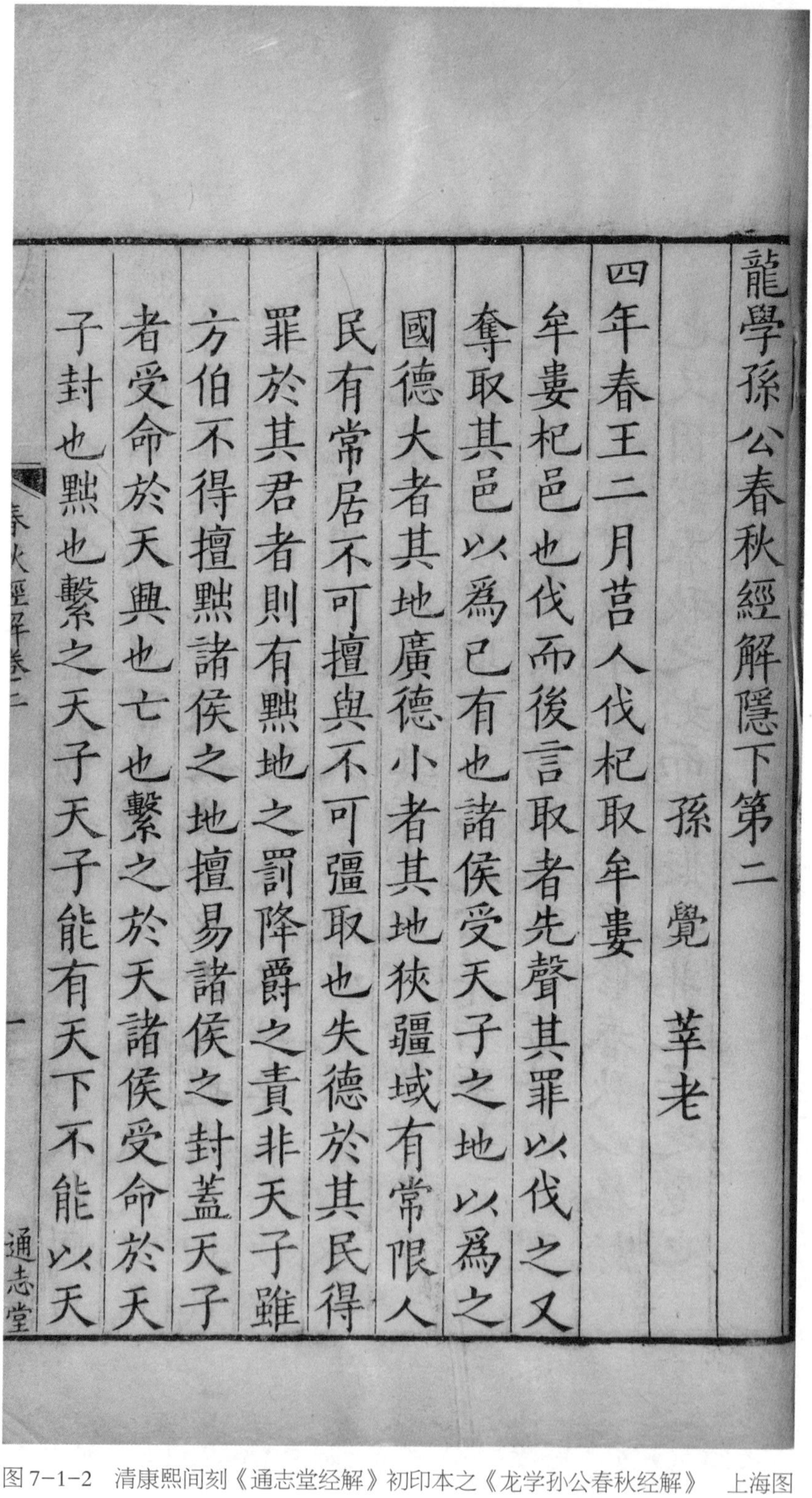

龍學孫公春秋經解隱下第二

孫　覺　莘老

四年春王二月莒人伐杞取牟婁

牟妻杞邑也伐而後言取者先聲其罪以伐之又

奪取其邑以爲已有也諸侯受天子之地以爲之

國德大者其地廣德小者其地狹疆域有常限人

民有常居不可擅與不可疆取也失德於其民得

罪於其君者則有黜地之罰降爵之責非天子雖

方伯不得擅黜諸侯之地擅易諸侯之封蓋天子

者受命於天與也七也繫之於天諸侯受命於天

子封也黜也繫之天子天子能有天下不能以天

春火經解卷二

一

通志堂

图7-1-2　清康熙间刻《通志堂经解》初印本之《龙学孙公春秋经解》　上海图书馆藏

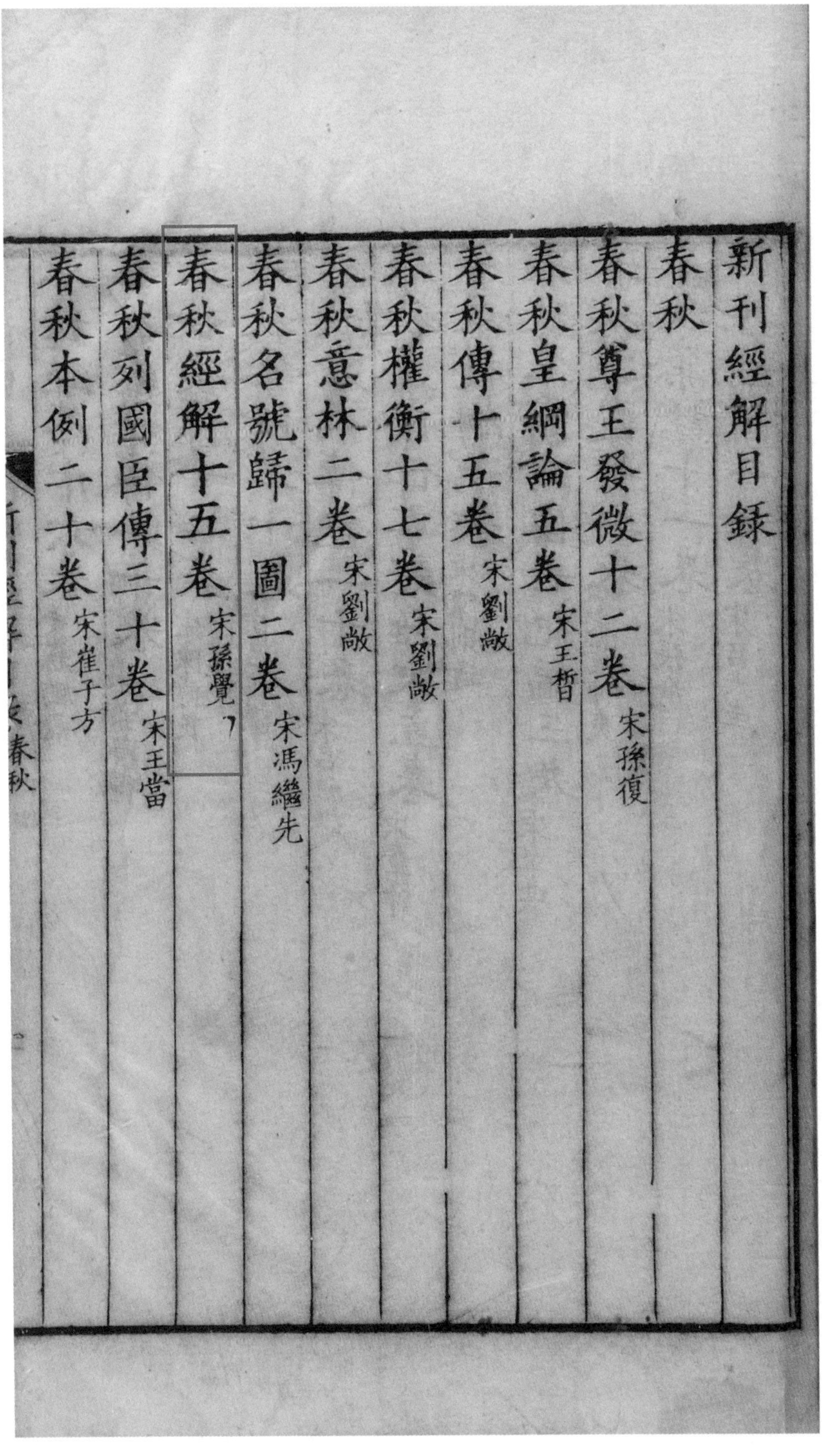

新刊經解目錄

春秋

春秋尊王發微十二卷　宋孫復

春秋皇綱論五卷　宋王晢

春秋傳十五卷　宋劉敞

春秋權衡十七卷　宋劉敞

春秋意林二卷　宋劉敞

春秋名號歸一圖二卷　宋馮繼先

春秋經解十五卷　宋孫覺

春秋列國臣傳三十卷　宋王當

春秋本例二十卷　宋崔子方

基本上已经得到了学界的普遍认同。①

　　除了编刊者的身份认定外，《经解》的刊刻地点也需要略作明确。王士禛曾在《居易录》中明确提到"昆山新刻《经解》"②，认为此书刻于苏州昆山。而更直接的证据，则来自《经解》版心所记载的刻工。根据王爱亭《昆山徐氏所刻〈通志堂经解〉版本学研究》统计，《经解》版心共记刻工近五百人，数量相当庞大。这批刻工中，有至少六十人曾不止一次出现在康熙中后期苏州一带所刊行的其他书籍中，包括徐乾学本人的著作《读礼通考》《憺园文集》等，也包括苏州人顾嗣立编刊的《元诗选》初集、二集、三集以及《昌黎先生诗集注》，还有一些寓居苏州的文人所刊行之书，如蒋国祥所刻《两汉纪》，朱从延所刻《苏东坡诗集注》《古欢录》等。如此高的重合率，足以说明《经解》刻工确实活跃于苏州一带。③

　　而上述书籍不仅雇佣同一批刻工，其刻书字体也有相通之处。特别是从康熙三十三年（1694）开始刊行的、顾嗣立秀野草堂所编刻之《元诗选》系列（图7-1-3），采用的也是"欧字"，虽然不如《经解》那般险劲。且与《经解》一样，其版心部分也记录了刻工姓名。其中初集最多，计有邝贞、邝玉、邝臣、邝芃、邝启、邝仁、公化、天渠、陈章、际生、甘典、君甫、高元、顾明、子茂、启生、尔仁共17人，除邝贞、启生外，其馀15人都曾参与《经解》的刻书工作，且其中陈章、甘典、邝芃、高元、顾明、子茂等人还是《经解》的主力工匠，所刻书籍都在十馀种甚至数十种以上。

　　此外，康熙中叶苏州还有一批使用"欧字"刊行的书籍，尽管没有留下刻工姓名，但从字体看，应该也受到了《经解》的启发。其中比较

① 关于徐乾学编纂《通志堂经解》的相关材料颇多，具体可参见林庆彰、蒋秋华所编《〈通志堂经解〉研究论集》以及王爱亭《昆山徐氏所刻〈通志堂经解〉版本学研究》上篇"《通志堂经解》的编刻者"，此处不赘。

② 王士禛《居易录》卷十："顷得昆山新刻《经解》又数种，如逸斋《补传》，成伯玙《指说》，李樗、黄櫄《集解》，朱倬《疑问》，朱善《解颐》，详略虽不同，要皆可互相发明。"则王士禛对《经解》曾亲加寓目，并认真研读。收入袁世硕主编《王士禛全集》，齐鲁书社2007年版，第5册，第3863页。

③ 复旦大学图书馆藏有一部《通志堂经解》，其内封钤有一枚朱文长方售书章，印文云："《经解》全部卷帙繁重，购者不易。今拆卖流通，以便四方读书君子随意购买。到昆山县大西门内马路口心远堂徐宅，各种具备。"在这枚印章左边，还有"通志堂藏板"朱文方印一枚。尽管所谓"心远堂徐宅"无法查考是否与徐乾学有关，但至少说明这套书曾经在苏州昆山一带拆散售卖，这也从一个侧面印证了此书与苏州的密切联系。

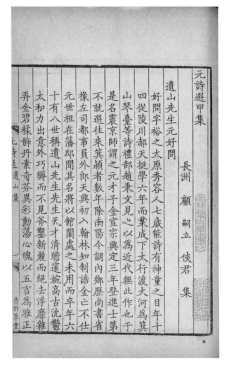

图 7-1-3　清康熙三十三年刻《元诗选
初集·遗山集》　上海图书馆藏

　　典型的，是康熙三十三年（1694）著名文人宋荦编刊的《吴风》二卷（图
7-1-4）。

　　宋荦虽然是河南人，但在苏州做官多年，也刻了很多种书。《吴风》
是宋荦自康熙三十一年（1692）出任江宁巡抚以后，在江南一带文士中"拔
其制义之尤者"所编的诗文选集，也是他在苏州所刻诸多书籍中刊行较
早的一种。此书也使用"欧字"刊行，不过从字体形态看，它不似《经解》
那般险劲，而更规整，有一种雍容之气，比较接近顾嗣立的《元诗选》系列。
值得一提的是，顾嗣立的作品也被收入了《吴风》之中①，他也正是从那
时开始受知于宋荦，随后即与邵长蘅一起成为协助宋荦整理、刊刻书籍
的重要助手。②《吴风》始编于康熙三十二年（1693），而《元诗选初集》
卷首有宋荦同一年所作的序，其中提到"顾子选元诗凡百家，刻成以序

---

① 顾嗣立《闾丘先生自订年谱》"康熙三十二年"条："是冬，商丘宋中丞漫堂荦
　　观风七郡一州之士，制义外，复录诗古文辞，厘为二卷，名《吴风》。余《春日
　　泛舟石湖》《过范文穆公祠观宋孝宗御制诗歌》亦为采入，因始招至署中赋诗赠答，
　　蒙国士之知焉。"民国二十五年铅印本，《北京图书馆藏珍本年谱丛刊》第89册。
② 如宋荦购得著名的《施注苏诗》后，就曾委任邵长蘅、顾嗣立等加以校补并刊行，
　　故此书卷端题"长洲顾嗣立、毗陵邵长蘅、商丘宋至删补"。

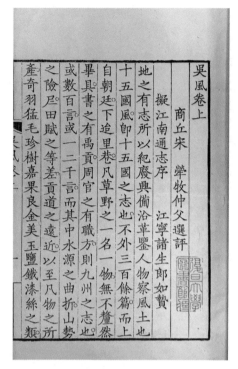

图7-1-4　清康熙三十三年刻《吴风》　复旦大学图书馆藏

请予，乃为之序"，可见宋荦在编刊《吴风》的时候确实看到过《元诗选》，所以在选择字体时很可能受到了《元诗选》的影响，甚至很有可能雇佣了同一批刻工。

　　与《吴风》字体相近，且同样由宋荦刻于苏州的，还有康熙三十三年（1694）所刻《国朝三家文钞》以及康熙三十五年（1696）所刻的《沧浪小志》。尤其值得一提的是《沧浪小志》，此书共两卷，其中上卷以及下卷首叶都是典型的"欧字"，但从下卷第二叶开始，字体忽然变得圆润秀美起来，似更接近本节后面要谈到的"软字"。①

　　而在上述较通行的"欧字"之外，还有另一种风格的"欧字"。用黄永年的话来描述，"更显方板，横直笔道粗细几乎一律"，而所列举之典型代表，则是康熙间苏州席启寓所编刊的《唐诗百名家集》。② 这套书的部头同样很大，共有三百二十六卷。席启寓在康熙四十一年（1702）

① 其中的原因，究竟是写样之际更换了书写之人，还是下卷曾经更换过书版，俟考。
② 黄永年认为与之字体类似的典型代表，还有卞永誉《式古堂书画汇考》，但此书避讳至"胤"，出现时间较晚，且刻书地不详，故暂且不论。见《古籍版本学》，第153-154页。

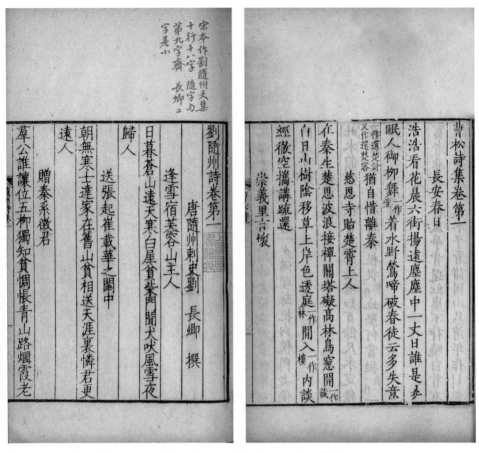

图 7-1-5　清康熙间刻《唐诗百名家集》不同卷次　上海图书馆藏

的自序中称此书"凡阅三十馀年而百家之刻始成，可谓难矣"，可见此书的编刊工作最早可能从康熙十年（1671）前后就已经开始了，但进度极其缓慢。一直到席氏作序这年，实际成刻的也只有二百八十多卷。[1] 事实上，席启寓在作序后不久就去世了，因此剩余的四十多卷都是他的两个儿子继续完成的。也正是由于卷帙浩繁，且刻书时间较长，《唐诗百名家集》各卷的版式风貌、字体风格并没有做到整齐划一。如全书排在第一家的《刘随州诗》，与排序较后的《曹松诗集》，面貌亦有所不同（图7-1-5）。黄永年所说的"方板"欧字，似更接近前者，而后者则与《元诗选》所用的那种欧字更为相似。这可能是因为《唐诗百名家集》系随编随刻，写样者与刻工并不固定，因此才会形成前后不统一的字体风貌。

　　与《唐诗百名家集》这种"方板"欧字较为相近且同样刊行于苏州

① 席启寓自序中还提到"若前镌五十八家恭呈御览"，这是指康熙三十八年（1699）四月，清圣祖南巡，驻跸于太湖东山席宅，席氏曾以部分已刻稿进呈之事。

图 7-1-6 　清康熙二十三年刻《渔洋山人诗续集》 上海图书馆藏

地区的，还有王士禛的《渔洋山人诗续集》（图 7-1-6）。此书虽然编纂时间略晚于前者，但刊刻时间却比较早，即康熙二十年（1681）前后刻于常熟一带。[①] 对刻书的字体，王士禛也曾颇费苦心。其《香祖笔记》记载此书写样事云：

> 黄子鸿名仪，常熟人，隐居博学，工书法。予刻《渔洋续集》，将仿宋椠，苦无解书者。门人昆山盛诚斋侍御符升闻子鸿多见宋刻，独工此体，因礼致之。子鸿欣然而来，都无厌倦。今《续集》自首迄尾，皆其手书也。[②]

可见此书的刊刻，应该是王士禛门人盛符升主持，写样者则为常熟人黄仪。从上下文以及所刻内容为王氏别集来看，这里的"仿宋椠"明显是指向字体。事实上，王士禛此前所刻诸书，包括康熙八年（1669）同样由昆山门人盛符升所刻之《渔洋山人诗集》前编，所用多为方体字。至刻续集，则明确指示要"仿宋椠"，这恐怕也是当时刻书风气转换的一种表现。不过从王士禛苦苦寻觅"解书者"来看，当时苏州一带擅长"仿宋椠"的写手似乎也并不多。尽管王士禛曾表达对徐乾学"雕行古书，颇仿宋椠"的欣赏态度[①]，但《续集》字体最终与《经解》所用"欧字"颇有不同，除了字形略显长方，在结构上更多显现出宋体字流行之后的若干影响。

十多年后亦即康熙三十四年（1695），王士禛又撰成《国朝谥法考》《蚕尾集》等书谋刻，且仍然选择在苏州刊行，只不过这次托付给了时任江苏巡抚的好友宋荦。此时宋荦刚刚刻完《国朝三家文钞》，并曾远寄王士禛，王氏遂以书信来，请代为刻书。同年岁末，顾嗣立入京参加顺天乡试，宋荦便嘱咐他带着已经刻完的《国朝谥法考》和《蚕尾集》前两卷交给王士禛，并顺便将顾氏引荐给了王氏。[②] 翻检此二书，果然是以通行"欧字"刊行，而不复《渔洋山人诗续集》的那种方板。但无论是通行"欧字"，还是略显方板的"欧字"，这种较为方劲的字体无疑是受到当时刻书者的普遍欢迎的。而远在京师的王士禛，想方设法拜托弟子、友人在苏州刻书，也足以说明这种苏州版刻在时人心中的重要地位。

二、苏州的"软字"刻本

在康熙四十一年（1702）至五十九年（1720）间，顾嗣立又先后刊行了《元诗选》二集、三集，尽管其字体仍然采取与初集一以贯之的"欧字"，但在转折点划之间，却已经有了渐趋圆润秀美的倾向。与此同时，苏州地区以"欧字"刊行的书籍也越来越少，此时开始大范围流行的，是另一种以点划软美为基本特征的"软字"刻本。这种字体也是接下来在整个清代的苏州写刻本中，使用范围最广、影响最大的一种字体。

---

① 王士禛《居易录》卷十四云："近则金陵、苏杭书坊刻板盛行，建本不复过岭。蜀更兵燹，城郭丘墟，都无刊书之事，京师亦鲜佳手。数年以来，石门（原注：即崇德县）吕氏、昆山徐氏，雕行古书，颇仿宋椠，坊刻皆不逮。古今之变，如此其亟也。"收入《王士禛全集》，第 5 册，第 3951 页。

② 参见蒋寅《王渔洋事迹征略》康熙三十四年条，人民文学出版社 2001 年版，第 413-414、416 页。

不过在谈苏州的"软字"刻本之前，有必要先来介绍一下经常与写刻本特别是"软字"写刻本相提并论的"康版"这个概念。最早提出"康版"这一说法的，是康熙、雍正时人金埴，他在笔记《不下带编》中曾云：

> 江宁织造曹公子清……内廷御籍，多命其董督，雕镂之精，胜于宋版。今海内称康版书者，自曹始也。
>
> 六十年前白下、吴门、西泠三地之书尚未盛行，世所传者，独建阳本耳。其中讹错甚多，不可不知……今闽版书本久绝矣，惟三地书行于世，然亦有优劣。吴门为上，西泠次之，白门为下。自康熙三四十年间颁行御本诸书以来，海内好书有力之家，不惜雕费，竞摹其本，谓之欧字，见刻宋字书（原注：宋字相传为宋景文书本之字，在今日则枣本之劣者）置不挂眼。盖今欧字之精，超轶前后。后世宝惜，必称曰康版，更在宋版书之上矣。①

金埴在文中主要谈到了以下几点：首先，以精写精刻为特点的"康版"书始于曹寅（字子清），这种刻书风气大概形成于康熙三四十年以后，并为"海内好书有力之家"所大肆效仿。其次，"康版"使用"欧字"而不使用"宋字"，因而都是极其精美的写刻本。这两段文字经谢国桢发掘引用之后，影响很大。②自此以后，"康版"之名可谓深入人心，并常常用来指代康熙朝前后的精写精刻之本。而曹寅及其所刻之《全唐诗》，也就几乎成为"康版"的代表之作。

然而细究金埴的说法，实不乏自相矛盾之处。对此，潘天祯《扬州诗局杂考》一文已作了非常详细的考订。③其中比较重要的一点，就是修正了"（康版）自曹始也"的说法，认为曹寅所刻之《全唐诗》虽堪称"康版"之典型代表，但这种精写精刻的风气，早在扬州诗局成立之前就已经流行于苏州地区，曹寅只是继承并将其发扬光大而已。事实上，金埴自己也说，康熙以来刻书最多最好的地方，主要是苏州、杭州、南京一带，并特别指出以苏州"为上"，而没有提到扬州。

此外，潘天祯还指出金埴称"康版"使用"欧字"精刻的说法也是有问题的。因为无论是《全唐诗》还是曹寅在扬州诗局所刻的其他书籍，

---

① 分别见金埴《不下带编》卷一、卷四，中华书局 1982 年版，第 11、65 页。
② 参见谢国桢《从清武英殿版谈到扬州诗局的刻书》，《故宫博物院院刊》1981 年第 1 期。
③ 潘天祯《扬州诗局杂考》，《图书馆学通讯》1983 年第 1 期。

都不曾使用"欧字"，而是用一种"用笔圆润，形态隽秀"的字体。用黄永年的说法，是一种"点划软美，有点像宋明人刻法帖里的所谓晋唐小楷"的"软体字"①。本文将之简称为"软字"，以与"欧字"相对应。②从书法史的角度来看，这种字体的出现与使用和"馆阁体"的形成与发展息息相关。而从刻书史的角度看，这类以晋唐小楷为写样范本的字体，在明代中后期就已经应用于雕版刻书。但真正开始大范围通行并呈现一定的程式化特征，则主要是在清代。发展到今天，则演变成为我们日常所使用的"楷体"。

而通过梳理清代的刻书史，我们发现最早广泛运用这种"软字"刻书的仍然是苏州地区。黄永年曾列举过一批以"软字"刊行的清代写刻本，如蒋国祥分别在康熙三十五年（1696）、三十六年（1697）刻的《两汉纪》六十卷、《篋衍集》十二卷（图7-1-7），顾嗣立在康熙三十八年（1699）刻的《昌黎先生诗集注》十一卷附一卷，汪立名在康熙四十一年（1702）刻的《白香山诗集》四十卷等，它们无一例外都刊行于苏州，且刊刻时间都比康熙四十四年（1705）刻成的《全唐诗》要早。据此，黄永年甚至认为《全唐诗》"这种字体的写样者和刻工可能是从苏州招去的，至少当时苏州也流行写刻这种字体"。③这显然是不无道理的。

此外，时任江苏巡抚的宋荦曾先后在康熙四十二年（1703）、四十三年（1704）奉旨在苏州刊刻了《御制诗集》《皇舆表》（图7-1-8）诸书，并在进呈康熙帝御览后得到了康熙帝的极力称赞。此二书不仅同样使用"软字"精刻，而且字体与《全唐诗》非常接近，因此潘天祯认为曹寅在刊刻《全唐诗》时，很可能正是受到了宋荦刻书的影响。④

上述两种书籍因系奉旨承刻，一般的版本学论著会将之归入内府刻书，对此或可姑且不论。不过宋荦在苏州前后为官十馀年（康熙二十六

---

① 黄永年《古籍版本学》，第153-154页。

② 很多版本学论著中将所谓"软字"直接等同为"写体"，这显然是不太严谨的。因为"写体"实应与"宋字"相对，是包括了"欧字""软字"以及其他一切手写上版之体的总称。具体讨论详见郑幸《从两分到三分：清代版刻字体的规范与分化》，《中国出版史研究》2022年第2期。

③ 黄永年《古籍版本学》，第152页。

④ 潘天祯《扬州诗局杂考》云："特别是宋荦刻的《皇舆表》，端楷精书精刻，字体风格和《全唐诗》没有多少区别。四十四年三月初二日，玄烨在收到宋荦进呈《皇舆表》样本两部时，极为赞赏：'刻得著实精，太好了！锦套一部留览，绫套一部送与皇太子。'三月十九日即在曹寅奉旨校刻《全唐诗》的当天，宋荦又进呈《皇舆表》四十部。这些事实，很难说对曹寅校刻《全唐诗》选择字体没有影响。《全唐诗》和《皇舆表》的字体风格那么相近，自非偶然。"

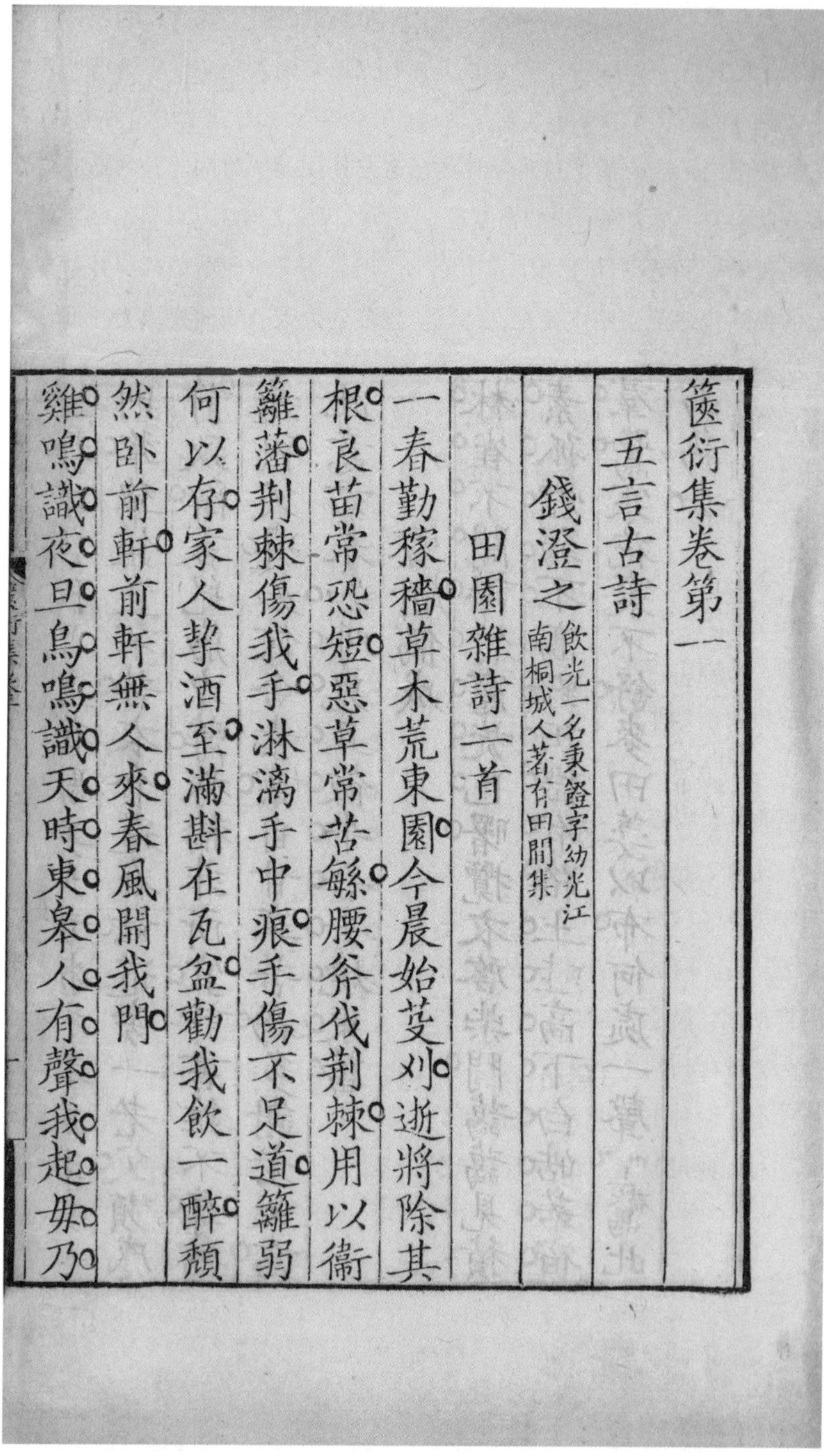

篋衍集卷第一

五言古詩

錢澄之 歛光一名秉鐙字幼光江
南桐城人著有田間集

田園雜詩二首

一春勤稼穡草木荒東園今晨始芟刈逝將除其
根良苗常恐短惡草常苦緐腰斧伐荊棘用以衞
籬藩荊棘傷我手淋漓手中痕手傷不足道籬弱
何以存家人挈酒至滿斝在瓦盆勸我飲一醉頹
然卧前軒前軒無人來春風開我門
雞鳴識夜旦鳥鳴識天時東皋人有聲我起毋乃

图 7-1-7　清康熙三十六年刻《篋衍集》　上海图书馆藏

图 7-1-8　清康熙四十三年刻《皇舆表》

年至二十七年间任江苏布政使，康熙三十一年至四十四年任江苏巡抚），于公于私都刊刻了不少书籍，且几乎都是精写精刻之本，无论是就数量还是质量而言，都不输曹寅扬州诗局所刻诸书，甚至在时间上更早，故可视为引领"康版"风气的另一位代表性人物。有趣的是，宋荦在苏州所刻的书，凡在康熙三十五年（1696）以前所刻者，如《绵津山人诗集》《吴风》《国朝三家文钞》《沧浪小志》等，基本为"欧字"刊行；刻于之后者，如《御制诗钞》《皇舆表》《二家诗钞》《江左十五子诗选》等，则基本以"软字"刊行。联系此前黄永年列举的苏州所刻诸"软字"本，基本上也都出现在康熙三十五年之后，这显然是一个颇有意味的现象。当然，这一年不可能成为一个绝对的分界线，但如能以此为切入点，来考察苏州地区版刻风尚的变迁情况，倒也不失为一个有意思的研究视角。

　　相比"欧字"的悄然衰息，"软字"在康熙以后的清代中叶仍然颇为常见。不过就字体形态而言，清中叶所流行的"软字"，与清初又有不同。简单地说，清初"软字"尚带一些从"欧字"过渡而来的挺拔之气，而清中叶的"软字"则更显圆熟绵软一些。出现这种情况，一方面是因为清初"软字"经过数十年的流行，坊间写手、刻工俱已驾轻就熟，难免程式化气息更为浓厚；另一方面，或许也是因为到了清代中叶，这种"软字"受到了当时馆阁书法风气变化的影响。① 简而言之，清初宗董其昌，故其字体尚有潇洒之气；而到了雍正、乾隆时期则以宗赵孟頫为主，故字体更显圆熟，即俗语所谓的"墨圆光方"。② 这里的"方"不是指"欧字"的那种"方劲"，而是一种端方工整之态，实与"圆"相呼应。

在这样的整体背景下，清中叶所刻之"软字"书籍，除非出版者刻意使用名家手书或其他生新字样，否则出现一种面目雷同、圆润软熟的"馆阁体"气息，几乎是不可避免的。而这一时期苏州地区的"软字"刻本，也基本呈现出这样一种写刻精美，但又略显圆熟的面貌。例如苏州文人兼名医的薛雪，其扫叶村庄在雍正至乾隆年间所刻的一系列著述，包括《抱珠轩诗存》《一瓢斋诗存》《一瓢斋诗话》（图 7-1-9）《斫桂山房诗存》《吾以吾鸣集诗钞》等，大多出自苏州名刻工李士芳之手，点画端雅清秀，转折圆润柔美，是非常典型的清中叶"软字"风格。而黄裳在谈到薛雪这些书时，云其"皆写刻精好，为乾隆刻标准风格"③，就将这种字体样式视为清中叶"软字"的一种标准与楷模。

而说到清中叶的苏州刻工，值得一提的还有穆大展（约 1722—约 1810）。穆氏名孔成，字大展，号近文，以字行。乾隆至嘉庆年间在苏州开设刻字铺穆大展局（又名近文斋），以刻字技艺精湛而著称。不仅如此，他还与沈德潜、袁枚等一大批乾嘉时期声名显赫的上层文人互动往来，邀请他们为自己题写数量众多的诗文题跋，可以说是刻书史上难得一见的传奇人物。④ 近代著名藏书家周叔弢曾这样评价穆大展：

> 清代乾嘉间金陵刻书习用刘氏方整之体，独穆大展则用楷书精刻。余所见有楷书刻《昭代词选》、摹元人书《两汉策要》，

① 如金安清《水窗春呓》曾云："馆阁书逐时而变，皆窥上意所在。国初，圣祖喜董书，一时文臣皆从之，其最著者为查声山、姜西溟。雍正、乾隆皆以颜字为根底而赵、米间之，俗语所谓墨圆光方是也。然福泽气息，无不雄厚。"又马宗霍《书林藻鉴》亦云："高宗宸翰尤精……其时承平日久，书风亦转趋丰圆，董之纤弱，渐不厌人之望。于是香光告退，子昂代起，赵书又大为世贵。"

② 按又有一说为"乌方光"。李仙根《楚庭书风》有"粤风从不趋甜熟，何物乌方光困之"之句，转引自侯开嘉《中国书法史新论》，上海古籍出版社，2009 年，第 154 页。

③ 黄裳《清代版刻一隅》之《抱珠轩诗存》条，齐鲁书社 1992 年版，第 194 页。

④ 关于穆大展的具体情况，可参见郑幸《苏州刻工穆大展之生平与交游考述——以〈摄山玩松图〉为中心》，《文献》2018 年第 4 期。

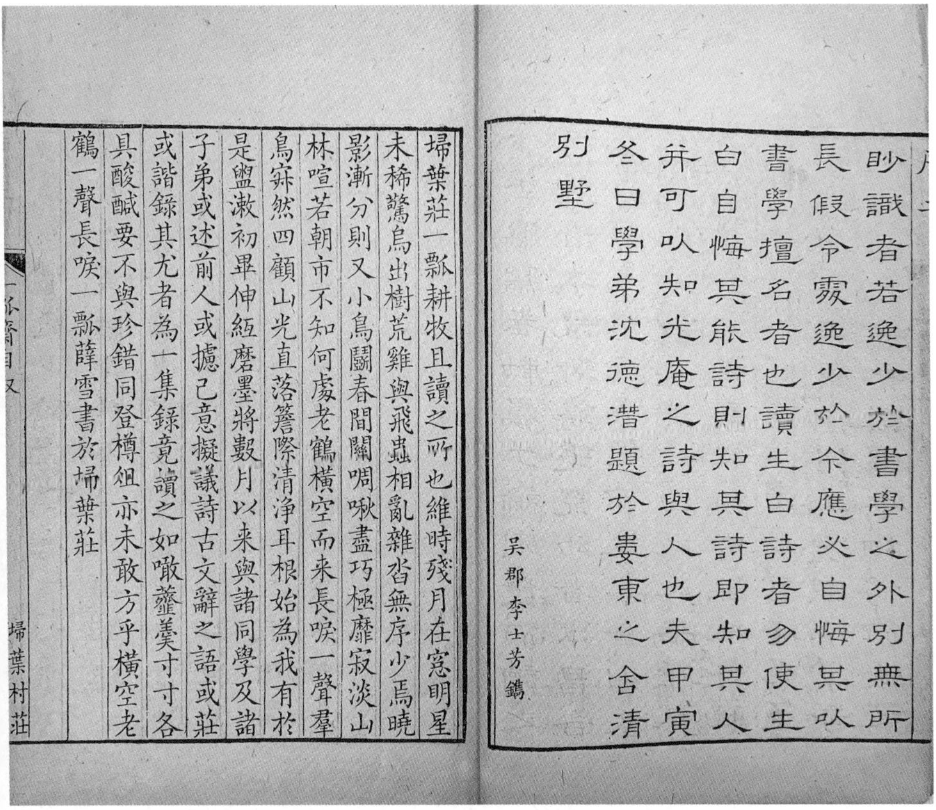

埽葉莊一瓢耕牧且讀之所也維時殘月在窻明星
未稀驚烏出樹荒雞與飛蟲相亂沓無序少焉曉
影漸分則又小鳥關關啁啾盡巧極靡寂淡山
林喧若朝市不知何處老鶴橫空而來長唳一聲羣
烏寂然四顧山光直落簷際清淨耳根始為我有於
是盥漱初畢伸紙磨墨將數片以來與諸同學及諸
子弟或述前人或擴己意擬議詩古文辭之語或莊
或諧錄其尤者為一集竟讀之如啜蘿蔔寸寸各
具酸鹹要不與珍錯同登樽俎亦未敢方乎橫空老
鶴一聲長唳一瓢薛雪書於埽葉莊

別墅

識者若逸少於書學之外別無所
長假令霧逸少於今應必自晦以
書學擅名者也讀生白詩者必
白自悔其詩則知其詩即知其人也夫
可以知光庵之詩與人也夫甲寅
冬日學弟沈德潛題於妻東之舍清

吳郡李士鱄

图 7-1-9　清乾隆间刻《一瓢斋诗话》　复旦大学图书馆藏

皆精妙绝伦……康熙年间江宁织造曹寅用楷字体刻书，雕印精工，所谓"康体"（原注：见金埴《不下带编》）。嘉道以后此风渐息，穆氏独能传其馀绪。①

文中认为，清初以来所盛行的精写精刻，到了清中叶已风气渐息，当时更为"习用"的是另一种"方整之体"，也就是宋体。而清中叶唯一能够继承"康版"馀绪、表现写刻优雅之美的，只有穆大展。这一说法当然不太准确，一方面所谓"方整之体"并不是清中叶才开始通行，另一方面即便是文中所说的金陵刘氏兄弟，实际上也刻了很多精美异常

① 见李国庆《弢翁藏书题跋》附《弢翁藏书年谱》"一九八二年"条，紫禁城出版社 2007 年版，第 325 页。按此传略又见李国庆《漫谈古书的刻工》一文，云系原天津古籍书店经理张振铎先生抄示，内容则大致相同。

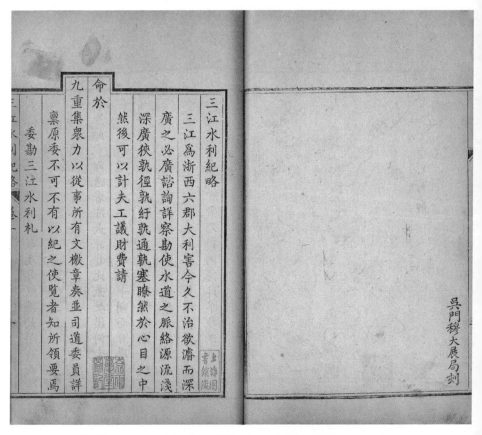

图 7-1-10　清乾隆二十九年刻《三江水利纪略》　上海图书馆藏

的写刻本。[1]不过周叔弢所观察到的，清中叶以后精写精刻之风渐渐衰息的现象也确实是存在的。而在清中叶的苏州地区，尽管也还活跃着一批擅长写刻的工匠如李士芳、吴学圃、王兰坡等，但穆大展及其刻字铺所刻之书，确实是数量相对最多，且质量相对最精的。正如同时代人阮葵生在其笔记《茶馀客话》中所断言，"穆大展刻字"一定会与薛晋臣治镜、曹素功治墨等民间技艺一样，"皆名闻朝野，信今传后无疑也"[2]。

　　据笔者统计，穆大展已知的刻书作品一共是 32 种，其中至少有 20 种是写刻本，比例相当高。而就字体来说，由于穆大展承刻的主要是文人的私家诗文别集，因此写样风格不一，但出现最多的还是那种圆润秀

---

[1] 关于金陵刘文奎兄弟的刻书活动，可参见郑幸《学术良工：刘文奎局与乾嘉学者的出版活动》，《古典文献研究》第二十四辑下，凤凰出版社 2021 年版，第 16-32 页。

[2] 见阮葵生《茶馀客话》卷二十，《续修四库全书》第 1138 册。

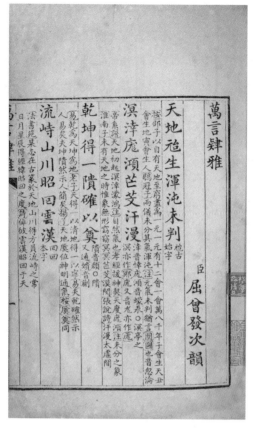

图 7-1-11　清乾隆三十七年刻《万言肄雅》

美的通行"软字"。例如乾隆二十九年（1764）为庄有恭所刻《三江水
利纪略》（图 7-1-10），乾隆三十七年（1772）为胡季堂所刻《葆璞堂
诗文集》、为屈曾发所刻《万言肄雅》（图 7-1-11），乾隆三十九年（1774）
为赵氏所刻《饴山文集》等，就均以通行"软字"刊刻，风格面貌颇为
相近。

三、别有风味的名家写刻本

以上所讨论的苏州写刻本的字体，无论是"欧字"还是"软字"，
主要还是从共通性、规范性的角度入手的。但事实上，苏州还有大量写
刻本是以非常个性化的手书上版刊行的。特别是那些特意邀请书法好手
写样上版，或者作者亲自手书上版的，可以说每一种都别有一番风味，
令人赏心悦目。

例如著名的"林佶四写"，虽然写样者林佶是福建侯官人氏，但其

为王士禛所写的《渔洋山人精华录》，很可能是由宋荦、顾嗣立等经手并在苏州刊刻的。① 此外，还有苏州著名园林网师园的主人宋宗元自写、自刻之书，如其乾隆十六年（1751）所刻《巾经纂》二十卷（图7-1-12），版心上方有"悫庭慵书"字样（"悫庭"为宋宗元之号），下方有"网师园"字样，故知为作者手书上版并自刻之书。其字体虽较接近通行之"软字"，但又别有一种闲散妩媚的气息，正可应对"慵书"二字。宋宗元还曾刻有《网师园唐诗笺》十八卷，亦为"软字"写刻，但却显得更端庄一些。

此外值得一提的，还有一位雍正年间的苏州写样者邓弘文。此人曾先后在雍正八年（1730）所刻的《淳化秘阁法帖考正》十二卷（图7-1-13），以及雍正十一年（1733）前后所刻的《冬心先生集》四卷、《冬心斋研铭》一卷这三部书中，创造性地运用一种"仿宋"字体写样。这种字体横笔略细，且十分平直，几无波磔。结构上左低右高，斜势相当明显。此外，转折、结笔之处也如斩钉截铁般棱角分明，完全没有一般手写体应有的那种圆润弧度，与通行"软字"的绵软气质更是截然不同。关于这种字体的来源，邓弘文在刊语中反复宣称是"仿宋本书""仿宋本字画录写"。从字形看，它其实是取了宋刻本颜体字的架构，并刻意强调了字形的斜侧，以与当时流行的宋体字的方正拉开距离；但在笔划处理上，它又遵循了宋体字的造型原则——拉直笔划、横细竖粗，因此这是邓弘文自己的创造性书写。在人们已经习惯甚至有些厌倦了那种馆阁气息浓厚的圆熟"软字"的时候，这种字体的突然登场，呈现了一种非常耀眼的以复古为革新的先锋姿态。

不过，尽管这种字体是苏州人创造的，但其产生的影响却主要是在苏州以外的地区。先是扬州，然后又传播到南京、杭州，清中叶杭州刻字铺爱日轩更多次使用这种"仿宋"字体写样，成为其店铺的一大特色。虽然其字体几经变化走样，最后又基本回归到清初通行"欧字"的面貌，但"仿宋"的字体名称却被保留并一直沿用了下来。后来民国年间杭州丁氏兄弟创制"聚珍仿宋"铅活字，无论是从字形还是"仿宋"的名称来看，实际上都受到了邓弘文以后这一批所谓"仿宋"刻本的影响。从

---

① 王士禛《蚕尾集剩稿》所收《答宋牧仲巡抚》："吉人为弟写《精华录》，不识已付侠君几卷？幸讯之。"（收入《王士禛全集》，第3册，第2440页）可知宋荦、顾嗣立都曾参与其事。又黄裳认为顾嗣立的《书馆闲吟》也是由林佶写样的，见《清刻本》上编"清代版刻丛谈"，江苏古籍出版社2002年版，第6页。

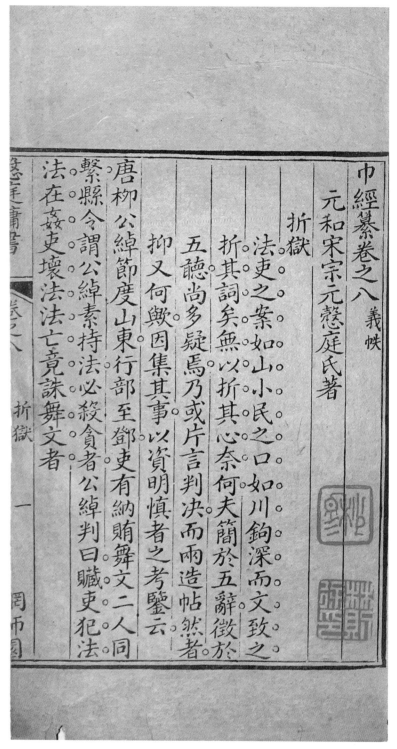

法在姦吏壞法法亡竟誅舞文者
繫縣令謂公綽素持法必殺貪者公綽判曰贓吏犯法
唐柳公綽節度山東行部至鄧吏有納賄舞文二人同
抑又何歟因集其事以資明慎者之考鑒云
五聽尚多疑焉乃或片言判決而兩造帖然者
折其詞矣無以折其心奈何夫簡於五辭徵於
法吏之案如山小民之口如川鈎深而文致之
折獄
元和宋宗元慈庭氏著
巾經纂卷之八 義帙

图 7-1-12　清乾隆间刻《巾经纂》

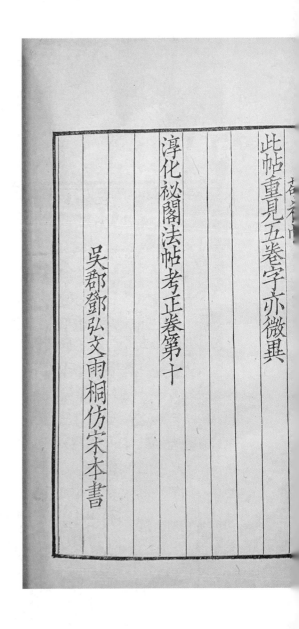

这一点来说，苏州对于清代版刻字体乃至于后世通行印刷字体的影响，确实是非常深远的。

第二节 苏州的覆宋刻本与乾嘉学术

在清代的写刻本中，还有一类专以覆刻、影刊的方式来保存宋元旧籍原貌的所谓覆宋刻本（通常也包括覆元，下同）。其文字内容乃至字体、行款一般都遵照原书式样，同时辅以审慎的校勘，故一旦刊行，往往成为后世通行之定本。叶德辉在《书林馀话》中曾高度评价此类覆宋刻本云：

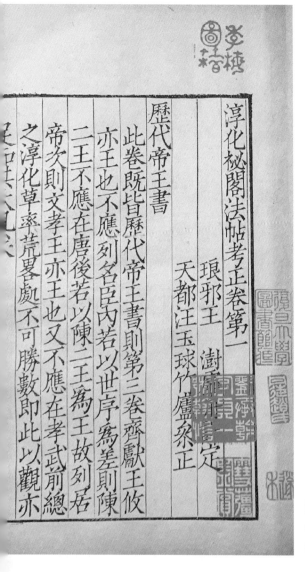

图 7-1-13　清雍正间刻《淳化秘阁法帖考正》　复旦大学图书馆藏

　　"乾嘉以来，黄荛圃、孙伯渊、顾涧薲、张古馀、汪阆源诸先生影刊宋、元、明三朝善本书，模印精工，校勘谨慎，遂使古来秘书旧椠，化身千亿，流布人间。其裨益艺林、津逮来学之盛心，千载以下，不可得而磨灭也。"①这里将覆宋刻本的高峰定于乾嘉时期，又推黄丕烈、孙星衍、顾广圻等为其中之代表，无疑是颇具眼光的。事实上，黄、顾二人及其所协同校刻之《士礼居丛书》，实为清代覆宋刻本中的顶尖之作；而他们的刻书与校勘理念，对乾嘉乃至近现代学术史都产生了极其深远的影响，诚可

<hr />

① 叶德辉《书林馀话》卷下，收入《书林清话（外二种）》，北京燕山出版社1999年版，第 316 页。

谓千载以下，不可磨灭。

一、乾嘉以前的覆宋刻本

在讨论黄丕烈、顾广圻所刻覆宋本之前，有必要先来梳理一下乾嘉以前苏州地区所刊行的覆宋刻本，以见其渊源与脉络。

从明末一直到清代前中期，江南特别是苏州常熟一带藏书风气特盛，著名藏书家层出不穷，对宋元旧本、名家旧钞的重视也达到了前所未有的程度。在这一背景下，便陆续出现了几种覆宋刻本，其中比较有名的当属张士俊编刻的小学类丛书《泽存堂五种》。这套丛书大约刊行于康熙四十二年至五十三年间（1703—1714），包括《广韵》五卷、《大广益会玉篇》三十卷、《佩觿》三卷、《字鉴》五卷、《群经音辨》七卷。五种书中只有《广韵》（图7-2-1）与《大广益会玉篇》（以下简称《玉篇》）是真正以宋刻本为底本的，其他都是据旧钞本重刻。不过由于其刊印精良，且所据底本都较为稀见，因此在清代流传很广，影响也很大，甚至出现了"坊肆或去序染纸以充宋刻"的现象①。

按张士俊字籲三，又字景尧，号六浮阁主人，长洲人。家境富饶，曾购得狮子林；又喜结交文人，与当时著名学者朱彝尊往来交好。② 其在《佩觿》跋语中，就曾提到与朱彝尊等人往来研学之事：

> 康熙岁在昭阳协洽，秀水朱检讨以《汗简》授汪子立名付梓。阅三载，驾幸苏州，四方士大夫云集。而竹垞、查田、晚研、忍斋、朴村竞好古学，寓水周林，论及字书，余以汪子之仅刻《汗简》，而《佩觿》未及见为恨。忍斋起谓余曰："行箧适带之。子能广其传，则大幸也！"噫！忍斋之心公矣，余敢不敬承之？为细加雠较而授之梓。

这里的"昭阳协洽"是指康熙四十二年（癸未，1703），"阅三载"即康熙四十六年（丁亥，1707），正好是康熙帝第六次南巡之年，因此四方文人云集，并曾汇聚于张士俊的别业水周林中。据张云章《水周林记》记载，水周林在苏州葑门之北，距离狮子林大概二里路。记云："岁丁亥三月，余与竹垞先生相继至，海宁查编修夏重、德引皆来会，同郡徐

---

① 黄永年、贾二强《清代版本图录》之《泽存堂五种》解题，第1册，第148页。

② 朱彝尊《曝书亭集》卷六十六有《六浮阁记》，即康熙四十年游览张家六浮阁后所作。

庶常大临亦在，俱留一再宿。"① 这里提到的"丁亥三月"之聚会，正是张士俊所说康熙四十六年之会。结合两篇文字所提供的信息，当时张士俊水周林寓所中至少汇集了朱彝尊（号竹垞）、查慎行（字夏重、号查田）、查嗣瑮（字德尹，一作德引）、杨中讷（号晚研）、徐树本（号忍斋）、张云章（号朴村）、徐昂发（字大临）等人，都是一时名流俊彦。他们在水周林一起切磋砥砺，堪称苏州学术史上的一段佳话。而张士俊刻《佩觽》所用之底本，就是在这次聚会中，向徐元文之子、徐乾学之侄徐树本所借。

由此也就不难理解朱彝尊与《泽存堂五种》之间的密切关联了。据相关材料可知，朱彝尊不仅直接敦促张士俊刻书②，还为其提供所需之底本。如《字鉴》，张士俊跋云："康熙戊子夏五月，秀水朱先生过余师子林，酒后出是书云：'此子郡人之书，而予钞得之古林曹氏者。'"又如《群经音辨》，张士俊跋云：

> 次年（按：指康熙四十五年），秀水先生复以《群经音辨》七卷相授云："此书专辨字音，诸经所读及五方言语，字同音异，至如敦字八音、齐字九音、辞字十音，不可不深究，子能刊之以传世乎？"予唯唯。

跋语中同样提到朱彝尊以钞本相授，并直接委托张氏刊行此书。唯其刻成时朱彝尊已然离世，而这以后张士俊再也没有刊行过新的书籍。一方面他自己身体业已每况愈下③，另一方面失去了朱彝尊的指导与协助，恐怕也是有心无力了。

值得一提的是，张士俊在《群经音辨》的跋语中还提到他刊行、校正此书花费了整整七年时间，曾先后以汲古阁藏钞本、无锡华希闵藏钞本校对，又反复就正于朱襄、张德纯、汪泰来、张云章等人，足见态度之审慎。然而即便如此，因为毛扆不肯出借宋刻原本，所以成书后错误

---

① 张云章《朴村文集》卷十一《水周林记》，清康熙刻本。

② 朱彝尊《曝书亭集》卷四十三《汗简跋》："予也侨吴五载，力赞毛上舍扆刊《说文解字》，张上舍士俊刊《玉篇》《广韵》，曹通政寅刊丁度《集韵》、司马光《类篇》。"《清代诗文集汇编》影印《四部丛刊》本，第116册，第354页。

③ 张云章《朴村文集》卷六《与沧州先生》云："又籁三有坐稿之势，即膳羞亦颇勉强，遂归家憩息两月。"此信中谈及曹寅去世，故当作于康熙五十一年（1712）或稍后。

廣韻上平聲卷第一

德
東第一 獨用
紅

職
容 鍾第三
章

支第五 脂之同用
移

而
之第七
止

居 語
魚第九 獨用

莫 胡
模第十一
膜 古

膊 古
佳第十三 皆同用

呼
恢 灰第十五 咍同用

職
鄰 眞第十七 諄臻同用

都
宗 冬第二 鍾同用

古
雙 江第四 獨用

旨
夷 脂第六

無
非 微第八 獨用

俱
遇 虞第十 模同用

奚 徂
諧 齊第十二 獨用

古
諧 皆第十四

呼
來 咍第十六 四

之 純
諄第十八

图 7-2-1　左：清康熙四十三年刻《泽存堂五种·广韵》　右：再造善本影印宋刻本《广韵》

廣韻上平聲卷第一

德紅　東第一　獨用

都宗　冬第二　鍾同用

職容　鍾第三

古雙　江第四　獨用

章移　支第五　脂之同用

旨夷　脂第六

止而　之第七

非微　微第八　獨用

語居　魚第九　獨用

俱遇　虞第十　模同用

莫胡　模第十一

但奚　齊第十二　獨用

古膎　佳第十三　皆同用

古諧　皆第十四

恢呼　灰第十五　咍同用

呼來　咍第十六

職鄰　真第十七　諄臻同用

之純　諄第十八

四十

音　十三

仍然很多。① 相对而言，刻《广韵》的时候，张士俊与毛扆的关系似乎要密切得多。《广韵》张跋云：

> 从常熟毛丈扆借得《大宋重修广韵》一部，相与商榷行世。延其甥王君为玉馆于将门东庄，摹写旧本字画，校雠再四而后镂诸版……自康熙癸未岁之夏五，迄于甲申秋孟，乃克竣功……襄其事者，家孝廉大受与闾丘顾孝廉嗣立均有功焉。

这里的康熙癸未至甲申是指康熙四十二年至四十三年（1703—1704），当时毛扆不仅慷慨出借宋本，还"相与商榷"，并让自己的外甥协助写样。再加上同乡张大受、顾嗣立的协助，因此宋刻原本虽然讹谬不少，张士俊的校改之功还是得到了后人的肯定，而泽存堂本也成为清代最为通行的《广韵》版本之一。

不过总的来说，《泽存堂五种》虽然已经有了复原旧籍的初步理念，例如坚持在字体与行款上都尽量维持底本的原貌（特别是以宋刻为底本的《广韵》和《玉篇》），但在涉及内容校勘时，仍不免擅改之病，因此难免失去宋本旧观。② 类似的情况也同样出现在其他覆宋刻本上，例如康熙五十六年（1717）缪曰芑覆南宋蜀刻《李太白文集》三十卷，就是另一个典型。

缪曰芑（1684—1756），字武子，号笠湖。曰藻弟。雍正元年（1723）进士，以母丧遂不复出，闭门著书，有《六经要语》《杜诗心解》等，但都未见流传。③ 而关于《李太白文集》的编纂过程，卷首缪氏自序云：

---

① 此宋刻本最后归袁克文，其曾作跋云："《群经音辨》七卷，唐六如旧物。后归汲古阁，毛斧季举以售诸潘稼堂。未几，入石渠。张氏刻《泽存堂丛书》时，曾求假于毛氏而不得，遂以影本付样，不特失宋本面目，如'贤，大穿也'，宋本'胡盼切'，张刻作'胡甸'。'日'，宋本'人实切'，张刻作'人质'。'肙'，宋本'失人切'，张刻作'于机'。类是。则谬误尤甚矣。乙卯六月寒云。"转引自李红英《袁克文经部善本藏书题识（上）》，《文献》2011年第4期。

② 杨守敬《日本访书志》卷三"《广韵》五卷"条："此即张氏泽存堂刊本所从出也……原本谬讹不少，张氏校改扑尘之功诚不可没。然亦有本不误而以为误者，有显然讹误而未校出者，有宜存而径改者。"光绪二十三年刻本。又郭立暄曾通校此书，认为张氏虽依据宋宁宗时本为底本，但也曾参校过钜宋本系统的本子，并据后者校改文字。参见《中国古籍原刻翻刻与初印后印研究》之《实例编》，中西书局2015年版，第192页。

③ 传见陈宏谋《培远堂偶存稿·文稿》卷九《编修缪笠湖传》，《清代诗文集汇编》第281册，第644–645页。生卒年参见江庆柏编著《清代人物生卒年表》，人民文学出版社2005年版，第822页。

　　　　癸巳秋，得昆山徐氏所藏临川晏处善本，重加校正，梓之家塾。
　　其与俗本不同者，别为考异一卷，庶使读是编者不失古人之旧，
　　而余得以广其传焉。

　　这里的"癸巳"，是康熙五十二年（1713）；"昆山徐氏"则指徐
乾学。可知缪氏是从徐家那里得到了这部宋刻原本，校正后重刻以行世。
又序中称"别为考异一卷"，目录也有"附考异一卷"，但下标"嗣出"，
正文也未见，可知并未刊行。黄丕烈曾在《百宋一廛书录》中提到此宋
刻本云："其先藏自郡城缪氏，缪曾用以翻刊，楮精墨妙，尝以伪乱真。
曾欲作《考异》一卷而未成，其夹签犹在卷中也。余以一百五十金得之
缪氏。"[1] 可见黄丕烈是紧随缪氏之后收藏此宋刻本者，故曾亲眼见过缪
曰芑为作考异而准备的文字材料。此外，顾广圻也曾关注过这篇考异：

　　　　道光丙戌在扬州校刊姚铉《文粹》，因遍搜唐集之存于今者，
　　互相勘订，觉此尚多疵漏。虽出宋、曾二公手，仍未可全据。缪
　　氏自言有考异，不知成否？且作之非易，或草创而旋辍欤！[2]

　　显然，对于推崇以考异的方式来保存校勘结果的黄丕烈与顾广圻来
说（详见下文），他们对缪曰芑的考异内容无疑是非常感兴趣的，同时
也深知其草创之难。

　　然而，尽管此书刊行于缪曰芑的中年，但他最终还是没有完成考异
的撰写工作。除了编纂难度较大外，也有可能是缪曰芑中途改变了想法。
根据郭立暄的研究，此书有初印、后印之别，其中初印本与宋刻原本不
同的地方约五十处，到后印本中则变成了一百四十二处。[3] 这些多出来的
文字改动，很可能正是缪曰芑将本来打算写入考异的内容，直接在书版
上进行了校改。

　　关于此书的字体，顾广圻曾有"翰林歌诗，古香溢纸。擩染乱真，

① 黄丕烈《百宋一廛书录》所收《李太白集》一则，收入余鸣鸿、占旭东点校《黄
　　丕烈藏书题跋集》，上海古籍出版社 2015 年版，第 1017 页。
② 顾广圻《思适斋书跋》卷四"李太白集三十卷（缪武子刻本）"条，上海古籍出
　　版社 2007 年版，第 83 页。
③ 郭立暄《中国古籍原刻翻刻与初印后印研究》之《实例编》，第 142–149 页。

对此色死"的感叹 ①，《四库全书总目提要》也有"坊间印本皆削去曰芑序目，以赝宋本"之说，可见模仿得还是比较像的。不过黄永年称其字体"不像真蜀本那么朴厚"，郭立暄则径称"字体为康熙刻通行体式，有别于宋蜀本"，② 可见以今人的眼光看，其与原刻还是有一定的差距。

尽管缪刻《李太白文集》在覆宋的形式与内容上都未称完备，但毕竟刊刻精美，且能存宋刻之基本面貌，故在当时影响很大。如乾隆年间王琦辑注李白全集之际，就第一时间注意到了此书，③ 不仅参照其体例，还利用此书作了辑佚。而缪曰芑虽号称潜心著述数十年，但最终其他著述都未传世，赖以存名的竟是这部覆宋刻本，恐怕连他自己也始料未及。

除了《李太白文集》外，康熙年间还有另一部比较有名的集部覆宋本，即宋荦、丘迥覆宋绍兴淳熙年间江西刻本《王荆公唐百家诗选》二十卷。此书据传为王安石所编，向以选目奇特著称。今所传宋本有两个系统，一为分类编次，一为分人编次，宋荦所刻即为分人编次者。

据卷首宋荦序，此书实分两次刊行。先是在康熙三十九年（1700），宋荦得残帙八卷于昆山徐氏，因此请丘迥"依旧式重梓，以广其传"。这八卷残帙，包括卷五至卷八，以及卷十三至卷十六。④ 此宋刻残本后来曾归黄丕烈，今去向不明。⑤ 黄丕烈还收藏过另一部同版宋刻残本，凡十一卷，后逸去两卷，仅存卷一至卷九，今藏上海图书馆。取其书影与宋荦所刻对照，则宋荦刻本是典型的"软字"风格，整齐而秀美，但也明显失去了原刻的古朴之气（图 7-2-2）。

---

① 见顾广圻撰、黄丕烈注、占旭东点校《百宋一廛赋》，收入《黄丕烈藏书题跋集》，第 952 页。

② 分别见黄永年《古籍版本学》，第 152 页；郭立暄《中国古籍原刻翻刻与初印后印研究·实例编》，第 142 页。

③ 王琦《李太白集辑注跋》云："会姑苏缪氏获昆山传是楼所藏宋刊本，重梓行于时。其书画画悉仿古刻，精整可玩……其中亦有讹字显然误笔未正者，据序尚有考异一卷，然未付剞劂，俟之多年竟不出。"见瞿蜕园、朱金城校注《李白集校注》附录三"序跋"，上海古籍出版社 1980 年版，第 1817 页。

④ 王士禛《香祖笔记》卷二："宋中丞牧仲得王介甫《唐百家诗选》残本，自第五卷王昌龄、李颀起至第八卷钱起、卢纶、司空曙止；又自十三卷王建起（原注：建诗二卷，逸上卷）至十六卷许浑止。"收入《王士禛全集》，第 6 册，第 4494 页。

⑤ 王大隆辑《荛圃藏书题识续录》卷四"唐百家诗选二十卷"条云："嘉庆十三年岁在戊辰之夏，六月二十四日午后，过五柳书居，又从主人得淮山阳丘（迥）［迓］求所刻大中丞宋公手授宋椠本《王荆公唐百家诗选》第五卷［至］第八卷，又第十三卷至第十六卷，遂取对。是宋椠残本，知向所梓即用此椠也。校余本少第一卷至第四卷、第九卷至第十二卷，多第十三卷至第十六卷，仍自缺第十二卷、第十七卷至第二十卷。"这里所说的"余本"，即黄氏所藏同版残本，亦有跋，较长不录。以上俱见《黄丕烈藏书题跋集》，第 823-824 页。

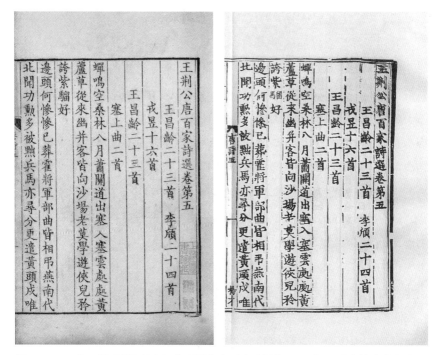

图 7-2-2　左：清康熙间刻本《王荆公唐百家诗选》　　右：再造善本影印宋刻本《王荆公唐百家诗选》

　　第二次补刻则是在康熙四十二年（1703），当时宋荦从汲古阁毛扆处购得二十卷明钞本①，于是"复招迻求（即丘迥）补刊十二卷，俾成完书"。事实上，此书宋刻足本至今未见流传，而自宋荦刻成此书后，乃成为唯一通行之本，并被不断翻刻。而一度曾与分人本并行的分类编次本，虽然宋、丘二人也曾获见，却因误判为伪本，导致其几乎湮没不闻。②从这一点来看，古人著述之流传与否，或所传为何种面貌，实有其偶然性。而一部影响足够大的覆宋刻本，有时候也足以改变一些宋刻本的流传命运。

---

① 陆心源编、许静波点校《皕宋楼藏书志》卷一百十二"王荆公唐百家诗选二十卷何义门手校本"条录何跋云："八卷乃秘阁藏书，商丘公从东海司寇家得之。二十卷全者，季弅得之吴兴鬻书人，抄本，非宋刻也。书迹类明初人，亦不知与八卷有异同否？商丘喜于复完，不复研考，但非出于毛之伪造，或真为荆公之旧耶？"可知何焯曾亲见此二十卷钞本，并认为是明初人所抄。浙江古籍出版社2016年版，第1996页。

② 今分类本已无足本传世，仅存宋刻残帙两部，分藏国家图书馆与日本静嘉堂文库。又关于宋、丘误判伪本事，黄丕烈曾提及云："若杨蟠序文，商丘未经梓入，殆系钞本遗失之故。而丘（迥）［迻］求则以为杨蟠伪本欺世，谅所见分类本有此序，而不知此本亦有之，则旧刊固如是。其古未见，不可轻置一词，我辈正当永守此戒。"见《黄丕烈藏书题跋集》，第824页。

二、以《士礼居丛书》为代表的乾嘉覆宋本

上述三部乾嘉以前的覆宋刻本，无论是就字体还是就校勘而言，离真正的覆宋刻本都还有一些距离，只能说是有了初步的覆宋意识。此外就数量而言，也未形成规模体系。而到了清中叶特别是乾隆、嘉庆年间，随着乾嘉学术的兴起，文人学者翻刻旧籍的热情也逐渐高涨。苏州地区因为有着悠久的学术传统与发达的出版行业，因而不仅涌现出一批堪称精善的覆宋刻本，同时也产生了像黄丕烈、顾广圻这样在刻书与校勘理念上别有创见的藏书家与学者，从而又引领了一种全新的刻书风尚。

黄丕烈（1763-1825），字绍武，一字荛圃，号复翁。斋名"读未见书斋"、"百宋一廛"、"士礼居"等。江苏吴县人。乾隆五十三年（1788）举人，嘉庆七年（1802）会试落第后即归里，专以藏书、校书、刻书为乐。[①]一生经眼宋元善本无数，喜题跋于上，世称"黄跋"。又顾广圻（1766-1835），字千里，号涧薲，江苏元和人。著名校勘学家。从兄顾之逵，与黄丕烈、周锡瓒、袁廷梼并称"藏书四友"。按顾广圻于嘉庆元年至六年间（1796-1801）馆于黄丕烈家中，协助黄氏校书、刻书，此后亦来往频繁，故情谊甚笃。惟于嘉庆中期二人突然交恶，遂成学界一桩公案。

图 7-2-3　苏州悬桥巷黄丕烈旧居

---

① 关于黄氏生平，可参见江标《黄丕烈年谱》、姚伯岳《黄丕烈评传》等，此不赘述。

黄丕烈所刻书中，以专门覆刻宋元旧本的《士礼居丛书》最为著名。据卷首目录，此丛书正编 21 种（实刻 19 种）、附录 3 种，一共 24 种（实刻 22 种）。这虽然并非黄丕烈所刻书之全部，但基本上囊括了他的自刊之书，是其毕生心血所凝聚的结晶。其中刊行最早的是嘉庆四年至五年间（1799–1800）完成的明道本《国语》（图 7-2-4），这也是黄丕烈生平所刻的第一种书。

按《国语》在明代以后主要有两个版本系统，一是所谓公序本，另一个就是黄丕烈所依据的北宋明道二年（1033）本。其中公序本作为官定之标准版本，流传更广，这就导致编校时间更早且保留了更多《国语》早期面貌的明道本流传渐稀。黄丕烈因"深惧此本之遂亡"，于是以所藏影宋钞本"开雕以饷世"。而这种忧心文献不传的朴素想法，应该正是黄丕烈刻书的重要原因之一。从这一年开始，他几乎每年都在刻书，一直刻到生命的尽头。他所刻最后一种书，应该是自著诗集《荛言》二卷。此书虽列入《士礼居丛书》目录中，但标为"嗣出"，可知定目时尚未刻成。考虑到目录所列已刻书籍中，最晚的是道光四年（1824）所刻之《同人唱和诗》，则其定目时间亦当在同年或稍晚。又据黄丕烈《荛言》跋中"归来删存，厘为二卷，缮写付梓"以及"缮写有脱字、误字，皆不及知，梓成始知之"等语，知此书在黄氏道光五年（1825）八月去世前已然刊行。综合以上两点，则《荛言》之刻应该就在道光四年至五年之间。事实上黄丕烈的经济状况在嘉庆末年就已经开始捉襟见肘，藏书也大量散出，但他却仍然没有停止刻书，甚至还不计成本地影写影刻。这其中或许存在求名甚至求利的成分，但那种孜孜于保存乃至传播古书旧籍的执着，无疑才是最大的精神动力。

关于《士礼居丛书》的特点，后世学者们研究颇多，论述得也很全面，但似乎也还存在一些意犹未尽之处。这里就其中最重要的两点，略作一些阐述。

特点之一，是多刻稀见之书，并有明确的"存真"意识。这里的"稀见"有两层含义，一是版本稀见，一是内容稀见。版本稀见者，多为一些罕见流传的宋元旧本，或影宋元钞本。例如《舆地广记》，所用底本是曝书亭藏宋淳祐刻初印本；又如前文提及的《国语》，使用的是家藏影钞宋明道二年本，这些都是在通行版本之外的罕见别本。内容稀见，则是刊刻一些通常不为人所关注的秘本、孤本，如《汲古阁珍藏秘本书目》《延令宋板书目》之类。作为一位藏书家，黄丕烈明确表达了自己对这

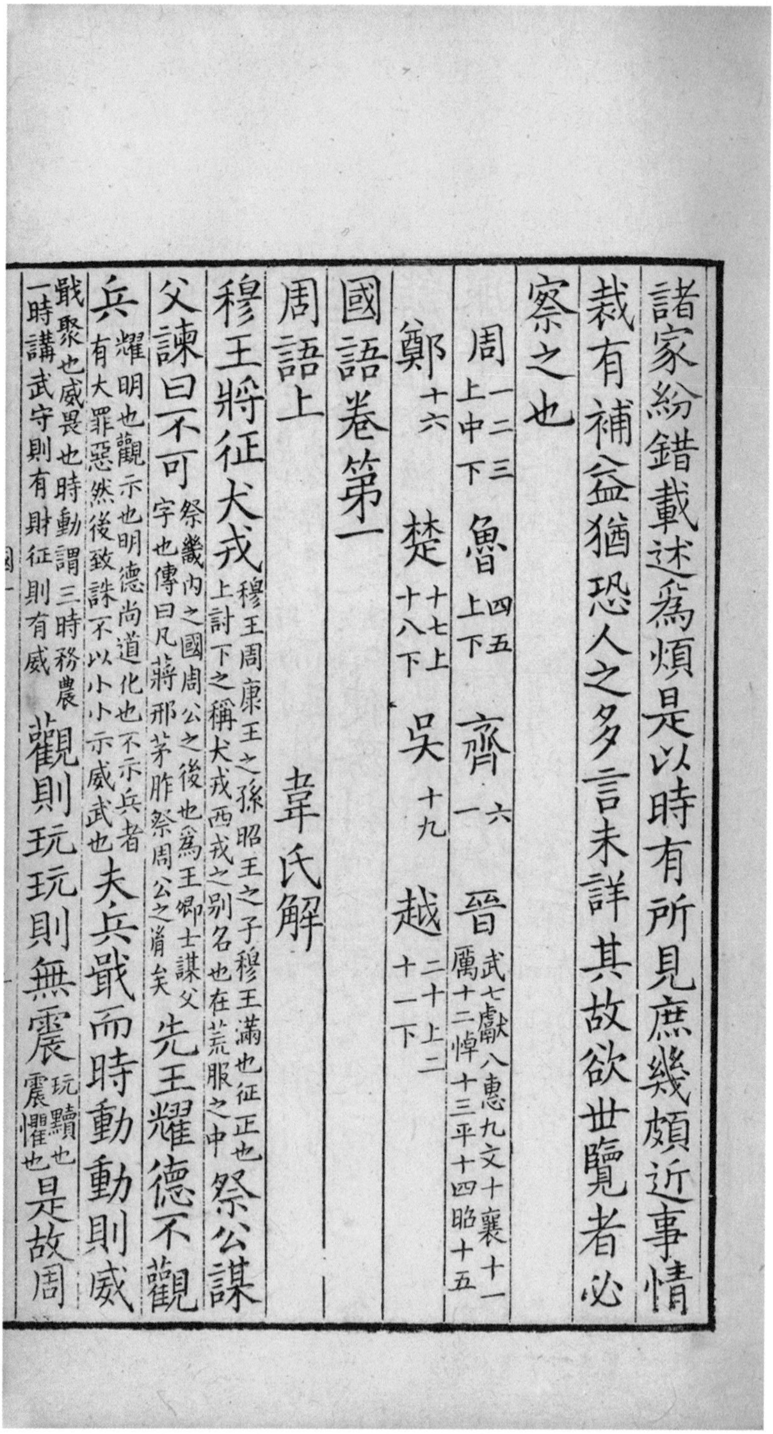

諸家紛錯載述爲煩是以時有所見庶幾頗近事情裁有補益猶恐人之多言未詳其故欲世覽者必察之也

周一二三上中下　魯四五上下　齊六一　晉武七獻八惠九文十襄十一厲十二悼十三平十四昭十五

鄭十六　楚十七上十八下　吳十九　越二十上二十一下

國語卷第一

周語上　韋氏解

穆王將征犬戎穆王周康王之孫昭王之子穆王滿也征正也上討下之稱犬戎西戎之别名也在荒服之中祭公謀父諫曰不可祭畿內之國周公之後也爲王卿士謀父字也傳曰凡蔣邢茅胙祭周公之胤矣先王耀德不觀兵耀明也觀示也明德尚道化也不示兵者有大罪惡然後致誅不以小小示威武也夫兵戢而時動動則威戢聚也威畏也時動謂三時務農一時講武守則有財征則有威觀則玩玩則無震玩黷也震懼也是故周

图 7-2-4　清嘉庆五年刻《士礼居丛书》本《国语》

些书目的偏好，而其《百宋一廛赋注》实际上也是一种书目。如果没有《士礼居丛书》，我们或许就无从了解这些藏书家的丰富收藏。

在这两类"稀见"之本中，黄丕烈无疑更重视前者，因此在刊刻时通常会采用覆刻的方式以保存其原貌。不过相比《泽存堂五种》《李太白文集》中所表现出来的那种隐约的覆刻意识，黄丕烈无疑又大大前进了一步，开始具有一种明确的"存真"意识。例如其所刻之《舆地广记》就非常典型。原书底本为朱彝尊所藏宋刻初本，因阙首二卷，故朱氏以淳祐重修本钞补之；又有漫漶缺损之处，卷三十二尤其严重，则有佚名者朱笔填补之。这些都给覆刻这宋本带来了不少麻烦。而黄丕烈在刻此书时，为了尽量保存底本的原貌，别出心裁地采用版心加字的方式来说明底本的诸多复杂情况，计有以下四种（图7-2-5）：一曰"宋阙钞补"，对应的是朱彝尊的钞补之叶；一曰"钞本原阙"，对应的是朱氏钞本原阙之叶；一曰"宋刻原阙"，对应的是宋本原阙而朱氏未补之叶；一曰"宋

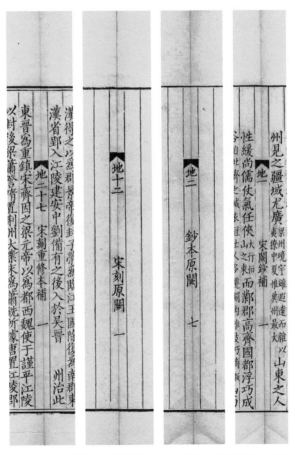

图7-2-5 清嘉庆十四至十七年刻《士礼居丛书》本《舆地广记》各卷版心

刻重修本补"，对应的是宋本漫漶严重，故用另一位苏州藏书家周锡瓒临校之本所补刻之叶。

有意思的是，黄丕烈在《舆地广记》跋语中曾提及自己"别有一旧钞本，行款与宋刻初本悉同，首尾完具"。换句话说，朱彝尊藏本中"宋阙钞补"、"钞本原阙"之处，是可以用黄丕烈所藏之旧钞本校勘并加以补全的。但黄氏却弃而未用，并称"今首二卷不用以重雕者，为仍竹垞所藏之旧耳"。显然在他看来，如实保存朱彝尊藏本的原貌，比常人所重视的"首尾完全"更重要。至于内容上的"完全"，则可以用校勘记的方式加以实现。因此，除了宋刻本实在漫漶得厉害的地方采用了"宋刻重修本补"的方式，其他地方基本上做到了一仍其旧。在大多数人的刻书观念还停留在只追求内容完备的时候，黄丕烈这种重视版本形式、求真而不求全的意识，可以说是相当超前了。

事实上，在黄丕烈之前，已经有不少乾嘉学者开始以丛书的形式大量翻刻、重刻旧籍，如卢见曾《雅雨堂丛书》、鲍廷博《知不足斋丛书》、卢文弨《抱经堂丛书》、毕沅《经训堂丛书》等，它们或重写刻之精美，或重底本之选择，或重校勘之精审，但都未曾有意识地采用覆刻的方式以存底本之旧，更不用说做到如黄丕烈这般极致了。而在黄丕烈开始刻书之后，便陆续出现了以覆刻方式刊行的丛书。例如孙星衍刻《平津馆丛书》，其中刻于嘉庆五年（1800）的三种书（《魏武帝注孙子》《吴子》《司马法》）均为覆宋本，而黄丕烈曾为作跋云：

> 近孙渊如观察过苏，与抱冲从弟涧薲谈及是书，思以付梓。适余家命工翻雕影宋本《国语》毕，涧薲即影摹一本，就茇圃中开雕。[1]

显然，这三种书都是黄丕烈在苏州代刻者，且明确是在刻完明道本《国语》之后，请顾广圻影摹写样的，可以说是受到了黄、顾二人刻书思想的直接影响。

此后，孙星衍《平津馆丛书》《岱南阁丛书》中又先后刊行了以宋元旧本为底本的《宋提刑洗冤集录》《故唐律疏议》《盐铁论》《古文苑》《说文解字》等书，俱为影摹上版。这其中固然有孙星衍自己的考量，但也不能否认黄丕烈、顾广圻对其所造成的影响。自此以后，丛书追求

---

① 王大隆辑《茇圃藏书题识续录》卷二"《魏武帝注孙子》三卷《吴子》二卷《司马法》三卷（平津馆刻本）"条，见余鸣鸿、占旭东点校《黄丕烈藏书题跋集》，第761页。

版式一致的惯例遂被打破，越来越多的刻书者开始尝试以覆刻的方式来保存旧籍。到晚清民国时期，更是出现了一批效仿《士礼居丛书》、以"存真"为职志的覆宋元丛书，如《铁华馆丛书》《古逸丛书》《对雨楼丛书》《玉海堂景宋元本丛书》等，可以说是一脉相承，开创了"丛书辑刻中独具特色的留真一派"①。

特点之二，则是精心校勘而不擅改原文，别撰札记以体现校勘成果。重视校勘是乾嘉时期学者刻书的普遍倾向，《士礼居丛书》自然也不例外。在顾广圻的协助下，黄氏所刻诸书，除了他自己的著述及个别无从校勘的孤本外，都会进行反复而细致的校勘。黄氏自称"佞宋主人"，因此在校勘时会特别注重利用宋元旧本，如果无法以宋本为底本，也会想方设法谋求各种宋本、影宋钞本、翻宋本等来加以校勘。例如在刻《周礼》时（图7-2-6），考虑到所借宋绍兴间董氏刻本字体细小，兼多破体，不宜作为家塾课本，因此特取字大悦目的明嘉靖翻宋本作为底本开雕，

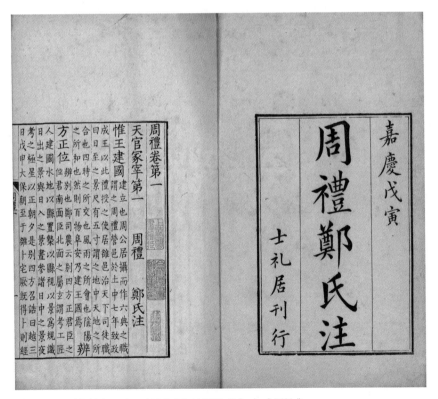

图7-2-6　清嘉庆二十二年刻《士礼居丛书》本《周礼》

① 陈先行《打开金匮石室之门：古籍善本》，上海文艺出版社2003年版，第154—155页。

同时以宋刻董氏本为主校本，参校以家藏之宋刻岳本、蜀大字本，以及所借诸家之小字本、互注本、余氏本，以"集腋成裘，以期美备"。①

而更为人称道的，则是其不擅改原文、别以札记呈现校勘结果的校勘方式。这一方面是前述"存真"意识的另一种反映，例如《重雕蜀大字本孟子音义跋》云："卷中有一二误字，两本多同，当是宋刊原有，且文意显然，读者自辨，弗敢改易，致失其真。"另一方面，也是对校勘结果呈现方式的一种有益尝试。黄丕烈在刊行首部书籍明道本《国语》时，就采用了"别为札记"的方式。而这一做法，也得到了著名史学家钱大昕的充分肯定，其在序言中云：

> 别为札记，志其异同。凡字画行款，壹从其旧，即审知豕亥烂脱，但于札记正之，而不易本文，盖用郑康成注《乐记》《中庸》之例……读菉圃斯刻，叹其先得我心，可以矫近世轻改古书之弊，其为功又不独在一书而已也。

钱大昕将这种以"札记正之，而不易本文"的校勘方式，媲美于汉代郑玄以注校正《乐记》《中庸》的做法，并指出其意义绝不仅仅在于校勘一书，评价可以说是相当高的。事实上，后来所通行的、以校勘记附于正文之后的校勘方式，正是源自这种"别为札记"的做法。

不过需要指出的是，"别为札记"并非是《士礼居丛书》首创，而是肇始于顾广圻。顾氏早在嘉庆元年（1796）为其从兄刊行《古列女传》七卷《续列女传》一卷时，就曾别撰考证一卷附于后，并在序中表达了"其传写讹脱，亦略为补正，不敢专辄改其故书，兼不欲著于当句之下，横隔字句，故别为此考证附于后"的想法。②不过由于《列女传》传播不广，影响不及《士礼居丛书》，所以后人在追溯这一校勘方法时，很多都还是以《士礼居丛书》为创始之作。当然，无论以哪一种书为起始，主要校勘者顾广圻的学术贡献都是毋庸置疑的。但也不可否认，黄丕烈及其《士礼居丛书》的刊行，对于彰显与传扬顾广圻的校勘理念也有非常积极的作用。

除了为黄丕烈刻书，顾广圻也辗转往返于南京、杭州、扬州、苏州一带，

① 黄丕烈《重雕嘉靖本校宋周礼札记序》，见《士礼居丛书》本《周礼》札记卷首，嘉庆二十二年刻本。

② 顾广圻《列女传考证后序》，见《思适斋书跋》所收《思适斋序跋》，第138–139页。

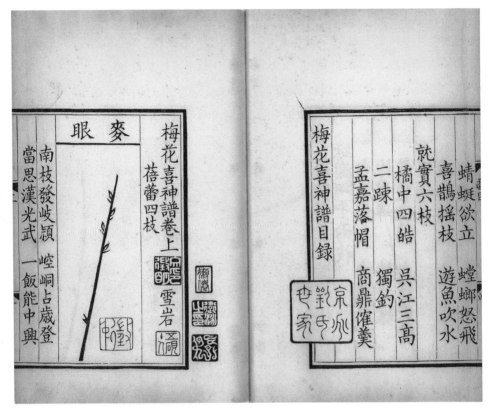

图 7-2-7　清嘉庆十六年古倪园刻《梅花喜神谱》

为孙星衍、阮元、胡克家、张敦仁、秦恩复、吴骞等诸多学者校刻书籍，"每一书刻竟，综其所正定者为考异，或为校勘记于后，学者读之益钦"。[1]与此同时，其"以不校校之"的校勘理念也日渐成熟，并最终引发了嘉庆中期与著名经学家段玉裁之间的激烈争论。此事不仅成为乾嘉学术史上的一段著名公案，也或直接或间接地导致了他与黄丕烈的决裂[2]。而在失去顾广圻的协助之后，黄丕烈校刻旧籍的工作也或多或少受到了一些影响，这实在是清代学术史、刻书史上的一个遗憾。[3]

除了《士礼居丛书》外，黄丕烈还曾为其他学者、藏书家代刊书籍。

[1] 顾广圻《思适斋集》卷首李兆洛撰《顾君墓志铭》，收入《续修四库全书》第 1491 册。

[2] 按黄、顾交恶，李庆《顾千里研究》认为缘于顾、段之争，而刘鹏《黄顾交恶新解》则认为或与二人性格有关，且当别有隐情。皆可备一说。刘文见《清代藏书史论稿》，知识产权出版社 2018 年版，第 23-47 页。

[3] 如其校刻《舆地广记》，乖违之处可谓令人匪夷所思；又如校刻严州本《仪礼》，亦存在各种疏失与不当之处。可分别参见郭立暄《中国古籍原刻翻刻与初印后印研究》之《实例编》，第 169-170 页；蒋鹏翔《覆宋严州本〈仪礼〉考述》，《文献》2018 年第 1 期。

如为松江古倪园沈氏刻《梅花喜神谱》（图7-2-7）、《四妇人集》，为钱大昕刻《元史艺文志》，为汪士钟刻《昭德先生郡斋读书志》等。

其中古倪园本《梅花喜神谱》中有刊语云"侨吴七十老人魏塘夏天培镌"，知此书刻工为夏天培，时已七十高龄。这位刻工还曾出现在《百宋一廛赋注》《舆地广记》刻本中，可知是黄丕烈经常雇请的刻工之一。除夏氏外，黄氏所刻书中出现的刻工尚有沈良玉、杨肇昌、吴学圃等，都是苏州的名工巧匠。至于写样者，除了黄丕烈、顾广圻自书上版外，则有李福写《国语》、孙保安写《仪礼》、陆损之写《汪本隶释刊误》、施南金写《伤寒总病论》，均为苏州本地文人。

尽管黄丕烈非常注重写手与刻工的选择，在刻书时也竭力追求保存原本之旧貌，但考虑到成本及操作上的难度，由黄丕烈主持刊刻的诸多覆宋元本，在字体上仍然无法做到与原本一致。如郭立暄就曾明确指出《士礼居丛书》中的《舆地广记》"用仿宋体，与原本字体在颜、柳之间者殊不类"[1]。事实上，如果单就形式上的极致逼真而言，清代前中期的覆宋元刻本中，做得比较好的恐怕也只有胡克家刻《文选》、张朝乐刻《两汉策要》等寥寥数种了。前者刊行于南京，后者则是在乾隆五十六年（1791）前后由苏州刻工穆大展操刀完成的（图7-2-8）。

按《两汉策要》底本系元钞本，楷法精妙，神似赵孟頫。[2]曾经周良金、汲古阁毛氏等名家递藏，乾隆末年归时任江西赣州知府的张朝乐，遂命当时已是七十三岁高龄的穆大展以"双钩"的形式摹勒刊行。[3]所谓"双钩"，是指以细劲墨线钩出原字内外两层轮廓，再填墨于轮廓之中，故能不差分毫，是摹写手书、碑帖的常用手法。[4]穆大展精于碑版，于此

---

[1] 郭立暄《中国古籍原刻翻刻与初印后印研究》之《实例编》，第169页。

[2] 毛扆《汲古阁珍藏秘本书目》著录此书云："元人手抄二书，一笔赵字，或者谓赵文敏手书而无款，不敢信之，确是元人学赵字者尔。其笔法之妙不可殚述，一见便知尔。"则毛扆认为并不能断定为赵孟頫手笔。嘉庆五年黄氏刻《士礼居丛书》本。

[3] 此书末姚莱跋语有"命良工双钩刻于吴下"之语。又书中到处可见穆氏留下的刊语，如"玩松山人穆大展时年七十有三刻""玩松子穆大展时年七十有三钩刻"等，可知摹刻此书时穆氏已七十三岁高龄，比前文提到的夏天培还要年长三岁。如此高龄还能亲自刻书，且笔意流畅自然，丝毫未现晚年衰颓之象，这在古代刻工中不说绝无仅有，至少也是凤毛麟角了。

[4] 赵宧光《寒山帚谈》卷下："凡摹刻而单钩，锋出则肥，锋入则瘦，皆失也。惟双钩从中发刀，弃其馀墨，不失故步。"明崇祯刻本。

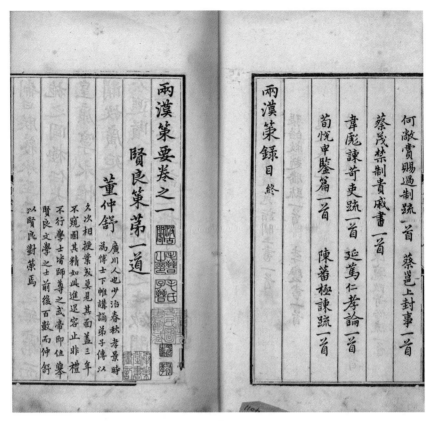

图 7-2-8　清乾隆五十六年刻《两汉策要》

道自然驾轻就熟，[①] 这应该也是张朝乐选择穆氏的重要原因。惟以双钩之法摹写全书十二卷（按卷三原缺，为张朝乐补钞），其效率可想而知，则张朝乐为了保存元钞笔法之神妙，可谓不遗馀力。因此，叶德辉在《书林清话》中提及此书时，不忘赞赏"摹仿极工"[②]；陈先行则称"今原写本虽不可见，而此本摹刻极精，宛然赵书。前翁氏序及后窦氏以下诸跋手书上板，皆甚逼肖"[③]，都对此书予以极高的评价，惟以不能见原写本为憾。幸运的是，此元钞本于 2011 年现身于拍卖市场，如取拍卖图录所附书影与穆大展摹刻之本进行比较，发现摹刻本几可乱真，由此知前人"摹仿极工""逼肖"之说信然。

---

① 扬州中国雕版印刷博物馆编《雕版印刷》在谈及《两汉策要》时曾云："从穆氏所刻的书籍看，他对字体的了解相当精到，加上从刻石磨练出的刀法非常了得，将字体的点横竖撇捺所有的笔画都刻得波澜起伏，极为难得。"山东友谊出版社 2013 年版，第 212 页。

② 叶德辉《书林清话》卷七"元刻书多用赵松雪体字"，第 179 页。

③ 见陈先行等编《柏克莱加州大学东亚图书馆中文古籍善本书志》，上海古籍出版社 2005 年版，第 337 页。

第三节　嘉道时期的苏州私家刻书

从嘉庆后期开始，兴起于康熙中叶而又再盛于乾嘉时期的精写精刻已风气渐息。即便是对版式字体有较高审美要求的私人刻书家们，很多也不再执着于用写体刻书，而改用更为平实、规范的宋体字。这其中的原因当然很多也很复杂，国力的衰微，战乱的频仍，西方技术的传入，传统文化的式微等等，都使得昔日那种追求极致优雅的繁华图景渐行渐远。但即便如此，仍然有一批苏州的私人刻书家们，不遗余力地将前代的旧籍、个人的著述刊刻得异彩纷呈，从而使得这种精写精刻的优雅传统如涓涓细流一般，绵延不绝。

一、乾嘉馀绪：汪士钟艺芸书舍所刻书

嘉庆后期，承接了黄丕烈藏书、刻书之传统的，是另一位著名的苏州藏书家汪士钟。汪氏（1786-？）字春霆，号阆源，原籍安徽新安，迁居江苏长洲。家境富饶，而独钟情于藏书。潘祖荫在《艺芸书舍宋元本书目》识语中曾云："吾郡藏书家……嘉庆时，以黄荛圃百宋一廛、周锡瓒香严书屋、袁寿阶五砚楼、顾抱冲小读书堆为最，所谓四藏书家也，后尽归汪阆源观察士钟。"①以一家之力而独揽四大家之旧藏，其藏书之富、之精令人叹为观止。

又四大家中，汪士钟与黄丕烈渊源最深，对他的藏书也最为重视。周星诒《自题行箧书目》曾云：

> 复翁以百宋一廛诸刻本售与山塘益美布商汪阆源，虽残帙十数叶，亦有至十数金者。阆源购书，有复翁跋，虽一行数字，亦必重价收之。以故吴中书贾于旧刻旧钞，虽仅一二卷，倘有复翁藏印，索价必倍。若题识数行，价辄至十数金矣。即至残破签题，毁损跋语，亦可售一二金，至今犹然，盖自汪氏始也。②

这种近乎不假思索的重金购买，说明汪士钟对黄丕烈的鉴藏眼光非常信任，认为凡经黄氏收藏、鉴定者，必有其价值所在。而这种对黄氏

---

① 见潘祖荫辑《艺芸书舍宋元本书目》，同治至光绪间《滂喜斋丛书》本。

② 周星诒《自题行箧书目》，转引自叶昌炽撰、王欣夫补正、徐鹏辑《藏书纪事诗》卷六，上海古籍出版社 1989 年版，第 616 页。

旧藏乃至"黄跋"的重视，也成为当今版本学界的共识。因此，与其说汪士钟是抬高"黄跋"的始作俑者，倒不如说是他的眼光相当精准。而黄丕烈将家藏宋元旧本悉数转让给汪氏，除了其出价丰厚外，或许未尝没有一丝知己之感。

除了卖书给汪士钟外，黄丕烈也曾为汪氏刻书，即嘉庆二十四年（1819）所刻之宋衢本《昭德先生郡斋读书志》二十卷（图7-3-1）。按《郡斋读书志》向有四卷之袁本与二十卷之衢本两大系统，惟衢本流传较少，因此一直到乾隆末年都是以袁本为主流。后瞿中溶得到一部"抄白衢本"，引起学者们的广泛关注，汪士钟遂以此为基础，请黄丕烈、李富孙校勘付梓。[①]

有意思的是，李富孙在跋中提到曾用一部顾广圻钞本参校，但称其"乌马陶阴，错脱处至不可读，兼书目、别集两类夺去一百馀种"，直指顾钞错讹之处太多。而顾广圻在道光七年（1827）作跋认为"黄、李瞽说无非无事取闹"[②]，又在道光九年（1829）再次作跋，断然否认李富孙所见钞本出自其手[③]。尽管黄丕烈在序中未置一词，但顾广圻反驳时均以"黄李"并称，显然认为李富孙的说法来自黄丕烈。事实究竟如何姑且不论，黄、顾交恶之境况倒可由此略窥一斑。

需要指出的是，顾广圻在道光初年至道光十年（1830）间，也曾受雇于汪士钟，并为其校书、刻书。[④]正如此前所述，顾广圻向以校书为业，而至道光初年，随着乾嘉学者校书、刻书高潮之渐落，顾氏竟至"失馆困顿，时苦肝疾"，需要托人"代谋位置"。[⑤]而汪士钟道光八年（1828）所刻之《鸡峰普济方》三十卷，以及道光十年所刻之《仪礼疏》五十卷，

① 艺芸书舍本《昭德先生郡斋读书志》卷首黄丕烈序云："遂取所藏衢本付梓，偕嘉禾李君芗沚共相商榷，细为雠雠，复属余董剞劂之事。"又汪士钟跋云："瞿君中溶购得钞白衢本，惜无好事者刊行。钟窃不自量，亦颇愿公诸同好，因出家塾藏本，属嘉禾李君芗沚与吴县黄丈荛圃互相商榷，增补阙失。"

② 顾广圻《思适斋书跋》卷二"郡斋读书志二十卷艺芸书舍本"条，第35页。

③ 顾广圻《思适斋书跋》所收《思适斋序跋》"题跋二"之《衢本郡斋读书志考辨跋》："乾隆末年，我友瞿君木夫收得旧钞本，予从之写其副，藏诸箧中，未尝示人。其木夫本旋经黄丕烈借去，迨嘉庆己卯，为汪君阆原付梓。乃有嘉兴李富孙跋，谓以予所钞属伊校，不审黄李孰为此言也。"第189页。

④ 按天一阁藏明国子监刻《仪礼注疏》顾广圻批校本上，有道光四年、六年批语各五条，据周慧惠推测，很可能是为后面校刻《仪礼疏》做准备。如此则顾氏受雇于汪氏，很可能是在道光初年。见《天一阁藏顾广圻校〈仪礼注疏〉考述》，《文献》2016年第1期。

⑤ 参见李庆《新订顾千里年谱》道光七年条，见《顾千里研究》，第228页。

图 7-3-1　清嘉庆二十四年刻《昭德先生郡斋读书志》

都是出自顾广圻之手，且此数年中顾广圻频频为汪氏艺芸书舍所藏书作校勘、题跋，故很可能正是馆于汪氏家中。其注意到李富孙跋语中的说法，也恰好是在这一阶段，或可印证之。

顾广圻为汪士钟校刻的两种书中，比较有名的是覆宋刻单疏本《仪礼疏》五十卷（图 7-3-2），这也是顾广圻生前校刻的最后一种书。

道光十年（1830）闰四月二十七日，顾氏中风瘫痪，是年九月犹勉力代汪士钟作《重刊宋景德官本仪礼疏序》及《后序》。此后直至道光十五年（1835）二月十九日去世，顾广圻始终卧病在床，无力校书。[1] 事实上，对《仪礼》注疏的关注与校勘也几乎贯穿了顾广圻的一生。从乾隆六十年（1795）在黄丕烈处获读宋刻《仪礼》单疏本开始（也就是汪士钟刻本之底本）[2]，顾广圻花费了整整 35 年的时间，多方寻觅、收集

---

[1] 以上可参见李庆《新订顾千里年谱》道光十年至十五年条，见《顾千里研究》，第 243-250 页。

[2] 参见李庆《新订顾千里年谱》乾隆六十年条，见《顾千里研究》，第 39 页。

图 7-3-2　清道光十年刻《仪礼疏》

其版本，并反复加以校勘、梳理。今天一阁所藏明国子监刻《仪礼注疏》顾广圻批校本上，有上千条不同时期的顾氏批校手迹，可谓真实地反映了顾广圻一生在《仪礼》注疏上所投入的巨大精力。①

在为汪士钟刻书之前，顾广圻还曾在嘉庆十年至十一年间（1805—1806）为张敦仁校刻《仪礼注疏》五十卷，因其校勘精审，故直接成为阮元《十三经注疏》本《仪礼注疏》翻刻之底本，这也是《十三经注疏》中唯一以清刻本为底本者。②而为汪士钟所校刻的《仪礼疏》，作为顾广圻晚年之最后作品，想必也是倾注其毕生心血的精华之作。而此书在校刻之理念上，确实与此前顾广圻所校刻的诸多书籍并不一样。据周慧惠研究，汪刻《仪礼疏》虽号称覆宋，但"其实已经过有意识的、大规模

① 具体可参见周慧惠《天一阁藏顾广圻校〈仪礼注疏〉考述》，《文献》2016年第1期。
② 关于张敦仁所刻《仪礼注疏》与阮元《十三经注疏》之关系，可参考蒋鹏翔《论张敦仁刻〈仪礼注疏〉格式之由来》，《湖南大学学报（社会科学版）》2017年第3期。此外，据周慧惠《天一阁藏顾广圻校〈仪礼注疏〉考述》考订，顾广圻在嘉庆二十一年很可能曾参与《十三经注疏》本部分卷次的校勘工作。

图 7-3-3　清黄氏士礼居影宋钞本《仪礼疏》凡例及"断烂"印　中国国家图书馆藏

的改动"[1]，主要是针对一些明显的错字、讹误、阙损等加以订正，且并未采取"别为札记"的方式出校勘记，难免令人惊讶。有意思的是，中国国家图书馆藏有一部黄丕烈士礼居影宋钞《仪礼疏》（图 7-3-3），卷首有凡例四条，分别对应脱简、阙文、断烂、过书这四种情况及相应的处理方法。检其书正文，所谓"断烂"者还专门制作小印钤盖于上，以作说明。虽然这是影钞而非覆刻，但从保留原本旧貌这一点来说，黄丕烈确实显得更为执着一些。

二、各有千秋：嘉道时期其他私家刻书

在黄丕烈、顾广圻、汪士钟等人专以覆刻宋元旧本的风气之外，苏州还有不少以个人著述为主的私家刻本，很多也刻得精巧可爱、别有特色。

首先值得一提的是嘉庆间许兆熊石契斋所刻的几种书。许兆熊，字凫舟，江苏吴县人，好收金石，亦工诗文。所刻书中，最为人称道的有

两种，一是嘉庆十九年（1814）所刻《覙园烟墨著录》二卷，另一种是嘉庆二十二年（1817）所刻总集《许氏巾箱集》五卷（包括许察《南峰杂咏》一卷、许徐翀《耕闲偶吟》三卷、许兆熊《本支世系记略》一卷，图 7–3–4）。两种书共同的特点是都采用颜体字写样上版，在一众规范化的“欧字”“软字”中显得颇有特色，黄裳在《清代版刻一隅》中也称赞其书“以颜真卿书体写样付雕，刻手亦精佳，能传毫素。于有清一代雕板中，堪为上驷”[①]。

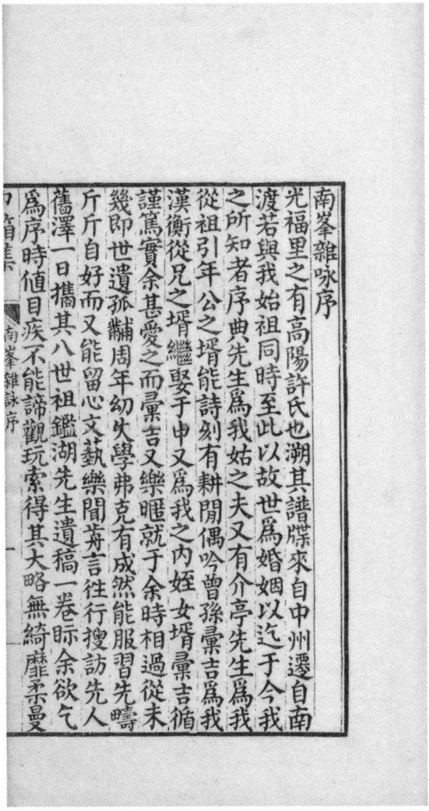
南峯雜咏序
光福里之有高陽許氏也溯其譜牒來自中州遷自南
渡若與我始祖同時至此以故世爲婚姻以迄于今我
之所知者序典先生爲我姑之夫又有介亭先生爲我
從祖引年公之壻能詩刻有耕閒偶吟曾孫彙吉爲我
漢衡從兄之壻繼娶于中又爲我之内姪女壻彙吉循
謹篤實余甚愛之而彙吉又樂暱就于余時相過從未
幾即世遺孤黼周年幼失學弗克有成然能服習先疇
斤斤自好而又能留心文藝樂聞蒭言往行搜訪先人
舊澤一日攜其八世祖鑑湖先生遺稿一卷眎余欲乞
爲序時值目疾不能諦觀玩索得其大略無綺靡柔曼

图 7–3–4　清嘉庆二十二年刻《许氏巾箱集》

又两书卷首均有苏州文人沈钦韩序，体其文意，则编辑、刊刻当出于沈氏之手。今国图藏沈钦韩稿本《春秋左氏传补注》，卷首有沈氏楷书自序（图 7–3–5），其字体风貌与《覙园烟墨著录》《许氏巾箱集》颇为相似，疑二书或即由沈氏写样。按沈钦韩（1775—1832），字文起，号小宛，江苏吴县人。嘉庆、道光间著名学者、诗人。包世臣所撰行状称其家贫而勤学，曾“手缮古书至夥”[②]，则为许氏写样亦未为不可。

说到有特色的写样，则不得不提嘉、道之际苏州的著名写手许翰屏。相比一般写样者的名不见经传，关于许氏的记载相对较多，其中最早的记载见于徐康《前尘梦影录》：

> 嘉庆中年，胡果泉方伯议刻《文选》，假别本开雕，校书者为彭甘亭兆荪、顾千里广圻，影宋写样者为许翰屏，极一时之选……

① 黄裳《清代版刻一隅》之《覙园烟墨著录》条，第 310 页。
② 包世臣《艺舟双楫》卷四《皇敕授修职郎安徽宁国县学训导沈君行状》。

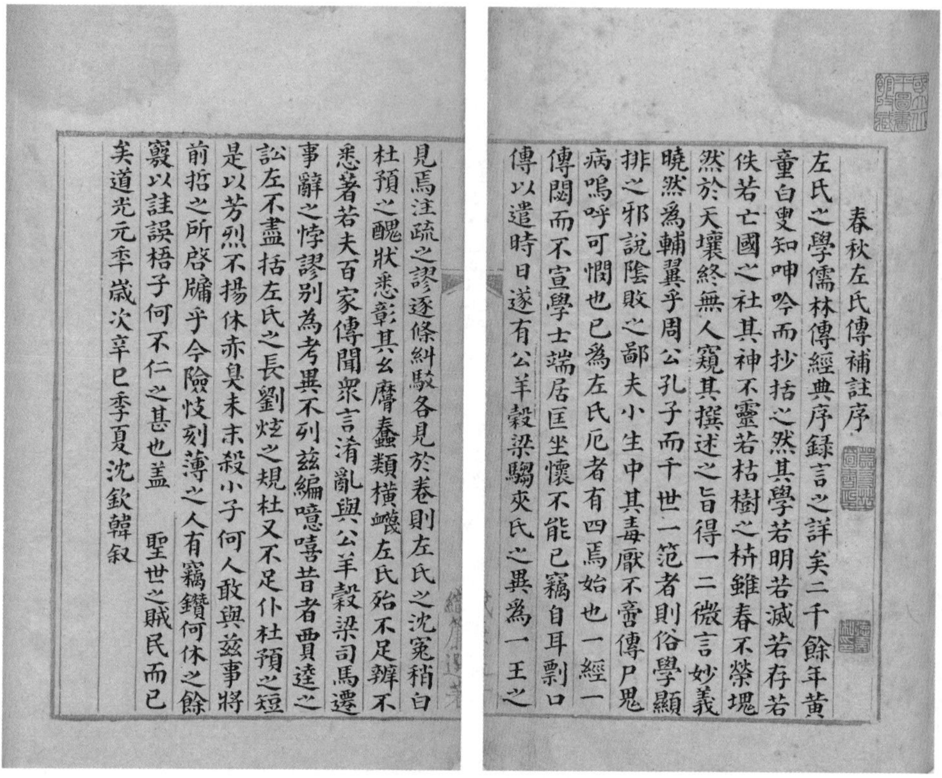
春秋左氏傳補註序
左氏之學儒林傳經典序録言之詳矣二千餘年黃
童白叟知呻吟而抄括之然其學若明若滅若存若
佚若亡國之社其神不靈若枯樹之枿雖春不榮塊
然於天壤終無人窺其撰述之旨得一二微言妙義
曉然爲輔翼乎周公孔子而千世一范者則俗學顯
排之邪説陰敗之鄙夫小生中其毒厭不啻傳尸鬼
病嗚呼可憫也已爲左氏厄者有四焉始也一經一
傳閟而不宣學士端居匡坐懷不能已竊自耳剽口
傳以遺時日遂有公羊穀梁騶夾氏之異爲一王之

見焉注疏之謬逐條糾駮各見於卷則左氏之沈冤稍白
杜預之醜狀悉彰其幺麿蠢類横蠛左氏殆不足辨不
悉著若夫百家傳聞衆言淆亂與公羊穀梁司馬遷
事辭之悖謬别爲考異不列兹編噫嘻昔者賈逵之
訟左不盡括左氏之長劉炫之規杜又不足仆杜預之短
是以芳烈不揚休赤臭未末殺小子何人敢與兹事將
前哲之所啓牖乎今險忮刻薄之人有竊鑽何休之餘
竅以註誤梧子何不仁之甚也蓋　聖世之賊民而已
矣道光元年歲次辛巳季夏沈欽韓叙

图 7-3-5　清沈钦韩手稿本《春秋左氏传补注》卷首自序　　中国国家图书馆藏

> 翰屏以书法擅名当时，刻书之家，均延其写样。如士礼居黄氏、享帚楼秦氏、平津馆孙氏、艺芸书舍汪氏，以及张古馀、吴山尊诸君，所刻影宋本秘笈，皆为翰屏手书。一技足以名世，洵然。……宋板《鱼玄机集》只二十馀叶，大字欧体，乃宋椠之最精者。黄荛翁得之，装潢为胡蝶式，后为一达官某所赏，倩许翰屏影摹上板，又托改七芗补绘玄机小象于卷首。摹本镂工不下原刻，时为嘉庆中叶。（原附江标按语：此书为松江沈十峰慈古倪园所刻。）[①]

文中云许翰屏“以书法擅名当时”，然而目前似未见任何真迹流传，亦无文献记载其有作品传世。不过从徐康的叙述来看，其重点显然是在后面的“刻书之家，均延其写样”，因此所谓“书法”应该并不是一般意义上的书法艺术，而是专指写样。从徐氏所列名单来看，曾经邀请许翰屏写样的刻书者有胡克家、黄丕烈、秦恩复、孙星衍、汪士钟、张敦仁、吴鼒等人，几乎囊括了嘉庆、道光年间江南一带最有名的私人刻书家。

① 徐康《前尘梦影录》卷下，《续修四库全书》第 1186 册。

不过遗憾的是，我们并没有在上述书籍中找到许翰屏的信息，倒是找到了不少可以反驳的证据。① 显然，徐氏所谓"所刻影宋本秘笈，皆为翰屏手书"之语，恐怕是有些夸大其词的。

尽管如此，徐康之语还是产生了较大的影响。清末叶昌炽在《藏书纪事诗》中曾专题"许翰屏"一诗云："夹板何如胡蝶装，黄袆更画道家妆。若将画法评书法，平视云间改七芗。"将其与清代著名画家改琦相提并论，其下又作按语云：

> 胡刻仿淳熙本《文选》，但有"江宁刘文奎文模镌字"，而不题翰屏名。吴山尊刻晏、韩二子与石研斋所刻书，亦无写官也……然无好写，即有良工，又安从得佳椠！自宋以后，录三人焉，才难不其然乎！②

这里不仅为许翰屏大大抱屈，而且还充分肯定了优秀写手的重要作用。正如他在另一首诗中所说："从来精椠先精写，此体无如信本宜。"③ 随后，叶德辉在《书林清话》中也两度提及许翰屏之名，并对徐康记载许氏之举大加赞赏，称"微徐《录》，将湮没不传矣"，"幸而记载流传，俾读者摩挲景仰。不然，没世无称，亦枉抛心力也"④。而借助于《书林清话》在文献学史上的重要地位，许翰屏也获得了更加广泛的关注。至此凡谈到清代写样者，无不提及许翰屏，但基本上只是承袭旧说，而没有对他写样之书做进一步的确证。

但事实上，许翰屏至少曾在两种书籍上留下写样题名。一种是长洲李佩金所撰《生香馆诗》二卷《词》二卷（图 7-3-6），刻于嘉庆二十四年（1819），刊语作"长洲许翰屏仿宋书、周宜和董刊"；另一种则是吴县李福所撰《子仙诗钞》八卷《文钞》二卷《拜玉词》二卷（图 7-3-7），刻于道光三年（1823），刊语作"吴郡许翰屏仿宋书、沈良玉雕刊"。

---

① 如孙星衍所刻《故唐律疏义》三十卷附《宋提刑洗冤集录》五卷，系顾广圻手摹上版；为黄丕烈写样者多为同乡友人，已知有李福、施南金、陆损之、孙保安等人；又秦恩复《唐人三家集》之《李元宾集》为陶士立写样，惟《骆宾王集》卷末题"许翰写"，未详此许翰与许翰屏有何关联。

② 叶昌炽《藏书纪事诗》卷七"许翰屏"条，北京燕山出版社 2008 年版，第 573 页。

③ 叶昌炽《藏书纪事诗》卷七"傅稚汉儒、周慈"条，第 571 页。

④ 分别见叶德辉《书林清话》卷九"国朝刻书多名手写录亦有自书者"、卷七"明人刻书载写书生姓名"，第 240、189 页。

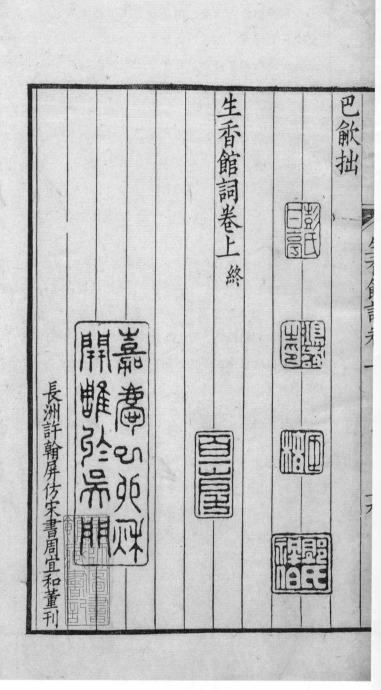

图 7-3-6　清嘉庆二十四年刻《生香馆诗》《生香馆词》　中国国家图书馆藏

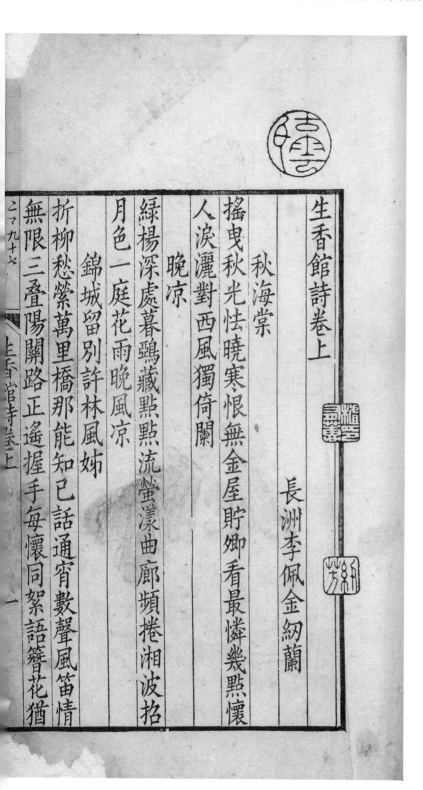

生香館詩卷上

長洲李佩金紉蘭

秋海棠

搖曳秋光怯曉寒恨無金屋貯卿看最憐幾點懷

人淚灑對西風獨倚闌

晚涼

月色一庭花雨晚風涼

綠楊深處暮鴉藏點點流螢漾曲廊頻捲湘波招

錦城留別許林風姊

折柳愁縈萬里橋那能知已話通宵數聲風笛情

無限三叠陽關路正遙握手每懷同絮語簪花猶

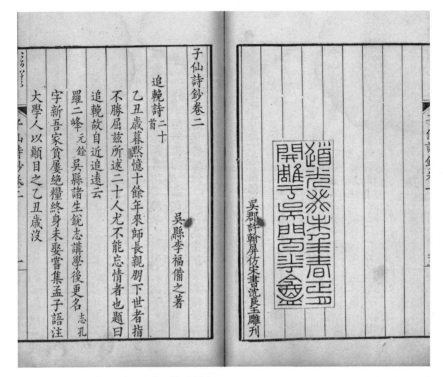

图 7-3-7 清道光三年刻《子仙诗钞》

刊语中许翰屏自称"长洲"人，且两种书的作者均为苏州本地文人，可见许翰屏应该也主要在苏州一带活动。其中后书作者李福，字子仙，擅长"诗词及行楷书，书宗褚河南，圆劲多姿"①，并曾为黄丕烈所刻明道本《国语》一书写样。而从这两种书的字体风格看，虽然大体上还是欧体的架构，也沿用了"仿宋"这一名称，但却既不是雍正年间邓弘文那种劲拔峭厉、个性张扬的"仿宋字"，也不是清中叶以来那种中规中矩，甚至有些呆板匠气的通行"欧字"，而是别有一种秀丽灵动的雅致气息。且两种书的字体又不尽相同：《生香馆诗》稍带斜势，更显修长；《子仙诗钞》则略微方正端庄一些。这种不同固然是应刻书者的不同要求，但也可见出许翰屏在写样手法上的变化多端。

值得一提的是，在《子仙诗钞》中与许翰屏合作的刻工沈良玉，亦曾为黄丕烈刻《汪本隶释刊误》《舆地广记》《墨表》等书。再加上作者李福与黄丕烈的密切关系，不难发现许翰屏与黄丕烈之间确实存在许多间接联系，因此其为黄丕烈写样的可能性还是非常大的。而徐康所提

---

① 蒋宝龄《墨林今话》卷十，李保民校点，上海古籍出版社 2015 年版，第 209 页。

到的诸多刻书家，又与黄丕烈及其挚交顾广圻关系紧密，因此经由黄、顾二人介绍从而聘请许氏代为写样，也在情理之中。从这个角度看，徐康之说虽不无夸张，但也还是有可资采信的成分。

可以顺带一说的是，曾经为黄丕烈刻《荛言》的苏州刻字店主吴学圃，后来成为汪士钟所青睐的刻工，因此艺芸书舍所刻四种书籍的卷末，都出现了吴青霞斋的刊记。正如前文所谈到的，这些书籍都以刊刻精良而著称，吴青霞斋也由此获得了良好的口碑，从而迅速成为嘉庆、道光间苏州地区最有名的刻字店之一。根据目前所掌握的材料，这家刻字店创建于嘉庆初年，并一直经营到咸丰年间，店址则在苏州阊门外桐泾桥西。所刻书籍已知至少有34种，内容则以文人学者的经史著述、诗文别集为主，亦即通常所说的私家刻本一类。

按清代的私家刻本在经历了康熙、乾隆两个写刻高峰后，在嘉庆后期开始慢慢减少写刻本的比例，至道光以后就基本以宋体字本为主了，一直到清末才重新出现覆宋精刻的另一个高峰。因此，尽管吴青霞斋所刻也以宋体字为主，但仍然能完成像《荛言》《仪礼疏》这样的精写精刻之本，在当时的环境之下也算难能可贵了。所刻之书中其他较有代表性的，还有如道光四年（1824）钮树玉《段氏说文注订》八卷、道光

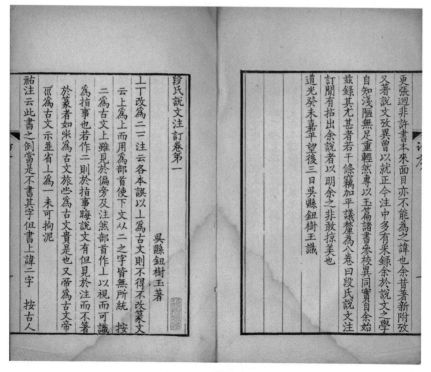

图7-3-8　清道光四年刻《段氏说文注订》

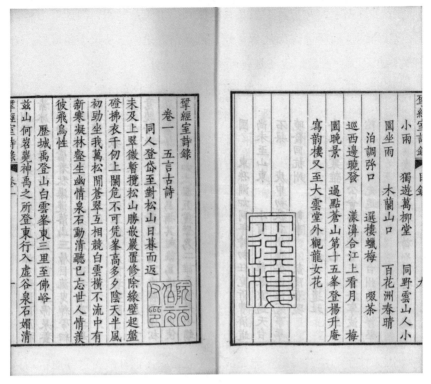

图 7-3-9　清道光十三年刻《揅经室诗录》

十三年（1833）汪莹刻阮元《揅经室诗录》五卷以及道光二十一年（1841）
王鎏刻王芑孙《碑版文广例》十卷等。

　　其中钮树玉《段氏说文注订》一书（图 7-3-8），是针对段玉裁《说
文解字注》的订正之作。正如此前所述，段玉裁在乾嘉学术史上有着非
常重要的地位，在苏州地区更是威望极高，以至于顾广圻与之争论会引
起轩然大波。而钮树玉则是在顾氏之后又一位直陈段氏讹误的学者，且
时人认为其所驳者皆有依据。[①] 唯与顾氏不同的是，钮树玉刊行此书时在
段玉裁去世之后，因此避免了与段氏产生冲突。此书初刻后，书版在咸
丰间因兵燹散失，后于同治四年（1865）被同乡金兰购得残版，遂影钞
补刻完整，得以再传于世。

　　此外，如阮元孙女婿汪莹所刻之《揅经室诗录》（图 7-3-9），也
是颇为精致的佳刻。按阮元文选楼所刻书，基本上都是宋体字，包括其
别集《揅经室集》以及著名的《十三经注疏》。惟此《揅经室诗录》系

---

① 钮树玉《段氏说文注订》卷首阮元道光四年序："书中举正，皆有依据，当与刘
　炫规杜并传于世。"见道光四年刻、同治五年补刻本。

汪莹于苏州单独刊刻，因此字体风格与阮元所刻诸书都迥然不同，是一种比较接近通行"欧字"的写体。

　　与之字体相近的，还有王芑孙的《碑版文广例》（图7-3-10）。王芑孙（1755—1818）字念丰，号铁夫、惕甫，江苏长洲人。他是乾嘉时期著名的文人学者，此书也是乾嘉金石学方面的重要著作之一。惟其生前并未刊行，而是由族人王塗刻于道光二十一年（1841）。按王芑孙与黄丕烈有姻亲之好，往来频繁。叶廷琯《吹网录》中曾记载王、黄二人一起考订明况钟《辟疆馆记》石刻之事，此外王芑孙也经常出入黄宅，观赏甚至借阅士礼居中所收藏的诸多善本。[①] 所以此书刊行虽晚，却也可视为乾嘉学人之流风馀韵。

图7-3-10　清道光二十一年刻《碑版文广例》

①　具体可参见眭骏《王芑孙与黄丕烈交游考略》，收入杜泽逊主编《国学茶座》总第14期，山东人民出版社2017年版，第41-44页。

第八章

夕阳馀晖：
晚清民国时期固守传统的吴门雕版

以咸丰年间太平军攻克苏州为界，传统意义上以雕版印刷为主的苏州刻书史，自此进入最后的阶段。尽管同治二年（1863）苏州重新回归清政府的统治，之后有以江苏书局为代表的官刻，在苏州获得了短暂的复兴。尽管跟同时期的其他地区相比，苏州一地固守着古老的写样、刻版、刷印程序，很晚才部分接纳来自西方的铅印和石印。似乎俞樾的名句"花落春仍在"，在书籍刊印领域也得到了某种强烈的印证。然而这一切，都敌不过历史的潮流。苏州刻书到民国时期，虽仍有精品，但终究只是夕阳中的一抹馀晖了。

第一节　江苏书局与苏州官刻的短暂复兴

同治二年十月，太平军把守的苏州城被李鸿章淮军攻夺。兵燹之后，号称文献渊薮的江南，满目疮痍，百废待举。江苏学政鲍源深曾向朝廷上疏，描述了他所看到的情形：

> 如江、苏、松、常、镇、扬诸府，向称人文极盛之地，学校中旧藏书籍荡然无存。藩署旧有恭刊钦定经史诸书版片，亦均毁失。民间藏书之家，卷帙悉成灰烬。乱后虽偶有书肆，所刻经书具系删节之本，简陋不堪。士子有志读书，无从购觅。①

---

① 鲍源深《请购刊经史疏》（同治六年），陈弢辑《同治中兴京外奏议约编》卷五，清光绪元年（1875）刻本。

刊印书籍，复兴文教，已经刻不容缓。因此，在各地纷纷设置官书局的大趋势下，苏州也诞生了江苏书局。

一、江苏书局的设立和刻书初衷

江苏书局又称苏州书局[①]。民国《吴县志》记载：

> 官书局在燕家巷内杨家园，清同治四年巡抚李鸿章创建，刊刻经史子集有用之书，嘉惠士林，与江宁、扬州、杭州、武昌各局同时举办。[②]

不过，书局成立于同治四年（1865），仅见于《吴县志》，没有其他材料可以佐证[③]。一般认为，同治七年二月，江苏巡抚丁日昌向朝廷条上《设立苏省书局疏》，是江苏书局的创始时间[④]。另据莫友芝日记记载，书局刚开局时，也并非就在燕家巷，而是租赁景德路毕氏灵岩山馆的房子[⑤]。

管理书局各项事务者称为提调，多由候补知府、候补知县或学堂山长担任。吴承潞、刘履芬、诸可宝、林颐山、吴履刚先后担任此职。同时又根据书局需要，延请有关学者担任总校或襄校，莫友芝、俞樾、薛福成、李文楷、叶裕仁、沈嘉澍、张璐、王炳、汪之昌、管礼耕等人都曾参加校勘工作。

和其他书局不一样的是，江苏书局设立的初衷，是想通过刊刻"牧令"

---

① 官府在苏设局刊刻其他书籍，有时也称苏州书局，但实际与江苏书局无关。如光绪时张之洞委派费念慈、吴大澂在苏雕刻《钦定承华事略补图》，设局在拙政园笔花堂。

② 《（民国）吴县志》卷三十《公署》三，民国二十二年（1933）铅印本。

③ 江澄波《晚清江苏的三大官书局》一文著录江苏书局有三部书刊于同治六年（1867），非是。一种朱熹《小学集注》，书名有误，应是《小学集解》或《小学纂注》，《小学集解》和《小学纂注》皆有刻书牌记，刊于同治八年（1869）；一种《汪龙庄遗书》，此种卷端有光绪十五年（1889）诸可宝手摹小像，明显刻于光绪；一种《陆清献公莅嘉遗迹》，虽刻于同治六年至七年间，却是上海道署刻本，书板后交江苏书局贮藏。

④ 丁日昌《牧令书辑要书后》亦云："皇帝御极之七载，日昌由苏藩司蒙恩擢任巡抚，奏请于省城开设书局，首刊吏治等书。"见《牧令书辑要》，清同治七年（1868）江苏书局刻本。

⑤ 张剑整理《莫友芝日记》同治七年二月初四，凤凰出版社2014年版，第239页。申衙前毕宅原为申时行故居，后为毕沅所得。然毕沅灵岩山馆实在灵岩山下，莫友芝误。

之书，提高地方官员的执政能力，以维持地方治安。丁日昌在《设立苏省书局疏》中说道：

> 奏为苏省设局开刊书籍，拟刻牧令各书，以端吏治而正人心。……窃惟国家设官分职，皆以为民。而与民最亲莫如州县，得其人则治，失其人则乱，自古为然，于今为急。……天下者，州县之所积，州县若皆得人，盗贼何从而起？故今日欲敦吏治，必先选牧令；欲选牧令，必先使耳濡目染于经济致治之书，然后胸中确有把握，临政不致无所适从。臣现督饬局员，选择牧津牧令，凡有关于吏治之书，都为一编。如言听讼，则分别如何判断，方可得情；言催科，则分别如何惩劝，方免苛敛；胥吏必应如何驾驭，方不受其欺蒙；盗贼必应如何缉捕，方可使之消弭；他如农桑、水利、学校、赈荒诸大政，皆为分门别类，由流溯源，芟节其冗繁，增补其未备。刊刻一竣，即当颁发各属官各一编，俾资程式，虽在中材，亦可知所趋向。譬诸百工示以规矩，则运斤操斧，悉中准绳，庶几士习民风，因之起色。至于小学为童蒙养正之基，经史为艺苑大成之目，谨当陆续刊成，广为流布，以仰副圣天子造士作人之至意。

同时他又提出禁毁"淫书"，以维护人心风俗：

> 抑臣更有请者，目前人心不古，书贾趋利，往往淫词邪说荟萃成编，《水浒》、传奇等书，略识之无如探秘笈，无知愚民平日便以作乱犯上，最足为人心风俗之忧。臣在吴中业经严禁，诚恐此等离经叛道之书各省皆有，应请旨敕下各直省督抚，一体严加禁毁，以隐戢人心放纵、无所忌惮之萌，似亦维持风化之一端。①

他的这些主张，得到了朝廷的肯定。三月初九，同治帝颁发上谕：

> 谕内阁，丁日昌奏设局刊刻牧令各书一折。州县为亲民之官，

---

① 《设立苏省书局疏》，丁日昌撰，赵春晨整理《丁日昌集》（上），上海古籍出版社2010年版，第12页。事后丁日昌在书局附设销毁淫词小说局，先后两次禁书，总计禁毁图书、唱本289种，一些名著如《水浒传》《红楼梦》等，皆在其列。

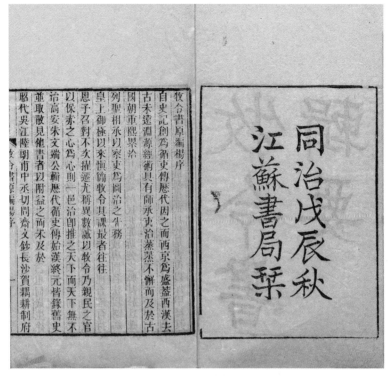

图 8-1-1《牧令书五种》牌记

地方之安危系之，丁日昌现拟编刊牧令各书，颁发所属，即着实力举行，俾各州县得所效法。其小学经史等编，有裨学校者，并着陆续刊刻，广为流布。至邪说传奇，为风俗人心之害，自应严行禁止。着各省督抚饬属一体查禁焚毁，不准坊肆售卖，以端士习而正民心。①

江苏书局所刻牧令书主要有《牧令书五种》（《牧令书辑要》《保甲书辑要》《牧民忠告》《刘帘舫吏治三书》《钦颁州县事宜》，图8-1-1）和《察吏六条》《处分则例图要》《律例便览》《实政录》《秋审条款》《筹济篇》《图民录》《学仕遗规》《秋谳辑要》《审看拟式》《牧令须知》《汪龙庄遗书》等，数量远远超过其他官书局，在书局中确实独树一帜。

① 《穆宗毅皇帝实录》卷二百二十六《清实录》第五〇册，中华书局1986年影印本，第 52790 页。

二、四部分类视野下江苏书局刻书概貌

不过书局的主要作用，还是要解决士子读书的问题。江苏书局设立不久，就开始了四部书的刊刻。

书局经部刻书，主要有《十三经读本》和《十三经校勘记》。《十三经读本》是战后紧要之书，金陵书局、山东书局都有刊刻。曾任苏州知府的吴云，也曾建议姑苏亦西斋重刊，他致书亦官亦商的前同僚吴煦："昨面议亦西斋书坊之设，原为兵燹后各处经书版籍毁失无存，坊间所售四书五经纸印既劣，讹字又多，误人子弟不浅。现拟先刻《十三经读本》，已属管事胡鲁山购版兴工。"[①] 不过，江苏书局并未刻完全部的十三经，十余年的时间，只刊刻了六种，即《周易本义》《书集传》《诗集传》《钦定春秋左传读本》《礼记集说》《四书集注》。

但《读本》终究是一般的入门读物，不能满足学者的需求。当时通行的十三经，主要是殿本及阮本。阮本《十三经注疏附校勘记》，原刻于江西。至同治时，书板尚存。江西书局成立后，曾对原版加以修补，并进行刷印。由于部分书板已经漶漫不堪，重印本较为马虎。江苏书局经过对比，认为阮本优于殿本，决定据阮本加以重刻。到光绪二十四年（1898），书局已刻完经文的二十分之一，校勘记也完成了十分之九以上。可惜此时书局已穷途末路，难以为继，只得奉命裁撤。主事者以校勘记即将竣工，禀请补刊完工，单行于世，卷端牌记亦改作"苏州官书坊"。（图8-1-2）

江苏书局参与刊刻的另外一部经学丛书，是王先谦所编《续皇清经解》。光绪十一年（1885），王先谦出任江苏学政。下车伊始，就在江阴设立南菁书院，以三年为期，专雕《续皇清经解》。这部丛书收书二百零九种，共计一千四百三十卷，体量巨大，经费无出。王先谦率先捐出廉俸一千两，然"尚短万金"[②]。十二年六月，王先谦上奏朝廷，言及刻书之事：

> 国子监祭酒江苏学政臣王先谦跪奏，为奏明设局刊刻《经解》事。……臣昔于阮元所刊《经解》外，搜采说经之书，为数颇多。抵任后，以苏省尤人文荟萃之区，檄学官于儒门旧族留心搜访，

---

① 吴云《两罍轩尺牍》卷二，清光绪十二年（1886）刻本。
② 《艺风堂友朋书札》，费念慈致信，上海古籍出版社1980年版，第354页。

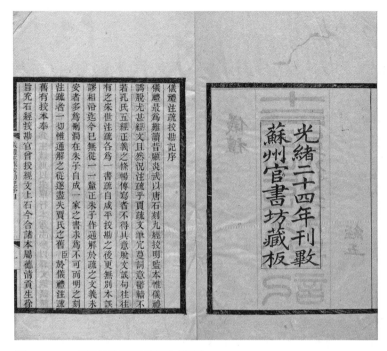

图 8-1-2　《仪礼注疏校勘记》牌记

时有采获，共得书近二百种，都一千数百卷，类皆发明经义，为
学者亟应研究之书。稔知宁、苏两书局近来经费不甚充裕，未能
刊此巨帙，因就近于江阴南菁书院设局汇刊，曾函知督、抚臣在案。
臣已捐银一千两，鸠工缮写。惟此项刻赀为数较巨，容再函商督、
抚臣，转谕僚属量力捐助，本省绅士及他省官绅有好义乐输者，
亦从其便。臣委派书院董事兼管收发银钱书籍事宜，并饬江阴县
知县稽查董理，事事务从撙节，期于工归实济，费不虚糜。书成
后，仿汉代碑阴之例，将捐助官绅衔名银数付刊一卷，俾垂久远。
仍虑经费或有不敷，臣于考试苏州时，与抚臣面商，在苏局分刻
数种，亦经抚臣允诺。区区愚忱，冀合众擎之力，以成有用之书，
似于表章经术，启迪学人，不无裨益。谨具折缕陈，伏乞皇太后、
皇上圣鉴训示，谨奏。①

此时江苏巡抚为满人崧骏，他的支持，大大减轻了南菁书局的压力。
据王先谦自定年谱记载，当时江苏书局应允助刊四百卷，但最终只完成
了二百四十三卷。光绪十四年（1888）六月，这部费资五万馀金的巨著，

① 见《续皇清经解》卷前，《皇清经解续编》，清光绪十四年（1888）江阴南菁书院刻本。

终于在多方帮助下完工。

除上述三种书外，书局所刻经部书尚有《五经要义》《读礼通考》《五礼通考》《仪礼章句》《毛诗订诂》《仓颉字林合编》《钮氏说文考异》《翻刻祁本说文》等。

江苏书局刻史部书值得称道的，主要是《通鉴》系列和五局合刻本《二十四史》。同治七年（1868），江苏巡抚丁日昌延请贵州籍著名学者莫友芝任书局总校，莫友芝即向他建议刊刻司马光《资治通鉴》。丁氏也认为《资治通鉴》"通括治体，经纬万端"，且可以和金陵书局所刻《史记》《汉书》媲美，于是取嘉庆年间胡克家仿元兴文署刻本依样付梓。为此特意招募刻工，并命每人各覆刻归安汪氏仿宋本《书仪》（亦司马光所著）一叶，以"第其去留"（图 8-1-3）。考虑到《通鉴》部头甚大，为不致半途而废，书局决定从最后一卷开雕，"层累而上"。雕至四十余卷时，有人告知莫友芝，胡克家原板尚在，如果取归书局，加以修补，必能事半功倍。莫友芝遂驰书丁日昌，丁日昌听闻，急忙派人将书板购回。该书板大致完好，仅缺最后八十七卷，书局补刻完整后，又增刻《释文辨误》十二卷，总计新刻板九十九卷。同治八年（1869）二月，全书即告竣工，前后仅费时十个月。（图 8-1-4）

不久，江苏书局又从上海得到《通鉴目录》的宋刻本，从常熟得到胡克家《通鉴外纪注》未刊本，于是一并付梓。同治八年夏天，时任苏松太道的应宝时，又将镇洋（今太仓）毕沅所刻《续资治通鉴》书板捐赠给了书局。该书板原在嘉兴冯氏家，兵乱之时，曾被取作柴火，折损数十板。同治六年（1867）春，为应宝时购得，补刊六十五板。送归江苏书局后，书局又更换九板，修补三十板，再次刷印行世。至此，除《明通鉴》外，江苏书局已将《通鉴》系列刊刻完毕。

而这一年的春天，浙江巡抚李瀚章正在酝酿三局合刻《二十四史》，他致书俞樾：

> 大江南北，自经兵燹，典籍散失。多士有志研稽，苦无善本。此间七经刻竣，自宜旁及诸史。闻金陵所刻三史，将次蒇事。鄙意拟会合苏、宁两局分刊全史，以成大观。唯浙中局面褊小，经费无多，而廿四史中繁简不一，宜如何分派刊刻，应请阁下函商

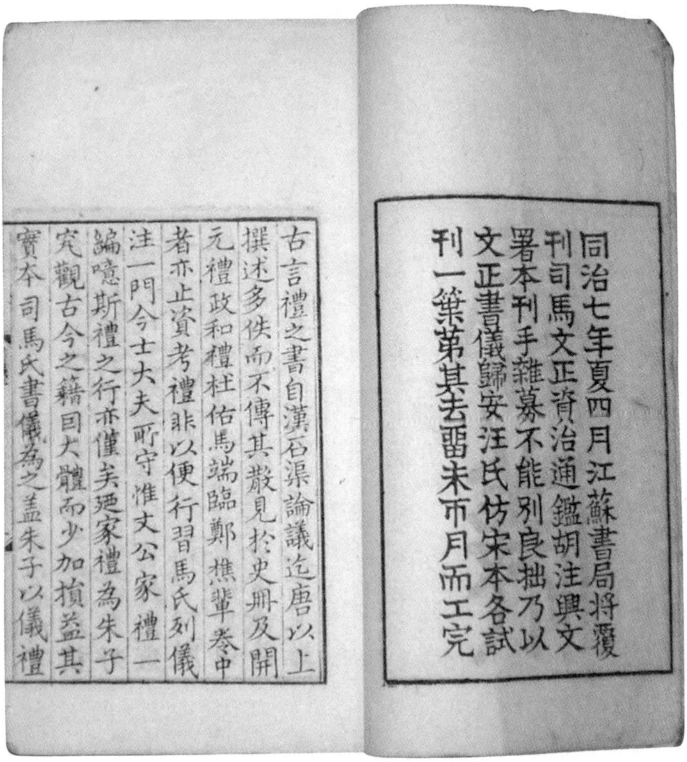

图 8-1-3　同治七年刻本《书仪》刊记

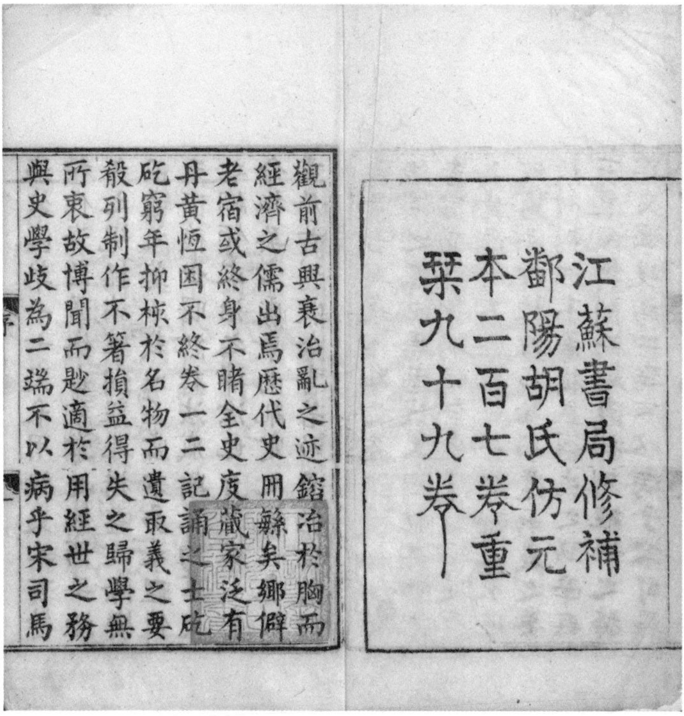

图 8-1-4　《资治通鉴》修补印本牌记

诸君子酌定。此不朽之业，想贤者亦乐为左右也。^①

吴云也向应宝时建议：

> 鄙见乱后典籍散佚，方伯书局之设专为嘉惠后学起见，甚盛举
> 也，似必得与杭、宁两局通力合作，各将必不可少之书先为刻起，
> 不必重出为宜。^②

俞樾接到李瀚章信后，马上作书两江总督马新贻，马新贻答应金陵书局刊刻前十五种。江苏巡抚丁日昌却不愿参加，在俞樾的一再劝说下，最终答应刊刻《辽》《金》《明》三史。不想时任湖广总督的李鸿章，愿刻《明史》，而不愿刻《元史》，刻书又出现了一些波折。所幸俞樾再次从中协调，以江苏书局刻纪传体《明史》，不如刻编年体《明纪》（清陈鹤撰），因其可接续前此书局所刻通鉴类诸书，而成一完整系列，"于二十四史之外，别张一帜"，使丁日昌放弃刻《明史》的执念，而接受改刻《元史》的现实。^③最终，金陵书局刊刻《史记》至《隋书》，浙江书局刊刻《新唐书》《旧唐书》《宋史》，湖北书局刊刻《旧五代史》《新五代史》《明史》，而江苏书局于同治十二至十三年刻成《辽史》《金史》《元史》（图8-1-5）。后来又从金陵书局中分出《隋书》，交淮南书局刊刻，

---

① 俞樾《袖中书》二，清同治光绪间刻《春在堂全书》本。

② 吴云《两罍轩尺牍》卷五《致应宝时》。

③ 俞樾《春在堂随笔》卷三："江浙间有会刻全史之议。初，同治八年春，余在苏寓，得浙抚李筱荃中丞书，谋合江宁、苏州、杭州三书局合刻《二十四史》，属余谋之江南诸事。余因移书问两江制府马端敏，端敏复书，许刻至《隋书》而止。则宁局所刻，凡十五种矣。又以告苏抚丁雨生中丞，中丞稍难之，曰：'苏局已刻《资治通鉴》，应敏斋廉访又购得毕氏《续通鉴》版归局中，则自明以前事迹具矣。吾再刻一《明史》，而三千年往事灿然在目，何事《二十四史》为？'余曰：'固也。然公并《明史》不刻则已耳，既刻《明史》，则一大部也，何不更刻一二种，以成此美举乎？'中丞首肯，乃以刻《辽》《金》《明》三史自任。此外惟新旧两《唐书》，薛、欧两《五代史》，《宋》《元》两史耳，遂以告筱荃中丞，大喜，即定议吾浙刻两《唐书》及《宋史》，而以两《五代》及《元史》请李少荃伯相刻之于湖北。伯相不愿刻《元史》，复移书丁中丞，请以《元史》归苏局，而刻《明史》，其意谓《元》《明》一也，可以交易，而不知适与丁中丞初意相左矣。于是平斋观察乃出《明纪》示余曰：'子盍与中丞言之，与其两局争刻一《明史》，何如刻此书哉？'余因与丁中丞书曰：'公欲刻《明史》以补毕氏《通鉴》所未及，使学者不必读二十四史而数千年事犁然大备，此意甚盛，但《明史》与《通鉴》体非一律，若刻陈氏此书，则与《通鉴》体例相同，合成全璧，洵可于二十四史外，别张一帜矣。'中丞然之，遂以书付苏局开雕，书成则中丞已奉讳去。"清同治光绪间刻《春在堂全书》本。

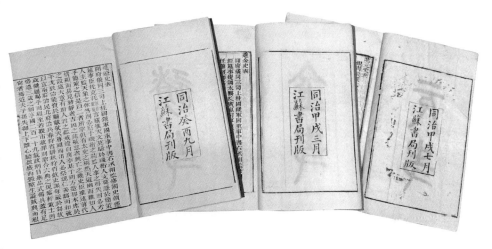

图 8-1-5 五局合刻本辽金元三史牌记

演变为五局合刻《二十四史》，成为官书局刻书史上的一段佳话。遗憾的是，江苏书局三史采用的都是人名挖改后的殿本，底本不佳。

五局所刻二十四史，版式上虽未完全一致，但基本按照毛氏汲古阁本样式，因此总体风格近似。李鸿章称："浙江、江宁、苏州、湖北四省公议合刻《二十四史》，照汲古阁《十七史》板式、行数、字数，较各家所刻者为精密。"[①]

此后江苏书局在三史基础上，又刊刻了《辽史拾遗》《辽史拾遗补》《辽金元三史语解》《元史氏族志》及《元史艺文志》等书。除此以外，书局所刻"五朝会典"（《西汉会要》《东汉会要》《三国会要》《唐会要》《五代会要》）在当时也负有盛名。

同时，江苏书局也承刻了一部分江苏地方文献。重要的有《苏州府志》《吴地记》《吴郡图经续记》《江苏全省舆图》《沧浪小志》以及《江苏省例》（共四编，同治八年、光绪元年、九年、十六年刊）等。

子部书各书局都大同小异，常见的有《圣谕广训》《小学集注》《近思录》等。江苏书局所刻有《庭训格言》《小学纂注》《吴本小学集解》《司马温公书仪》《广训十六条》《江注近思录》（图 8-1-6）、《弟子职集解》《心政经合编》《思辨录辑要》《汤文正公遗书》《程氏读书分年日录》《沈余遗书》等等。丁日昌尝云：

————————

① 李鸿章《设局刊书折》，《李鸿章全集》（奏议三），安徽教育出版社 2008 年版，第 450 页。

图 8-1-6　《江注近思录》牌记　　　　图 8-1-7　《古文苑》牌记

照得宣讲《圣训》，诵读《小学》，最能感悟人心，维持风教。前经本部院饬发板片，交苏省书局刷印，呈候分颁江北各府州厅县，派发宣讲诵读。①

江苏布政使应宝时在刊刻《江注近思录》时也说：

夫朱子当日纂集此书，岂徒使人玩其文词，亦欲学者循是反求身体而力行之，以驯造乎明体达用之实，学术以是正，人材以是醇，则国家致治之原，亦于是乎出。②

其出发点皆是宣扬儒家思想，提倡修身治国平天下，维护清朝的合法统治。

书局集部书则以总集为主，刊有《古文苑》（图 8-1-7）、《续古文苑》《古文辞类纂》《唐宋十大家全集录》《七十家赋钞》《古文关键》《唐文粹》《唐文粹补遗》《宋文鉴》《南宋文范》《南宋文录》《金文雅》《金文最》《元文类》《明文在》《八代诗选》《唐宋诗醇》《明三十家诗选》《文选集评》等。其中，《金文最》因与《金文雅》不少篇目重复，将原一百二十卷缩为六十卷。董兆熊《南宋文录录》也因与庄仲方《南宋文范》颇多类同，删减为二十四卷三百八十余篇。从集部和史部书来看，

① 丁日昌《委解书籍》，《抚吴公牍》卷四十八，朝华出版社 2018 年版，第 1568 页。
② 应宝时《江注近思录序》，见《江注近思录》，清同治八年（1869）江苏书局刻本。

江苏书局有意做成贯穿历代的系列图书。

三、书局后期所刻新学书与整体刻书数量

在新学的冲击下，光绪十四年（1888），江苏布政使黄彭年在可园旧址创建学古堂。学古堂为新式学堂，除教授经史文章以外，还开设算学一科。学堂有藏书楼五楹，经史子集各一间，又单辟算学书籍一间。黄彭年委任吴履刚为学古堂监院，书局提调诸可宝兼理学古堂事务①。书局也刊刻了一些算学书籍，如《九数存古》（光绪十八年刊）、《代数启蒙》《笔算今式》（皆光绪二十三年刊）、《梅光禄增删算法统宗》《万象一原》《盈朒一得》《割圜通解》（皆光绪二十四年刊）。《九数存古》有吴履刚跋：

> 至《九数存古》一书，先生自谓严华裔之辨，大中外之防，为一生得意之作，张丈尝携呈湘乡文正公，请刻于金陵书局未果。……履刚乃介高君桂、朱君同福谋诸顾氏，复许刻成赠书五十部，稿始至，然传写不精，讹夺甚夥，绘图校式，初授算学诸生任之。刻既竣，明府又与溧阳强年丈汝询覆为勘订，始付印焉。

光绪二十四年（1898）七月，因变法需要，光绪帝下令精简机构，裁汰冗员：

> 至各省设立办公局所，名目繁多，无非为位置闲员地步，薪水杂支，虚糜不可胜计，叠经谕令裁并，乃竟置若罔闻。或竟听委员劣幕舞文，一奏塞责，殊堪痛恨。着各督抚懔遵前旨，将现有各局所中冗员一律裁撤净尽，并将候补分发捐纳劳绩等项人员，一律严加甄别沙汰。限一月办竣覆奏。似此实力剔除，庶几库款渐裕，得以宏拓新规。惟不准瞻徇情面，阳奉阴违，致干咎戾。②

不久，两江总督刘坤一就上奏裁撤江宁、淮南二书局。江苏书局也在这一年裁撤，改为官书坊，靠刷板售书来维持开销。

---

① 此后林颐山亦以书局提调任学古堂山长，书局提调兼山长，似为定例。

② 《德宗景皇帝实录》卷四百二十四，《清实录》第五七册，中华书局1986年影印本，第60495—60496页。

江苏书局裁撤的另外一个原因，就是经费不足。刘炳照曾云："苏省书局校刻《十三经注疏》未毕，费绌中止，分校薪水，悉经裁撤。"[①]朱培源甚至作诗云：

> 书局创自金陵城，首售《选》《汉》刻印精。但偿工本不取利，嘉惠士林出真意。后来苏杭局分列，挂名襄校人数十。岁拨厘金有万馀，止供薪水书难刻。刻书之资藉卖书，平价那得曾侯如？达官摇头意似愉，饱食喜养诸蠹鱼。蠹鱼身肥亦厚德，只惜糜金已盈亿。旁人都道书流通，那晓贫儒买难得。[②]

江苏书局裁撤后，刻书业务基本停止，但也刻有零星几部书。一是《三国会要》，刻于光绪二十六年（1900）秋。一是《小沧浪笔谈》，光绪二十六年四月刊刻，为江宁布政使吴重熹付梓。

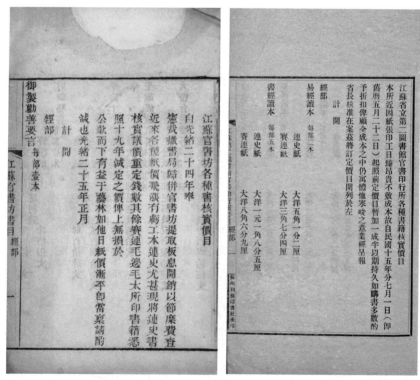

图 8-1-8 《江苏官书坊各种书核实价目》卷端　　图 8-1-9 官书印行所书目

① 《艺风堂友朋书札》，上海古籍出版社 1980 年版，第 354 页。
② 朱培源《介石山房遗诗》卷一《官书局（惜虚糜众也）》，清宣统二年（1910）刻本。

民国三年（1914），江苏省立第二图书馆（今苏州图书馆）建立，奉命接收官书局。书局板片皆移至图书馆，计69216片，图书馆以此为基础，成立官书印行所。此后，官书印行所又多方搜罗，获书板多种。抗战之时，书板有所损失，但至民国三十七年（1948）底，仍有71360片。1960年，苏州图书馆接江苏省文化局指令，将全部馆藏71810片书板调拨扬州。

后人评价江苏书局所刻书："字大悦目，校勘谨严，刷印亦佳。"①大致恰当。其不足之处，主要在于以普及为主，多用旧版翻刻，内容形式上皆缺乏创新，很少有值得一提的珍贵文献。

最后，我们来讨论一下江苏书局到底刻了多少种书。官书局印行所书目收录206种，朱士嘉《官书局书目汇编》收录188种，里面除自刻外，尚有他人捐赠或代印的书板。其中最著名的就是黎庶昌的《古逸丛书》。此书凡二百卷二十六种，是黎氏出使日本时，命杨守敬在日本所刻。因多为"古本逸篇"，故名《古逸丛书》。此书多为罕见写本、宋元精椠，刊刻时采用影刻之法，请日本名家上板，又用日本美浓纸刷印，美轮美奂，仅次真迹一等。黎氏回国后，奏请将书板交由江苏书局贮藏。其他如平湖朱氏所刻《定盦文集补编》、长洲江氏福建所刻《伏敬堂诗录》《吟秋馆诗存》、姚丙吉所刻《禹贡正诠》、苏松太道署所刻《周文忠公尺牍》、上海榷署所刻《程氏性理字训》、上海道署所刻《童蒙须知韵语》、常镇通海道所刻《蚕桑简明辑要》、苏州藩署所刻《江苏省舆图》等也是赠板。严格意义上说，这些得版后印的书，当然不能算作是江苏书局的刻本。

目前，研究江苏书局刻书的书目资料主要有三种：一是印行所书目，共有三个年度，民国十五年（1926，图8-1-9）、民国十七年（1928）、民国二十四年（1935）；一是江苏书局自编目录，有两个年度，光绪七年（1881）、光绪二十五年（1899，图8-1-8）；另外还有当时书局提调诸可宝光绪十六年（1890）闰二月、三月收书清单一份。现根据上述资料，结合刊刻牌记，以及书中序跋、时人记载，拟表如下，得书170馀种。

---

① 江澄波《晚清江苏的三大官书局》，《吴门贩书丛谈》（上），北京联合出版公司2019年版，第106页。

序号	书名	刊刻时间	牌记	备注
1	易经读本	光绪七年	√	即《周易本义》
2	书经读本	光绪七年	√	即《书经集传》
3	诗经读本	光绪七年	√	即《毛诗集传》
4	左传读本	同治八年	√	
5	礼记读本	光绪八年	√	即《礼记集说》
6	四书读本	光绪三年	√	即《四书集注》
7	朱柏庐大中讲义	光绪二年	√	
8	论语古注集笺	光绪七年	√	
9	周易孔义集说	光绪八年	√	
10	春秋属辞辨例	同治十二年	√	
11	春秋贾服注辑述	光绪八年	√	
12	易经要义	光绪十二年	√	
13	书经要义	光绪十年	√	
14	诗经要义		√	
15	仪礼要义		√	
16	礼记要义		√	
17	读礼通考	光绪七年	√	
18	五礼通考	光绪六年	√	
19	王会篇笺释	光绪十七年	√	
20	十三经注疏校勘记	光绪二十四年	√	牌记作苏州官书坊
21	毛诗订诂	光绪二十二年	√	
22	仪礼章句	光绪二十四年	√	牌记作苏州书局
23	仓颉字林合编	光绪十六年	√	
24	翻刻祁本说文	光绪九年	√	即《说文系传》
25	钮氏说文考异	光绪十一年	√	
26	辽史	同治十二年	√	
27	金史	同治十三年	√	
28	元史	同治十三年	√	

（续表）

序号	书名	刊刻时间	牌记	备注
29	辽史拾遗	光绪元年	√	
30	辽史拾遗补	光绪三年	√	
31	补元史艺文志、氏族志		√	
32	辽金元三史国语解	光绪四年	√	
33	三国志证闻	光绪十一年	√	
34	资治通鉴	同治八年	√	补版
35	宋元本通鉴校勘记	光绪八年	√	
36	影宋资治通鉴目录	同治八年	√	
37	司马温公稽古录	光绪五年	√	
38	通鉴外纪并目录	同治十年	√	
39	通鉴地理今释	光绪八年	√	
40	续资治通鉴	同治八年	√	补版
41	明纪	同治十年	√	
42	史鉴节要	同治十三年	√	
43	西夏纪事本末	光绪十年	√	
44	历代名儒名臣循吏合传	光绪二十一年	√	
45	双清阁袖中诗本、拥翠词稿、寄鸥馆梅花百咏	光绪十七年	√	版权页题"光绪癸巳秋，版存江苏局"
46	百将图传	同治八年	√	
47	江苏全省舆图	光绪二十一年	√	平江黄子云刻
48	江苏舆图	同治七年		此书为苏藩出资，丁日昌作序，疑刻于书局
49	苏州城厢图			光绪二十五年官书坊目录著录
50	五省沟洫图说	光绪六年	√	
51	孙耕远筑圩图说			《徐兆玮日记》云刻于江苏书局，丁日昌作序

（续表）

序号	书名	刊刻时间	牌记	备注
52	吴地记	同治十二年	√	
53	吴郡图经续记	同治十二年	√	
54	苏州府志	光绪八年	√	
55	江苏海塘新志	光绪十六年		平江黄子云刻，疑刻于书局
56	沧浪小志	光绪十年	√	
57	西汉会要	光绪十年	√	
58	东汉会要	光绪十年	√	
59	唐会要	光绪十年	√	
60	五代会要	光绪十二年	√	
61	大清通礼	光绪九年	√	
62	大清律例总类	光绪十五年	√	
63	吾学录初编	同治九年	√	
64	筹济编	光绪五年	√	
65	图民录	光绪五年	√	
66	处分则例图要	同治九年	√	
67	见闻辑要	光绪十五年	√	
68	三国会要	光绪二十六年	√	
69	实政录	同治十一年	√	
70	牧令书五种	同治七年	√	牧令书辑要、保甲书辑要、牧民忠告、刘帘舫吏治三书、钦颁州县事宜
71	牧令须知	光绪十六年	√	
72	律例便览	同治九年	√	
73	察吏六条	同治八年		江苏巡抚丁日昌撰，同治八年布政使应宝时序刻
74	秋谳辑要	光绪十五年	√	
75	审看拟式	光绪十五年	√	
76	秋审条款	光绪四年	√	
77	读律一得歌	光绪十六年	√	
78	三流道里表	同治十一年	√	

（续表）

序号	书名	刊刻时间	牌记	备注
79	五军道里表	同治十二年	√	
80	通行条例	光绪十四年	√	
81	江苏省例初编	同治八年	√	
82	江苏省例续编	光绪元年	√	
83	江苏省例三编	光绪九年	√	
84	江苏省例四编	光绪十六年	√	
85	刺字集	光绪二十四年	√	
86	清讼章程			存疑
87	保甲章程			存疑
88	捕蝗要诀	光绪十七年	√	
89	学仕遗规	光绪五年	√	
90	大婚合卺礼节			
91	文庙丁祭谱	同治七年	√	
92	文昌庙乐舞图			
93	直省释奠礼乐记	同治十二年		
94	直斋书录解题	光绪九年	√	
95	国朝未刊著述目	光绪十三年	√	牌记作苏州书局
96	寰宇访碑记	光绪九年	√	
97	墨妙亭碑目考	光绪十年	√	
98	学古堂日记	光绪二十二年		存疑
99	庭训格言		√	书末题"江苏书局恭刻"
100	圣谕十六条附律易解	同治九年	√	
101	圣谕广训直解			存疑
102	司马温公书仪	同治七年	√	
103	小学纂注	同治八年	√	
104	吴本小学集解	同治八年	√	
105	小学义疏			
106	江注近思录	同治八年	√	

（续表）

序号	书名	刊刻时间	牌记	备注
107	心政经合编	同治八年	√	
108	弟子职集解	光绪十四年	√	
109	弟子规			
110	小学韵语	光绪五年	√	
111	二十四孝图说朱氏治家格言	同治		丁日昌书
112	思辨录辑要	光绪三年	√	
113	汤文正公遗书	光绪四年	√	
114	沈余遗书	光绪二十二年	√	
115	程氏读书分年日程	同治八年	√	
116	魄林漫录	光绪十六年	√	
117	劝学篇	光绪二十四年	√	
118	小沧浪笔谈	光绪二十六年	√	
119	欧阳省堂点勘记	光绪四年	√	
120	诫子书			存疑
121	公门果报录			存疑
122	唐律义疏	光绪十七年	√	
123	洗冤录	光绪十七年	√	
124	医林纂要	光绪二十三年	√	
125	理瀹骈文摘要	光绪元年	√	
126	代数启蒙	光绪二十三年	√	
127	梅光禄增删算法统宗	光绪二十四年	√	
128	万象一原	光绪二十四年	√	

（续表）

序号	书名	刊刻时间	牌记	备注
129	盈朒一得	光绪二十四年	√	
130	割圜通解	光绪二十四年	√	
131	笔算今式	光绪二十三年	√	
132	九数存古	光绪十八年	√	
133	董氏诹古新书	光绪二十四年	√	
134	楚辞	光绪八年	√	
135	文选集评	同治十一年	√	
136	注靖节先生集	光绪九年	√	
137	陆宣公集	光绪二年	√	
138	东雅堂韩集并点勘	同治八年至九年	√	
139	笃素堂集钞	光绪十七年	√	
140	张忠敏公遗集	光绪五年	√	
141	张杨园先生全集	同治十年	√	
142	切问斋集	光绪十八年	√	
143	汪龙庄遗书	光绪十五年前后	√	
144	培远堂手札	同治十一年	√	
145	求益斋全集	光绪二十四年	√	
146	自然好学斋全集	同治十三年		版权页题"同治十有三年岁在甲戌六月重刊"，汪康年自传云刻于江苏书局
147	萃锦吟	光绪十六年		刚毅跋云：吴中适有书局，遂刊之
148	古文苑	光绪十二年	√	
149	续古文苑	光绪九年	√	
150	翻刻古文辞类纂	同治八年	√	

（续表）

序号	书名	刊刻时间	牌记	备注
151	唐宋十大家全集录	光绪八年	√	
152	七十家赋钞	光绪二十三年	√	
153	古文关键	光绪二十四年	√	
154	唐文粹	光绪九年	√	
155	唐文粹补遗	光绪十一年	√	
156	宋文鉴	光绪十二年	√	
157	南宋文范	光绪十四年	√	
158	南宋文录录	光绪十七年	√	牌记作苏州书局
159	金文雅	光绪十七年	√	
160	金文最	光绪二十一年	√	牌记作苏州书局
161	元文类	光绪十五年	√	
162	明文在	光绪十五年	√	
163	碑传集	光绪十九年	√	
164	八代诗选	光绪十六年	√	
165	唐宋诗醇	光绪七年	√	
166	才调集	光绪二十年	√	
167	明三十家诗选初二集	同治十二年		版权页虽题"同治癸酉十月蕴兰吟馆重刊"，汪康年自传云刻于江苏书局
168	眉山诗案广证	光绪十年	√	
169	词辨	光绪四年		
170	桐凤集	光绪十五年	√	牌记作江苏书局，版心作受经堂校刊

第二节　与雕版竞争的铅印石印落户苏州考

晚清时期，随着国门的打开，西方的铅印、石印技术随之传入中国。铅印于道光年间在上海通过教会的出版活动得以推广，石印术则在光绪初由英商美查所开的点石斋运用在画报与书籍的出版上，在光绪二十年（1894）前后一度风靡海上。一向引领雕版业潮流的苏州刻书业，在新技术的运用上并不积极。苏州一地直到光绪末年才出现采用新技术的印刷机构。我们可以从寓居上海的苏州文人、苏州官方及民间印刷机构三个方面，来了解铅石印技术在苏州的境遇，从而由另一个角度，一窥传统雕版印刷技术在苏州的持续影响力。

一、传统文人的孤独转型与铅石印术在苏落户

西方的铅印技术，与我国传统的活字印刷术，就同属于凸版印刷而言，具有相同的性质。因此，当西方铅印术传入中国时，国人对此并不感到特别陌生，按传统的活字印刷术称之为"活板""摆印"。石印术，则是一种与活字、雕版印刷完全不同性质的平版印刷术，其印刷原理和方法与雕版印刷有着本质的区别。因此，时人称之为"泰西新法"。但是，无论是铅印，还是石印，这两种传入中国的西方印刷术，都是在欧洲第二次工业革命中经历了技术革新的印刷技术，机器化程度较高。"机器"二字，对于还处在传统手工业时代的国人来说，是相当新奇的：

> 以活字板机器印书，竟谓创见。……后导观印书，车床以牛曳之，车轴旋转如飞，云一日可印数千番，诚巧而捷矣。[1]

这段描述铅印机器印刷过程的文字，应该是较早记录国人对西方印刷术反应的文字，因此常为当今研究近现代史学者所引用。而以无比赞叹之语气记录下这一过程的人，正是一位在晚清历史上有着重要地位的苏州人——王韬。

王韬（1828—1897）可以说是最早接触西方铅石印技术的苏州人之一。根据《王韬年谱》所记[2]，他于道光八年（1828）出生于苏州甪直甫里，从小接受传统的私塾教育，二十岁以后才离家前往上海。在这二十年间，他两次参加科举考试，取得秀才身份，并于二十岁设馆授徒。道光二十八年（1848）正月，王氏第一次到上海看望在此教书的父亲，并参观了墨海书馆，从而接触到了西方新式的铅印技术。墨海书馆，由伦敦

---

① 王韬《漫游随录》，李天纲《海上文学百家文库·王韬卷》，上海文艺出版社2010年版，第480页。
② 张志春《王韬年谱》，河北教育出版社1994年版。

会传教士麦都思等人于道光二十三年（1843）创立，是上海第一所铅字印刷所。以上所引文字，便是王韬参观墨海书馆后所记，其《瀛壖杂志》笔记、日记等书中都有收录。《瀛壖杂志》专记他在上海的所见所闻，于咸丰三年（1853）写成，其中《西人印书局》及其《印书车》《咏西人印书车床之奇》两篇，详细描写了西人印书之机器，以及国人对此的反应——"印书车床，制作甚奇。华士之往来墨海者，无不喜观，入之吟咏"。

对于活字板机器印书，王韬本人不仅只是吟咏，更是身体力行之。王氏于道光二十九年（1849）应麦都思之邀前往上海墨海书馆担任编校工作，一直到同治元年（1862），他在世期间，用淞隐庐、弢园之名出版的书籍三十九种，基本采用西式铅印技术，少量采用石印，偶用木活字版。①

有意思的是，王韬在西式印书馆编译西书的八年间，对科举应试一事仍抱有念想，期间曾回苏州老家参加过一次岁试。光绪十一年（1885），他集资创办了弢园书局，出版自己与朋友的著述。当年，校印出版苏州友人许起之《珊瑚舌雕谈》笔记一书，采用的却是中国传统的木活字印刷技术（图8-2-1）。版式仍照传统古籍的样式，黑口，单鱼尾，版心下印"弢园王氏藏遁叟手校本"字样。

曾对西式铅印机器印书之捷巧赞叹不已的王韬，为什么没有采用铅印技术出版这部著作呢？有一个可以肯定的原因是，经费不足。当时的弢园书局并没有自己的印刷设备，应该是委托其他刻印机构代办。次年，书局就因经费原因停办。光绪年间，上海一地书局林立，大多有名无实，并没有自己的印刷设备。因此，尽管王韬对西式机器印书十分欣赏，但凭一介文人之财力，是没法开设大型的印刷机构的，更不用提将这一技术传播到苏州。

而当时苏州一地的民众对于新技术与新思想的传播，恐怕是不太欢迎的。王韬最初在上海墨海书馆为西方人编校译书，在当时为传统知识分子所不耻，王韬在日记和与朋友的书信中多次提到此事："今人得温饱便不识名节为何物，可嗤可惜。我今亦蹈此辙，能不令人訾我短耶？"其间，友人还多次写信劝其上进，以"举业"自励。②可以看出新旧时代

---

① 详见《王韬著作目录及版本》，见忻平《王韬评传》附录三，华东师范大学出版社1990年版，第241页。

② 详见张志春《王韬年谱》，第24页。

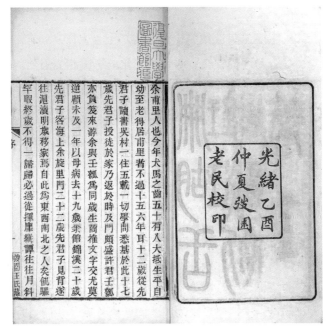

图 8-2-1 《珊瑚舌雕谈》 光绪十一年弢园王氏木活字本 复旦大学图书馆藏

交替之际，中国传统知识分子内心的困苦与矛盾。这种矛盾，也反映在印刷技术的选择上，这就是为什么大多数文人即使采用铅石印技术，但印刷的内容却不脱传统旧学之窠臼。

光绪早期与王韬一起活跃在《申报》笔坛中的管斯骏（1849—1906），也是其中的一个代表。他是苏州管氏家族后裔，曾为《申报》写稿。光绪十年（1884）在上海开办了管可寿斋书局，并担任上海书业公所执事。光绪二十七年（1901），担任基督教伦敦会创办的《教会七日报》的主编。管氏除光绪五年（1879）用传统雕版刊印了自著的《知愧轩尺牍》以外，之后所出书籍均为铅印或石印。他自己所办书局亦无印刷所，所有铅印石印，均由其他印刷机构所承办。早期出版的铅印书籍均为申报馆代印，如光绪九年（1883）为姻亲祝庆云铅印《香草集》一卷，牌记题为"光绪九年苏州管家园管宅仿聚珍板摆印"，卷末题"上海申报馆代印"；自著《洋务自强新论》四卷，光绪二十二年（1896）由上海书局石印。

管斯骏对苏州管家老宅感情很深，其所印书籍的牌记中多题板存"管家园管宅"，《申报》上所刊登的新印书籍广告中，也多注明"在苏城管家园本宅并阊门扫叶山房出售"，据此或可推测他在管氏老宅有一群固定读者。管氏虽多用铅石印技术，但出版的书籍基本上是传统文人笔记、诗文及通俗小说。

上述二人的主要出版活动，均在光绪二十年（1894）前。光绪二十年甲午战争爆发，对中国社会、政治和文化的影响相当强烈。此后，报纸杂志可以说在上海遍地开花，铅印由此大盛，逐渐取代石印与雕版，成为出版印刷界的主流技术。根据史料记载，苏州人张一鹏（1871—1944）于光绪二十年以后在观前街开设开智书室①，光绪二十九年（1903）创刊的《吴郡白话报》，即由开智书室铅印。

但是，这些苏州文人创办的书室在当时应该都没有自己的印刷设备。包天笑（1876—1973）所撰《钏影楼回忆录》②中，对晚清民初苏州一地的木刻与铅石印术的发展，有详细的记叙。光绪二十七年（1901）他与友人在苏州开设东来书庄，创办苏州励学译社，打算出版《励学译编》杂志时，遇到的第一个困难就是"苏州没有铅字的印刷所，除非编好了拿到上海去排印"。于是他只好采用雕版印刷技术，并请当时苏州最好的刻字店毛上珍来刻。所出励学丛刻中有《万国地理统纪》一种，为世界自然地理统计资料的汇编，书内收图多幅，为图版印刷之便利，故采用石印技术，于光绪二十八年（1902）出版，而版权页所题印刷所，为"上海北河南路永安里吴云记"，据此推测，当时苏州应该还没有石印印刷所。

励学译社创办没多久即被解散，包天笑也因为苏州的种种"落后"而离开，前往上海从事译书、著书工作。像他这样在上海从事新闻出版事业的苏州文人还有很多，但是，因为长期寓居上海，对于铅石印术在苏州的落户几乎起不到什么作用。

二、苏州官方对铅石印术的矛盾态度

同光以来，有清一代的官刻已经逐渐衰落，采用西方印刷技术的出版活动也远不及民间机构活跃。同治四年（1865），李鸿章、曾国藩等人在上海成立了江南制造局。同治七年（1868）于此设翻译处，从事出版印刷。当时，翻译处印刷所有三十馀人，备有铅字和印刷机，并延请传教士傅兰雅等人编译西书。据目前所掌握的史料，这当是最早在上海开始使用西方铅印技术的官方机构。为"合于学士文人"③，翻译处所译

---

① 张一澧《张一麐生平》，张一麐著《古红梅阁笔记》，上海书店出版社1998年版。
② 包天笑《钏影楼回忆录》，中国大百科全书出版社2009年版。
③ 傅兰雅《江南制造总局翻译西书事略》，载张静庐《中国近现代出版史料初编》，上海书店出版社2003年版，第14页。

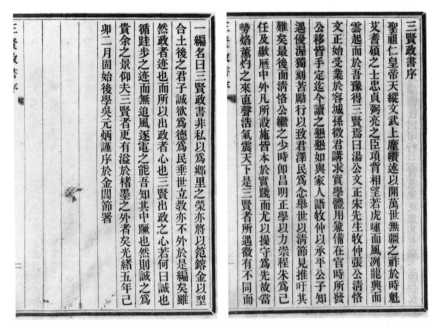

图 8-2-2　《三贤政书》　光绪五年（1879）吴门节署铅印本

书籍，基本上用雕版印刷，间有铅印和石印。上海之外，清政府于同治十二年（1873）六月于北京设西法印书馆，主要采用铅印。光绪二十七年（1901）成立于南京的江楚编译局，创办之初即用铅石印术出版书籍。其馀官书局于光绪末年才开始陆续采用西方印刷技术从事出版活动。

苏州官方自光绪以来，有吴门节署、存古学堂等官方机构利用铅印技术出版官方文书和教材的零星记录。如光绪元年（1875）铅印的《苏省赋役全书》一书，是目前所见最早的官方铅印本。《赋役全书》是明清以来由官方颁布的征收税收总则，由户部总编，然后下发给各省布政使司刊刻。光绪元年印行这部总则的当为江苏布政使司，书前未见牌记。时任江苏巡抚的吴元炳（？—1886），同时也负责督办江南制造局。此时江南制造局已有铅印设备，因此《苏省赋役全书》很有可能由上海江南制造局铅印。吴元炳在任期间，于光绪五年（1879）铅印出版了顺治以来三位江苏巡抚的《三贤政书》[①]（图 8-2-2），光绪六年（1880）铅印出版了沈葆桢的《沈文肃公政书》，是书前牌记题为"光绪庚辰仲冬吴门节署摆印"。[②]

[①] 三书分别为汤斌《汤子遗书》、宋荦《西陂类稿》、张伯行《正谊堂集》。

[②] 吴氏铅印《沈文肃公政书》流传不广，于光绪后扫叶山房翻刻铅印的刻本，书前有"扫叶山房发兑"字样，卷首后有"吴县后学朱记荣校"一行。

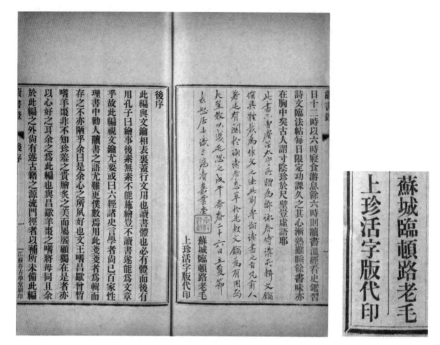

图 8-2-3　《存古学堂丛刻》卷末有"老毛上珍活字版代印"字样　浙江图书馆藏

　　根据史料记载，苏州官方自有的印刷机构应当创办于光绪三十三年（1907），当年《申报》上登有开办《启事》，称苏省刷印总局初拟定于当年3月25日开办，地址设在葑门内醋库巷，专印本省粮串及一切公牍。然而，同年10月又发《启事》，通知因经费原因"暂缓开办"①。其开办数月间，曾铅印江苏候补道杜俞（1854—1916）《海岳轩丛刻》九种，重印苏州知府何刚德旧著《抚郡学堂农产考略》等书。

　　此后，苏州官方应该没有再成立官方印刷机构。光绪三十四年（1908），江苏巡抚陈启泰奏请仿张之洞在湖北开设存古学堂之例，在苏州学古堂的旧址上设立存古学堂，以"保存国粹，养成传习中学之师资"。②学堂自光绪三十三年至三十四年（1907—1908）先后出版了《存古学堂丛刻》数种，其中至少有三种书卷末题苏州"老毛上珍活字版代印"字样（图8-2-3）。老毛上珍，正是包天笑回忆录所提及的苏州刻书店的老字号。由此可知，此时苏州官方并未有新式印刷机构，而民间传统的刻书机构却已经开始新技术的尝试。

————————

① 1907年3月11日第12170号 9/20；《申报》1907年10月9日第12464号 12/24。

② 潘懋元、刘海峰《高等教育》，《中国近代教育史资料汇编》，上海教育出版社1993年版，第248—265页。

三、"木版精刊"在苏、"铅模石印"在沪的民间刊书模式

如上所述，作为苏州最好的刻字店毛上珍刻字店，于光绪三十四年（1908）左右开始为存古学堂代刊铅印书籍。而包天笑在回忆录中称光绪二十七年（1901）自己办《励学译编》杂志时，苏州尚无铅印印刷所，于是找毛上珍店雕版刊行。毛上珍刻书店于光绪三十四年（1908）开始为存古学堂铅印书籍，说明其可能最早在光绪二十八年（1902）以后开始了西方铅印技术的尝试。包天笑在光绪二十八年其母过世时，在苏州用铅印刷印了为母撰写的《哀启》一文，因当时"苏州最初有用铅字印刷的印刷所"。不知此印刷所是指毛上珍，还是别的机构，有待查考。这一记录至少可以说明光绪二十八年（1902）前后，苏州民间才有铅印印刷机构。

光绪三十二年（1906），无锡人邹章卿在苏州创立了新式的印刷机构振新书社，地址在观前街平安坊西，所出书的牌记中多题"观西振新书社"。书社内雕版、铅印、石印、珂罗版一应俱全。振新书社石印出版昆曲曲谱及画册在当时颇为著名，同时该社在清末可能获得了不少书版，故也做旧版重印的生意。如晚清苏州著名藏书家江标（1860–1899）于光绪二十年（1894）刊于湖南使院任上的《灵鹣阁丛书》，有一种内封题为"苏州察院场^①振新书社经印"的本子。另有署江标影宋《唐人五十家小集》^②，扉页牌记题"灵鹣阁影刊，章钰署检"，左下方亦有"苏州察院场振新书社经印"字样，并钤"苏州观西振新书社督造书籍"朱记。江标卒于光绪二十五年（1899），时振新书社还没开办。取《灵鹣阁丛书》无"振新书社经印"字样的本子比对，两种本子应该是前后印的关系，振新书社的本子应该是得江氏书版后重新刷印的本子；而振新书社另有《江刻书目三种》，牌记题"灵鹣阁藏板苏州振新书社经印"，左下钤"苏州观西振新书社督造书籍"印（图 8-2-4）。翻检此书，实为照相石印灵鹣阁本。该社民国十四年（1925）还影印了《江建霞先生修书图》。可以推测该社因得江氏《灵鹣阁丛书》书版，有汇印江氏相关著述之意，故在重印原刻本的基础上，将未得版片的书亦用石印之法影印出版。

振新书社有多种保留原刻书牌记、下方钤"苏州观西振新书社督造书籍"朱记或者"苏州振新书社经印"朱记的书籍，如清潘霨增辑的《韠

---

① 察院场即在观前街西口。

② 按：陈尚君先生认为此宋本唐人小集一书或为书贾假托江氏之名，参见陈尚君《唐诗求是》下，上海古籍出版社 2018 年版，第 832 页。

图 8-2-4 《灵鹣阁丛书》振新书社印本牌记

园医学六种》，原刻于同治五年（1866），振新书社本应该为后印；又，江苏书局于光绪十五年（1889）所刻《元文类》七十卷，光绪十七年（1891）刻《金文雅》十六卷，牌记下方均有此印。江苏书局已在振新书社成立前的光绪二十四年（1898）被裁撤，故其书当为振新书社取江苏书局旧版刷印的本子。

综上可见，振新书社并非与当时上海的商务印书馆、中华书局一样，是完整意义上采用现代印刷技术的新式出版机构，且其铅印出版的书籍主要为当时人的著作以及当地一些学校教材等，石印更是多为影印古书、昆曲曲谱等。总体而言，它仍是一个以出版传统文化内容为主的印书机构。即使已经开始采用新式技术的老字号毛上珍刻字店，用西方技术印刷的也多是旧学书籍，上述所代印的《存古学堂丛刻》、宣统二年（1910）铅印的《韬厂踏海录》《俭德堂读书随笔》《光福志》等，内容均为旧学。可以说，到了清末，即使苏州已有了新式技术之表，但内在的骨子里还是传统的。

所以，当时苏州书业有这样一个现象：像扫叶山房、文瑞楼、千顷堂，这些迁往上海的传统刻书坊，虽然大多早在光绪十年（1884）左右陆续开始采用铅石印技术出版书籍，但是他们在苏州的分号仍多用雕版印刷，出售的也多是旧文化书籍。包天笑回忆录中提到"观前街一家叫做文瑞楼比较最大……但是他们都是旧书，木版线装，满架是经史子集，新书不大欢迎"，"其他有什么绿荫书屋、扫叶山房，连石印书也不问讯"。文瑞楼的广告，则很有意思地划出了苏沪两地制作刻本和铅印本、石印本的地域界定——

凡木版精刊由苏号主其事，铅模石印由沪号主其事。①

　　而即使牌记中题为苏州某书坊的石印本，实际上也很少有真正在苏州本地印的，大多是在上海刷印。这一现象所反映的，不止是书业的出版兴趣，同时应该也是当时苏州大众用户的阅读取向。

　　相比之下，早在光绪十八年（1892），杭州已创办了新式的民营石印所，有用蒸气引擎作动力的石印机二台，宁波、四川等地均有新式的铅石印机构②。作为引领雕版印刷潮流的先锋者苏州，为什么没有成为新式印刷技术的倡导者呢？包天笑认为主要原因是苏州"离上海太近"。从上文所述那些寓居海上的苏州籍文人来看，他们大多在上海利用西方技术出版书籍，但无论其内容是旧学还是新学，几无一人回苏州创办新式印刷机构出版书籍，宣传新学。而事实上从交通便利程度来看，在甲午战争之前，其实尚无天时地利之因素。彼时苏沪铁路尚未开通，包天笑回忆从苏州到上海"没有小火轮，更没有长途汽车，只有民船"，自苏州到上海，要经过三天两夜。这对于铅石印机器设备的运输是存在一定困难的。但随着苏沪火车的开通，苏州工业开始兴起。清朝灭亡，中国社会现代化的进程开始加速，印刷技术也需要适应时代的发展而不断革新，木刻这种"最笨拙"的手工业技术，已然无法适应整个社会变革的需要。叶圣陶在民国元年前后的日记，写他每日所盼望着的便是从上海来的报纸上革命取得胜利的消息。③他所代表的新式知识分子们已经不再关注印刷技术的本身，他们所期待和盼望的是一种技术所承载的崭新的时代精神与文化。但是，即便如此，当时苏州一般读书人的心态，依然是趋于平和稳定，并欣赏雕版印刷加线装的书籍那种具有延续性的内敛之美。民国时期苏州刻书依然不绝如缕，且仍偶有精品出现（详下节），即是证明。

　　归根到底，传入中国的铅石印技术已是经过欧洲工业革命改进后的一种现代印刷技术，工业化程度很高。而苏州，可以说是手工业的天下。一个有着上千年历史的手工业传统，以清末民初数十年的时间，是很难动摇的。而其背后所蕴含的一个特定区域内的人文理念和美学趣味，更由于人的传承，而难以用速成、廉价等一般的商业逻辑来征服。所以，

---

① 邹登泰《上海文瑞楼书目提要序》，载《上海文瑞楼书局图书汇报》，1917 年石印本。
② 参见杨丽莹《清末民初的石印术与石印本研究——以上海地区为中心》，上海古籍出版社 2018 年版，第 166 页。
③ 叶至善整理《叶圣陶日记》上，商务印书馆 2018 年版。

尽管晚清以来，西方铅石印技术已在各地大行其道，苏州一地还坚持用传统的雕版印刷为主刊行书籍，即使采用新技术，承载的也是传统文化的内容。站在今人的立场上，你可以批评这种似乎既无声也无意识地轻视乃至抵制铅印石印新技术的苏州姿态，是孤芳自赏，食古不化，逆潮流而动。但从整个苏州刻书史的角度看，正是这种独特的对"古"坚守的姿态，为中国传统书籍的优雅庄重留下了一颗不绝的种子，成就了苏州刻书的最后荣光。

第三节　清同光至民国时期苏州地区的刻书名家

太平天国战争结束后，社会对书籍的需求出现了报复性增长，受到战乱破坏的刻书业迅速复兴；与此同时，又出现了一批新的热衷于刊布文献的人士。在这两种因素的影响下，苏州的刻书业迎来了最后的辉煌时期，遗风流韵，延至民国。

一、晚清民国时期的苏州私家刻书

明代中期以来，以藏书家而兼刻书家，是私人刻书的主要样态；此种样态下的刻书，与藏书家（或其协助者）的个人旨趣密切相关，具有鲜明个性，且较易形成规模。明清两代，苏州地区的刻书业与私人藏书均极为发达，是故刻书名家辈出，代有其人，已详上文。同光年间的苏州私人刻书，同样相当蓬勃。

常熟小石山房顾湘（1829-1880），字翠岚，号兰江，喜藏书，并蓄名家玺印，编刻有《篆学琐著》《玲珑山馆丛刻》《小石山房丛书》三部丛书。其中，《篆学琐著》收录唐以来印学论著 30 种，全是顾氏编刊；《玲珑山馆丛刻》收金石小学书 6 种，则多是顾氏以所得别家旧版修补汇印。这两种丛书的总序与书前牌记，均署为道光。《小石山房丛书》收录书籍范围较广，经学、史地、札记、文集兼有，计收书 38 种，始刻于道光年间。今所见本多为同治间后印，书前牌记署为"同治甲戌虞山顾氏校刊"（甲戌当同治十三年，1874），又有同治己巳（当同治九年，1870）叶裕仁序，故而多被称为同治间刻本（图 8-3-1）。顾湘之孙顾葆和《顾氏小石山房佚书录自序》称，其祖藏书在太平天国战争中不幸损毁。但显然所刻书版幸存，且顾氏在同光年间仍在修补刷印。这三部丛书之外，顾氏还编刻有《小石山房印谱》《小石山房印苑》（以原印

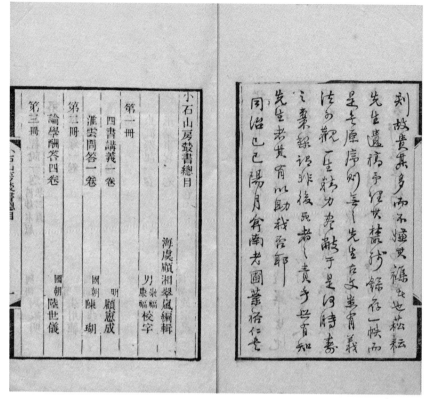

图 8-3-1　顾氏小石山房刻本《小石山房丛书》

钤盖），是印谱中相当知名的品种。

　　大阜潘氏自安徽迁居苏州，开枝散叶，由商至宦，成为一方望族。潘氏文化名流辈出，又饶于资财，故而刻书既多，时间跨度亦长。晚清时期，潘氏家族中刻书最为活跃的是潘祖荫（1830—1890）。他字伯寅，号郑盦，先后刻书近百种，规模在晚清私家刻书中位居前列。其滂喜斋收储宋元旧本极多，但他刻书却是以搜集刊布清人尤其是晚近的嘉道咸人物的著述为旨趣，不像黄丕烈、汪士钟等人那样醉心于影刻宋元旧本。在潘祖荫所刻书中，《滂喜斋丛书》《功顺堂丛书》两部丛书名气最大，收录孙星衍、龚自珍、金鹗、陈奂、邵懿辰、许瀚、江藩、陈介祺、沈钦韩、沈涛、钮树玉等人著作，经史考证与笔记诗文并重；在刊刻过程中，得到了赵之谦、胡澍、李文田、孙衣言等人的协助。前者规模较大，分四函，收书五十多种，同治后期至光绪初年陆续刊刻；后者收书十八种，刻于光绪年间。

　　潘祖荫单刻书的数量也不少，除去他本人与潘奕隽、潘曾沂、潘钟瑞等亲族的著作之外，同样是以晚近人物著述为主，其中较为知名者有：

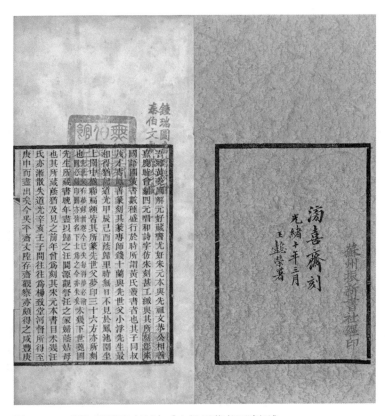

图 8-3-2 　潘祖荫滂喜斋刻本《士礼居藏书题跋记》

同治九年（1870），刊刻宋人王象之《舆地碑记目》；同治末，刊刻彭
兆荪《小谟觞馆全集》；光绪三年（1877），刊刻顾广圻、黄丕烈《百
宋一廛赋注》；光绪前期，在缪荃孙等人的帮助下，辑刻黄丕烈藏书题
跋为《士礼居藏书题跋记》（图 8-3-2）；光绪十年（1884），刊刻沈涛《说
文古本考》。

　　潘祖荫所刻书，有部分是在北京刊刻（或许与他在京任官有关），
如《滂喜斋丛书》（图 8-3-3）牌记署为"潘氏八囍斋刻于京师"。此外，
潘氏单刻书的部分书版，为北京书坊翰文斋所得，光绪二十九年（1903），
该书坊以《潘刻五种》的名义重印。这些书版亦是在京刊刻，故而翰
文斋有近水楼台之便。① 当然，潘祖荫在京所刻书版，大部分还是运回
苏州，由潘祖荫的族兄潘钟瑞在苏州觅匠人刷印，相关事宜散见于潘钟
瑞的日记。②

---

① 关于潘氏所刻丛书及《潘刻五种》的详情，参阅：张鹏《潘祖荫〈滂喜斋丛书〉〈功
　顺堂丛书〉等编刻考》，《北京大学中国古文献研究中心集刊》第 14 辑。
② 相关记录多在《潘钟瑞日记》（尧育飞整理，凤凰出版社 2019 年版）的光绪十年部分。

图 8-3-3　《滂喜斋丛书》卷首目录

　　潘氏家族的其他成员也多有刻书之举。光绪八年（1882），潘钟瑞堂兄潘霨刊刻陶梁《红豆树馆书画记》。光绪十年，潘钟瑞编刻《四家诗词合刻》。宣统三年，潘世璜《须静斋云烟过眼录》（其子潘遵祁抄撮而成），由其孙潘敦先、睦先兄弟刻印，此书刊刻静雅，仿效汲古阁刻书的扁方字体，是清末刻书中的名品。民国二十五年（1936），潘祖同《竹山堂文剩》《竹山堂诗补》，由其孙潘承厚、潘承弼等以"岁可堂"之名刊刻，书版今存中国书店，近年曾重刷再印，可以说是潘氏刻书的光荣结束。

　　继潘祖荫之后，元和江标（1860—1899）勤于刻书，在规模上与前者旗鼓相当。特别需要指出的是，江氏过世时年未及四十，刻书却达百种以上，令人惊叹；倘使天假以年，他的刻书成绩必更加可观。江氏刻书，以《灵鹣阁丛书》《江刻书目三种》《唐人五十家小集》这三部丛书为

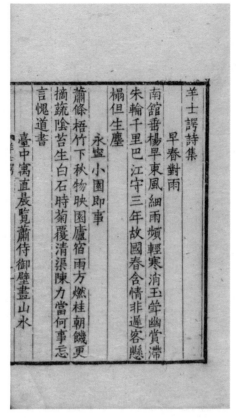

图 8-3-4　江标刻本《唐人五十家小集》

大宗。①《灵鹣阁丛书》与《滂喜斋丛书》相似，以刊布清中期以来人物的著述为主旨，金石、考证札记是选目重点；江标平素关心新学，所以《灵鹣阁丛书》还收录了《使德日记》《德国议院章程》《新嘉坡风土记》等多种介绍国外情势、关涉"洋务"的书籍。②另一方面，江标喜好版本目录之学，撰有《宋元本行格表》，《江刻书目三种》显然与此趣味有关。《唐人五十家小集》流布甚广，江氏号称"影宋"，实则是据明嘉靖朱警《唐百家诗》翻刻。③（图 8-3-4）这种夸饰刻书底本，将明代翻宋仿宋刻本

① 《江刻书目三种》，江标在日记中自称为《师郑室目录丛刻》。江氏还有一些单行的刻印书，详见黄政《江标生平与著述刻书考》，北京大学硕士学位论文，2011 年。

② 光绪二十年八月十一日，江标赴湖南学政任前，有例行的御前召对，光绪帝问："你当常看他们（指欧美）的书？"江标答："曾经考究，大约中国书重考古，西国书重考今，截然不同。"见：《江标日记》，黄政整理，凤凰出版社 2019 年版，第 572 页。

③ 黄永年《关于〈唐女郎鱼玄机诗〉》，《藏书家》第 7 辑，2003 年。罗韬哲《江标刻〈唐人五十家小集〉版本献疑》，《碑林论丛》第 23 辑，2018 年。

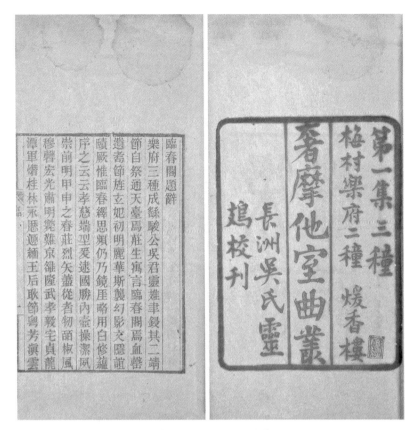

图 8-3-5 清宣统间吴梅《奢摩他室曲丛第一集》

称为宋刻本的做法，是晚清人的习尚。

需要注意的是，《唐人五十家小集》《灵鹣阁丛书》一般著录为"元和江氏湖南使院刻本"，江氏刻书高峰诚然出现于光绪二十年（1894）任湖南学政之后，这应是经济状况改善所致；不过这三种丛书的实际刊刻历程更长，据《江标日记》可知，所收的部分书籍（如《唐人五十家小集》中的《唐女郎鱼玄机诗》，《灵鹣阁丛书》中的《先正读书诀》），在赴湖南任前已刻成，并分赠友朋。

昆山赵元益、赵诒琛父子，也是苏州近代刻书名家，从光绪中期至1930 年代，赵氏刻书持续了约半个世纪。[1]光绪十一年（1885）前后，赵元益着手编刻《新阳赵氏丛刊》，收书十二种。他是著名医家、翻译家，长年服务于江南制造局翻译馆，译有大量西方科技书籍；但该丛书选目

① 裘陈江、杨奕望《"输入泰西医学之一大关键"——赵元益及其江南制造局翻译馆的译书事业》，《中国出版史研究》2020 年第 3 期。朱琴《赵诒琛藏书、刻书略述》，《山东图书馆学刊》2010 年第 5 期。另，清代从昆山县析出新阳县，民国初复合，故而赵氏地望或称新阳，或称昆山。

却侧重于传统文史考证，收录宋朱熹《昌黎先生集考异》、清张敦仁《资治通鉴刊本识误》、清张琦《战国策释地》等。赵诒琛刻书更多，先后编刻《峭帆楼丛书》《又满楼丛书》《对树书屋丛刻》。这几部丛书取径更广，除考证札记以外，还收录了相当数量的杂史、年谱、诗文、诗话。清末以来，在石印、铅印等新式印刷技术的冲击下，雕版印刷严重衰落。值此之际，赵氏仍坚持雕版刻书，可称苏州刻书的殿军，不过他也并不排斥新的印刷方式。1934年至1941年，赵诒琛与吴县王大隆共同编印《八年丛编》，便使用了铅活字印刷。

治学取向偏于"旧"的学者，或多或少保有"付梓以传"的私人出版著述的旧习惯，在出版方式的选择上，他们亦多是新旧并举。王大隆编辑《八年丛编》的同时，另编有《黄顾遗书》（辑录黄丕烈、顾广圻遗文），便是雕版刻印。长洲吴梅是曲学名家，所编《奢摩他室曲丛》，一般为人所知的是他交商务印书馆铅活字排印的一百五十二种，其实他在宣统二年（1910）以雕版方式刻印过《奢摩他室曲丛第一集》（图8-3-5），收录吴伟业《临春阁》《通天台》与自撰《暖香楼杂剧》三种。推其原因，铅印等新的出版技术方式，较雕版印刷价廉且迅速；这种现实性优势，对于浸淫于旧风气的学者，也有很强的吸引力。

二、晚清民国时期的苏州郡邑丛书

晚清民国时期，编刻郡邑丛书的风气很盛。郡邑丛书一般有两种取径而互不相混：一是专收某地地志或掌故书，二是以某地人士著述为收录范围。这两种样态的郡邑丛书，在晚清民国的苏州地区均有出现。

太仓缪朝荃编刻有《东仓书库丛刻初编》（图8-3-6）《汇刻太仓旧志五种》。前者收录陈瑚、王瑞国、盛大士、彭兆荪等乡先辈著述十一种，刻于光绪十二年至二十八年间（1886—1902）；后者刊刻时间相对较晚，从各书序跋与书前牌记来看，当是在光绪末年至宣统初刊刻的，每书后附校勘记。缪荃孙参与此事，为撰《中吴纪闻校勘记》，并在南京代为缪氏料理刊刻《玉峰志》《玉峰续志》。

同样是在光绪年间，吴县谢家福编刻《望炊楼丛书》，收录《吴中旧事》《平江记事》等地方掌故书。民国初年，丁祖荫《虞山丛刻》收录钱谦益、毛晋、周同谷等常熟人士的著述十一种。

以上各丛书侧重于拾遗补缺，所收书多为畸零小种，规模有限，而同时代的郡邑丛书更多倾向于大而全，如《畿辅丛书》《常州先哲遗书》《江

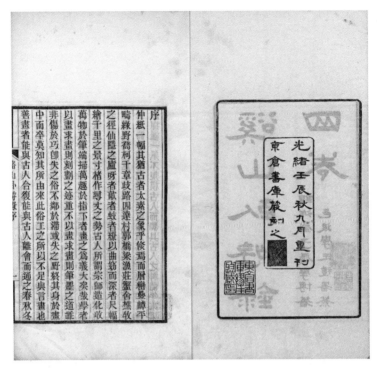

图 8-3-6　清光绪间缪朝荃刻本《东仓书库丛刻初编》

阴丛书》《武林掌故丛编》《武林往哲遗著》《四明丛书》《金华丛书》，皆部帙庞大。乍看上去，苏州的郡邑丛书似乎落了"下风"，而与苏州的历史文化积累不相侔。但恰因苏地载籍汗牛充栋，欲求全面刊布，局面太大，耗资太巨，反致难以实现。

三、苏州刻书家与当地刻工的互动

前述诸家刻书几乎全为普通的宋体字刻本，而长洲蒋凤藻、吴县曹元忠更加追求刻书的艺术性与美观性。蒋氏《铁华馆丛书》收书 6 种，刊刻于光绪十年（1884）前后，曹元忠《笺经室丛书》收书 3 种，晚前者约十年；这两种丛书全为精雅的写刻，可称晚清苏州地区写刻本的代表。《笺经室丛书》之《司马法古注》《荆州记》两种卷末均有"苏城曹胡徐巷郑子兰刻印"刊语。《铁华馆丛书》由苏城名工（刻字店主）徐元圃承刻，各书卷末多有"吴门徐元圃刻"刊语（图 8-3-7），负责此书写样的是金缉甫，叶昌炽称"缉甫旧为香生太守佣书，铁华馆影宋本皆出其手"。[1]

---

① 《缘督庐日记钞》卷十五，民国上海蟫隐庐石印本。

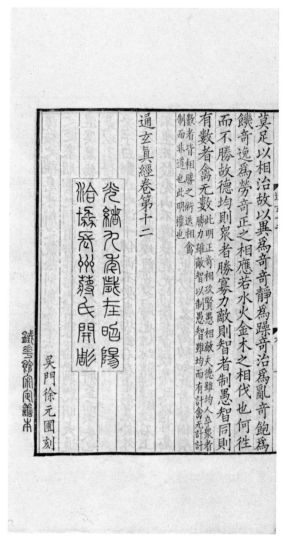

图 8-3-7　清光绪间蒋凤藻刻本《铁华馆丛书》，
由徐元圃承刻

金写徐刻，是晚清苏州刻书业的黄金组合，当时享有盛誉，除了为蒋凤藻刻书之外，二人还有经常性合作。约是光绪十三年（1887），费念慈致信缪荃孙，称可在苏州为他代刻书籍，由金缉甫写样，徐元圃刊刻，价格为每百字 250 文，这是写刻本的价格；若嫌贵，也可改为宋体字刊刻。

　　大辑三种，连写样工资（金缉甫写，徐元圃刻，照香生原价）统计每百字需钱二百五十文，精则精矣，不以为昂否？如嫌昂，速示，可改刻寻常宋字也。①

① 《艺风堂友朋书札》，第 356—357 页。

稍早的另一函中，费念慈称当时"徐元圃年六十馀，尚能刻字。吴下雕景宋仿宋者，此一人也"；由此逆推，徐氏生于道光初年。其刻字店的店名为"文艺斋"。已知他最早承刻的书籍是咸丰四年（1854）刊刻潘曾玮《玉洤词》，同光年间，他承刻书籍数量很多。叶昌炽称，潘祖荫、蒋凤藻编刻丛书，皆交徐氏承办。[①]光绪十六年（1890），徐氏为谢家福刊刻《五亩园小志题咏合刻》（封面署"苏城徐文艺斋精刊"），此书是前述谢氏《望炊楼丛书》中的一种，然则该丛书的其他各种或许也是徐氏所刻。光绪十九年（1893），重刻《（乾隆）震泽县志》，卷三十八末有"吴郡徐元圃刻印装订"。

徐氏刻字店不仅承担了苏州本地的大量刻书订单，同时也承接"外地业务"。光绪五年（1879），刻《青浦县志》（卷末有"吴郡文艺斋徐元圃刻印"刊记），此书跋称"集工于青溪书院，阅八月工竣"，似乎当时徐店派出了一批工人，在青浦当地刊刻。光绪十九年前后，费念慈出资刊刻《新雕校证大字白氏讽谏》《唐中兴间气集》，亦交徐氏刻字店完成，字体与《铁华馆丛书》如出一辙，是瘦硬挺秀的精写刻。

徐元圃卒后，其子徐稚圃继续从事刻书业。宣统元年，他为叶昌炽刻成《语石》，卷末有"苏城徐元圃子稚圃刻印"，足见当年徐元圃声名响亮，可以作为招牌。这是已知徐氏刻书的最后实例。

刻字店与刻书家的合作，是当时的普遍现象。刻书家不仅有相熟的刻字店，委托其承担自己的刻书需求，甚至还会帮助他们介绍生意。这里可举俞樾与苏州刻工陶升甫为例。光绪八年至九年（1882—1883），日本僧人北方蒙拜托俞樾编选《东瀛诗选》，并计划在华刻书，双方为此多次通信。北方氏打算仿效俞樾著作的刊刻样式，在上海觅工刊行。俞樾则力荐为自己刻书的陶升甫，并承诺自己将"就近指点"，以保证刊刻质量；后来又代为出面，请日方预支 400 元（北方蒙本拟首付 50-100 银元）给陶升甫。他如此为陶氏争取利益，令人惊讶。

> 尊论欲于上海刊行，即照拙书版片大小，甚为简便。弟处有熟识之刻工陶升甫，人甚妥当。弟之各书，皆其所刻，大约刻白板每百字不过一百六十文，刻梨版则每百字须二百文，似较上海刻资稍廉。且近在吴下，弟得就近指点，则行款必无错误，似更妥当。

---

① 《缘督庐日记钞》卷十三。另，《铁华馆丛书》之外，蒋凤藻还编刻有《心矩斋丛书》，亦是徐元圃承刻。

此书刻于苏州，当命旧识之刻工陶升甫承办，一切格式，均照拙书，而刊刻则宜加精。①

尊意先交五十或百洋与陶升甫，俾其络绎先刻。弟即与陶升甫商量，据云：一经动手，则写手、刻手皆齐集以待，势不能止。蒇事非难，而远隔东洋，往返函商，颇不容易。设或刻资一时不继，何从垫付，转费踌躇。属弟函致尊处，可否先寄洋蚨四百圆来苏。亦不必遽付，暂存弟处，随刻随付，则彼得放心鸠工从事矣。此虽市井之见，稍涉拘泥，然彼亦从小心起见，所说不为无理。弟约计此书刻成，约略须七八百元光景，则筹寄回数，不为过多。用敢代陈，即希酌定。如以为可，先请寄四百洋至弟处，以便催其开雕，俟刻成再由尊处核算可也。见在倚写以待，俟覆到再行照办。②

陶升甫是同光年间苏州另一知名刻字店主，但他在承刻书籍上署名的情况相对较少。所知有同治十三年（1874）为苏州浦氏翻刻孙星衍刻本《说文解字》，《标目》末有"同治甲戌苏城陶升甫摹刻"一行。③此书封面恰是俞樾题署。另，光绪十三年（1887）刻本《（光绪）桐乡县志》，牌记署为"苏州陶漱艺斋开雕青镇立志书院藏版"，封面亦是俞樾题写，未知漱艺斋是否是陶升甫刻字店的店名。陶氏还曾为陆心源刻书，陆氏《十万卷楼丛书》中的《续考古图》，书末有"苏城陶升甫摹刻"。

活跃于晚清民国时期的苏州刻字店，为数甚多。谢文翰斋（在"郡庙前西首"，即城隍庙旁）承担了潘祖荫《滂喜斋丛书》的部分刊刻，如《刘贵阳说经残稿》。该店又于同治五年（1866）刊刻《逆党祸蜀记》，同治八年（1869）刊刻叶廷琯《鸥陂渔话》，光绪二年（1876）刊刻雷浚《说文外编》（《雷刻八种》之一），光绪间又刻《中俄界约斠注》。民国初，穆子美经朱祖谋、缪荃孙推荐，获得了刘承幹处的刻书业务。④当时刘氏正在编刻《嘉业堂丛书》《吴兴丛书》《求恕斋丛书》，刻书规模很大，

---

① 《俞樾函札辑证》，张燕婴整理，凤凰出版社2014年版，第6页。

② 《俞樾函札辑证》，第10页。

③ 此书版片刻成后不久，便多次流转，先后有浦氏、洪氏与朱记荣印本。详见董婧宸《孙星衍平津馆仿宋刊本〈说文解字〉考论》，《励耘语言学刊》2018年第1期。

④ 《嘉业堂日记抄》："（癸丑正月二十九日）午后梓人穆子美持朱古微函自苏州至，古微荐伊为余经手刻书，子美到沪后已至缪处接洽，并持来缪处及应刻之籍。"《嘉业堂日记抄》，陈谊整理，凤凰出版社2016年版，第73页。

所以同时委托上海、南京、苏州各地的多家刻字店承刻。

此外，同治八年，孙廷锷《勉戒切要录》由顾悦廷刻字店刊刻。光绪十一年（1885），"姑苏胥门内道前街鈫芳斋李登鳌"刊刻了王大经《哀生阁集》。光绪二十六年（1900），"苏省观前殷元顺"刻印了《国朝昆新青衿录》。民国十三年（1924），"苏州葑门十全街陈海泉"刊刻《青浦县续志》。

上述刻字店均在苏州城内，周边各县也有刻字店营业。如嘉定高漱芳斋，光绪二十二年（1896）刊刻傅钰《翠岩诗文集》，光绪二十三年（1897）刊刻周保璋《童蒙记诵编》。

四、亦儒亦商的学术性刻书与上海"新元素"的结合

前述诸家刻书皆为私刻。尽管私刻本有时也会在市场上出售，以收回部分成本，但与完全以营利为目的的坊刻本或者说商业出版，毕竟有本质不同。特别是刻书选目，取决于出资者（或主事者）的个人兴趣与人际交往（如刊行亲友著作），很少会考虑销售前景。正因如此，较之坊刻本，私刻本显得"阳春白雪"，冷僻书多，学术书多。当然，此类书籍也并非毫无商业盈利的可能。晚清时代，常熟鲍廷爵（字叔衡，号奂甫）、吴县朱记荣（字懋之，又字槐庐）皆经营刻书业，刻书取径偏向于学术，可谓是书业"儒商"。

鲍廷爵有书坊名曰抱芳阁，售卖自刻与他家新刻书籍，同时也贩卖旧本，所刻书以《后知不足斋丛书》最为知名，此外还有一些单刻本（如《梅花喜神谱》）。朱记荣任席氏扫叶山房总经理达三十年之久，后又自营校经山房书坊，刊印有《槐庐丛书》《平津馆丛书》《孙溪朱氏经学丛书初编》《行素草堂金石丛书》《金石全例》《亭林遗书》等。这些书籍的刻印与销售，与朱氏在扫叶山房的任职时间有重合，故而借助了扫叶山房的力量。①

鲍朱两人的刻书，在多方面有强烈的相似性。首先，翻览上述丛书的子目可知，经学、小学、金石、史地、论学札记、书目题跋等学术性书籍是他们专力的出版方向，这可以说是乾嘉学术风气的馀波。其次，

---

① 关于朱记荣、鲍廷爵的生平与从事书业的事迹，可参许静波《〈朱槐庐行述〉整理并序》，《中国出版史研究》2020年第1期；郭艳艳《鲍廷爵藏书与刻书研究》，淮北师范大学硕士论文，2015年；王亮《后知不足斋主人鲍廷爵书事述略》，《文献》2011年第1期；王亮《后知不足斋书事考略》，《图书馆杂志》2010年第7期。

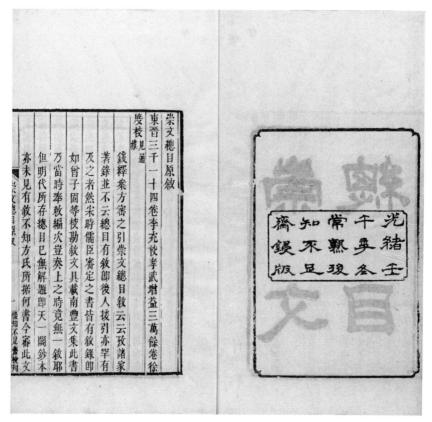

图 8-3-8　鲍廷爵《后知不足斋丛书》之《崇文总目辑释》，系用嘉庆间秦鉴所刻《汗筠斋丛书》旧版重刷

他们充分利用旧有的（尤其是苏州的）出版资源，或是购入旧版重刷，或是翻刻旧版；他们在出版趣味上追步前代学术性丛书，亦与此有关。《后知不足斋丛书》中有若干种，是《汗筠斋丛书》（嘉定秦鉴嘉庆间刻）、《玲珑山馆丛刻》（常熟顾湘道光间刻）、《十种古逸书》（高邮茆泮林道光间刻）的旧版重印。（图 8-3-8）朱记荣则重新编刻《平津馆丛书》《拜经楼丛书》等。第三，他们的刻书事业均与上海的商业、媒体存在密切关联。作为苏州书商的鲍朱二人，实际长期在上海开办业务，与此同时，还在《申报》等近代上海报刊媒体上，长期投放广告，招徕生意。无独有偶，以学术性书籍为重要出版方向（或之一）、购入苏地旧版重刷与自刻新版（或活字排印）相结合、利用上海的报刊业进行广告宣传，以上这些做法，亦见于时代更晚的江氏文学山房、振新书社。

要之，在晚清民国的世变大局下，苏州刻书既坚持"旧"的文雅传统，直至晚近；又与上海这一"新"的场域发生联系，力图利用新的环境因素维持生存；最终在印刷技术新旧更迭的大势下，不可避免地走向式微。

第九章

"姑苏原板"何处觅：
苏州刻书的世界影响

　　长达一千多年的雕版印刷实践，与江南人文著述传统相配合，使苏州刻书产生了深远的影响。这种影响既超越了特定历史空间，也跨越了古代而进入现代人的实际生活。前者的实物性证据，是迄今有大量的苏州刻本古籍，收藏在东方和西方不同国家的图书馆、博物馆等收藏研究机构中；而以"姑苏原板""姑苏原本"为号召，数量不少、质量平庸的翻刻与仿刻苏州本在中国国内和境外的存在，又从一个特殊的侧面，映现了苏州刻书发展到清代中后期，由于版权制度尚未建立，而面临被"捧杀"的尴尬处境。后者则以起步于苏州的宋体字在历史和现实的世界里生生不息，最引人瞩目。宋体字出自明朝苏州刻工的巧手，是技术与文化合一的结晶。它通过刻本这一特殊的媒介，不仅普惠华夏读书人，还泽被东亚，远传欧洲。它至今仍活在汉字文化圈尤其是中国人的日常文档书刊文件里，正说明作为一种文化遗产的苏州刻书具有永恒的魅力。

第一节　苏本声名在外与世界各地所藏苏州刻本

　　苏州刻书早在宋元时代已臻相当的水准，而苏州刻本的外传，亦开始于彼时。进入明清时期，苏州刻书蓬勃发展，中外贸易亦日益频繁，苏州刻本因此大量流布至东亚各国。近代以来，随着西方国家对中国的研究和接触日渐深入，苏州刻本亦开始出现在欧洲汉学家的藏书中。直到民国前后，苏州刻本外传达到前所未有的高潮，各色各样的新旧苏本经由不同的渠道，广泛地传到东亚及欧美各国，成为世界各大图书馆的珍贵收藏。

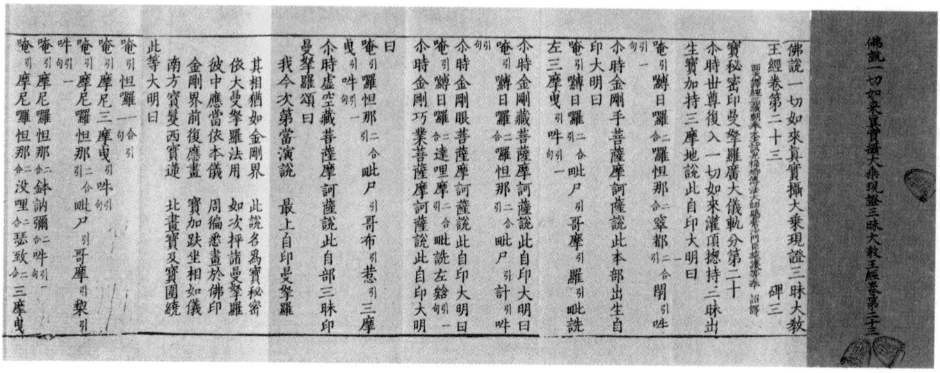
佛說一切如來真實攝大乘現證三昧大教王經卷第二十三

佛說一切如來真實攝大乘現證三昧大教
王經卷第二十三　碑三
西天譯經三藏朝奉大夫試光祿卿傳法大師賜紫沙門臣施護等奉　詔譯
實秘密印曼拏羅廣大儀軌分第二十
尒時世尊復入一切如來灌頂摠持三昧出
生寶加持三摩地說此自印大明曰
唵引嚩日囉合二囉怛那合二窣都引二合閉引吽引句一
尒時金剛手菩薩摩訶薩說此本部出生自
印大明曰
唵引嚩日囉引二合毗尸引哥摩引羅引毗詵
左三摩曳引吽引句一
尒時金剛藏菩薩摩訶薩說此自印大明曰
唵引嚩日囉合二囉怛那引二合毗尸引計引吽
尒時金剛眼菩薩摩訶薩說此自印大明曰
唵引嚩日囉合二達哩摩引二合毗詵左谿句引一
尒時金剛巧業菩薩摩訶薩說此自印大明
曰
唵引囉怛那引二合毗尸引哥布引惹引三摩
曳引吽句引一
尒時虛空藏菩薩摩訶薩說此自部三昧印
曼拏羅頌曰
我今次第當演說　最上自印曼拏羅
其相猶如金剛界　此說名爲寶秘密
依大曼拏羅法用　如次抨諸曼拏羅
彼中應當依本儀　周徧悉畫於佛印
金剛界前復應畫　寶加趺坐相如儀
南方寶鬘西寶蓮　北畫寶及寶圍繞
此等大明曰
唵引怛囉一合引句
唵引摩尼三摩曳引吽句引
唵引摩尼囉怛那引二合毗尸引哥摩引梨引
吽句引一
唵引摩尼囉怛那合二鉢訥彌合二吽句引一
唵引摩尼囉怛那合二没哩合二瑟致合二三摩曳

图 9–1–1　武田科学振兴财团杏雨书屋藏碛砂版《佛说一切如来真实摄大乘现证三昧大教王经》，据《版経東漸：対马がつなぐ仏の教え：特集展示》，九州国立博物馆，2019 年

一、宋元时代

苏州刻本的外传，与苏州刻书业的发轫前后相继。在宋元时代，陆续刻成的《碛砂藏》已经传到日本和朝鲜半岛。《碛砂藏》是苏州刻本的早期代表作，其刊刻始于南宋嘉定九年（1216），完成于元至治二年（1322），历时一百零六年。[①]有线索显示，早在南宋末年，《碛砂藏》已经流往日本。据梶浦晋《普宁寺版大藏经略考》，日本奈良西大寺现藏的碛砂版《大般若经》，很可能是睿尊和尚（1201—1290）或其周围的人物在南宋末年持渡日本的。[②]

日本大阪的武田科学振兴财团杏雨书屋现藏有一套完整的《大藏经》（图 9–1–1），据杏雨书屋的介绍，该部《大藏经》以《碛砂藏》和《普宁藏》相配而成，在元至元六年（1340）以前由高丽王朝庆尚道天德寺请购至朝鲜半岛，再于日本后花园天皇宝德四年（即明景泰三年，1452）传至东瀛，初由对马藩主宗氏寄存于对马的八幡神社，直到 1875 年，宗氏移居东京，该部包含了《碛砂藏》的《大藏经》遂为武田药品的创办人武田长兵卫购得，后筑杏雨书屋以藏之。[③]这是海外所藏苏州刻本中，最早期又最完整的流传记录。

① 参见本书第一章第三节。

② 参见梶浦晋著、刘建译《普宁寺版大藏经略考》，载于《佛学研究》1999 年第 8 期，第 219–225 页。

③ 参见《版経東漸：対马がつなぐ仏の教え：特集展示》，九州国立博物馆 2019 年，第 64–71 页。

二、明代至清代中期

进入明清时代，随着中朝之间的燕行贸易与中日之间的唐船贸易渐成制度，中国书籍向朝鲜半岛和日本的流出更加繁盛。特别是进入晚明前后，苏州刻书跃居全国之首，中外人士日益关注苏州刻本。著名的毛氏汲古阁刊本和苏州地区新刊的地方志，以及江浙名家旧藏的苏州刻本，当时已被带到朝鲜半岛与日本。清初以来苏本外流的过程，更有十分详尽的记载可资考证。

清代以来，北京琉璃厂的古董商人就有特别渠道从苏州购入善本，再在北京转售。叶德辉在《书林清话》卷九的"都门书肆之今昔"就引用了乾隆时代李文藻《南涧文集》中的《琉璃厂书肆记》，其中提到："沙土园北口路西有文粹堂金氏，肆贾谢姓，苏州人，颇深于书……又西为五柳居陶氏，在路北，近来始开，而旧书甚多，与文粹堂皆每年购书于苏州，载船而来。"① 美国哈佛大学哈佛燕京图书馆现藏两部明天启间毛氏绿君亭刻本《苏米志林》（见图 9-1-2），其中一部钤有一方"延安李心源印"②。李心源（1722—1770），字宅之，本贯延安，③ 乾隆三十二年（1767）为朝鲜燕行副使，著有《燕槎录》。《燕槎录》的"二月初一"条列出了一张在北京期间的购书清单，当中就有"《苏米志林》五钱"的记载。④ 这部《苏米志林》，由于内封刻着"琴川毛氏原本""文粹堂藏板"字样，而正文版心刻的是"绿君亭"，推想应该是文粹堂主人得毛氏汲古阁书版后印的本子。汲古阁书版由文粹堂在苏州购得，刷印后带书到北京，然后售予李心源带回朝鲜收藏，以后辗转流入哈佛燕京图书馆。

根据首尔大学图书馆在 1982 年编制的《奎章阁图书——中国本综合目录》，该处收藏的汲古阁刻本《孙可之集》《李文公集》和《皇甫持正集》都钤有"景孺""尹汲"及"帝室图书之章"三方藏书印。⑤

① 叶德辉《书林清话》卷九，第 251-252 页。
② 参见沈津《美国哈佛大学哈佛燕京图书馆藏中文善本书志》，广西师范大学出版社 2011 年版，第二册，第 478 页。
③ 参见李福源《双溪遗稿》卷六《从弟参判君墓志铭》。又参《韩国汉文燕行文献选编》附录《朝鲜王朝遣使中国一览表》第 38 页，复旦大学出版社 2011 年版。
④ 参见李心源《燕槎录》，第 84-85 页，收入《增补燕行录丛刊》，东国大学校出版部 2016 年版。
⑤ 参见全寅初主编《韩国所藏中国汉籍总目》，学古房出版社 2005 年版，集部第 446、531、642 页。

图 9-1-2　哈佛燕京图书馆藏明天启间毛氏绿君亭本《苏米志林》，内封左下题记的"文粹堂"是乾隆间北京琉璃厂的苏州书商

尹汲（1697—1770），字景孺，乾隆十一年（1746）曾为燕行副使。[1] "帝室图书之章"，是朝鲜高宗称帝之后，在 1908 年下令整合公家书库而成的藏书阁所用之藏书印，高宗在 1910 年撤销帝号之后，改为"李王家图书之章"。[2] 可以推测，这三部图书应该也是通过类似的途径，由苏州传到北京，再由尹汲带回朝鲜收藏，后来在 1910 年以前进入李氏的王家藏书中。

　　至于日本方面，德川幕府在庆长二十年（明万历四十三年，1615）结束了应仁之乱以来近一百五十年的战乱，自宽永十二年（明崇祯八年，1635）起颁布严格的锁国政策，只保留长崎作为唯一的通商口岸，以后陆续又有不同的政令，限制外国商船赴日。加上清初的迁界令，中日之间的唐船贸易稍见萧条，直到康熙二十三年（日本贞享元年，1684）取

---

[1] 参见赵镇宽《柯汀遗稿》卷七《吏曹判书近庵尹公谥状》。又参《韩国汉文燕行文献选编》附录《朝鲜王朝遣使中国一览表》第 37 页，复旦大学出版社 2011 年版。

[2] 参见胡述兆主编《图书馆学及信息科学大辞典》之"藏书阁（韩国）"条，汉美公司 1995 年版，第 2400 页。该条目由权敬美撰写。

消迁界令以后，中日唐船贸易又再蓬勃起来。①

苏州是当时重要的刻书和藏书中心，而唐船出发的主要地点南京又与苏州邻近，因此，新近刊印的书籍（尤其以地方志为主）与部分的旧藏书，也作为商品流往日本。②当时，在长崎上岸的书籍，先由长崎奉行属下的"书物改役"检查并撰写"大意书"（内容提要并记录书籍的品相），然后由驿递送往江户，以供幕府的御文库挑选，遇有合意的书籍，即时由幕府付款买下，其馀不予购入的就送回长崎，听任各藩或民间买卖。③

日本学者大庭修根据长崎的《商舶载来书目》进行调查，发现享保六年（清康熙六十年，1721）自南京出发往长崎的"廾三十番船"上，就售出了《苏州府赋役全书》和《吴江县志》，享保十一年（清雍正四年，1726）自南京出发的"巳廿五番船"也售出了《苏州府志》。在江户幕府的枫山文库当中，都可见到与这三部方志版本相同的藏书。④另外，现藏内阁文库，原藏昌平坂学问所的《舶来书籍大意书》记载，"戌番外船持渡书"的第一种就是明崇祯年间汲古阁刻本《十三经注疏》，据大庭修的考证，这艘船是在宝历三年（清乾隆十八年，1753）自浙江乍浦出发，后来因遇风暴，漂流至日本的八丈岛获救，再于翌年获准将剩余货物运到长崎出售。⑤

这些"书目"和"大意书"都是当时唐船贸易报关审查的官方文件，可以作为以上各种苏州刻本渡日年份的确据。另外，日本人一色时栋（1673—1744）在元禄十二年（康熙三十八年，1699）刊刻的类书目录《二西洞》中，就收录了毛晋编撰的《津逮秘书》，可见此书早在当年之前已经传入日本。⑥现藏美国柏克莱加州大学东亚图书馆的汲古阁本《津逮秘书》，有"越国文库""图书寮""天北图书"三方藏书印，⑦其中"越国文库"就是江户时代越前国福井藩松平家的旧藏，这部《津逮秘书》或许就是当时明清之间经由唐船卖往福井藩，然后辗转流入美国。

除了当时新近刊印的书籍，中国的名家旧藏也通过唐船贸易传到日

① 参见大庭修《江户时代中国典籍流播日本之研究》，杭州大学出版社1998年版，第19-22页。

② 见前注，第43-53页。

③ 见前注，第85-86页。

④ 见前注，第259-262页及283-286页。

⑤ 见前注，第112-114页。

⑥ 见前注，第142-143页。

⑦ 参见《柏克莱加州大学东亚图书馆中文古籍善本书志》，第400页。

本,当中也有明代的苏州刻本。在1931年编制的《图书寮汉籍善本书目》中,就有数种注明钤有"谢在杭藏书印",其中包括明万历刊本《长洲县志》,著录如下:

> 长洲县志二十四卷十册
>
> 明皇甫汸撰,张凤翼重修。明万历刊本。前有万历戊戌申时行序文,政中毛利出云守高翰所献幕府,首有"佐伯侯毛利高标字培松藏书画之印"印,又每册首有"谢在杭藏书印"、"秘阁图书之章"两印记。①

谢肇淛(1567—1624),字在杭,是万历天启间有名的藏书家,毛利高标(1755—1801)是丰后国佐伯藩第八代藩主,献书的毛利高翰(1795—1852)是他的长子,佐伯藩第九代藩主。据大庭修的调查,天明宽政年间(1781—1801),曾有一名叫沈敬瞻的苏州商人活跃于中日之间的书籍贸易,而且与毛利高标藏书有密切关系,甚至发现了一封书信,证明当时的丰后守曾委托沈敬瞻及其他中国商人协助推销日本刷印的活字本《御药院方》。② 如果属实,则谢肇淛藏书流往日本就很可能与沈敬瞻之类的唐船商人的贸易活动有关。③

三、清代中晚期

早在鸦片战争以前,当中国仍然只开放广州作为对外通商口岸的时代,苏州刻本就已经通过这个华南沿岸的门户传往欧洲各国。因为学术研究的需要,在十九世纪期间,大量的汲古阁刻本《十三经》《十七史》《说文解字》的后印本和扫叶山房刻本《四朝别史》被带到欧洲各国汉学家的案头(图9-1-3),记录苏州地区社会状况的地方志也引起了欧洲学者的注意。

---

① 参见《图书寮汉籍善本书目》,宫内省图书寮1931年版,卷二第三十二叶。

② 参见大庭修《江户时代中国典籍流播日本之研究》,杭州大学出版社1998年版,第75-78页。

③ 大庭修在《江户时代中国典籍流播日本之研究》中,提及流入日本的谢肇淛旧藏,并提出这些古籍是通过唐船贸易一次性地带往日本的推测。详见该书第51-53页。

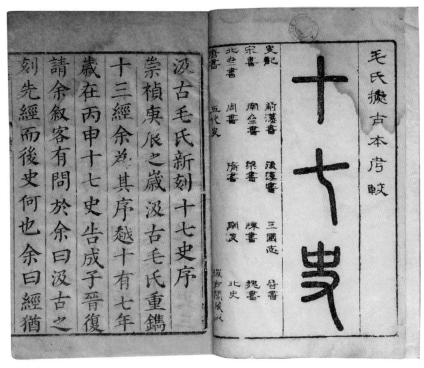

图 9-1-3 法国著名汉学家沙畹旧藏明毛氏汲古阁刻《十七史》 法国亚洲学会图书馆藏

　　1872 年的《印度事务部图书馆中日满文典籍解题目录》的前言提到，英国东印度公司的广州商馆职员，自十九世纪之初已经陆续购买中国各种书籍寄回伦敦，其中就包括一本题为《说文真本》的字典。① 这份目录附有各书题要，包括卷数、册数、作者、成书时代和内容简介，却没有著录版本。然而，通过法国汉学家雷暮沙（Jean-Pierre Abel-Rémusat，1788—1832）的藏书目录，我们可以推断这个《说文真本》就是汲古阁本《说文解字》。1833 年编制的《故雷暮沙先生藏印本与写本图书目录》的第 1612 号藏书也是《说文真本》，著录中特别说明"此书的序言声明这是

① 《印度事务部图书馆中日满文典籍解题目录》，原文作 Descriptive Catalogue of the Chinese, Japanese and Manchu Books in the Library of the India Office，1872 年由伦敦国王学院的中国文学教授佐麻须牧师（Rev. James Summers, 1828-1891）编制，收录于张西平主编《欧洲藏汉籍目录丛编》，广东人民出版社 2020 年版，第 1023-1102 页。

按照宋本重新复制的版本"。^①大概是因为汲古阁本的内封题作"说文真本"，因此欧洲汉学家多据此著录。这个版本在欧洲不算罕见，除了上述两部以外，法国汉学家古恒（Maurice Courant, 1865–1935）^②、比利时汉学家阿尔斯坦（Pierre Léopold van Alstein, 1792–1862）^③和西班牙国家图书馆^④都各自藏有一部。雷暮沙在 1811 年首次发表汉学论文，1814 年出任法兰西公学院汉学主席，1832 年逝世，足见十九世纪的初期，苏州刻本已经传至法国。

十九世纪中叶以后，西方传教士和外交官开始在中国长期居住，值此机缘，他们都购入了不少中国古籍，其中以汲古阁本《十三经》《十七史》最为大宗。据 1877 年《大英博物馆图书馆藏中文刻本写本绘本目录》的前言所述，英国政府在 1847 年收购了马儒翰（John Robert Morrison, 1814–1843，传教士马礼逊之子）在澳门和香港期间购买的 11500 册藏书，连同英国在鸦片战争期间所得古籍，以及数个贵族的旧藏书，组成了大英博物馆中文藏书的早期基础。这个书目以作者或编辑者的姓名编次，"毛晋"条下有《史记》《揭曼硕诗》《十七史》，"毛凤苞"条下又有《群芳谱》《十三经注疏》。^⑤

剑桥大学图书馆在 1887 年前后接收了原驻华公使威妥玛（Sir Thomas Francis Wade, 1818–1895）的藏书。威妥玛在 1842 年来到中国，先后在香港、

---

① 《故雷暮沙先生藏印本与写本图书目录》，原文作 Catalogue des livres, imprimés et manuscrits, composant la bibliothèque de Feu M. J.-P. Abel-Rémusat，1833 年编制，收录于《欧洲藏汉籍目录丛编》，第 3361 至 3384 页。在这部书目当中，第 1612 号藏书《说文真本》以法文译音著录为 Choue wen tchin pen，特别注明"此书的序言声明这是按照宋本重新复制的版本"（原文作 Le frontispiece de cette éditon indique qu'elle est un fac-simile de celle qui a été rédigée sous la dynastie des Soung），详见该书第 3375—3376 页。

② Catalogue des livres chinois, coréens, japonais, etc. par Maurice Courant，1902 年由法国汉学家古恒编制，收录于《欧洲藏汉籍目录丛编》，第 1517—3092 页。）《说文真本》是该目第 4424–4425 号藏书，见《欧洲藏汉籍目录丛编》，第 2034 页。

③ 见《故皮埃尔利奥波德范阿尔斯坦先生收藏书籍与写本目录》（原文作 Catalogue des livres et manuscrits formant la bibliothèque de feu Mr. P. Léopold van Alstein，1865 年编制），《欧洲藏汉籍目录丛编》，第 3385—3418 页。这部书目当中，第 2664 号藏书《许慎说文》（原文作 Hiu chi choue wen）的著录附注"同雷暮沙第 1612 号"（原文作 ex. Rémusat no. 1612），见《欧洲藏汉籍目录丛编》，第 3405 页。

④ 见杜文彬编《西班牙藏中国古籍书目》，国家图书馆出版社 2015 年版，第 69—70 页。

⑤ 《大英博物馆图书馆藏中文刻本写本绘本目录》，原文作 Catalogue of Chinese Printed Books, Manuscripts and Drawings in the Library of the British Museum，1877 年由英国汉学家道格拉斯（Robert Kennaway Douglas, 1838–1913）编制，收录于《欧洲藏汉籍目录丛编》，第 1—354 页。"毛晋"及"毛凤苞"条见《欧洲藏汉籍目录丛编》第 162 页。

上海、北京三地供职，旅居中国四十三年。这批书籍是为了向官学生提供学习中国语言的高阶教材和翻译参考，及帮助使馆人员了解中国情况而购置的，当中就有沈世奕等修纂的《（康熙）苏州府志》。[1] 法国汉学家古恒在 1889 年至 1895 年间，历任法国驻中、朝、日的外交官员，其间购置了 4423 种东亚古籍，当中就两套汲古阁刻本《十三经》和一套汲古阁刻本《十七史》，以及上文提到的汲古阁刻本《说文解字》（图 9-1-

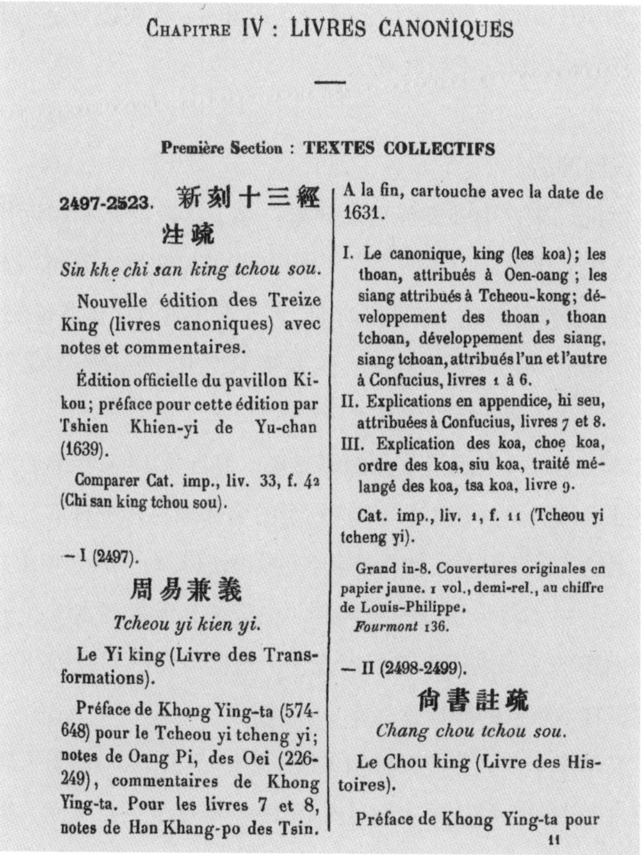

CHAPITRE IV : LIVRES CANONIQUES

—

Première Section : TEXTES COLLECTIFS

2497-2523. 新刻十三經注疏

Sin khe chi san king tchou sou.

Nouvelle édition des Treize King (livres canoniques) avec notes et commentaires.

Édition officielle du pavillon Ki-kou; préface pour cette édition par Tshien Khien-yi de Yu-chan (1639).

Comparer Cat. imp., liv. 33, f. 42 (Chi san king tchou sou).

— I (2497).

周易兼義

Tcheou yi kien yi.

Le Yi king (Livre des Transformations).

Préface de Khong Ying-ta (574-648) pour le Tcheou yi tcheng yi; notes de Oang Pi, des Oei (226-249), commentaires de Khong Ying-ta. Pour les livres 7 et 8, notes de Han Khang-po des Tsin.

A la fin, cartouche avec la date de 1631.

I. Le canonique, king (les koa); les thoan, attribués à Oen-oang; les siang attribués à Tcheou-kong; développement des thoan, thoan tchoan, développement des siang, siang tchoan, attribués l'un et l'autre à Confucius, livres 1 à 6.
II. Explications en appendice, hi seu, attribuées à Confucius, livres 7 et 8.
III. Explication des koa, choe koa, ordre des koa, siu koa, traité mélangé des koa, tsa koa, livre 9.

Cat. imp., liv. 1, f. 11 (Tcheou yi tcheng yi).

Grand in-8. Couvertures originales en papier jaune. 1 vol., demi-rel., au chiffre de Louis-Philippe.
Fourmont 136.

— II (2498-2499).

尙書註疏

Chang chou tchou sou.

Le Chou king (Livre des Histoires).

Préface de Khong Ying-ta pour

11

图 9-1-4 古恒所编《中韩日图书目录》，“经书类”下的《新刻十三经注疏》之著录当中，注明是汲古阁正本（Édition officielle du paviillon Ki-kou），并且有虞山钱谦益的书序（préface pour cette édition par Tshien Khien-yi de Yu-shan），可见欧洲汉学家对苏州版本的认识和重视[2]

① A Catalogue of the Wade Collection of Chinese and Manchu Books in the Library of the University of Cambridge，1989 年编制，收录于《欧洲藏汉籍目录丛编》，第 623-800 页。《苏州府志》为该目第 C48-55 号藏书，见《欧洲藏汉籍目录丛编》，第 713 页。

② 书影出自《欧洲藏汉籍目录丛编》第 1678 页。

4）。① 这些图书都随着他们的外交生涯结束而带回欧洲，在大学或图书馆继续发挥传播文化的功能。

除了较早的汲古阁刻本之外，乾嘉间的扫叶山房刻本亦在这期间传到欧洲。法国国家图书馆藏有一套《扫叶山房别史》，包括《东都事略》《南宋书》《契丹国志》《大金国志》《元史类编》五种，原为法国汉学家儒莲(Stanislas Aignan Julien, 1797–1873)遗赠他的学生德理文(Marquis D'hervey de Saint-denys, 1822–1892)，并在德理文身后捐予法国国家图书馆。② 这部图书如何自中国传到欧洲已不可考，但可以肯定在十九世纪中后期，已为法国汉学家所收藏。

四、民国前后

二十世纪以来，中外交流更加频繁。除了传统的东亚和近代以来的欧洲之外，随着美国的中国研究在 1920 年代开始兴盛，苏州刻本流出海外，又多了一个新目的地。在这段时期，苏本分别通过中国各地流往外国，或经第三国辗转到达现藏的国家。这些善本当中，更有不少是近代名家的旧藏，无论种类和途径都十分复杂。

归安陆氏皕宋楼是晚清著名的藏书楼，但自从 1894 年陆心源逝世之后，藏书陆续散出，并在 1907 年将剩余的全部藏书售予日本三菱商事社长岩崎弥之助，这批图书中就不乏著名的苏州旧刻本。1917 年编制的《静嘉堂秘籍志》中，就包括震泽王氏刊《史记》、汲古阁本《孔子家语》和黄丕烈旧藏的《（洪武）苏州府志》。这些珍贵的明代苏州刻本至今仍然收藏于日本东京的静嘉堂文库。

日本汉学家今关天彭（1882–1970）于 1917 至 1931 年间长居中国，购置了超过一千四百种中国古籍，并在 1939 年售予三井文库。据三井文库当年编制的《今关旧藏本目录》，其中就包括扫叶山房刊本《契丹国志》和汲古阁本《南唐书》《画继》（见图 9-1-5）、《历代名画记》《陆

---

① 《中韩日图书目录》（原文作 Catalogue des livres chinois, coréens, japonais, etc. par Maurice Courant，1902 年编制，收录于《欧洲藏汉籍目录丛编》，第 1517 至 3092 页。）汲古阁本《十七史》和《十三经》分别为该目第 28 至 81 号及第 2497–2554 号藏书，见《欧洲藏汉籍目录丛编》，第 1531–1534 页及第 1678–1686 页。

② 见《故德理文先生中国图书目录》（原文作 Catalogue de la bibliothéque chinoise de feu M. le Marquis d'Hervey de Saint-Denys，1894 年编制），收录于《欧洲藏汉籍目录丛编》，第 3279 至 3360 页。在这部书目当中，第 41 号藏书《扫叶山房别史》以法文译音著录为 Sao Ye Chan Fang Pié Che，并有根据意译的书名，详见《欧洲藏汉籍目录丛编》第 3297 页。

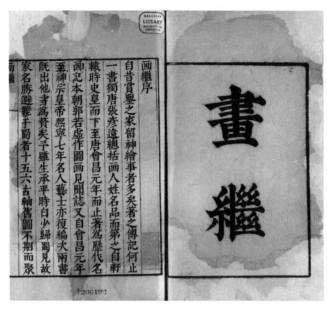

图 9-1-5　柏克莱加州大学东亚图书馆藏汲古阁本《画继》，
钤有"今关天彭藏书之印"，是三井文库《今关旧藏本目录》
第 499 号藏书，后转售柏克莱加州大学东亚图书馆

放翁全集》《六十种曲》《广川书跋》《法书要录》等苏州旧刻本。这些藏书后来由三井文库在 1950 年售予柏克莱加州大学东亚图书馆。[①] 柏克莱加州大学东亚图书馆另藏有一部嘉业堂旧藏的汲古阁本《神农本草经》（图 9-1-6），亦是经三井文库购入，足见日本藏书家对中国名家旧藏的关注。[②]

　　在 1926 至 1927 年之间，替美国商人葛思德（Guion Moore Gest, 1864–1948）在中国收购古籍善本的吉礼士（Irvin Van Gorder Gillis, 1875–

[①] 参见住吉朋彦《三井文库编今关旧藏本目录》，原载《斯道文库论集》，2018 年，第 53 期，第 371–454 页。扫叶山房刻本《契丹国志》原目编号第 148 号，汲古阁刻本《南唐书》原目编号第 233 号、《画继》原目编号第 499 号、《历代名画记》原目编号第 534 号、《陆放翁全集》原目编号第 756 号、《六十种曲》原目编号第 1209 号、《广川书跋》原目编号第 1390 号、《法书要录》原目编号第 1404。

[②] 柏克莱加州大学东亚图书馆馆长周欣平为《柏克莱加州大学东亚图书馆中文古籍善本书志》题写的序言谓："柏克莱加州大学东亚图书馆所藏刘氏嘉业堂旧藏，原为日本三井家族所得，部分见于《嘉业堂善本书影》及《嘉业堂藏书志》著录，但也有未见著录之稀世珍本。"见《柏克莱加州大学东亚图书馆中文古籍善本书志》第 1 页。该部《神农本草经》除了刘承幹的"镏承幹印"和"南林刘氏求恕斋藏印"之外，尚有上海博古斋的"柳蓉春经眼印"，完整著录见《柏克莱加州大学东亚图书馆中文古籍善本书志》第 152–153 页。又参李庆《嘉业堂藏书的流布及其与日本的关系》，收录于王勇主编《书籍之路与文化交流》，上海辞书出版社 2009 年版，第 503–536 页。

神農本草經疏題辭
藥性之道具在本草雖
代有哲匠演其奧義然
去古漸遠寖失其旨予以
綿質性復踈懶本不堪

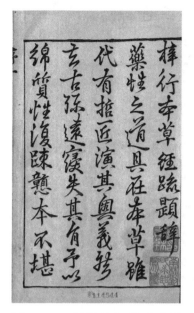

图 9-1-6　刘承幹旧藏毛氏绿君亭本《神农本草经疏》，上有“南林刘氏求恕斋藏印”和“镏承幹印”，现藏柏克莱加州大学东亚图书馆

1948），秘密地收购了北京大悲寺收藏了几百年的《碛砂藏》，并在 1929 年运到加拿大的麦吉尔大学，这套包括近七百本宋刻本和超过一千六百三十本元刻本的《碛砂藏》在 1930 年由普林斯顿大学接收，使该校图书馆成为现时欧美两洲收藏最多宋元刻本的图书馆，其中更有七卷可补 1935 年影印《碛砂藏》的缺遗。①

哈佛燕京图书馆在 1928 至 1949 年间，曾在北京等地购得近两万部中文古籍。② 该馆现藏的汲古阁刻本《汉书》（图 9-1-7）中，附有杨复在 1929 年的题跋（图 9-1-8），说明此本乃宣统年间在杭州丰乐桥书肆购得，上有张惠言评点，历经桐城萧穆、遵义黎庶昌、贵阳陈榘递藏。③ 杨复的旧藏曾在 1930 年大批售往北京，或许亦是在此段时间为哈佛燕京图书馆购藏，惜无更详细的记录可考。

1950 年以后，尚有零星的苏州旧刻本流入美国，除上述今关天彭旧藏的《历代名画记》之外，据《柏克莱加州大学东亚图书馆中文古籍善本书志》，该馆尚有一部汲古阁本《历代名画记》，钤有“李文田印”、“李棪敬赠”及“冯钜飞”三方印章。④ 李文田（1834—1895），广东顺德人，咸丰九年（1859）进士第三名，官至礼部侍郎，⑤ 以书法名家，于广州筑泰华楼，藏书十万卷，尤以珍藏碑帖拓本闻名。⑥ 李棪（1910—

① 参见胡适《记美国普林斯顿大学的葛思德东方书库藏的〈碛砂藏经〉原本》，原载《大陆杂志》，1959 年，第 19 卷 10 期，收录于孙中旺主编《〈碛砂藏〉研究论文选辑》，古吴轩出版社 2016 年版，第 1–8 页。

② 参见《美国哈佛大学哈佛燕京图书馆藏中文善本书志》第一册，第 5 页。

③ 同前注，第二册，第 318–319 页。

④ 参见《柏克莱加州大学东亚图书馆中文古籍善本书志》，第 168–169 页。

⑤ 参见《清史稿》卷四四一“李文田”。

⑥ 参见陈建华主编《广州市文物普查汇编 · 荔湾区卷》，广州出版社 2006 年版，第 117 页。

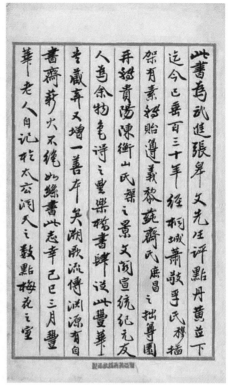

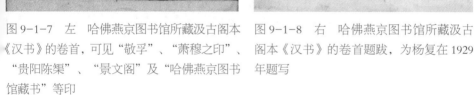

图 9-1-7 左 哈佛燕京图书馆所藏汲古阁本《汉书》的卷首，可见“敬孚”、“萧穆之印”、“贵阳陈榘”、“景文阁”及“哈佛燕京图书馆藏书”等印

图 9-1-8 右 哈佛燕京图书馆所藏汲古阁本《汉书》的卷首题跋，为杨复在 1929 年题写

1996）是李文田嫡孙，工诗画，1952 年应聘任教伦敦大学亚非学院及伯明翰大学，1968 年起长期任教于香港中文大学中文系。冯钜飞，其人未详。此本或许是先由李文田收藏，后经李椒携出，转赠冯钜飞之后，再辗转流入柏克莱加州大学东亚图书馆。事虽不详，姑系于此，管中窥豹，以见 1950 年以后苏州刻本外传的情况。

第二节 “姑苏原板”与境内外翻刻仿造的苏州本

考察苏州刻书的世界影响，除了关注流传至海外的大量的苏州刻本，还有一个视角，就是中国境内和海外对苏州刻本的翻刻与仿造。

讨论中国境内和海外对苏州刻本的翻刻与仿造，首先当然可以举大量的翻刻实例为证。以素喜翻刻中国典籍的日本为例，现存和刻本中，

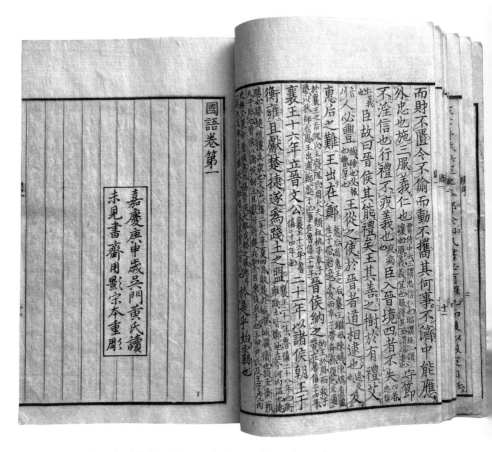

图 9-2-1　日本江户时代翻刻清黄丕烈士礼居覆宋刻《国语》

以苏州刻本为底本者不在少数，尤其是汲古阁所刻《津逮秘书》、通志堂所刻《经解》、黄丕烈所刻《士礼居丛书》等明清名刻，都能在日本发现其零种的精细覆刻本。（图 9-2-1）日本著名的书志学家长泽规矩也，在所编《和刻本汉籍分类目录》正文前，列有若干书影说明和刻汉籍特征，其中入选的和刻汉籍，就有《唐国史补》和《王昌龄诗集》两种底本出自苏刻：前者汉字字体是典型的汲古阁刻扁方带隶书意，后者是晚明许自昌刻相对罕见的软体。① 虽然都加了日文训读，但苏刻底本的本来模样，依然顽强地留在了异邦书籍的和纸上。至于那些未加训读的日本覆刻姑苏本，不看纸张，几乎可以乱真。

　　讨论中国境内和海外对苏州刻本的翻刻与仿造，同时也可以聚焦到一个很具有象征性的版刻现象，就是所谓的"姑苏原板"或者"姑苏原本"。

① ［日］长泽规矩也《和刻本汉籍分类目录（增补补正版）》，东京汲古书院 2006 年版，第 4—5 页，第 10—11 页。

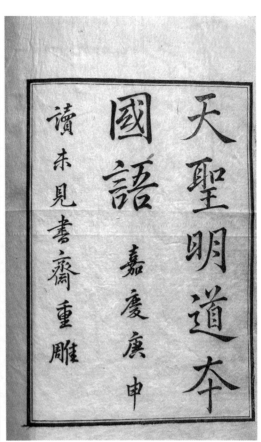
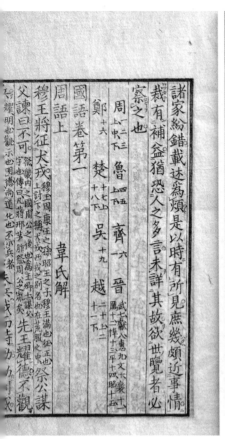

　　这一现象的产生，与宋代开始、延续至明代的书籍地域性名号"京本""金陵新刻""徽郡原板"等颇有关系。它虽出现较晚，但贯穿整个清代，并辐射到周边邻国，成为苏州刻书史上一个带有终结意味的奇观。

一、"京本""徽郡"和"姑苏"：作为版刻符号的地名

　　雕版印刷术发明以后，在书名里嵌入特定地名，以示其版本的独特和质量的优异，成为中国刻书的一种悠久的传统。现存宋刻本里，有多部书名以"京本"开头的经部书籍，如《京本点校附音重言重意互注周礼》《京本点校附音重言重意互注礼记》《京本点校重言重意春秋经传集解》《京本春秋左传》等，显示了其所据底本的权威。考虑到这些宋本大都为南宋时刊，则"京本"所指的地域为宋刻浙本的中心区域——杭州，是不言而喻的。与此相关，现存宋刻中还有两部以"婺本"为名的经籍，《婺本附音重言重意春秋经传集解》和《婺本附音春秋经传集解》，显

示了作为南宋杭州刻本影响辐射地的浙江金华地区刻本，同样具有一定的号召力。此外，《重添校正蜀本书林事类韵会》以"蜀本"嵌入书名，也是为了强调其版本血统的高贵，因为当时蜀刻、浙刻和闽刻三分天下，而蜀刻的历史，可以上溯到雕版印书初始的唐五代时期。

入元以后，书名里表示版本地域优势的，仅见杭州刻的《古杭新刊的本关大王单刀会》。"古杭"与"新刊"互相辉映，又有"的本"（的确无疑真本之义）的品质保证，元曲大家关汉卿的这部杂剧刊本，在当时必能吸引人的眼球，是没有疑问的。顺便说一下，杭州在元明时代虽已失去了京城的地位，刻书业对于"杭州"名号还是比较重视的，明代高儒所刻书中，就有一种径题《浙江杭州新刊重校补订四书集说》。

在接下来的明代，书林里最常见的地域性版本广告，首推"京本"，次则"徽郡"，再次为"姑苏"。

明刻"京本"现象已有不少学者撰文关注。郑振铎先生曾指出，"京本"在明代，意指南北两京，实际刊刻这些打着"京本"旗号书籍的，大都是福建书坊。[1]从现存书籍实物看，明刻"京本"较早出现在嘉靖时期，而大量集中于万历年间，"京本"也作"京板"或"燕台"。前者有嘉靖九年（1530）安正书堂刻《新刊京本礼记纂言》，以及同为嘉靖十三年（1534）刊刻，书坊分别为刘氏本城堂的《新刊京本分类标题大字诗学全补》和叶氏翠轩的《新刊京本校正增广联新事备诗学大全》。后者如书林余向斗刻《新刊京本春秋五霸七雄全像列国志传》、书林双峰堂余文台刻《新刊京本编集二十四帝通俗演义》、书林郑世豪宗文书舍刻《京本音释注解书言故事大全》、明书林进贤堂刻《新镌京板考证绘像标题分类释注书言故事》、书林郑云林刻《新锲类编明解正音京板书言故事》、闽建书林黄灿宇刻《鼎刻京板太医院校正分类青囊药性赋》、闽建书林刘孔年乔山堂刻《鼎雕燕台校正天下通行书柬活套》，书多不胜枚举。颇堪玩味的是，如此热衷翻刻"京本"的明代福建书坊，对建刻本身的名号则颇不在意，迄今仅见一种科举书《麻沙新刊会通古今四书说筌》，留着表示源自宋刻的"麻沙"记号。

与"京本"多跟福建书坊有瓜葛不同，明刻本书名中出现"徽郡"字样者，不乏真正的徽州刻本。较早如《徽郡新刊书经讲义》，即明嘉靖四十三年（1564）新安程氏所刻。万历前后，以"徽郡"为题的多固

---

① 郑振铎《明清二代的平话集》，《西谛书话》，生活·读书·新知三联书店1998年版，第107页。

定以"徽郡原板"为名，像万历三十八年（1610）黄氏刻《新刊徽郡原板校正绘像注释魁字登云金璧故事》，以及明歙县书林周少葵刻《新刊徽郡原板校正绘像注释魁字天梯日记故事》、明书林黄正选刻《新刊徽郡原板校正绘像魁字登云日记故事》、明书林黄正达刻《新刊徽郡原板校正绘像注释魁字登云三注故事》，都是明代徽州著名书坊的产品。而同样值得关注的，是虽然"徽郡原板"的名号创自徽州刻书家，万历以后它跟"京本"的命运类似，也频频成为福建书坊翻刻徽版的招牌。万历四十二年（1614）建阳周静吾四有堂刻《新锲徽郡原板校正绘像注释魁字便蒙日记故事》，是直接使用"徽郡原板"的明显例子。其他像万历四年（1576）程氏滋兰堂刻《徽郡新刻国朝名公尺牍》后，福建书林冲泉詹氏不久也刻了书名完全一样的书。而一部《翁太史补选文公家礼》，两家建邑书林詹张景和刘雅夫，都在书名前加"重镌徽郡官板"六字翻刻，可见徽刻名号的影响力，在当时已不下"京本"了。

"姑苏"名号的登场，比"徽郡"略晚，在明隆庆元年（1567）。但它并非始于坊刻，而由文人私刻所创，那就是一部由浙江绍兴人郦琥（约1512—1608？）编纂的女性诗歌总集《姑苏新刻彤管遗编》。该书包括前集四卷、后集十卷、续集三卷、附集一卷、别集二卷。据研究，其书原名《金陵新刻彤管遗编》，初刻于嘉靖四十三年（1564）的金陵。隆庆元年，郦琥对金陵本进行文字修订，书名也改"金陵"为"姑苏"。而从现存书籍实物看，嘉靖、隆庆二本实为同版，隆庆本是嘉靖本的剜改后印本。[①]（图9-2-2）

按郦琥早在嘉靖三十三年（1554）就刻过《金陵新刊续文章轨范》，据书名中的"金陵"，推测刊刻地跟嘉靖四十三年初刻的《金陵新刊彤管遗编》当同为南京。仅过了三年，郦氏即移师苏州刻书，并特意将书名也剜改为"姑苏"起首，可能有今已不可考的客观原因，但这一由"金陵新刻"到"姑苏新刻"个案，与下述万历间金陵富春堂所刻书内封上也出现"姑苏"名号的现象相映照，其意义就不同凡响了。

明代万历初年，位于今天南京的著名书坊金陵富春堂，刻过一部插图本戏曲作品《新刻出像音注司马相如琴心记》。其书卷端下方未署作者姓名，仅刻"金陵书坊富春堂梓"一行，故曾被著录为无名氏所撰。现学界一般据后出的汲古阁刻《六十种曲》本《琴心记》，定其作者为

---

① 见高策《〈彤管遗编〉编者、版本及编纂特色考述》，《中国典籍与文化》2022年第1期。

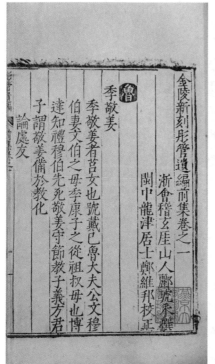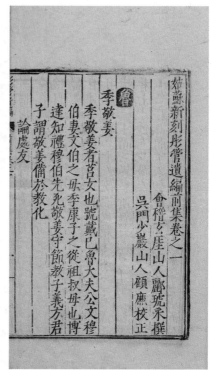

图 9-2-2　左　嘉靖刻本《金陵新刻彤管遗编》　北京大学图书馆藏

　　　　　右　隆庆剜版本《姑苏新刻彤管遗编》　上海图书馆藏

明隆万间戏曲家孙柚。柚字禹锡（一说字梅锡），号遂初山人，常熟人，生平详徐朔方先生所编《孙柚行实系年》。徐先生考证孙氏生于明嘉靖十九年（1540），并推其撰作此传奇当在三十岁前后，即隆庆三年（1569）左右。[①]据此，金陵富春堂本或许是孙柚《琴心记》的最早刻本。

　　引人注目的，是这个万历初刻本的内封。除了大字标明"刻出像音注司马相如琴心记"的广告式书名，说明刊刻时间在"皇明万历岁"外，在居中的位置，表述刊刻地和刻书者的"金陵富春堂绣梓"的上方，赫然刻着四个字"姑苏考正"。（图9-2-3）字虽然不大，却很容易让人生发联想。[②]不过从今天已知作者孙柚籍贯常熟这一点看，这里的"姑苏"，表层意义上只是在补卷端题署之省略，指示作者之所处。但是，如果我

① 以上均详徐朔方《孙柚行实系年》，收入所著《晚明曲家年谱·苏州卷》，浙江古籍出版社1993年版。

② 或以为这是因为在金陵开书坊的富春堂主人本贯江西，其所刊戏曲，原多是弋阳腔；而万历初年，昆腔已经逐渐成为戏曲界的新宠，故而无论这部《琴心记》是否染着昆山腔的风致，在原本就是广告叶的内封，题刻"姑苏考正"四个字，实际就宣示着其书与最新潮流的亲近姿态。考虑到作者的籍贯，这样的说法是无法成立的。

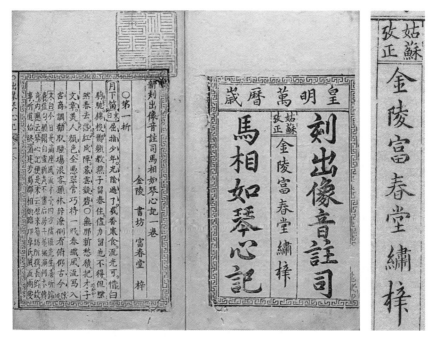

图 9-2-3　明万历初刻本《新刻出像音注司马相如琴心记》内封及卷端

们注意到原书本不题作者姓名籍贯，而在注记刊刻地与书坊名"金陵富春堂绣梓"一行的上方，紧接"姑苏考正"四字，其中的"姑苏"，作为一种符号，除了让读者联想与书本内容有关的戏曲腔调，恐怕很大程度上也会被引入"书的底本可能出自苏州"的设定。

　　从嘉隆间金陵移师姑苏刻书，到万历间金陵刻本上标注"姑苏考正"，两个个案，再加上下面我们将讨论的从明代"徽郡原板"到清代"姑苏原板"现象，极富象征意义，显示了明清两代南京、徽州和苏州三地刻书的此消彼长趋势。如果联系晚明时期风靡全国的"今人无事不苏"现象，尤其是文章"非吴工锓梓不传"观念，可知"姑苏原板"的登场，实在是时代潮流所致。①

二、小说戏曲刻本里的"姑苏原板"和"姑苏原本"

　　就现有史料和实物看，书籍内封中直接刊刻"姑苏原板"字样的现象，最早大概出现在清初。"姑苏"而加"原板"，显然是模仿明代徽州、

① "今人无事不苏"，语出明末周文炜《与婿王荆良》札，该札收入《赖古堂名贤尺牍二选藏弆集》卷八，《四库禁毁书丛刊》集部36，北京出版社1997年版，第359页。"非吴工锓梓不传"，语出崇祯间陈函辉《靖江县重建儒学记》，收入康熙《靖江县志》卷十六。另可参范金民《"苏样"、"苏意"：明清苏州领潮流》，《南京大学学报》2013年第4期。

福建刻本中出现过的"徽郡原板"。其中最著名的例子，就是一部清初翻刻的张竹坡评本《金瓶梅》。

如所周知，明代小说《金瓶梅》诸刻本中流播最广的，是附有江苏铜山人张道深（字自得，号竹坡）所撰评语的皋鹤堂评本。皋鹤堂评本现存最早的刊本，是清康熙间刻、因内封有"本衙藏板／翻刻必究"而被称为本衙藏板本的本子。该本有一个翻刻本，现藏中国人民大学图书馆，其内封纵向三列，左右两列分别为"皋鹤草堂梓行""彭城张竹坡批点"，中间一列，除双行大字"第一奇书／金瓶梅"外，还有四个小字"姑苏原板"。（图9-2-4）研究者认为据此四字，可以反推康熙间刻本衙藏板本也就是真正的皋鹤堂原刻本，是一个苏州刻本。① 而我们的关注点，在透过这个已经不清楚究竟翻刻于何地的张竹坡评本《金瓶梅》，可见"姑苏原板"作为一种区域性的优质版本专用术语，自此开启了它溢出苏州本地的多

图9-2-4 清初刻《第一奇书金瓶梅》皋鹤草堂梓行本，内封有"姑苏原板"字样

① 详文革红《明清通俗小说书坊考辨与综录》，凤凰出版社2022年版，第113-115页。

彩征程。

除了"姑苏原板"，在此后清代的戏曲小说刻本中，还时不时地能看到内封刻有或者钤印有"姑苏原本"的作品。"姑苏原本"与"姑苏原板"一字之差，意思上自然有所区别："姑苏原板"意义明晰，强调的是雕版版片的苏州性，可以说是在宣示本书乃真正的苏州刻本；而"姑苏原本"则意义相对比较暧昧，严格一点可以理解为本书只是文字内容来源于苏州本，宽泛一点则既可以说文本来自吴门，也可以说实物版片源出姑苏。

清刻小说里有一种《拍案惊奇》，正文卷端无作者署名，内封栏匡内分成三栏，除中间大字刻"绣像拍案惊奇"外，左栏下方刻"消闲居精刊"，右栏上方刻"姑苏原本"，经鉴定，实际是乾隆间翻刻苏州消闲居刊本。[1]（图9-2-5）与此相同，还有一个小开本的《拍案惊奇》，卷首有即空观主人题的序，卷端也没有作者的题署，刻的字非常密，看起来应该是清代后期的一个翻刻本。它黄纸的内封面上，也是三行纵列，

图9-2-5　清翻苏州消闲居刻本《拍案惊奇》

① 此书为北京大学潘建国教授所藏，承潘教授教示并赐书影，特此说明，并志谢忱。

而左边行空白无字，中间行刻着大字行书"拍案惊奇"，右边行顶格刻四字，也是"姑苏原本"。

还有一种五卷本的《新编雷峰塔传奇》，同样是巾箱本。内封也是纵向的三列：第一列刻"新本白蛇传奇"，第二列是大字隶书的"雷峰塔"，然后第三列非常关键，就是小字的"姑苏原本"。这个本子因为最前面有清嘉庆十一年（1806）吴炳文的序，而序文的行草书字体，看上去刻得比较硬且变形，所以它应该是该书著名的嘉庆十一年刻本的一个翻刻本。有意思的是，雷峰塔故事最早出现在冯梦龙的"三言"里，"三言"当然最初是苏州刻本；雷峰塔故事本身，又是跟杭州西湖相关涉的。而现在我们看到的这个巾箱本《新编雷峰塔传奇》，因为内封刻有"姑苏原本"，自然不可能是苏州刻本，是不是杭州翻刻的，也没有任何证据，但相对于苏州刻本，它是外地的一个翻刻本，是没有疑问的。而更耐人寻味的，还是这种《新编雷峰塔传奇》，据说还传到越南，被越南人翻刻过，而那越南翻刻本的内封上，依然刻着"姑苏原本"四字。①

与这些小说内封同样的格式，在清同治年间右经堂翻刻著名弹词《再生缘》的内封上，也能见到。

三、以四书为中心的逸出境外的"姑苏原本"

清代有"姑苏原本"或者"姑苏原板"标志的第二类书，是科举用书。这类书的数量非常庞大，它们的中心，是昔日科举考试最主要的内容——四书五经，尤其是四书。

这其中首先要介绍的，是一部福文堂刻本《漱芳轩合纂四书体注》。此书开本阔大，内封上方刻"道光辛丑重镌"，下纵列三行，自右至左依次为"苕溪范紫登先生参订/四书体注/遵部颁发正韵 福文堂藏板"。天头钤朱文大圆魁星印，左下钤朱文"姑苏原本"印。（图9-2-6）正文两节版，下节刻朱熹《四书章句集注》，分《大学》不分卷，《中庸》不分卷，《论语》十卷，《孟子》七卷；上节为范氏及其门人、侄子所撰讲解，讲解篇幅大于原文及朱熹章句集解，即传统科举应试书中所谓

---

① 陈益源《越南汉喃研究院所藏的中国重抄重印本小说》在介绍越南汉喃研究院图书馆藏一部《雷峰塔》刻本（编号 A1986）时说："种种迹象显示，汉喃研究院藏本《雷峰塔》，应当是中国'嘉庆十一年（1806）写刻"姑苏原本"'的越南仿刻本。"陈文载《东华汉学》第 3 期，2005 年 5 月。按陈氏所谓"嘉庆十一年（1806）写刻'姑苏原本'"，据其上文，为中国文联出版公司 1990 年刊行的《中国通俗小说总目提要》第 603—605 页著录之中国刻本。

图9-2-6　清道光间福文堂刻本《漱芳轩合纂四书体注》，内封钤"姑苏原本"印

的"高头讲章"。

　　此书卷首有撰者范翔《自序》，略云前人读朱熹四书注，"读注解注而究未尝体注也"，又云"余自壬子之役，得而复失，键户穷经，因有事于讲义，为同堂课本。汇集群书，博采名论，详核其原委，剖断其异同，斟酌其繁简，连贯其脉络，随见随录，日积月累，竭一己之心思，历十馀载之寒暑而始竣。……春初，从游吴子陛扶丹书自武林来，盛称此编为同人悬切，而同堂数子，亦踊跃赞襄，力请付梓，以公海内。余念本朝鼎兴以来，讲家不下十馀种，自揣集狐为腋，曾不能独创一说，以仰质诸公，出而问世，适形鄙陋耳。既而恍然曰：圣之经，贤之传，原无容独创一说也，创说即畔注，而后敢自信也。夫既无一创说，无一畔注，则又何不可以自信者与天下共信哉，因名之曰体注。"款署："时

皇清康熙岁在壬申小春谷旦，苕溪后学范翔紫登氏题于西郊之漱芳轩。"康熙壬申即康熙三十一年，当公元1692年。

按道光辛丑当道光二十一年，即公元1841年，福文堂本既云"道光辛丑重镌"，则必是翻刻之本。但它的底本，是范氏自序所署的康熙三十一年的某个刻本吗？要回答这个问题，还得首先清理一下《漱芳轩合纂四书体注》的版本源流。

现存《漱芳轩合纂四书体注》版本众多，其中刊刻年代早于道光二十一年，且文本上可与福文堂翻刻本作比照的，是一部名称略异，号为"遗经堂重镌四书体注"的刻本。这部《遗经堂重镌四书体注》的内封，上方刻着"康熙庚寅三刻原板"，下纵列三行，自右至左为小字"苕溪范紫登先生参订"，大字"/遗经堂重镌四/书体注"。大字书名两行间，上方位置，钤"湖郡原板/较订无讹"朱文椭圆印；书名第二行下，钤朱文大长方印，印文为——

　　《四书体注》一书，先君子费尽苦心，纂辑十徐载，方始告竣。初刻于武林遗经堂，发行海内，奉为蓍蔡。迩来各处翻刻甚多，纸板不堪，且较雠未工，亥豕讹误。今遗经堂悉依原本重镌，细加考订，字无差讹，板精纸白，览者赏心爽目，四方诸公买者幸详辨之。苕上范汝雯谨识。

这部《遗经堂重镌四书体注》范翔自序末款署"苕溪后学范翔紫登氏题于西郊之漱芳轩"，未见年号，而另刻一行刊记："康熙庚寅年重阳日遗经堂原板重镌"。康熙庚寅即康熙四十九年，当公元1710年。（图

图9-2-7　清康熙四十九年遗经堂刻《漱芳轩合纂四书体注》，内封钤"湖郡原板"印

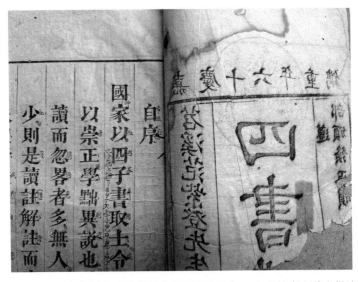

图 9-2-8 嘉庆刻本《漱芳轩合纂四书体注》，上有越南人喃文批注

9-2-7）

据上引范翔之子范汝雯钤印文字，参照该书内封，可知范翔所著《遗经堂重镌四书体注》初刻于杭州遗经堂，之后即被大量翻刻。到康熙四十九年时，为了应对讹误百出的翻刻本，范氏后人已先后三度重刻这部科举教辅畅销书。康熙之后，其书的影响力甚至逸出国境，远及海外。在嘉庆十六年（1811）刻的一部同样也是大开本的《漱芳轩合纂四书体注》里，不仅内封天头跟后来的福文堂本一样钤着朱文大圆魁星印，而且书内还留有很多越南人手书的喃文批注。①（图 9-2-8）

因为说到越南人用喃文批注的《四书体注》，这里还要特别介绍另一种被越南人翻刻的也是讲四书的教辅书——《四书引解》。

这种越南本卷端的书名很简单，就是"四书引解"四字，但是作者很复杂，第一作者署的是"保安萪岸邓柱澜雉子纂辑"，下面有受业门生张达焯、徐应龙等四人协助校订，还有邓氏之子三人、侄一人"全校"（"全"乃"仝"字之讹）也就是共同校勘。书前有"乾隆三十三年岁在戊子孟春年姻家门生张达焯顿首拜识"的序。

此书最著名的地方是它的内封面，前半叶分作两列的三行汉字，右边比较窄的一列，是"保安邓萪岸纂辑"，左边的一列位置宽大，分两行刻大字"四书大全 / 引解"，然后在"引解"二字的下面，刻了一个大

---

① 该本内封左下半部分已残损，由于其与福文堂本开本及内封字体版式十分相似，颇疑左下亦钤朱文"姑苏原本"印。

方印章，印文是隶书的"姑苏原本"——跟我们前面讲过的福文堂本钤印不同，这里是刻上去的——后半叶是牌记，刻着"时／绍治柒年秋月谷日新镌／美文堂校梓"。绍治是越南阮朝第三任君主阮绵宗的年号，绍治七年是阮绵宗在位的最后一年，当公元1847年，也就是清朝道光二十七年。

此书无疑是一个中国本的翻刻本，因为《四书引解》的清前期刻本现存，很容易比对。不过两相对照，作为底本的清刻本内封上原刻书坊的位置，在越南本里被替换成了"姑苏原本"大方印。（图9-2-9）而越南翻刻这部《四书引解》的时间是1847年，我们前面介绍的钤有"姑苏原本"朱印的《漱芳轩合纂四书体注》福文堂本，刊刻于1841年，仅比越南本早六年，这只是巧合吗？

颇堪玩味的是，《漱芳轩合纂四书体注》诞生于浙江湖州，虽初刻于杭州，范氏重刻时还特意打上"湖郡原板"的招牌，这名号令人很容易想起明朝的"徽郡原板"；《四书引解》的主撰者来自广东宝安，现存本子从字体版式上看，似为清代闽广一带的刻本。两者均与苏州无关，苏州至多只是翻刻过两书。而无论是湖州、杭州还是广州（福文堂是广州书坊①），本来也都是书籍集散地，但当它们的书坊编刊这些四书类教辅时，好像都无法抵御"姑苏"这一代表着状元辈出、书香四溢的符号

图9-2-9 左：清刻本《四书引解》 中、右：越南阮朝绍治七年翻刻本《四书引解》

① 现存光绪间福文堂刻本《漱芳轩合纂四书体注》，内封福文堂名号上，有"粤东"二字。

的入侵或诱惑。影响所及，连南疆之外的越南，翻刻同类书时，也套用起了"姑苏原本"的名号。那以镌刻形式呈现的特有苏州标记，背后折射出的，是传统东亚读书人群体对科举仕进的无比热衷，它超越了具体的地域，甚至也超越了国界。

三、吴医的影响和苏刻医书在国内的翻版与仿制

除了小说戏曲和科举用书，有"姑苏原本"或者"姑苏原板"标志的第三类书，是传统的医书。

自明代以来，吴医在中国医学史上具有独特的地位。成化弘治间，姑苏名流杨循吉在所撰《苏谈》中，特列"吴中医派"条，云：

> 今吴中医称天下，盖有自矣。初金华戴原礼学于朱彦修，既尽其术，来吴为木客。吴人以病谒者，每制一方，率银五两。王仲光为儒，未知医也，慕而谒焉。因咨学医之道。原礼曰："熟读《素问》耳。"仲光归而习之三年，原礼复来，见仲光谈论，大骇，以为不如。恐坏其技，于是登堂拜母以订交。时仲光虽得纸上语，未能用药。原礼有《彦修医案》十卷，秘不肯授仲光。仲光私窥之，知其藏处，俟其出也，径取之归。原礼还而失《医案》，悔甚，叹曰："惜哉！吾不能终为此惠也。"于是仲光之医名吴下，吴下之医由是盛矣。[1]

杨氏有关吴医之盛的叙述带有浓厚的故事色彩。而剥除其中的传闻隐曲，这段文字呈现的，是吴中医派自始即十分重视医籍的成名路径。像上述故事中戴原礼教导门生王仲光的不二法门，就是熟读《素问》，而《素问》一般被视为是久负盛名的中医经典《黄帝内经》的一个部分。王仲光转而再偷取老师的老师朱彦修的独门秘籍《彦修医案》，隐喻的是学医进阶中除了必读理论经典，更需具体经验的传授。围绕着医书的阅读、传播与撰述，吴门医学名家辈出，吴派医书也日渐增多。在医书上打苏州的招牌，就此成为书坊刻医书（尤其是清代书坊刻医书）的一种时尚。

比如吴派医书中有一种《伤寒附翼》，原作者据卷端"慈溪柯琴韵博编纂／昆山马中骧骧北校评"，可知是原籍浙江慈溪，后来移居苏州的

---

[1] 杨循吉《苏谈》，见陈其弟点校《吴中小志丛刊》，广陵书社2004年版，第35页。

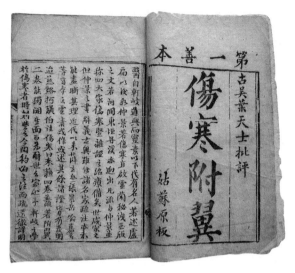

图 9-2-10　清翻刻本《伤寒附翼》

清初名医柯琴。此书的内封非常引人注目，它的顶上横刻着四个大字"第一善本"，下面自右至左三列，前两列依次刻着"古吴叶天士批评"和"伤寒附翼"，第三列刻的，则是"姑苏原板"。（图 9-2-10）

柯著《伤寒附翼》是柯氏个人丛书《伤寒来苏集》中的一种。《伤寒来苏集》的原本，应该是一个乾隆刻本，但乾隆刻本中还没有"姑苏原板"的字样。而在《伤寒附翼》中带有"姑苏原板"字样的该丛书翻刻本，全书前仍留有"乾隆乙亥年荷月昆山七十老人马中骅题"的序，可知文本上是一脉相承的。

顺便也讨论一个有意思的话题，那就是《伤寒来苏集》这个丛书名中的"来苏"，究竟作何理解？有学者曾撰文考证此处的"来苏"，是用了《尚书》里"俟予后，后来其苏"一句的文意，而"采用割裂的修辞方法"，意谓像周武王解救了被殷纣王虐待的商朝百姓，"来苏"是病人得到复苏的意思。① 这当然不失为一种解释，但在"后来其苏"中割裂出"来""苏"二字，合成一语做书名，这样的用典方式，在古籍中是比较罕见的。从该书作者柯琴的生平看，这个"苏"字，恐怕还是应该指苏州。柯琴是从浙江的慈溪到苏州府下辖的常熟来行医的，他后期行医的思考，结晶为本丛书，则所谓"伤寒来苏集"，意思是这是一部关于伤寒的论文集，是作者移居苏州以后，再汇聚起来的文稿。因为已

---

① 曹顺明《〈伤寒来苏集〉书名探》，《中医药文化》1993 年第 2 期。

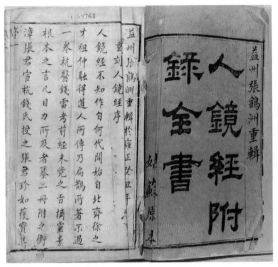

图 9-2-11 清雍正十一年刻《人镜经附录全书》及其翻刻本，内封均刻"姑苏原本"

经带有"苏"字的《伤寒来苏集》丛书名，是跟该丛书的第一种《伤寒论注》的前半部装订在一册里的，所以《伤寒论注》的内封里就无需再提苏州；《伤寒附翼》在《伤寒来苏集》全书中的位置相对靠后，所以有必要在其内封里特意指出它是"姑苏原板"。

与《伤寒附翼》类似，迄今所见中医书籍内封上刻有"姑苏原本"字样的，则有《人镜经》和《神农本草备要医方合编》。

《人镜经》原是晚明时代"杭医"也就是杭州医生钱雷所编，书全名为"脏腑证治图说人镜经"，正文八卷附录二卷，有万历三十四年（1606）温陵洪启睿刻本。书传至清代，益州张吾瑾（号鹤州）于雍正十一年癸丑（1733）重辑其书并付梓，书名被冠以"人镜经附录全书"，同时在内封上开始刻有"姑苏原本"的字样。（图 9-2-11）

《神农本草备要医方合编》的编者，是清康熙间安徽休宁人汪昂（号讱庵）。其书两节版，上层是《本草备要》，下层是《医方集解》。而最引人注目处，在内封面左下，双行小字刻的是"姑苏原本，较对无讹"。

虽然作者都不是吴医，原书刊刻地也不在苏州，却不约而同，跟确有姑苏因缘的《伤寒附翼》一样，打出"姑苏原本""姑苏原板"的旗号，背后的动因，值得玩味。

四、双刃剑：“姑苏原板”影响的另一面

当我们以“姑苏原板”“姑苏原本”为中心来讨论相关问题时，也不得不指出，其中有一个非常值得注意的现象，就是这些刻着“姑苏原板”或者“姑苏原本”的书，他们本身的底本、最早的来源，未必就是苏州刻本。只是在中间，苏州的书坊曾经以别处所刻为底本翻刻过。也就是说，它最初的发明权并不在苏州。

当然，苏州刻书在这中间一定起了一个非常重要的作用，就是苏本的版刻水平确实不错。此外，苏刻的销路非常大，因此造成的影响后来居上。像四书类的科举考试用书，有一些原初的刻本都出在杭州或者是浙江的其他地区，但是被苏州翻刻以后，再扩展到其他地方，在各地读者的印象中，这些书的原出地，就变成苏州了。这本身也说明苏州刻书在从明代到清末这么长的一个时段里，其凝聚力或者说作为一个品牌，确实有相当大的号召力。现存琉球王国时期汉文写本《官话问答便语》里，就记载着一段琉球学生在福州书店购书的情景对话：

> 你宝店有书，拿几部来给我看，我要买。
>
> 相公要的甚么书？
>
> 我要《四书体注》一部、《古文》一部、《唐诗》一部、《诗经》一部、《书经》一部、《易经》一部、《礼记》一部、《书经》一部、《春秋》一部。
>
> 这些书敝店都是有的，我汇来给相公看。书在这里，相公请看。
>
> 这书不当好，字又糊涂，板又假故，乃是土板，我不中意。我要的是苏板，字画分明，纸张白净方好。
>
> 有，价钱会贵些。
>
> 我只要好的，价钱贵些不妨。
>
> 相公请看，这书如何？ [1]

这段对话中，出现在琉球学生口中的第一部中国书，就是《四书体注》，这跟本节前面介绍过的两部《漱芳轩合纂四书体注》——一部钤着“姑苏原本”印，一部有越南人手写喃文批注——适相印证，可见一种苏州刻的普通的《四书》注本，在东亚儒生文化圈内的广泛影响。这

---

[1] 高津孝、陈捷主编《琉球王国汉文文献集成》，复旦大学出版社2013年版，第33册，第345页。

段对话中最引人注目的，则是琉球学生对于"苏板"也就是苏州刻本的赞美——"字画分明，纸张白净"。可见当时琉球人最中意的苏刻，应该都是白纸本。与此相对，琉球人看不上的本子，被唤作"土板"，"土"在此意味着本地，"土板"因此也就是福建本地刻本，其特征是"字又糊涂，板又假故"①。其间呈现的版本意识，准确地反映了清代后期建本没落和苏刻方兴未艾的实况。

讨论"姑苏原板""姑苏原本"，还有一个现象也非常值得重视，就是那些在内封面上以镌刻或钤印方式打上了"姑苏原本""姑苏原板"名号的书，其实仔细去看看，其中刻得比较漂亮的书是不多的。所以如果拿它们跟所依据的底本（或者说仿冒的底本），也就是苏州刻本来比较，它们其实是不像苏刻的。这跟名号被苏州以外的书坊借用，甚至被中国以外的书坊借用，以示他的书在底本上来源正确，或者表示他的书在雕版印刷方面水平高，是有矛盾的。就是这个书的模样，并不是真正的——跟它同时或者比它稍早一点的——苏州刻本应有的那种高水准的模样。其中的矛盾，尤其是矛盾背后的根源，值得关注。当"苏州""姑苏原本"和"姑苏原板"这样的名号，变成一个纯粹的符号性的东西，一个招徕客户的招牌时，使用这些招牌的外地或者外国的书坊主们，其实是不太关注书本身的质量如何，到底像不像苏州刻本的，他们更关心的，是怎么卖得出去，或者怎么卖得更好一点，印刷量更大一点。而像那些越南的汉文或者汉南合璧的雕版印刷本，以刊刻或钤印方式印上"姑苏原本"四字后，被越南人阅读，甚至后来被法国的读书人收藏的时候，它们表示的，已经不是一个简单的"这是以苏州刻本为底本"的意思（有些书只有书名是汉字，其馀全部正文都不是汉文），而是表示"这是中国书"的意思。②（图9-2-12）

但是，严峻的现实是，苏州刻本或者中国古书的这样一个名号，给完全不知道苏州本或者是中国本的人看起来，其实并不是一个美好的形象。就是说，这样的名号，用文字描写展现出来的令人期待的内容，跟

---

① 按"假故"一词非习见语。考虑到现存琉球王国时期官话教科书都与福建有颇深的渊源，而闽南语中有一发音与"假故"近似的俗语，意思是"那么旧"，故疑《官话问答便语》中"板又假故"的说法，是受到闽南语影响的福州官话，意指"土板"不仅字迹模糊，而且书版又那么旧。此承复旦大学国际文化交流学院戴蓉老师指教，特此说明，并志谢忱。

② 此类图书大都是晚清广东佛山书坊刊刻的外销书，有关详情，可参阅陈正宏《越南汉喃古籍里的广东外销书》，收入倪莉、王红蕾、沈津主编《中文古籍整理与版本目录学国际学术研讨会论文集》，广西师范大学出版社2013年版。

图9-2-12　晚清广东佛山书坊刻外销汉文书（左）和喃文书（右），内封左均钤"姑苏原本"方印

它实际给人的视觉效果，恰好是相反的。苏州刻本本应承担的中国雕版印刷书的光荣，在这种驳杂无序的书籍洪流中被逐步消解了。这也从一个角度说明，苏州刻本发展到它最后的阶段，当它的名声已经远播全国，甚至逸出海外的时候，它的实际成品给人的印象，并不如我们一般想象的那样，都是异常纯粹美好的。"姑苏"这一具有明显地域优势的品牌，在版权制度尚未完善的昨天，被逐步"捧杀"以致"玩坏"的情形，折射出中国古籍的雕版印刷品正无可避免地走在下坡路上，也象征着一个裂变的时代即将展开，苏州在中国书籍史上的地位，将被另一个更具现代性的城市上海所取代。

第三节　起步于苏州的宋体字在东西方的流变

宋体字在本书第四章已有述及，它是明代正德前后，由苏州的刻工发明的。之所以发明这样的字体，是因为在整个中国的雕版印刷史上，明代中叶的一个重要的转向，是从以写样工为主导，转向了以刻工为主

图 9-3-1　清康熙间内府刻本《康熙字典》

导，也就是说，在书籍的实际制作工艺方面，刻工的话语权更强了。所以在翻宋仿宋的刻本中，字体的笔划被拉直，最后通过多次的微调修整，变成了横细竖粗、起笔和落笔处有一小三角形，这样一种标准的宋体字。

宋体字发明以后，其影响很快从苏州遍及全国。它的第一波的成品，主要出现在明代的中后期，靠着戏曲小说和科举读物那样一些相对说来比较大众性的书籍，为广泛的地区和广泛的阶层所认识。这一波从苏州出发，先影响苏州的周边地区浙江、福建，然后自北向南，自东向西，蔓延至明朝的大部分地区。其中南京、徽州和杭州的刻书，在宋体字形成全国影响方面功不可没。

到了明代末期，宋体字也进入了北京城里，影响到宫廷的刻书。如所周知，明代北京的内府刻本，一直是坚持用楷书体的，这种柔软清丽的刻书字体，甚至影响到了朝鲜半岛的书籍字体。但是到了明末，这种坚持却松动了。发展到清代前期，宋体字不仅进入了紫禁城，而且成了内府刻本中可以跟传统楷书体分庭抗礼的一种字体。在殿本系统中，则先后出现了方整宋体代表的康熙间原刻《康熙字典》（图9-3-1）和乾隆间刻《二十一史》。而研究表明，宋体字的特有称呼"宋字"，据说就是康熙皇帝时候确定下来的。[1]

这样独特的一种字体，因为线条被拉直而容易刊刻，从苏州出发，辐射到中国的大江南北，进而传播到了海外。20世纪以前，在中国的近邻日本和中国的三个主要的附属国朝鲜、越南和琉球，宋体字也成为当地汉籍刻本的字体之一。

1. 日本

宋体字传入日本，大概跟万历年间刊刻的大藏经《嘉兴藏》颇有关系。现在京都附近宇治的黄檗寺，是中国福建僧人隐元东渡传禅宗的地方。黄檗寺现藏多达数万片的佛经版片，就是当年当地日本僧侣翻刻《嘉兴藏》时留下的。据日本学者研究，黄檗寺翻刻《嘉兴藏》时，僧侣们因为长期为刻经写样，结果连自己日常生活中的各种书写记录，也变成了像《嘉兴藏》字体一样的宋体字。[2]（图9-3-2）

但是宋体字在日本的真正确立，还是要到中国入清以后。从现存的江户时期和刻本看，主要还是在明清之际翻刻中国本的过程中，日本书业自觉不自觉地引入了宋体字。

---

① 郑幸《清代刻工与版刻字体》，中华书局2022年版，第232页。

② [日]竹村真一《明朝体の歴史》，思文阁出版1986年版，第104—111页。

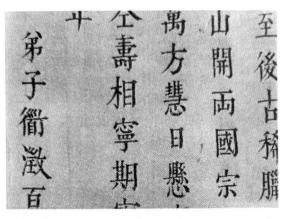

图9-3-2　日本僧人以宋体汉字撰写的书札（选自竹村真一《明朝体の歴史》）

2. 朝鲜半岛

相比之下，宋体字在朝鲜半岛的经历更富于戏剧性。在明朝统治时期，尽管已经有大量的明刻宋体字本进入朝鲜半岛，但朝鲜半岛本身的刻书印书里，尤其是他们引以为自豪的金属活字本里，是看不到宋体字的。在朝鲜金属活字印本里，最早出现宋体字，是明朝灭亡以后。明朝流行的宋体字，在明亡后忽然出现在朝鲜半岛，有一种意见，认为它可能跟朝鲜半岛本身是明朝的属国，清朝前期，朝鲜朝野不认可满清在文化上的宗主地位有关。所以采用已经灭亡的宗主国流行字体制作书籍，是一种政治性的表达。[1] 当然也有学者不同意此说，认为朝鲜早期金属活字中的宋体字本，主要还是个人文集。[2]（图9-3-3）

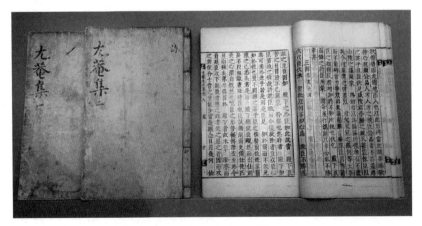

图9-3-3　朝鲜王朝宋体字金属活字印本个人别集

---

[1] 陈正宏《朝鲜本与明清内府本——以印本字体和色彩为中心》之第一节《字体里的政治》，收入所著《东亚汉籍版本学初探》，中西书局2014年版，第143-154页。

[2] [韩]李载贞《明刻本宋体字传入朝鲜半岛后》，黄新译，载《文汇报·文汇学人》2017年9月1日第5-6版。

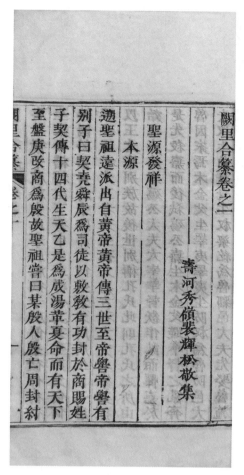

图 9-3-4　越南阮朝刻本里的扁方宋体字

3. 越南

越南在明清两朝都是中国南方的附属国，刻书方面深受中国影响。因为历史原因，现存越南本汉籍数量相对较少，基本上都是 18 世纪以后刊刻的。在这些越南本汉籍中，宋体字也是主要字体。而越南刻宋体字本比较值得关注的，是它自身的变迁。

现存的越南刻宋体字本中，有一种字体一度占据了非常大的地盘，就是扁方的宋体字。（图 9-3-4）这种宋体字，现在看来，可能跟当时中国广东地区的刻书有关，因为广东刻书从明末清初开始，有一种比较强势的字体，就是呈扁方的宋体字。但这种扁方宋体字，其实也不能说是广东的独家发明。像清初浙江刻的毛奇龄《西河全集》，用的就是非常典型的扁方的宋体字。再追溯上去，明末苏州地区汲古阁所刻《十七史》《十三经》，虽不能算是标准的宋体字，但是扁方的形态也是很明显的。

4. 琉球

琉球群岛上具有悠久历史的琉球王国，在明清两代也是中国的附属国。他们的使臣到中国来执行公务时，从海路西进，登陆的第一站就是福建。因为与福建尤其是福州有此因缘，琉球虽然本地刻书比较少，现存的琉球本里，有非常重要的一类，就是琉球人委托福州书坊刻的书，这些福州代刻的琉球本，用的字体都是宋体字。特别有意思的是，在这些福州代刻琉球本里，还保留了他们委托福州书坊刻书时跟书坊主通信的内容，其中明确指定刻书的字体为"宋字体"。[①]（图9-3-5）所以宋体字在琉球刻书史上，也留下了很深的印痕。

5. 欧洲

虽然从十六世纪末开始，汉字已经零星地出现在西方书籍中，但样态既称不上美观，也不是宋体。与此同时或稍后，以利玛窦、艾儒略等

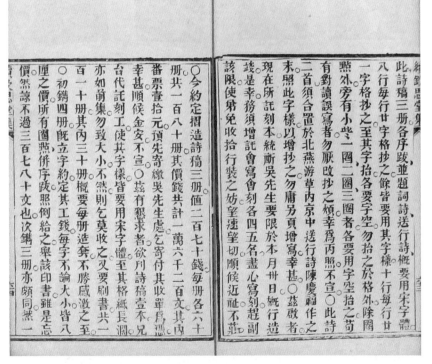

图9-3-5　福州刻琉球本，用宋体字刊刻。其中所收琉球人委托福州书坊刻书尺牍，提到"皆要用宋字体"（左半叶第五行）

---

① 陈正宏《琉球本与福建本》，收入所著《东亚汉籍版本学初探》，中西书局2014年版，第170-174页。

为代表的欧洲耶稣会传教士，因为传教的需要，在中国陆续刊刻了一批汉文宗教书，用的就是当时流行的宋体字。这些书的样本后来被带回欧洲，收藏在梵蒂冈等地的教会图书馆内。欧洲人最早见识整叶的宋体字汉字，盖在其时。

但直到十九世纪，欧洲人出版有关中国的西文书时，其中偶尔嵌入的汉字，仍然不乏临时写刻铸造的。与此同时，有一批汉学家，在编纂汉语与欧洲语言的双语辞典时，意识到铸造一套规范的汉字活字十分必要，因此才有了现存于法国国家印刷局和英国国家图书馆，数量不等的在西方雕刻或铸造的汉字活字——早期的是木活字，后期的是金属活字——其中最常见的，都是宋体字。（图 9-3-6，图 9-3-7）关于法国国家印刷局现存的汉字活字，法国远东学院米盖拉（Michela Bussotti）教授等

图 9-3-6　法国早期宋体字汉字木活字　法国国家印刷局藏

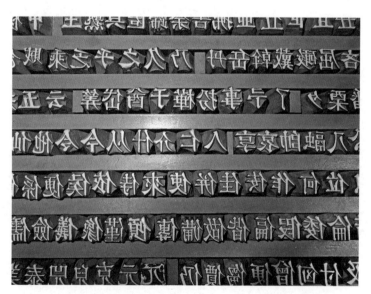

图 9-3-7　法国早期宋体字汉字金属活字　法国国家印刷局藏

曾撰文介绍。[①]大英图书馆藏的宋体字活字，还有待进一步的研究。[②]

放眼东亚，历经十九二十世纪之交、中国的新文化运动和第二次世界大战，宋体字在社会中的应用，已不单限于刻书。在中国，借助了新闻媒体尤其是报纸杂志，宋体字逐步具有了汉字标准字体的身份。因为经常出现在报纸和公文的标题乃至正文中，它给人一种近似郑重其事的官方字体的印象。像中国大陆的《人民日报》的头版、从中央到地方的各级文件，很长时间里，其中的标题一定是宋体字。宋体字已经成了活在当今中国人现实生活中的一种文化符号。

宋体字从苏州出发，流传至今（图9-3-8），它的影响已远远超出了苏州刻书史这一专业的范畴，也超越了国界。它的存在，是中华传统文化生生不息、贯穿古今、泽被众生的绝佳范例。

① [法]米盖拉、蓝莉《法国中文印刷与汉字活字（18-19世纪）》，吴旻译，收入陆康、张柏春主编《旧学新知——中欧知识与技术之演变》，中华书局2019年版，第119-136页。

② 当然也有必要指出，有关西方人研制中文活字的一般情形，早在二十世纪九十年代，韩琦就发表了《西方人研制中文活字史略（17世纪至19世纪中叶）》，文载《文献》1992年第1期。

图 9-3-8　苏州曲园所存清代著名学者、曲园主人俞樾《春在堂全书》雕版，以宋体字上板发刻

后 记

本书从发凡起例到基本完稿，前后历经两年。其间正逢世纪疫情，编纂工作遇到了种种困难，成书殊为不易。由于各地图书馆关闭，撰稿者很难第一时间目验古籍原本，致最后成稿与理想设计不无距离；时间有限，为更集中且有系统地讨论问题，书中只讨论了苏州地区的雕版刻书史，而没有涉及苏州活字印书史；加上书成众手，见面不易，虽有数次线上交流，并经两次统稿，全书文字风格仍不甚统一。我们尽力把此书的编撰，视为一种追踪昔贤、超越功利的纯学术之举，但目前面世的本书，恐仍难免存在讹误缺失，恳请读者诸君不吝批评指正。我们也希望在不久的将来，有机会对全书作进一步的修订。

本书初稿的部分基础，源自苏州图书馆 2021 年举办的"册府千华——苏州市国家珍贵古籍特展"相关文献。参与书稿撰写的各位作者，来自苏州图书馆、复旦大学、上海大学、天一阁博物院、上海博物馆等教学科研机构。全书九章，具体撰稿分工如下：绪论（陈正宏），第一章（孙中旺），第二章（金菊园），第三章（金菊园），第四章（李开升），第五章（黎雅诺），第六章第一节小说部分（文革红）、第一节毛晋部分（卿朝晖）、第六章其馀部分（杨丽莹），第七章（郑幸），第八章第一节（卿朝晖）、第二节（杨丽莹）、第三节（石祥），第九章第一节（黎雅诺）、第二三节（陈正宏）。

在本书大纲商定、书稿撰写和出版过程中，苏州市委宣传部、市新闻出版局黄锡明先生、齐向英女士、陈洁先生等给予了鼎力支持和颇多具体指导；沈燮元、江澄波、陈先行三先生慨允担任本书学术顾问，为主编与作者擘画方向，答疑解难；两位副主编孙中旺、卿朝晖先生协助主编审稿，颇多是正；各位作者为按时保质保量完成书稿，付出了大量的时间和心血；金文京、丁克顺、高桥智、王稼句、李际宁、韦力、住吉朋彦、韩琦、梁颖、潘建国、郭立暄、陈谊、罗鹭、林雅清、金菊园、史梦龙、李翔宇等先生和李载贞、米盖拉（Michela Bussotti）、张颖、戴蓉、史桢英、宋佳忆、石清溪等女士，或为本课题提供稀见文献资料，或向作者传授苏刻研究方法，或为本书审读文稿，或承担联系书影拍摄、查找资料等具体琐细工作；凤凰出版社吴葆勤总编、郭馨馨主任和张沫女士，为本书的出版付出了诸多辛劳。此外，中国国家图书馆、上海图书馆、南京图书馆、浙江图书馆、苏州图书馆、古吴轩出版社、天一阁博物院、苏州博物馆、中国人民大学图书馆、复旦大学图书馆、苏州大学图书馆、日本国立公文书馆、宫内厅书陵部、奈良西大寺、京都大学人文科学研究所、法国国家图书馆、法国亚洲学会图书馆、法国国家印刷局等机构，为本书插图的拍摄和使用提供了诸多便利。值此书稿合成、行将付梓之际，谨向上述各位和各单位致以诚挚的谢意和由衷的敬意。

令人遗憾且伤感的是，三位学术顾问中最年长的沈燮元先生，已于今年 3 月以百岁之龄辞世，没有看到本书的出版。"落红不是无情物，化作春泥更护花。"谨以此书，献给本贯苏州、毕生痴迷于书、对本书有颇多期待的沈燮元先生，也献给所有对苏州刻书史及其研究作出过贡献的古人和今人。

陈正宏

2023 年 5 月 29 日于复旦双寅楼